그림자
바이러스

카를 융과 악의 심리학

그림자 바이러스

코니 츠웨이그, 제러마이아 에이브럼스 지음 | 김현철 옮김

우리는
왜
적대적 인간이
되는가

도서출판 용감한까치

Shadow Virus

MEETING THE SHADOW

Copyright © 1991 by Jeremiah Abrams and Connie Zweig

All rights reserved. No part of this work may be reproduced or transmitted in any form by any means, electronic or mechanical, including photocopying and recording, or by any information storage or retrieval system, except as may be expressly permitted by the 1976 Copyright Act or in writing by the publisher.

All rights reserved including the right of reproduction in whole or in part in any form.
No part of this book may be used or reproduced in any manner for the purpose
of training artificial intelligence technologies or systems.
This edition published by arrangement with TarcherPerigee, an imprint of Penguin Publishing Group,
a division of Penguin Random House LLC.

이 책의 한국어판 저작권은 알렉스리 에이전시 ALA를 통해서 TarcherPerigee, an imprint of Penguin Publishing Group, a division of Penguin Random House LLC사와 독점 계약한 도서출판 용감한까치에 있습니다.
저작권법에 의하여 한국 내에서 보호를 받는 저작물이므로 무단 전재와 복제를 금합니다. 인공지능 기술 및 시스템의 학습을 위해 이 책의 일부 혹은 전부를 사용하거나 복제하는 일체의 행위를 금지합니다.

"우리 시대의 악은 악에 대한 인식을 상실하는 것이다."
- 크리슈나무르티 Krishnamurti

"우리가 억누르고 있던 것이 우리를 약하게 만든다.
그것이 우리 자신이란 걸 알게 될 때까지."
- 로버트 프로스트 Robert Frost

"모든 것이 그렇게 간단하면 좋을 텐데. 어딘가에서 교활하게 악행을 저지르는 악한 사람들이 있고, 그들을 나머지 사람들과 분리해 죽일 수 있다면 좋을 텐데. 그러나 선과 악을 나누는 선은 모든 인간의 마음을 관통해 가른다. 과연 누가 자신의 마음 한 조각을 기꺼이 죽이려 할까?"
- 알렉산더 솔제니친 Alexander Solzhenitsyn

"우리가 의식하지 않은 것들이 우리 삶에 운명으로 나타난다."
- 카를 융 C. G. Jung

※ 일러두기 - 모든 각주는 옮긴이 주다.

010   감사의 말
011   머리말
015   서문: 일상에서의 그림자

1부   그림자란 무엇인가?

035   서문
041   1 그림자, 모두가 끌고 다니는 기다란 가방 - 로버트 블라이
055   2 그림자는 진화한다 - 에드워드 C. 휘트먼트
067   3 그림자는 알고 있다: 존 A. 샌퍼드와의 인터뷰 - D. 패트릭 밀러
081   4 역사와 문학에 등장하는 그림자 - 앤서니 스티븐스
086   5 지킬 박사와 하이드 - 존 A. 샌퍼드
096   6 그림자는 꿈속에서 어떻게 나타나는가 - 마리-루이제 폰 프란츠
103   7 일상에서의 그림자를 찾아서 - 윌리엄 A. 밀러

2부   그림자의 형성 - 가족 안의 버림받은 자기

117   서문
122   8 '잘못된 자기'의 형성 - 하빌 헨드릭스
127   9 거절과 배신 - 로버트 M. 스테인
130   10 모녀 관계의 이면 - 킴 체닌
138   11 부모 되기, 그리고 자식의 그림자 - 존 A. 샌퍼드

3부 섀도복싱 - 질투, 분노, 그리고 기만의 춤

- 145 서문
- 150 12 형제와 자매가 드리우는 그림자 - 크리스틴 다우닝
- 159 13 형제, 그리고 나 자신 - 대릴 샤프
- 165 14 배우자에게서 나와 반대의 모습을 본다는 것 - 매기 스카프

4부 부정당한 신체 - 질병과 건강, 그리고 성생활

- 175 서문
- 178 15 그림자로서의 신체 - 존 P. 콩거
- 186 16 악의 해부학 - 존 C. 피에라코스
- 191 17 건강함이라는 빛, 병이라는 그림자 - 래리 도시
- 196 18 성생활 속의 죄악 - 아돌프 구겐빌-크라이히

5부 성취의 그림자 - 일과 발전의 어두운 이면

- 205 서문
- 209 19 일터에서 만나는 그림자 - 브루스 섀클턴
- 214 20 성공의 이면 - 존 R. 오닐
- 218 21 결점과 잘못을 활용하는 법 - 마샤 시네타르
- 223 22 기술이 상처를 입을 때 - 첼리스 글렌디닝

6부   악마, 악령, 그리고 희생양 – 악의 심리학

- 229   서문
- 240   23 오늘날 악의 문제 - 카를 융
- 246   24 순수의 위험성 - 롤로 메이
- 251   25 인간의 악을 치유하는 방법 - M. 스콧 펙
- 260   26 악마, 그리고 악마성을 되찾는 일 - 스티븐 A. 다이아몬드
- 271   27 인간이 지닌 악의 기본 역학 - 어니스트 베커
- 277   28 내면의 분열을 받아들이자 - 앤드루 바드 슈무클러

7부   적의 탄생 – 정치적 통일체에서 말하는 '우리'와 '그들'

- 287   서문
- 290   29 적을 만드는 사람 - 샘 킨
- 299   30 광신적 차별주의 사고 - 수전 그리핀
- 307   31 더블링과 나치의 의사들 - 로버트 제이 리프턴
- 317   32 사이코패스가 세상을 지배하지 않는 이유 - 아돌프 구겐뷜-크라이히
- 324   33 고속도로 위의 악마 - 제임스 앤들

8부 그림자 작업 - 심리 치료, 이야기, 그리고 꿈으로 어둠에 빛을 밝힌다

333   서문

339   34 그림자 치료하기 - 제임스 힐먼

342   35 쓸모없는 것들의 쓸모 - 게리 툽

353   36 여성의 꿈을 분석하다 - 캐런 시그넬

361   37 중년에 나타나는 그림자 - 재니스 브레위, 앤 브레넌

364   38 중년에 들어선 남성에게 - 대니얼 J. 레빈슨

369   39 악을 다루는 방법 - 릴리아네 프라이-론

9부 통찰과 예술, 그리고 연습을 통해 내 어두운 면을 받아들여라

379   서문

384   40 자신의 그림자에 책임을 지는 방법 - 켄 윌버

396   41 버림받은 자기 되찾기 - 너새니얼 브랜든

404   42 부끄러운 내면의 목소리 길들이기 - 존 브래드쇼

412   43 능동적으로 상상하는 법 배우기 - 바바라 한나

418   44 그림자 그리기 - 린다 제이콥슨

421   45 타인에 관한 글쓰기 - 디나 메츠거

428   맺음말   435   주석   441   참고 문헌

442   저작권 및 사용 승인   447   기고자

감사의 말

인간 본성의 어두운 영역을 탐구하며 따라갔던 많은 시인과 예술가에게 깊은 감사의 인사를 드립니다. 특히 카를 G. 융, 존 A. 샌퍼드, 아돌프 구겐뷜-크라이히, 마리-루이제 폰 프란츠, 그리고 로버트 블라이에게 깊은 감사의 말을 드립니다. 그림자에 대한 이들의 사상과 연구가 이 책의 작업과 우리 삶에 많은 영향을 주었습니다.

헌신적인 지원과 창의적인 도움을 준 제러미 타셔, 바버라 신델, 한크 스틴, 대니얼 말빈, 폴 머피, 수잔 샌킨, 봅 스테인, 수잔 와그너, 린다 노바크, 마이클과 캐서린 잘리만, 피터 리비트, 디나 메츠거 마샤 델 라 오, 그리고 여성 작가 서클인 빌 앤드 비비안 하우, 브루스 버먼, 앤드루 스컬츠, 그리고 로스앤젤레스와 샌프란시스코의 융 정신분석 연구소 도서관 직원들에게 감사의 인사를 드립니다.

코니(저자)의 그림자 자매 제인, 마리안, 수전, 에이프릴에게도 특별한 감사의 말을 전합니다. 나의 현명하신 어머니와 아버지께도 감사의 말씀을 드립니다. 제러마이아(저자)의 끈기 있는 두 아이, 반짝이는 눈을 지닌 레이빈과 피토에게도 고마움의 인사를 전합니다.

머리말

코니 츠웨이그

중년에 나는 내 안의 악마를 만났다. 그동안 내가 축복이라 여겼던 것들의 대부분이 저주로 변했다. 넓었던 길은 좁아지고, 밝았던 빛은 어두워졌다. 그리고 그 어둠 안에서 내 안의 잘 키워지고 근사하게 치장된 성인聖人이 죄인을 만났다.

나의 빛에 대한 매혹, 결과에 대한 열렬한 낙관, 타인에 대한 절대적인 신뢰, 명상과 깨달음에 대한 헌신. 이 모든 것들은 더 이상 미덕이 아니었고, 교묘한 저주였다. 깊이 새겨진 생각하고 느끼는 습관이 이것과 반대되는 것을, 실패한 이상ideals에 대한 심장의 고동을, 나의 순진함이 불러오는 폐해를, 그리고 신의 어두운 면을 마주하게 했다. 그 당시 나는 꿈에서 그림자를 보았다.

나는 어릴 적 남자 친구와 함께 해변에 있었다. 사람들은 바다에서 헤엄치고 있었다. 그때 검고 큰 상어가 나타났다. 사람들은 공포에 떨었다. 한 아이가 없어졌다. 사람들은 패닉에 빠졌다. 내 남자 친구는 그 물고기, 신화적 생물을 따라가고 싶어 했다. 그는 인간의 위험을 이해하지 못했다.

어떻게든 나는 그 물고기에 접근했다. 그것은 비닐로 되어 있었다. 손가락으로 그 끝을 찔러 구멍을 내니 공기가 빠져버렸다. 남자 친구는 그것에 격분했다. 마치 내가 신을 죽인 것처럼. 그는 사람의 생명보다 그 물고기를 더 중요하게 생각했다. 그는 해변을 걸어나가 나를 떠났다. 나는 떠돌아다녔다. 나무들 위로, 파란색 담요가 펼쳐져 있는 곳까지.

이 꿈을 분석하면서 나는 그동안 한번도 그림자에 대해 진지하게 생각해 본 적이 없음을 깨달았다. 나는 정신적 자만심을 지닌 채 깊고 헌신적인 정신 생활이 인간의 고통에서 나를 지켜줄 거라고, 내 형이상학적 실천과 믿음이 그림자의 힘에 구멍을 내줄 거라고 굳게 믿었다. 스스로의 기분이나 식습관을 결정할 수 있는 것처럼 훈련해서 스스로 컨트롤할 수 있는 영역이라고 생각했다.

그러나 어둠은 여러 모습으로 변장한 채 나타난다. 중년의 나이에 그림자와 대치하는 것은 매우 충격적이었고, 내 인생이 뿌리째 뽑히는 것이었으며, 끔찍하게 환멸을 느끼게 만드는 일이었다. 수년간 함께했던 친밀한 우정이 금이 가고 부서지기 쉬워지며, 생기와 탄력성을 잃는 것만 같았다. 나의 힘은 성장 한가운데에 우뚝 서서 앞으로 나아가기보다는 약함을 느끼게 됐다. 동시에 활동을 멈추고 있던 예상치 못한 성격이 툭 튀어나와 그동안 익숙했던 스스로의 이미지를 망가뜨리면서 표면 위로 무례하게 떠올랐다.

나의 자신 있고 균형 잡힌 기질은 절망의 계곡 깊은 곳으로 떨어졌다. 40세의 나이에 나는 우울 속으로 떨어져, 언젠가 헤르만 헤세$^{\text{Hermann Hesse}}$가 말했던 진흙탕 지옥$^{\text{mud hell}}$에서 살게 됐다. 뜻모를 분노가 내 안에 몰아쳤고, 나를 고갈시키고 수치스럽게 했다. 마치 내가 고대의 분노의 신에게 잠깐 사로잡힌 것 같았다. 한때 인생의 초반에 나를 집중적인 탐구와 정신 치료, 명상 요법으로 이끌었던 '의미에 대한 탐구'가 맹렬히 다시 부상했다. 남자에 의존하지 않고 살도록 주의 깊게 길러온 자립심과 정서적인 자만은 신랄한 취약성에 무너져버렸다. 갑자기 나는 친밀한 관계에 사로잡힌 '그런' 여성들 중 한 명이 되어 있었다.

인생이 파산한 것 같았다. 그동안 내가 치열한 현실이라 생각했던 모든 것들이 바람 앞의 종이 호랑이처럼 뭉개졌다. 마치 내가 아닌 다른 사람이 된 것같이 느껴졌다. 개발하기 위해 일하고 만들어내기 위해 분투했던 모든 것들이 실패로 돌아갔다. 내 인생의 실타래가 당겨졌고, 이야기는 풀려버렸다. 그리고 내가 경멸하고 업신여기던 것들이 내 안에서 태어났다. 다른 인생인 것 같지만 내 인생이었고, 마치 거울 같고 보이지 않는 쌍둥이 같은 것들이었다.

그 후에 나는 이해할 수 있었다. 어째서 누군가는 화를 내고, 누군가는 결혼의 강한 유대에도 배우자가 아닌 이와 격정적인 연애를 하고, 누군가는 재정이 안정적인데도 돈을 훔치거나 비축하고 때로는 다 날려버리는지를. 괴테가 자신이 할 수 있다고 생각하지 않는 범죄는 들어본 적이 없다고 말했던 이유를 알았다. 나는 그 무엇도 할 수 있었다.

예전에 어디에선가 읽은 이야기가 생각난다. 한 판사가 살인자의 눈을 바라보며 그의 영혼에서 살인 충동을 느꼈다는 이야기다. 그 후에 그는 원래 자신에게 맞는 자리로 돌아가, 판사로서 살인자에게 사형을 선고했다.

아주 잠시지만, 내 안에서도 살인을 하려 드는, 아주 어두운 자기^{self}가 나타난 적이 있다. 나는 그것에 사형을 내려 보이지 않는 영역으로 다시 한 번 내쫓기보다는, 망설여지지만 그것을 마주하기 위해 노력했다. 아주 대단한 절망의 기간 후 나는 더 포괄적인 자아감과 내 본질의 확대, 그리고 인간에 대한 더 깊은 연결을 느끼기 시작했다.

약 20년 전, 내 영적 과장이 고조에 달했을 시기에 나의 어머니는 내가 인간은 사랑하지만 개개의 인간은 사랑하지 못한다고 지적했다. 내 안의 어두운 충동을 점진적으로 받아들임으로써 나는 내 영혼 속에서 자라는 진실된 연민을 느낀다. 나는 갈망과 모순으로 가득 찬 보통의 인간이 되는 것을 아주 싫어했다. 하지만 지금은 매우 특별한 일이다.

지금껏 나는 표면적 삶이 갈가리 찢기지 않도록 나의 그림자를 탄생시키기 위한 상징적인 방법을 찾아왔다. 내가 사랑해마지않는 지금의 이 창의적인 라이프스타일을 버리지 않아도 되도록 말이다. 이 책을 준비하면서 발리에 다녀왔는데, 선과 악의 싸움을 모든 그림자 인형극과 댄스 공연의 테마로 사용하고 있었다. 17세가 되면 치르는 의식도 있었는데, 치아를 고르게 해 분노, 질투, 자만, 그리고 탐욕의 악마를 내쫓는 의식이라고 한다.

유감스럽게도 우리 문화에는 이런 의식이 없다. 나에게는 이 책이 내리막길로 향하는 지도를 그려 어둠 속에서 빛을 운반하는 길이 될 거라고 생각한다.

서문: 일상에서의 그림자

코니 츠웨이그, 제러마이아 에이브럼스

이 세상에 어떻게 그렇게 많은 악이 있을까?
인간에 대해 알게 되면, 오히려 나는 왜 그보다 더 없는지가 의아해진다.
-우디 앨런Woody Allen, 〈한나와 그 자매들Hannah and Her Sisters〉

1886년, 10년도 더 전에 프로이트Freud는 인간의 어둠 깊은 곳을 파헤쳤다. 로버트 루이스 스티븐슨Robert Louis Stevenson은 매우 흥미로운 꿈을 꾸었다. 한 남성이 죄를 짓고 가루를 삼킨 후 극단적인 성격 변화를 겪었다. 너무 극단적이라 그도 처음엔 깨닫지 못했다. 친절하고 근면했던 과학자 지킬 박사는 폭력적이고 가치 없는 하이드 씨로 바뀌었고, 꿈속 이야기가 진행되면 될수록 악은 더욱더 많은 부분을 차지하기 시작했다.

스티븐슨은 꿈을 지금은 유명한 이야기인 《지킬 박사와 하이드The Strange Case of Dr. Jekyll and Mr. Hyde》 이야기로 발전시켰다. 이제 그 이야기는 너무도 유명해져서 누군가 "내가 완전히 내가 아니었어"라거나 "그는 악마에 홀린 사람 같았어", 또는 "그 여자 성질 더러워졌군"이라고 얘기하는 것을 들으면 저절로 떠오르는 이야기가 되었다. 융 분석심리학파로서 존 A. 샌퍼드John A. Sanford는 이런 유의 이야기가 많은 사람들이 마치 진짜인 것처럼 여겨 우리 인간성의 조화를 깨게 된다면 그것은 반드시 우리 안의 보편적인 것에 말을 걸어야 한다고 지적했다.

우리는 각각 지킬 박사와 하이드를 가지고 있다. 매일 하고 있는 상냥한 모습과 밤이 되면 찾아오는 숨겨놓은 자기^{self}가 있다. 분노, 질투, 수치, 거짓말, 분개, 성욕, 탐욕, 자살 욕구, 살인 욕망 등의 부정적인 정서와 행동은 우리가 적절하다고 여긴 자기들^{selves}이 씌워놓은 마스크 아래에 숨겨 있다. 심리학에서 '개인의 그림자'라고도 알려진 이것은 우리 대부분에게 길들지 않고 탐험되지 않은 미지의 영역으로 남아 있다.

그림자에 대해

개인의 그림자는 어린아이일 때 자연스레 생겨난다. 우리는 공손과 너그러움처럼 우리의 환경에서 강화되어온 이상적인 성격과 스스로를 동일시하며 W. 브루 조이$^{W.\ Brugh\ Joy}$가 '새해 다짐 자기^{Self}'로 부른 형태를 갖추게 된다. 동시에 우리는 스스로가 생각하는 자신에 대해 맞지 않는 기질은 그림자 깊은 곳에 파묻는데, 무례와 이기심 같은 것들이다. 그 후 자아^{ego}와 그림자는 2인용 자전거를 함께 타고 동일한 인생을 경험하며 서로를 더욱 만들어낸다.

카를 융$^{Carl\ G.\ Jung}$은 꿈에서 자아와 그림자의 불가분성을 직접 보았고, 이를 그의 자서전 《기억, 꿈, 사상$^{Memories,\ Dreams,\ Reflections}$》에서 다음과 같이 묘사했다.

늦은 밤, 어딘지 잘 모르는 곳이었다. 나는 거대한 바람을 뚫고 힘들고 느린 걸음을 옮기는 중이었다. 짙은 안개가 도처에 깔려 있었다. 나는 많은 손을 가지고 있었고 모두 작은 빛을 감싸고 있었는데, 너무 작은 빛이라 꺼뜨리지 않으려면 어디든 이동해야 했다. 모든 것은 내가 이 작은 불을 살리느냐에 달려 있었다.

 그때 갑자기 무언가가 내 뒤에서 다가오는 것을 느꼈다. 뒤를 돌아보니 거대한 검은 형체를 한 내가 따라오고 있었다. 하지만 동시에, 나는 두려움에도 모든 위험에도 상관없이 이 작은 빛을 밤과 바람 앞에서 지켜야 한다는 의식을 갖게 되었다.

 꿈에서 깨어났을 때 나는 즉시 소용돌이 치던 안개 속에 있던 그 형체는 나의 그림자이며, 내가 운반하던 작은 빛이 그것을 실제로 존재하도록 만들었다는 걸 깨달았다. 또 이 작은 빛은 내 의식^{consciousness}이며, 내가 가지고 있는 단 하나의 빛이라는 것도 알았다. 어둠과 비교했을 때 대단히 작고 깨지기 쉽지만, 그것은 여전히 빛나고 있었고, 내가 가진 단 하나의 빛이었다.

 많은 강요가 그림자를 형성하는 데 큰 역할을 한다. 궁극적으로 어떤 표현은 허락되고, 어떤 표현은 허락되지 않는지 결정한다. 부모, 형제 자매, 선생님, 성직자, 그리고 친구가 복잡한 환경을 만들고 그 안에서 우리는 상냥하고 올바르며 도덕적인 행동이 무엇인지, 그리고 비열하고 수치스럽고 죄가 되는 행동이 무엇인지 배운다.

 그림자는 심리적인 면역 체계처럼 작용해 자기^{self}와 내가 아닌 자기$^{not\text{-}self}$를 정의한다. 다른 가족과 문화를 지닌 사람들은 각각의 자아와 그림자에 넣는 것이 다양해진다. 예를 들어 누군가는 화나 공격성을 표출하는 것을 허락하지만, 대부분은 그렇지 않다. 누군가는 성적 취향, 약점, 또는 강한 감정을 허락하지만 많은 이들은 허락하지 않는다. 누군가는 돈에 대한 야망을, 예술적 표현을, 지적 성장을 허락하지만, 그렇지 않은 사람도 있다.

 자아로부터 거부되고 그림자로 추방된 모든 감정과 능력은 인간 본성의 어둠이 지닌 숨은 힘을 키우는 역할을 한다. 그러나 그것들 모두가 부정적인 것으로 여겨지는 것은 아니다. 융 분석심리학파 분석가인 릴리아네 프라이-론^{Liliane Frey-Rohn}에 의하면, 어둠의 금고는 우리의 발달되지 않은 재능 외에도 아이 같은 부분, 감정의 애착, 신경증적 징후를 담고 있다고 한다. "그림자는 우리가 잃어버린 영혼의 깊은 부분에 대한 접촉을 담고 있으며 그곳은 삶과 활력을 지니고 있다. 더욱 우수하고 보편적으로 인간적인, 심지어 창의적인 것까지 감지할 수 있는 곳이다."

그림자 부인하기

우리는 숨겨진 영역을 직접적으로 볼 수 없다. 그림자는 본래 알기 어렵다. 위험하고 무질서하며 영원히 감춰져 있다. 마치 의식의 빛이 그것의 생명력을 빼앗은 것처럼.

다작을 했던 분석심리학파 분석가 제임스 힐먼^{James Hillman}은 다음과 같이 말했다. "무의식은 의식할 수 없다. 달은 어두운 면을 지니고 있고, 태양은 지기도 하며 한번에 모든 곳을 비출 수 없다. 심지어 신도 손이 둘이다. 주목과 집중은 어떤 것들에게는 보이지 않는 곳에 있기를, 어둠에 머무르기를 요구한다. 누구도 양면을 함께 볼 수는 없다."

이러한 이유로, 우리는 주로 그림자를 간접적으로 본다. 다른 사람들의 불쾌한 특성이나 행동을 통해, 그것들을 그저 관찰하기만 하면 되는 안전한 장소로 나와서 바라볼 뿐이다. 타인이나 다른 집단의 자질, 예를 들어 나태함, 어리석음, 관능, 또는 정신적인 것들에 대해 격하게 반응하게 되고 분노나 감탄이 극심하게 나온다면, 이는 아마도 우리 자신의 그림자가 보여서일 것이다. 우리는 무의식적으로 자신에게서 그런 성질을 없애기 위해 타인을 탓하며 그에게 해당 성질을 투사한다. 스스로의 안에서 그런 성질을 목격하지 못하게 하기 위해서다.

융 분석심리학파 분석가 마리-루이제 폰 프란츠Marie-Louise von Franz는 투사란 마치 마법의 화살을 쏘는 것과 같다고 했다. 그녀에 의하면, 만약 받는 이가 그 투사를 받기에 허술한 부분이 있다면 그 화살은 꽂힌다. 만약 우리가 자신의 화를 불만스러워하는 배우자에게 투사한다면, 우리의 매혹적인 매력을 잘생긴 낯선 이에게 투사한다면, 또는 우리의 정신적 특성을 스승에게 투사한다면, 우리의 화살은 명중하고 투사는 유지된다. 그때부터 투사한 자와 받는 자는 미스터리한 동맹으로 연결되고 사랑에 빠지거나 완벽한 영웅을 발견하게 되거나 반대로 완벽한 적을 찾게 된다.

따라서 개인의 그림자는 발달되지 못하고 표현되지 못한 모든 종류의 잠재력을 담고 있다. 무의식이야말로 자아를 상호 보완하고, 의식 속 성격이 인정하고 싶어 하지 않아 무시하고 잊고 묻어버린 성격을 나타낸다. 결국 타인과 대치하는 불편한 상황에서만 그들을 만날 뿐이다.

그림자 만나기

그림자는 직접적으로 볼 수는 없어도 일상에서 쉽게 접할 수 있다. 예를 들어 숨어 있고 열등한, 또는 두려움을 느끼는 감정을 표현하는 더러운 조크나 슬랩스틱 같은 유머에서 만날 수 있다. 누군가 바나나 껍질에 미끄러진 이야기나 금기시되는 신체 부위에 대한 이야기처럼 우리를 배꼽 빠지게 하는 것을 자세히 관찰해보면, 그림자가 활발히 작용하고 있음을 발견할 수 있다. 존 A. 샌퍼드는 유머가 부족한 사람들은 아마도 매우 강력히 억제된 그림자를 지니고 있을 것이라고 지적했다. 대게 유머에 웃는 건 그림자 자기^{shadow self}이기 때문이다.

영국의 정신분석가 몰리 튜비^{Molly Tuby}는 일상에서 자신도 모르게 그림자를 만나는 방법으로 다음 여섯 가지를 나열했다.

· 타인에 대한 지나친 감정 - "그가 저런 짓을 하다니 도저히 믿을 수 없어!", "저런 옷을 입다니, 그녀를 이해할 수 없어!"
· 우리를 거울처럼 수행하는 사람들의 부정적인 피드백 - "전화도 없이 늦게 온 게 벌써 세 번째잖아."
· 여러 사람들과의 관계 속에서 반복되는 트러블 - "샘과 저는 둘 다 당신이 우리에게 솔직하지 않다고 느껴요."
· 충동적이고 의도하지 않은 행동 - "이런, 그렇게 말하려던 게 아니었어."
· 수치심을 느끼는 상황 - "그가 날 대하는 방식이 너무 수치스러워."
· 타인의 실수에 대한 지나친 화 - "그녀는 제때 일도 처리하지 못해!", "이봐, 그는 자기 몸무게를 통제 불능 상태로 내버려두고 있다고!"

이러한 상황에서 우리가 수치심이나 분노 같은 강한 감정에 사로잡힐 때 그림자는 갑자기 튀어나온다. 자신의 그림자를 만나는 것은 무섭고 충격적인 경험이기 때문에 대개는 빠르게 다시 물러난다.

이러한 이유로, 우리는 빠르게 부인하고 우리의 어두운 곳에 나타날 수 있는 살인하고 싶은 판타지적 욕구, 자살 충동, 창피한 질투 같은 것을 전혀 눈치채지 못한다. 고인이 된 정신과 의사 로널드 D. 랭^{Ronald D. Laing}은 이러한 마음속 거부 반응을 시로 묘사했다.

우리가 생각하고 행동하는 범위는

우리가 알아차리지 못한 것들로 막혀 있다.

우리는 알아차리지 못한 것을

알아차리지 못하기에

바꾸기 위해

우리가 할 수 있는 것은 거의 없다.

우리의 생각과 행동의 모양을

얼마나 알아차리지 못했는지

우리가 알아차릴 때까지.

만약 부인이 계속된다면, 랭이 말한 대로 우리는 자신이 깨닫지 못하고 있다는 사실조차 알지 못할 것이다. 그 예로 개인의 욕구와 가치가 방향을 바꾸려고 하는(아마 180도로 바꿀 것이다) 중년의 나이에 그림자를 만나는 일은 흔하다. 이것은 오래된 습관을 깨부수고 오랫동안 쉬고 있는 재능을 키우길 요구한다. 만약 이 요구에 주의를 기울이는 걸 멈추지 않고 그 전과 같은 인생 방향으로 나아간다면, 중년이 가르쳐주고자 했던 것들을 알지 못한 채로 남게 될 것이다.

우울증도 어둠과의 무력한 대치가 될 수 있고, 영혼의 신비스러운 어두운 밤의 동시대적 등가물일 수 있다. 암흑의 세계로 내려오길 바라는 내적 요구는 외부의 일, 이를테면 장시간 근무의 필요성이나 다른 사람들과의 기분 전환, 항우울제같이 우리에게 절망을 주는 것들에 의해 중요도가 밀리기 쉽다. 이럴 경우, 결국 우리는 이 우울감의 진짜 목적을 놓쳐버린다.

그림자를 만나는 것은 인생의 속도를 늦추고 몸의 신호를 듣는 것을 필요로 한다. 그리고 숨은 세계로부터의 아리송한 메시지를 이해할 수 있게 해주는 혼자만의 시간을 스스로에게 허락하는 것이 필요하다.

집단적 그림자

오늘날 우리는 신문이나 저녁 뉴스를 볼 때마다 인간 본성의 어둠을 직면한다. 더 혐오스러운 그림자일수록 현대적인 기기를 통해 전 세계적으로 방송되는 거대한 미디어의 메시지 파도 속에서 눈에 더 잘 띈다. 세계는 집단 그림자의 무대가 되었다.

집단 그림자, 즉 인간의 사악함은 어디에서나 우리를 쏘아보고 있다. 신문 가판대에서 헤드라인으로 소리치고, 집 없이 돌아다니고, 대문 밖에서 잠을 자며 길을 배회한다. 도시 주변부의 '미성년자 불가'를 외치는 네온사인이 가득한 거리 구석에서 쪼그려 앉아 있거나, 저축이나 대출에서 돈을 횡령하기도 한다. 또 권력에 굶주린 정치인을 타락시키고 정의 시스템을 왜곡시킨다. 빽빽한 정글을 뚫거나 황폐한 모래사막을 건너 침입해 오기도 하며, 미친 리더들에게 무기를 팔고 반란자에게 이익을 준다. 집단 그림자는 우리의 강과 바다로 연결된 숨은 파이프 속으로 오염 물질을 마구 쏟아내며 보이지 않는 살충제를 음식에 푼다.

원리주의에 의한 이야기가 아니다. 현실에 광범위하게 퍼져 있는 모습일 뿐이다. 지금 시대는 이 모든 것을 목격하도록 강요하고 있다. 전 세계가 보고 있다. 음해를 일삼는 정치인과 화이트칼라 범죄인, 그리고 광적인 테러리스트가 행하는 이 사악한 그림자의 무서운 모습을 피할 길은 없다. 글로벌한 통신 체계에서 뚜렷이 드러나고 있는, 전체가 되고자 하는 내적 욕망은 오늘날 도처에서 발생하는 위선과의 충돌을 마주하도록 강요한다.

대부분의 개인이나 집단이 사회적으로 수용되는 모습으로 평생을 살지만, 그렇지 않은 사람들은 사회적으로 금기시되는 방식으로 살기도 한다. 만약 이들이 부정적인 집단 투사의 대상이 된다면, 집단 그림자는 희생양, 인종차별, 그리고 '적의 탄생'의 모습으로 나타난다. 반공주의자인 미국인에게 소련은 악의 제국이다. 무슬림에게 미국은 사탄이다. 나치에게 유대인은 사회에 해를 입히는 볼셰비키^{Bolsheviks}다. 금욕적인 기독교 수도승에게 마녀들은 악마와 결탁한 사람에 지나지 않는다. 남아프리카의 인종차별 격리 정책 옹호자나 KKK* 멤버에게 흑인은 인간 이하의, 백인의 권리와 특권을 누릴 자격이 없는 존재다.

　이러한 강렬한 감정의 최면적이고 전염적인 특성은 전 세계에 만연한 인종 박해, 종교전쟁, 희생양 전략에서 분명히 드러난다. 이러한 방식으로 인류는 '그들'만이 흰 모자를 쓰고 있다는 것을 확실히 하기 위해 다른 이들의 인간성을 말살시킨다. 그러고는 적을 살해하는 행위가 결코 자신들과 같은 인간을 죽이는 것이 아님을 확실히 하려 한다.

　역사적으로 그림자는 인간의 상상 속에서 모습을 나타내곤 했다. 괴물, 용, 프랑켄슈타인, 흰 고래, 외계인, 혹은 너무 극악무도해서 그 안에서 우리 자신을 찾아볼 수 없는 남자로 나타났다. 그는 마치 머리카락이 뱀으로 이루어진 세 자매, 고르곤처럼 우리에게서 제거되어버렸다. 그 후 인간 본성의 어둠을 드러내는 일은 예술과 문학의 주목적이 되었다. 니체^{Nietzsche}는 "우리에게 예술이 있기에 현실 때문에 죽지 않아도 된다"라고 말했다.

---

* 　Ku Klux Klan, 미국 남부 주에서 활동하는 백인 비밀단체로, 흑인의 인권 향상과 동등한 권리에 반대해 폭력을 휘두른다.

무언가를 악이나 악마로 생각하게 만들기 위해 정치적 프로파간다를 포함해 미디어와 예술을 이용함으로써, 우리는 그것에 대한 권력을 얻고 마력을 깨뜨리려고 한다. 이것이 우리가 광신도나 전쟁광의 폭력적인 뉴스에 집중하는 이유일 것이다. 세계의 폭력과 혼돈에 끌리고 혐오감을 느끼면서 우리는 마음속에서 '그들'을 문명의 악과 적이라는 상자에 담아버린다.

투사는 또한 공포 소설과 영화의 엄청난 인기를 설명해주기도 한다. 간접적으로 그림자 편에 있어봄으로써, 우리 속 악의 충동이 자극되는 한편, 책이나 극장의 안전함 속에서 완화되기도 한다.

아이들은 보통 선과 악의 싸움, 이를테면 요정 대모와 무서운 악마의 싸움을 묘사한 동화를 통해 그림자를 접한다. 거기에서 아이들은 그들의 히어로나 히로인의 시련을 간접적으로 겪고 인간이 지닌 운명의 보편적인 패턴을 배운다.

오늘날의 미디어나 음악에 대한 검열은 어둠이 목소리를 내지 못하도록 목을 조르며 그의 목소리를 긴급히 들어야 할 필요성을 이해하지 못한다. 어린이들을 보호하기 위해 검열관은 동화 〈빨간 모자〉의 이야기를 바꿔 소녀가 더 이상 늑대에 잡아먹히지 않도록 했다. 그 때문에 어린이들은 자신들이 곧 마주할 악 앞에 무방비 상태로 있게 되었다.

사회와 마찬가지로, 각각의 가족에도 고유의 금기가 있다. 가족의 그림자는 가족의 의식적 인식에서 거부된 모든 것을 담고 있다. 그들이 자신에 대해 생각하는 상을 너무 심하게 위협하는 것처럼 보이는 감정과 행동이다. 독실한 기독교인이면서 보수적인 가족에게는 음주나 다른 종교를 믿는 사람과의 결혼이 이에 해당될 것이다. 자유로운 무신론자인 가족에게는 동성연애를 선택하는 것이 해당될 수 있다. 우리 사회에서 가정 폭력과 아동 학대는 한때 가족의 그림자에 감춰지곤 했다. 하지만 오늘날은 대낮의 밝은 빛 속에서 유행병처럼 번지듯 다량으로 나타나고 있다.

어둠은 최근의 진화적인 출현이 아니다. 문명과 교육의 결과다. 바로 우리의 세포에 기초한 생물학적 그림자에 뿌리를 두고 있다. 우리의 동물 조상들은 날카로운 이빨과 발톱으로 살아남았고, 우리 안의 짐승은 대부분의 시간 동안 케이지에 갇혀 있지만 아직도 우리 안에 생생히 살아 있다.

사회학자와 사회생물학자는 인간의 악함이 우리의 동물적 공격성을 억제하고 자연을 넘어 문화를 선택하고 원시적인 야생성을 잃은 결과물이라고 믿는다. 의사이자 사회학자 멜빈 코너$^{Melvin\ Konner}$는 《엉킨 날개$^{The\ Tangled\ Wing}$》에서 동물원에 가서 '지구에서 가장 위험한 동물'이라 쓰인 표지판을 보았는데, 결국 그가 보고 있던 것은 거울이었다는 이야기를 소개한다.

너 자신을 알라

고대 인류는 그림자의 다양한 관점을 모두 인정했다. 개인적 그림자, 집단의 그림자, 가족의 그림자, 그리고 생물학적 그림자가 그것이다. 고전 시대에 그리스인이 파르나소스산 옆에 세운, 지금은 망가진 델포이 신전의 린텔 조각에 신전 사제들은 오늘날에도 큰 의미를 지닌 2개의 유명한 계율을 적었다. 그중 하나가 '너 자신을 알라$^{Know\ thyself}$'다. 우리의 과업에 폭넓게 적용할 수 있는 문구다. 태양의 신을 모셨던 사제가 충고하듯 당신 자신에 대해 알아야 한다. 이는 '당신의 어둠에 대해 알아야 한다'는 의미로도 번역될 수 있다.

우리는 그리스인의 마인드를 직접적으로 물려받았다. 그림자는 자기를 이해할 때 가장 무거운 짐으로 남아 있다. 전혀 알고 싶지 않은 파괴적인 요소다. 그리스인은 이 문제에 대해 매우 잘 이해하고 있었다. 그리고 그들의 종교가 삶의 이러한 이면을 보상했다. 인간에 내재된 디오니소스 신의 강력하고 창의적인 면모를 찬미하며 술을 진탕 마시고 난잡하게 즐기는 바쿠스* 축제도 같은 산에서 행해졌다.

오늘날 디오니소스는 오직 사탄, 악마, 악의 화신 등의 이미지로서만 존재한다. 더 이상 찬사해야 하는 신이 아니다. 그는 이제 타락 천사의 세계로 추방당했다.

마리-루이제 폰 프란츠는 악과 개인의 그림자의 관계를 인정하며 이렇게 말했다. "후자가 전체의 자연에서 신성한 것들과의 분리를 상징하는 한, 개체화의 원리는 사실상 악마적 요소와 관계가 있다. 악마적 요소는 감정, 자율 동력 등을 방해하는 요소다. 그들은 인격의 통합을 방해한다."

과도함을 경계하라

델포이의 또 다른 비문은 우리가 살고 있는 현시대에 더 많이 언급된다. '과도함을 경계하라$^{\text{Nothing to excess}}$'. 고대 그리스 로마 연구가 E. R. 도즈$^{\text{E. R. Dodds}}$는 이 격언에 대해 다음과 같이 해석했다. 과도함을 아는 사람만이 이 격언대로 살 수 있을 것이고, 자신의 욕망과 탐욕, 분노, 폭식, 그리고 모든 과도함이 어느 정도를 말하는지 아는 사람, 즉 적절하지 않은 과도함이 잠재되어 있다는 것을 이해하고 받아들이는 사람만이 자신의 행동을 조절하고 인간답게 만들 수 있다.

---

*   그리스신화에서는 디오니소스, 로마신화에서는 바쿠스로 부른다.

우리는 매우 '과도한' 시대에 살고 있다. 너무 많은 인구, 너무 많은 범죄, 너무 많은 착취, 너무 많은 오염, 너무 많은 핵무기. 이것들은 비록 우리 스스로가 무언가를 하기에는 힘이 없다고 느끼게 할지 몰라도, 인정하고 비판할 수 있는 과도함이다.

솔직히 이것들과 관련해 우리가 할 수 있는 일이 있는가? 우리가 받아들일 수 없는 과도함은 바로 무의식의 그림자로 가거나 그림자스러운 행동으로 표출된다. 이런 현상은 우리 삶에서 흔히 볼 수 있다. 몹시 부정적인 감정이나 행동, 신경증적 통증, 심리적 질병, 우울증, 약물 남용 등이다.

우리가 과도한 욕구를 느낄 때, 우리는 그것을 그림자에 밀어 넣은 채 타인을 신경 쓰지 않고 그것을 행동으로 옮긴다. 만약 심하게 배고프다고 느낀다면, 우리는 이 배고픔 또한 그림자에 밀어 넣고 과식과 폭식을 하며 몸을 쓰레기로 만든다. 만일 과도하게 바라는 것이 질 높은 삶이라면, 그것을 그림자에 넣고 약물이나 알코올 남용처럼 즉각적인 만족이나 쾌락을 추구할 것이다. 이 밖에도 다양한 모습이 있을 것이다. 우리는 사회 곳곳에서 그림자가 지나치게 커가는 모습을 볼 수 있다.

- 지식에 대한 통제되지 않은 동력과 자연에 대한 지배에서 – 도덕관념이 없는 과학, 사업과 기술의 규제받지 않은 결합으로 표현된다.
- 남을 돕고 치료하는 것에 대한 독선적 강요에서 – 남을 돕는 직업에서 왜곡되고 상호 의존적인 역할, 의사와 제약 회사의 탐욕으로 표현된다.
- 고속화되고 인간성이 말살된 노동 현장에서 – 소외된 노동자, 자동화에 의한 미리 계획되지 않은 노후화, 성공에 대한 자만심을 향한 무관심으로 표현된다.

- 비즈니스의 성장과 발전의 극대화에서 – 기업 담보 차입 매수, 부당이득, 부당 내부 거래, 예금과 부실 대출로 표현된다.
- 물질주의적 쾌락주의에서 – 눈에 띄는 소비, 착취적 광고, 낭비, 걷잡을 수 없는 오염으로 표현된다.
- 선천적으로 통제할 수 없는 내적 영역을 컨트롤하고자 하는 바람에서 – 광범위한 나르시시즘, 개인적 착취, 타인 조종, 여성과 어린이 학대로 표현된다.
- 그리고 우리 안에 항상 존재하는 죽음에 대한 공포에서 – 어떤 대가를 치르더라도 운동, 다이어트, 약을 이용해 건강을 유지하고 장수하려는 강박으로 표현된다.

이러한 그림자적 요소는 우리 사회의 너비와 숨을 지휘한다. 그러나 이 집단적인 과도함에 대한 해결책이 어쩌면 문제 자체보다 더 위험할지도 모른다. 예를 들어 파시즘과 독재에 대해 생각해보자. 이들은 사회의 무질서와 유럽에서 널리 퍼져 있던 퇴폐, 그리고 자유방임에 대한 반동으로 생겨났다. 좀 더 최근에는 종교적이고 정치적인 근본주의에 대한 열망이 진보적인 생각과 장려에 대한 반동으로 미국과 해외에서 다시 각성되었다. W. B. 예이츠W. B. Yeats의 말을 빌리자면, 무정부 상태를 전 세계에 풀어놓았다.

융은 이를 조금 축소해서 바라보았다. 그는 "우리는 이성의 세계 아래 또 다른 것들이 묻혀 있다는 것을 잊고 있다. 이를 인정하기 전까지 인류가 과연 어떤 일을 더 겪을지 알 수 없다"고 말했다.

지금이 아니라면, 언제?

역사는 태곳적부터 인간이 보여준 사악함을 기록해왔다. 온 나라가 파괴적인 규모의 거대 히스테리에 예민했다. 오늘날 냉전의 끝과 함께 몇 가지 희망적인 예외가 생겼다. 처음으로 전 국가적으로 자아 성찰하는 분위기가 조성되었고, 방향을 바꾸려 시도하고 있다. 다음의 신문 보도를 보면 더욱 자명하다(제롬 S. 번스타인^{Jerome S. Bernstein}이 자신의 저서 《권력과 정치^{Power and Politics}》에서 인용했다). 기사에는 소비에트 정부가 전국의 모든 역사 시험을 일시적으로 취소한다고 되어 있다. '필라델피아 인콰이어^{Philadelphia Inquirer}, 1988년 6월 11일 자 기사다.

소비에트연방은 그동안의 역사 교과서가 소비에트의 어린이들에게 '마음과 영혼'에 독을 푸는 거짓말을 가르치고 있었다고 이야기하면서 5300만 명의 학생을 대상으로 학기 말 역사 시험을 취소한다고 어제 발표했다.

취소 발표와 함께, 관영 신문 '이즈베스티아^{Izvestia}'는 이번 보기 드문 조치는 세대를 걸쳐 거짓을 전하는 것과 현재의 리더십이 끝내길 바라는 스탈린식 정치와 경제 시스템의 강화를 종식시키기 위해서라고 밝혔다.

(중략) 신문은 1면에 '세대를 넘어 속여온 이들의 죄는 헤아릴 수 없을 정도다'라고 실었다. 또 '오늘날 우리는 그동안의 도덕적 해이로 인한 쓴 열매를 수확하는 시기다. 순응에 굴복하고 그 결과 지금 우리 얼굴을 수치로 붉게 만드는 것에 대해, 그리고 우리의 아이들에게 어떻게 대답해야 할지 모를 것들에 고요한 허락을 내줬다'라고 덧붙였다.

이 믿기 어려운 고백은 한 시대의 끝을 보여준다. 《적의 얼굴^{Faces of the Enemy}》의 저자 샘 킨^{Sam Keen}에 따르면, 안전한 나라는 오직 시스템적으로 '신성한 운명'과 신성화된 피해망상에 대항해 자유로운 언론과 소수자의 예언적 목소리를 듣는 것으로 스스로 예방접종을 할 수 있는 나라뿐이다.

오늘날 세계는 정확히 두 방향으로 갈린다. 하나는 광신적인 전체주의 정권에서 탈출하는 것이고, 다른 하나는 그 속으로 걸어 들어가는 것이다. 이런 강력한 힘에 무기력함을 느낄지도 모른다. 또는 우리의 집단적 곤경에 대해 자신도 모르게 공모했던 것에 대한 죄책감일지도 모른다. 융은 이 유대를 정확히 짚어냈다. "내면의 목소리는 우리가 속한 국가든, 또는 우리가 속한 인류든 상관없이 전체가 고통받는 모든 것을 의식하게 만든다. 하지만 이것은 개인적 악의 형태로 나타나기 때문에 처음에는 이 모든 악을 개인적 악의 특성으로만 생각하게 된다."

이 거대한 무의식의 힘이 행할 수 있는 인간의 사악함에서 우리를 보호할 수 있는 무기는 단 하나뿐이다. 바로 개인의 인식을 성장시키는 것이다. 인간이 행동하는 모습을 보고 배우지 못하거나 배운 대로 행동하지 못하면, 우리는 스스로를 변화시키고 세상을 구할 수 있는 개인적 힘을 모두 잃게 된다. 물론 악은 항상 우리와 함께 있을 것이다. 그러나 억제되지 않은 악이 초래한 결과는 용인할 필요가 없다.

1959년 융은 "우리의 심리적 태도에 위대한 변화가 일어날 순간이 임박했다"라고 말했다. 그는 이어서 "실제 존재하는 위험은 오직 인간 자신일 뿐이다. 인간은 위대한 위험이지만, 우리는 안타깝게도 그 사실을 알지 못한다. 우리는 다가오는 악의 모든 근원이다"라고 이야기했다.

만화가 월트 켈리$^{\text{Walt Kelly}}$는 《포고^{Pogo}》에서 간단하게 요약해 말한다. "우리는 적을 만났고 그 적은 우리야." 오늘날 개인의 힘이라는 개념에 새로운 심리적 의미를 부여할 수 있다. 그림자에 맞서는 행동의 경계는 언제나 그렇듯 개인 안에 있다.

그림자 소유하기

그림자를 마주하는 것의 목적은 그림자와 지속적인 관계를 쌓고, 우리의 의식적인 면과 무의식적인 면의 균형을 맞춤으로써 자아감을 확대시키기 위함이다.

소설가 톰 로빈스$^{Tom Robbins}$는 "그림자를 만나는 목적은 올바른 방식으로 올바른 장소에 있기 위함이다"라고 말했다. 우리가 그림자와 적절한 관계를 맺을 수 있다면, 융이 말한 것처럼 더 이상 무의식은 악마 같은 괴물이 아니다. 융은 "그림자에 대한 우리의 의식적 주의가 완전히 잘못되었을 때 비로소 그림자는 위험해진다"라고 말했다.

그림자와의 올바른 관계는 우리에게 큰 선물을 준다. 그동안 깊이 묻혀 있던 잠재력을 다시 끌어올릴 수 있게 하는 것이다. '그림자 작업(그림자와의 창조적인 관계를 발전시키기 위해 계속 노력한다는 의미로 우리가 만든 표현이다)'을 통해 다음의 것들을 할 수 있게 된다.

- 자신이 누구인지에 대해 더 완전히 알게 됨으로써 더 진실된 자아 수용을 할 수 있다.
- 일상에서 예기치 않게 발생하는 부정적 감정을 진정시킬 수 있다.
- 부정적 감정, 행동과 연관된 죄책감과 수치심에서 해방될 수 있다.
- 타인에게 색안경을 끼게 만들던 투사를 인식할 수 있다.
- 정직한 자기반성과 직접적 소통을 통해 관계를 치유할 수 있다.
- 꿈, 그림, 글, 의식을 통해 버려진 자기^{self}를 소유하기 위한 창의적인 상상을 할 수 있게 된다.

아마도 우리는 이런 방법으로 개인의 어둠을 집단적 그림자에 더하는 것을 멈출 수 있을 것이다.

영국의 융 분석심리학파 분석가이자 점성술사 리즈 그린$^{Liz\ Greene}$은 어둠을 담는 상자이자 빛을 가리키는 등대로서 그림자가 지니는 역설적 특성을 지적한다. "변하지 않을 어두운 그림자인 동시에 누군가의 가치관과 삶을 바꿀 구원자가 되는, 인격의 고통스럽고 손상된 면이다. 구원자는 숨겨진 보물이나 공주를 얻거나 용을 죽인다. 그는 평범한 사람과 다르다고 특징지어졌기 때문이다. 그림자는 구원을 필요로 하는 끔찍한 존재인 동시에 구원할 수도 있는 고통받는 구원자이기도 하다."

1부

그림자란 무엇인가?

"모두가 그림자를 드리우고 있다. 개인의 의식적 삶에서 그림자는 덜 구현될수록 더 어둡고 진하다. 어떤 경우든 그림자는 무의식적 장애를 형성해 우리의 최고 선의를 가로막는다."
- 카를 융 Carl G. Jung

"그러나 여기에는 내가 이해하지 못하는 수수께끼가 한 가지 있다. 사악한 타자 otherness의 가시 없이는, 건강함과 온전한 정신, 감각 이면에 자리한 흉측한 에너지 없이는, 아무것도 제대로 되지 않는다. 될 수가 없다. 우리가 보통 태양 아래 선이라 부르는 일상적이고 제대로인 것들은 그림자 쪽에서 끊임없이 뿜어져 나오는 숨겨진 힘 없이는 아무것도 아니다."
- 도리스 레싱 Doris Lessing (이란 출신 영국 작가, 2007년 노벨 문학상 수상자)

"나는 인간의 그림자는 그 사람의 허영심이라고 생각했다."
- 프리드리히 니체 Friedrich Nietzsche

"이 사악한 괴물을 나는 내 것으로 받아들이겠네."
- 윌리엄 셰익스피어 William Shakespeare

서문

형체가 있는 모든 것에는 그림자가 있다. 그늘이 있는 곳에 빛이 있듯 그림자가 있는 곳에는 자아가 있다. 이것이 우리를 인간답게 만든다. 아무리 부정하려 해도 우리는 사실 불완전하다. 그리고 자신이 인정하지 않는 것들—공격성과 수치, 죄책감과 고통—속에서 우리는 인간다움을 발견한다.

그림자를 칭하는 다른 친숙한 이름도 많다. 버림받은 자기^{self}, 하급의 자기, 성경과 신화 속 암흑의 쌍둥이 내지 형제, 대역^{double}, 억압당한 자기, 제2의 자아$^{alter\ ego}$, 원초아^{id} 등이다. 자신 속 어두운 부분과 대면할 때 우리는 자신의 악마를 만난다, 악마와 씨름한다, 지하 세계로 내려간다, 영혼의 어두운 밤, 중년의 위기 같은 은유를 써서 묘사하곤 한다.

우리 모두에겐 그림자가 있다. 아니면 그림자에 우리가 있는 것일까? 카를 융$^{Carl\ Jung}$은 이 질문을 수수께끼로 바꾸어 우리에게 던진다.

"그대를 집어삼킨 사자를 그대는 어떻게 발견할 것인가?"

그림자는 이 정의대로라면 무의식이기 때문에, 그림자 속 강력한 부분에 우리가 휘둘리고 있는지 아닌지 항상 파악할 수는 없다.

융은 우리가 그림자, 열등 인격$^{inferior\ personality}$, 또는 제2의 자아 등이 무슨 뜻인지 직관적으로 이해한다고 말했다. 그리고 평범한 사람의 경우 "만약 잊어버렸다면, 일요일 설교나 와이프 또는 세금 징수원 등으로 기억력을 쉽게 재충전할 수 있다"라고 농담처럼 덧붙였다.

일상에서 그림자를 만날 수 있게 하려면—그림자를 인정하고 우리를 강박적으로 붙들고 있는 그림자에서 벗어나려면—우리는 먼저 이 현상을 총체적으로 이해해야 한다. 그림자라는 개념은 지그문트 프로이트^{Sigmund Freud}와 카를 융의 발견에서 비롯되었다. 융은 프로이트의 선구자적 연구를 인정하고, 그가 인간 정신 속 빛과 그림자 부분의 분열을 가장 자세하고도 깊이 분석했다고 말했다. 융의 제자 출신이자 동료 릴리아네 프라이-론^{Liliane Frey-Rohn}에 따르면 "프로이트 이론의 영향 아래 있던 1912년, 융은 '정신의 그림자 부분'이라는 말로 '아직 인식하지 못한 욕망'과 '인격의 억압된 부분'이 지닌 특성을 설명했다."

1917년 융은 자신의 에세이 〈무의식의 심리학에 관해^{On the Psychology of the Unconscious}〉*에서 개인의 그림자가 우리 안의 타자, 즉 자신과 같은 성의 무의식 인격이자 비난받아야 할 열등한 부분, 우리를 당황하고 부끄럽게 만드는 타인이라고 설명했다. "내가 그림자라고 부르는 건 인격의 '부정적' 부분으로 우리가 숨기고 싶어 하는 불쾌한 특징, 그리고 개인의 의식 속에서 충분히 발달하지 않은 기능 및 내용의 총합이다."

그림자는 의식의 관점에서 볼 때만 부정적이다. 프로이트가 주장한 대로 그림자는 언제나 부도덕하고 의식적 인격과 호환 불가능한 것은 아니며 오히려 최고의 도덕적 가치가 될 수 있는 잠재력을 지녔다. 사회는 긍정적으로 보는데도 개인이 스스로 열등하다고 생각하는 숨겨진 부분이 그림자 인격에 존재하는 경우 특히 더 그렇다고 프라이-론은 말한다.

---

* 카를 융의 저서 《분석심리학에 관한 두 편의 에세이(Two Essays on Analytical Psychology)》에 수록된 글

그림자는 프로이트가 '억압된 것'으로 이해한 부분에 가장 손쉽게 접근한다. 그러나 프로이트의 관점과 달리 융이 말하는 그림자는 열등한 인격이다. 우월한 의식적 인격과 마찬가지로 자율적 사고, 사상, 이미지와 가치 판단 같은 내용물을 지니고 있다.

1945년경에 융은 그림자를 단순히 '개인에게 있어, 되고 싶어 하지 않는 것'으로 정의했다. 융의 말에 따르면 "우리는 빛의 형상을 상상한다고 깨달음을 얻는 게 아니다. 어둠을 의식으로 만들 때 깨달음을 얻는다. 하지만 어둠을 의식으로 만드는 일은 동의하기 어려운 일로 인기를 얻지 못한다."

오늘날 그림자는 의식에 가장 가깝지만 의식에 완전히 수용되지 않는 무의식의 부분을 가리킨다. 우리가 선택한 의식적 태도와는 반대이기 때문에 그림자 인격은 삶에서 표현을 부정당하며, 노출과 발견에서 고립된 무의식 속에서 분열된 인격의 형태로 합체된다. 우리는 의식이 수용할 수 있는 부분만 일방적으로 동일시하는데, 이를 보완해주는 것이다.

융과 그 추종자들에게 심리 치료는 그림자 인격을 인식과 동화의 수준으로 옮겨 금기와 파괴의 잠재력을 완화하는 동시에, 갇혀 있던 삶의 긍정적 에너지를 해방하는 재생의 의식이다. 오랫동안 빛을 발한 자신의 경력 내내 융은 개인의 파괴성 및 집단의 악과 연관된 문제를 연구했다. 그의 연구 결과 그림자와 악을 다루는 일은 궁극적으로 신을 경험하는 것과 마찬가지로 '개인의 비밀'이며, 개인을 통째로 변화시킬 정도로 강력한 경험이라는 사실이 밝혀졌다.

우리 모두를 고민에 빠뜨리는 복잡한 질문의 답을 찾으려 한 융이 평생 계속한 연구는 "개인의 혐오뿐 아니라 우리 시대의 잔인한 편견과 박해까지 설득력 있게 설명해준다"고 융 심리학자 앤드루 새뮤얼스[Andrew Samuels]는 말한다. 융은 자신이 철학적, 영적, 그리고 종교적 문제만큼 오랜 역사를 지닌 심리학적 문제를 개념화할 새로운 길을 내는 탐험가 같은 운명이라고 생각했다. 삶의 의미를 찾아 헤매는, 하지만 전통적인 믿음과 종교로는 문제를 해결하지 못하는 이들에게 다가가고 싶다고 융은 말했다. 1937년 《심리학과 종교Psychology and Religion》라는 저서에서 융은 이렇게 말했다. "아마도 오늘날 우리에게 남겨진 것은 심리학적 접근일 것이다. 그래서 나는 역사적으로 고정되어버린 사고의 형태를 다시 녹여서 바로 지금의 경험이라는 새로운 틀에 부어 넣으려 한다."

융 심리학의 3세대 사상가에 속하는 저명한 작가이자 강연가 로버트 A. 존슨Robert A. Johnson은 융이 의식에 관한 인간 능력의 놀라운 비전을 발전시키는 데 지속적으로 공헌했다고 말한다. "그가 내놓은 무의식 모델은 너무나 대단하기에 서구 세계는 아직도 그 의미를 온전히 따라잡지 못했다."

아마도 융의 가장 큰 업적은 우리가 개인으로 이루는 모든 것의 창조적 원천이 무의식이라는 사실을 밝혀낸 데 있을 것이다. 사실 우리의 의식과 인격은 무의식이 제공하는 원재료로 삶의 경험과 상호작용하면서 발달·성숙한다.

융은 그림자를 자기self(인간의 심리적 중심), 그리고 아니마/아니무스(내면화된 이성異性의 이상적 이미지이자 각 개인의 영혼이 지닌 이미지)와 더불어 개인 무의식의 주요 원형으로 분류했다. 원형archetype이란 심리학적 지문 같이 타고난 무의식 속 구조를 말한다. 미리 형성된 성격, 개인의 특징, 그리고 다른 모든 인간과 공유하는 성향이 여기에 담겨 있다. 인간 정신 속에 살아 있는 힘이 바로 원형이라 할 수 있다. 《융 분석 비평 사전Critical Dictionary of Jungian Analysis》은 '신은 원형적 행동의 은유이며 신화는 원형의 재연이다'라고 정의한다. 융 심리 분석 과정에는 개인의 삶에 존재하는 이러한 원형적 차원을 더 잘 이해하는 단계가 포함된다.

1부에서 개인의 그림자를 소개하고 정의하기 위해, 우리는 융 심리학 저자들이 저술한 것 중 탁월한 글 몇 가지를 선택했다. 이같이 명확한 형식을 통해 융 심리학의 개념이 유명해졌으며 개인의 성장과 치유의 도구로 유용하게 쓰일 수 있었기 때문이다. 이 장에 등장하는 작가들은 핵심적 문제에 접근해 우리가 일상에서의 그림자를 인식할 수 있게 해준다. 책 뒷부분에서는 이 개념이 개인에서 집단이 지닌 편견, 전쟁, 악 등의 문제로 확장되며, 이는 다양한 분야에서 모은 에세이를 통해 다룬다.

1부를 시작하면서 시인 로버트 블라이^{Robert Bly}는 개인적 목소리로 그림자에 대한 이야기를 자신의 저서 《인간의 그림자에 관한 작은 책^{A Little Book on the Human Shadow}》을 인용해 들려준다. 버림받은 자기는 성장하면서 받는 충격을 완화하는 '우리가 끌고 다니는 기다란 가방'이 되고, 그 안에 우리가 받아들이지 않는 부분을 담게 된다고 블라이는 말한다. 블라이는 또 그 가방을 그와는 다른 종류인 집단적 그림자와 연결한다.

그다음으로 융 심리학 훈련 분석가 에드워드 C. 휘트먼^{Edward C. Whitmont}가 심리 치료자 관점으로 내담자의 꿈과 생애 경험에 나타나는 그림자의 모습에 대해 알려준다. 이는 그의 저서 《상징의 탐구^{The Symbolic Quest}》에서 인용한 글이며, 우리가 다루는 주제에 대해 명확한 정의를 전달한다.

〈그림자는 알고 있다〉는 작가 D. 패트릭 밀러^{D. Patrick Miller}가 샌디에이고^{San Diego}에서 활동하는 정신분석가이자 감독 교회(미국 성공회)^{episcopal church} 목사 존 A. 샌퍼드^{John A. Sanford}와의 인터뷰에서 나눈 대화로, 원래는 〈더 선

The Sun⟩ 잡지에 실린 글이다. 샌퍼드는 인간의 악이라는 어려운 질문을 탐구해왔다. 로버트 루이스 스티븐슨Robert Louis Stevenson의 유명한 소설 《지킬 박사와 하이드Dr. Jekyll and Mr. Hyde》에 관련한 샌퍼드의 심리학적 해설도 1부 뒷부분에 등장한다.

〈역사와 문학에 등장하는 그림자〉는 영국의 심리학자 앤서니 스티븐스Anthony Stevens의 저서 《원형: 자기의 자연사Archetypes: A natural History of the Self》에서 인용했다. 샌퍼드의 글 두 편 사이에 끼어 있는 이 글은 상상력의 산물인 예술 작품에 등장하는 그림자에 대해 설명한다.

〈그림자는 꿈속에서 어떻게 나타나는가〉는 저명한 정신분석학자이자 꿈을 연구하는 학자로 융의 가장 가까운 동료 중 하나였던 마리-루이제 폰 프란츠Marie-Louise von Franz(20세기 스위스의 분석심리학자)가 쓴 에세이다. 폰 프란츠가 융, 그리고 융의 제자 3명과 1960년대 초에 공동으로 집필·편집한 유명한 저서 《인간과 상징Man and His Symbols》에 실려 있다. 이 책은 융의 마지막 저서로, 대중을 상대로 융의 사상과 이미지를 설명한 글 모음집이다.

1부의 마무리는 건설적 내용을 담은 심리 치료가 윌리엄 A. 밀러William A. Miller의 〈일상에서의 그림자를 찾아서〉가 장식한다. 그의 저서 《당신의 황금 그림자Your Golden Shadow》에서 인용한 것이다. 밀러는 투사의 분석, 말실수, 유머, 그리고 일상의 삶에서 그림자를 발견하는 방법을 통해 그림자 현상의 세계로 이끈다.

융은 상상력이라곤 없는 학생들이 자신의 개념을 맥락에 맞지 않게 인용한다는 사실에 좌절하며 "그림자는 그야말로 무의식의 전부다!"라고 말한 바 있다. 진지하게 한 말은 물론 아니었지만, 개인이 일상 속 무의식에 대해 전혀 알지 못한다면 융의 말은 사실일 것이다. 무의식 인격의 부분을 우리가 더욱 인식한다면, 그림자는 개인이 인식할 수 있는 형태로 그림자 작업shadow work(무의식으로 들어가 그 안의 내용을 파헤치고 이를 의식으로 통합하는 작업) 과정을 시작하게 된다. 궁극적으로 이 과정은 우리가 누구인지 확실하게 인식하게 해준다. 정신분석가 에리히 노이만Erich Neumann의 말을 빌리면 "자기는 그림자 속에 숨어 있다. 그림자는 수문장이자 자기로 들어가는 입구를 수호하는 존재다. 자기에 도달하려면 그림자를 지나가야 하며, 그림자가 상징하는 암흑의 뒤편에는 전일성wholeness(정신의 온전한 본래 모습, 또는 정신을 완성한 모습)이 있다. 그리고 우리는 그림자와 친구가 되어야 자기와도 친구가 될 수 있다."

1. 그림자, 모두가 끌고 다니는 기다란 가방

로버트 블라이Robert Bly

고대 영지주의gnosticism*의 가르침에 따르면, 우리는 새롭게 무언가를 발명하는 게 아니라 단지 있다는 사실을 기억할 뿐이라고 한다. 유럽인으로서 유럽의 어두운 이면을 가장 잘 기억하고 있는 사람이라면 로버트 루이스 스티븐슨**, 조지프 콘래드Joseph Conrad***, 그리고 카를 융을 꼽을 수 있다. 이 글

---

*   헬레니즘 문화에서 동서양의 철학과 종교 사상이 조화되어 나타난 사상운동. 정통과 기독교가 믿음을 통한 구원을 주장하는 반면 영지주의에서는 앎을 통한 구원을 주장하며, 이때 말하는 참된 지식, 앎이라는 개념인 그노시스(gnosis)에서 그 명칭이 유래했다.
**   19세기 영국 소설가, 대표작으로는 《보물섬》,《지킬 박사와 하이드》가 있다.
***   19~20세기 영국 소설가, 영화 〈지옥의 묵시록〉의 원작인 《암흑의 핵심》이 대표작이다.

에서는 이들의 사상 중 몇 가지를 소개한 다음 내 생각을 조금 덧붙여볼까 한다.

먼저 개인의 그림자에 대해 이야기해보자. 아기일 때 우리 성격은 360도 시야를 가진 것과 같다. 이 시기엔 몸 전체와 정신의 모든 부분이 에너지를 내뿜는다. 뛰어노는 아이는 그 자체로 살아 있는 에너지 덩어리라 할 수 있다. 우리 모두 한때는 그랬다. 그러나 부모님이 그 에너지를 마냥 좋아하지만은 않음을 깨닫는다. "좀 가만히 있을 수 없니?" 또는 "적당히 해라, 그러다 동생 죽겠다" 같은 말을 듣기 때문이다. 우리는 모두 보이지 않는 가방 하나를 뒤에 지니고 있으며, 그 안에는 부모님이 좋아하지 않았던, 그래서 부모에게 계속 사랑받기 위해 그 안에 집어넣어버린 자신의 일부가 들어 있다. 학교에 다니기 시작할 즈음 가방은 꽤 커져 있다. 그리고 선생님들이 이렇게 말한다. "착한 아이는 그런 사소한 일에 화내면 안 돼요." 그리고 우리는 내면의 분노까지 가방 안에 집어넣는다. 난 열두 살 때 미네소타주 매디슨Madison에 살았는데, 나와 우리 형은 동네에서 '착한 블라이네 형제'로 통했다. 그때 우리 가방은 길이가 1킬로미터 정도는 되었을 것이다.

고등학교에 가서도 가방 채우기는 이어진다. 이제 우리에게 압박을 가하는 건 사악한 어른들이 아니라 또래 친구들이다. 그래서 어른을 향한 공포가 잘못 자리 잡는다. 고등학교에서 나는 농구부 애들같이 보이고 싶은 마음에 무의식적으로 수없이 거짓말을 했다. 조금이라도 빠릿빠릿하게 돌아가지 않는 부분은 전부 가방 속으로 직행했다. 이제는 내 아들들이 똑같은 과정을 겪고 있다. 내 딸이자 그 애들의 누나 역시 같은 일을 경험했다. 나는 아이들이 너무나 많은 걸 가방 속에 넣어버리는 걸 깨닫고서 낙심했지만, 나도 아내도 아이들에게 달리 해줄 수 있는 일이 없었다. 딸들은 자신의 결정을 유행이나 또래 애들 집단의 미의식에 따를 때가 많았으며, 그 결과 남자들로부터 상처받는 것만큼이나 여자들로부터도 상처받았다.

그래서 내가 내린 결론은 이렇다. 우리가 어렸을 때 지녔던 에너지 덩어리는 스무 살 무렵이면 한 조각밖에 남아 있지 않다는 것이다. 자기의 대부분을 가방 속에 처넣은 채 가느다란 조각밖에 남지 않은 남자가 여자를 만난다고 상상해보자. 둘 다 스물네 살이며 여자 역시 우아하지만 가냘픈 조각 하나만 가지고 있을 뿐이다. 이 두 조각은 결혼이라는 이름의 예식에서 서로 합쳐진다. 하지만 그래 봤자 한 사람 몫도 채 되지 않는다. 서로의 가방이 꽉 차 있다면, 결혼을 한다 해도 그로 인해 당장 신혼 때부터 외로워질 뿐이다. 물론 우리는 모두 거짓말로 이를 숨긴다. "신혼 생활은 어때요?" "너무 좋아요. 그쪽은 어떠세요?"

문화에 따라 가방 속 내용물이 달라진다. 보통 기독교 문화에서 성에 관한 내용은 가방에 들어간다. 돌발성도 대부분 들어간다. 반면 마리-루이제 폰 프란츠는 원시 문화에서는 아무도 자기 뒤쪽에 가방을 끌고 다니지 않아도 될 거라고 단정하며 감상적으로 생각해선 곤란하다고 경고했다. 폰 프란츠의 말에 따르면 사실 원시 문화에서는 가방의 종류가 다를 뿐이며 더 큰 경우도 있다. 거기서는 개성이나 창의성 등이 전부 가방 속에 처박히는 신세가 될지도 모른다. 인류학에서 말하는 '신비적 참여$^{participation\ mystique}$'* 또는 '신비한 공동체적 사고$^{mysterious\ communal\ mind}$'가 듣기에는 그럴듯하지만, 이는

---

* 인류학자 뤼시앵 레비-브륄(Lucien Lévy-Bruhl)이 주장한 개념으로, 자기가 어떤 대상을 무의식적으로 동일시함으로써 나와 그 대상을 완전히 분리할 수 없게 된 상태를 가리킨다. 레비-브륄은 이를 원시적 정신의 특성으로 파악했다.

사실 종족 구성원 전부가 정확히 똑같은 내용만 알고 있으며 그 이상은 그 누구도 모른다는 뜻일 수도 있다. 인간은 사실 모두 크기가 똑같은 가방을 지니고 있는 것일지도 모른다.

우리는 스무 살까지의 삶을 자신의 어떤 부분을 가방 안에 넣을까 결정하는 데 쓰며, 이를 가방 속에서 다시 꺼내려 애쓰는 데 나머지 삶을 써버린다. 가방이 완전히 밀봉된 것처럼 다시 꺼내는 게 불가능하게 느껴질 때도 있다. 만약 가방이 진짜로 봉인된다면 무슨 일이 일어날까? 이를 주제로 한 유명한 19세기 문학작품이 있다. 로버트 루이스 스티븐슨은 어느 날 밤 갑자기 잠에서 깨어 자신이 방금 꾼 꿈 이야기를 부인에게 들려주었다. 부인은 그 이야기를 글로 써보라고 권유했으며, 그 결과 태어난 작품이 바로 《지킬 박사와 하이드》다. 우리가 사는 이상주의 문화에서 성격 중 선한 부분은 점점 더 선해진다. 만약 서구인이라면 자유주의 사상을 지닌 의사가 되어 늘 타인을 이롭게 할 생각을 하며 도덕적, 윤리적으로 흠잡을 데 없는 삶을 살 수도 있을 것이다. 하지만 가방 내용물이 독립적 인격을 지니게 된다면, 이는 무시할 수 없다. '지킬 박사와 하이드 씨'는 가방에 숨겨져 있던 것이 어느 날 도시 다른 편에 등장한다는 이야기다. 가방 내용물은 분노에 차 있으며 원숭이 같은 형상을 하고 원숭이처럼 행동한다.

이 소설의 내용에 따르면, 가방에 들어간 자신의 일부분은 퇴보하며 역으로 진화해 야만성을 띠게 된다. 스무 살 된 젊은이가 자기 가방을 밀봉하고 다시 열리기만 기다리며 15년, 20년을 기다린다고 생각해보자. 과연 무엇을 발견하게 될까? 그 안에 들어 있던 성욕, 야만, 충동, 분노, 자유 등은 슬프게도 모두 퇴보하고 말았다. 감정이 발달하지 않았을 뿐만 아니라 가방을 연 사람을 적으로 대한다. 남성이든 여성이든 40대가 되어 비로소 가방을 다시 연 사람은 곧바로 공포에 휩싸인다. 눈을 돌리자 원숭이처럼 생긴 그림자가 골목길 벽을 따라 지나가는 게 보인다. 이를 본 사람은 누구든 겁을 먹을 것이다.

우리가 사는 문화 속 남성 대부분은 자신의 여성적 측면 또는 내면의 여성성을 가방에 넣어버린 상태라고 할 수 있을 것 같다. 그러다 서른다섯이나 마흔 무렵에 이를 다시 꺼내려 하면, 가방에 갇혀 있던 여성성은 자기를 진짜 적으로 대할 수도 있다. 가방 밖과 가방 속 환경은 같아야 한다는 게 우리에게 필요한 규칙일 것 같다. 마찬가지로 여성이 여성성을 인정받고 싶다는 생각에 자신의 남성적 측면 또는 내면의 남성성을 가방에 넣어버린 다음 20년쯤 후에 다시 열었다면, 갇혀 있던 남성성은 자신을 적으로 대할 가능성이 크다. 몰인정하고 잔인하게 비난을 퍼부을지도 모른다. 그러면 여성은 곤경에 처하게 된다. 자기에게 적의를 느끼는 남성과 함께 살면 적어도 원망할 대상은 생기지 않겠나, 적어도 자신에게 가해지는 압박을 털어낼 수는 있지 않겠나 싶을 수도 있겠지만, 그런다고 잠겨 있는 가방 때문에 생기는 문제가 해결되진 않는다. 그럴 경우 오히려 여성이 내면의 남성과 외부의 남성으로부터 이중의 거부감을 경험할 가능성도 있다. 답이 없는 서글픈 상황이다.

우리 성격 중 사랑받지 못하는 부분은 결국 우리에게 적대적으로 변한다. 거기서 더 나아가 멀리 떨어져 반기를 들 가능성이 있다고도 할 수 있을 것 같다. 셰익스피어의 작품에 등장하는 왕들을 보면, 그들이 겪는 문제 대부분이 그렇게 일어난다. 《헨리 4세》에서 해리 홋스퍼Harry Hotspur는 헨리 4세에 대항해 웨일스에서 반란을 일으킨다. 셰익스피어가 남긴 시에서도 내면에서 반란이 일어날 위험에 대해 놀랍도록 세밀하게 묘사한다. 왕은 한가운데 있지만 언제나 위험에 처해 있다.

몇 해 전 발리를 방문한 적이 있는데, 고대 힌두 문화가 민속 신화를 통해 발리의 일상생활에 그림자로 영향을 미친다는 사실을 깨달았다. 현지 사원에서는 일상 종교 생활의 일부로 거의 매일 라마야나^{Ramayana}(산스크리트어로 된 고대 인도 서사시)의 무서운 내용을 연극으로 공연하고 있었다. 발리의 거의 모든 가정집 앞에는 날카로운 이빨을 드러낸 무섭게 생긴 형상이 돌에 새겨져 있다. 이들은 집을 지켜준다거나 하는 목적이 있는 것도 아니다. 한번은 토속 가면 제작자의 집을 방문했는데, 열 살쯤 되어 보이는 그 집 아들이 밖에 앉아 돌에 그 무섭게 생긴 형상을 끌로 새기고 있었다. 발리에서는 축구나 투우에서처럼 공격적 에너지를 직접 발산하는 대신 모두가 이를 허공에 조용히 흩뜨리려 한다. 발리 사람들은 전쟁 중이라면 폭력적이고 잔인해질 수 있겠지만, 평상시에는 서구인보다 폭력성이 훨씬 덜해 보인다. 이것은 무슨 의미일까? 미국 남부 사람들은 무쇠로 만든 친절한 흑인 꼬마 형상을 잔디 위에 세워놓는다. 북부에서는 흑인 꼬마 대신 사슴 모양을 활용한다. 벽지에는 장미를, 그리고 소파에는 르누아르 그림 문양을 그려 넣고 존 덴버의 노래를 듣는다. 이렇게 평화로운 분위기 속에서도 공격성은 우리 가방 속에서 빠져나와 모두에게 달려든다.

우선 발리와 미국의 이러한 문화 차이를 인식하고 논의를 진행해야 할 것 같다. 그림자의 에너지는 마치 영화 영사기 같은 것으로 설명할 수 있을 것이다. 우리 자신의 일부분을 축소해 납작하게 누른 다음 어두운 깡통에 넣어 보관했다고 생각해보자. 그리고 어느 날 밤 (밤이어야 한다) 이들 형상이 거대하게 재생되고, 우리는 여기서 눈을 떼지 못한다. 밤에 황야에서 차를 달리다가 어디선가 거대한 야외 스크린에 비치는 남녀의 형상을 보면 차를 세우고 내릴 수밖에 없다. 깡통 속에 접혀 들어 있는 형상은 낮에는 얇은 회색 필름 위에 비쳐 보이는 창백한 이미지로만 존재한다. 그리고 그중 '현상'이 되어 나타나는 건 일부일 뿐이며 언제나 어둠 속에 보관되므로, 우리에게는 보이지 않게 이중으로 가려진 것과 같다. 뒤쪽에서 빛이 비치면, 마치 유령 같은 영화가 우리 앞에 펼쳐진다. 담배를 피우며 총부리를 겨누고 서로를 위협한다. 이때 우리의 정신은 영사기 같은 역할을 한다. 우리는 깡통 속에 저장한 이미지를 그대로 재생해 타인을 위해, 혹은 타인을 대상으로 영화처럼 틀 수 있다. 20여 년간 깡통에 저장된 분노는 어느 날 밤 갑자기 부인의 얼굴에서 재생될지도 모른다. 한편 부인은 매일 영웅처럼 보이던 남편의 얼굴에서 어느 날 밤 갑자기 폭군의 모습을 볼지 모른다. 연극 〈인형의 집$^{\text{A Doll's House}}$〉 주인공 노라는 남편의 얼굴에서 두 가지 이미지를 번갈아가며 본다.

최근 나는 오래전 일기장을 우연히 발견하고 1956년에 쓴 내용 중 하나를 펼쳐 보았다. 그해 나는 광고인의 본질을 묘사하는 시를 쓰느라 골머리를 앓고 있었다. 그리스신화 속 미다스 왕의 이야기가 당시 내 감정에 큰 영향을 미쳤다는 사실이 기억났다. 미다스 왕이 손을 대는 모든 것은 금으로 바뀌었다. 나는 시에서 광고인은 자기가 손을 대는 모든 것이 돈으로 바뀌며 그 때문에 결국 영혼의 굶주림에 시달린다고 표현했다. 나는 개인적으로 알고 지내던 광고인들의 모습을 떠올리며, 몰래 숨어서 이들을 공격하는 즐거움을 누리고 있었다. 내가 어떤 영화를 틀고 있었는지 오래전 글을 읽다 알아차리고 충격에 빠졌다. 그 글을 쓴 당시에서 그걸 발견한 지금까지 그

긴 시간 동안, 나는 영양분 없는 마음의 식사를 하고 있었다. 친구든 이성이든 어린아이든 내게 마음의 양식을 전해주어도 입에 가져가는 중 전부 쇳덩이로 변해버린 것이다. 충분히 이해가 갈지 모르겠다. 쇳덩이를 먹고 마실 수는 없지 않은가. 그러니 미다스 왕은 내게 적절한 이미지였다 할 수 있다. 하지만 내 내면의 미다스 왕을 보여주는 영화는 깡통에 처박힌 상태였다. 사악하고도 어리석은 광고인의 이미지는 한밤중에 거대한 스크린을 통해 나타났고 난 거기 빠져들 수밖에 없었다. 한두 해가 지나고 나는 《J. P. 모건의 승천에 바치는 시$^{Poems for the Ascension of J. P. Morgan}$》라는 시집을 썼는데, 여기에 나오는 모든 시는 기업을 잡지나 신문에 등장하는 광고로 대체해 표현했다. 나름 활기찬 분위기가 느껴지는 시집이고, 비록 아무도 출간하려 하지 않았지만 상관없다. 대부분 투사한 내용에 불과했으니까 말이다. 당시 썼던 작품 중 하나를 소개해볼까 한다. '불안^{Unrest}'이라는 시다.

이상한 불안이 나라 위를 맴돈다.
이것은 마지막 춤. J. P. 모건의 바다는 거칠게 요동치고,
거대한 이권은 갈라진다. 무기력이
다이아몬드로 가득 찬 육체에 파고든다.
폭발은 고등학교 시절에 시작되어, 아이는 일부분이 살해당했다.
싸움이 끝나고, 대지와 바다가 망가지자,
우리 안의 두 가지 형상이 나타나서는 멀어진다.

그러나 야비한 개코원숭이는 죽음의 해변에서 휘파람을 불고,
가지들이 차가운 공간을 떠받치는

나무 사이를 뛰어다니고,

나무를 오르내리며 땅콩과 돌멩이를 던져댄다.

소용돌이치는 행성, 검은 태양,

곤충들의 비명, 그리고 나무껍질 속 감옥 안

조그만 노예들.

샤를마뉴 황제*여, 저희는 지금 폐하의 섬에 접근하고 있사옵니다!

우리는 이제 눈 내리는 나무로,

눈 속에 잠긴 깊은 어둠으로 되돌아간다. 그 어둠을

우리는 뻣뻣해진 손으로

밤새 뚫고 달려왔는데 이제 어둠이 내리고

그 안에서 우리는 잠들고 깨어난다 ― 그 어둠 안에서

도둑들은 몸서리치며, 광기는 눈을 갈망한다,

은행가들은 그 눈 속 검은 돌 아래 파묻히는 꿈을 꾸고,

사업가들은 지하 감옥과 같은 잠 속에서 무릎을 꿇는다.

5년쯤 전부터 나는 이 시에 의문을 품었다. 왜 은행가와 사업가를 콕 집어 거론했을까? '은행가'를 다른 단어로 대체해야 한다면 뭐라고 쓸까? '계획에 매우 능한 사람'. 그러면 '사업가'는? '근엄한 얼굴을 한 사람'. 그리고 나는 거울 속을 들여다보았다. 이 시의 마지막 연을 어떻게 바꿨는지 알려줄

---

* 신성로마제국의 첫 번째 황제. 서유럽 대부분을 통일했다.

까 한다.

…그 어둠 안에서
도둑들은 몸서리치며, 광기는 눈을 갈망한다,
계획에 능한 자들은 그 눈 속 검은 돌 아래 파묻히는 꿈을 꾸고,
나처럼 근엄한 얼굴을 한 자들은 지하 감옥과 같은 잠 속에서
무릎을 꿇는다.

이제 파티에서 사업가라는 사람을 만나면 예전과는 사뭇 다른 느낌을 받는다. 내가 "무슨 일을 하시는지요?"라고 물으면 그 사람이 이렇게 대답한다. "주식 브로커입니다." 이 말을 하면서 그는 아주 살짝 미안한 듯한 표정을 지었다. 나는 속으로 '이것 봐라, 내 안 깊숙이 숨어 있던 내 일부분이 옆에 서 있군'라고 생각한다. 우스꽝스럽지만 그를 안아주고 싶다는 생각이 든다. 물론 정확히 말하면 그 사람의 '일부'를.

하지만 투사^{projection}는 긍정적 의미로 놀라운 일도 한다. 마리-루이제 폰 프란츠는 언젠가 이런 말을 한 적이 있다. "왜 우리는 언제나 투사가 나쁘다고 생각할까? 융 심리학자들 사이에서 '당신은 지금 투사를 하고 있군요'라는 말은 비판의 의미로 통한다. 하지만 투사는 때로 도움이 될 때도 있으며, 올바른 일이 되기도 한다." 정말 현명한 말이다. 아무리 급하다 해도 지식이 가방 속에서 바로 의식으로 들어올 수는 없다. 먼저 외부 세계를 거쳐야 한다. "광고인들이란 얼마나 사악한가"라는 말은 사실 나 자신에게 한 것이다. 마리-루이제 폰 프란츠는 투사가 없다면 우리는 세상과 연결될 수 없다는

사실을 새삼 일깨워준다. 여성은 때로 '남성이 자신의 이상적 여성상을 현실의 여성에 투사할 때가 많다'고 불평한다. 하지만 그렇게 하지 않으면 남성은 어머니의 집에서, 또는 자신이 혼자 사는 방에서 벗어날 수 없을 것이다. 투사하는 행위 자체는 문제가 아니다. 이를 얼마나 오랫동안 하느냐가 문제다. 실제 접촉 없이 타인에게 일어나는 투사는 위험하다. 수천 명, 아니 수백만 명의 미국 남성이 자기 내면의 여성성을 매릴린 먼로에게 투사했다. 수백만 명이 똑같이 한 여성에게 그런다면, 그리고 계속 그런 상태라면 그 여성은 아마 죽고 말 것이다. 실제로 매릴린 먼로도 그렇게 세상을 떠났다. 실제적 접촉이 없다면 투사는 그 대상에게 해를 끼칠 수 있다.

매릴린 먼로는 자신의 권력 지향의 일부로 이들 투사를 남성들에게 요구했으며, 이는 불우했던 어린 시절까지 거슬러 올라가야 하는 일이라고 말할 수도 있다. 투사를 하고 이를 회상하는 과정은 원시 종족 문화에서 얼굴을 맞대고 아주 조심스럽게 이루어졌으나, 대중매체가 등장하면서 원래 전통과 엇나가고 말았다. '정신의 경제$^{\text{economy of psyche}}$*'에서 먼로의 죽음은 피할 수 없는 일이었다. 어떤 사람도 이렇게 많은 투사(다시 말해 이렇게 많은 무의식)를 견디고 살아남지 못한다. 따라서 남성이든 여성이든 이미 이뤄진 투사를 거둬들이는 일은 절대적으로 중요하다.

그러나 왜 우리는 자신 속 그렇게 많은 부분을 포기하거나 가방에 집어넣어야 할까? 그것도 아직 젊을 때? 그리고 우리가 지닌 분노와 충동, 갈

---

* 프로이트의 초기 저서에 자주 등장하는 개념으로, 유한한 인간의 정신 자원으로 무한대에 가까운 외부 자극을 선택하고 처리하는 과정을 가리킨다.

망과 열정, 난폭하고 추한 대부분을 치워버린다면 우리는 과연 어떻게 살아갈 수 있을까? 우리를 이어주는 것은 과연 무엇인가? 앨리스 밀러[Alice Miller](1923~2010, 스위스의 심리학자)는 자신의 저서 《유년기의 죄수[Prisoners of Childhood]》에서 이 문제를 다룬다.

유년기에 펼쳐지는 드라마는 이렇다. 우리는 저 먼 우주 끝에서 '영광의 구름[clouds of glory](보통 신의 출현과 연관되는 특별한 모양의 구름)'을 따라 태어난 아이들이다. 포유류의 식욕을 물려받고, 인류의 조상이 나무 위에서 생활하던 15만 년 동안 보존되어 전승된 제멋대로의 충동과 5000년간의 종족 생활에서 이어받은 분노를 지니고 있으며 (사방에 에너지를 내뿜으며) 이를 부모에게 선물로 안긴다. 하지만 정작 부모는 이를 원하지 않는다. 부모는 단지 말 잘 듣는 착한 아들이나 딸을 원할 뿐이며, 이것이 드라마의 제1막이다. 부모가 사악하다는 게 아니다. 부모가 우리를 원하는 데는 다른 이유가 있다는 뜻이다. 이민 2세대였던 우리 어머니는 형과 내가 우리 가족을 좀 더 고상하고 있어 보이게 만들어주기를 바라셨다. 그리고 우리는 자식들에게 똑같이 행동한다. 이는 일반적인 삶의 한 부분이다. 부모들은 우리가 말을 배우기 전부터 우리의 본성을 거부했다. 그러니 이로 인한 아픔은 아마도 우리가 말을 시작하기 전 공간에 쌓여 있을 것이다.

밀러의 책을 읽고 나서 3주 동안 우울감에 시달렸다. 너무나 많은 것을 잃어버린 우리는 과연 무엇을 할 수 있을까? 부모님이 더 좋아하실 쪽으로 성격을 형성하는 방법도 있다. 앨리스 밀러는 우리가 자신의 본성을 배신했다는 점에 동의하지만, 그와 동시에 이렇게 말한다. "그 이유로 자신을 탓하지는 마라. 달리 할 수 있는 게 없었으니까." 고대였다면 아동은 부모에게 반기를 들었다는 이유로 죽음에 내몰렸을지도 모른다. 우리는 아이 때 상황에 맞춰 합리적인 행동을 했을 뿐이다. 이에 대해 취할 수 있는 온당한 태도는 애도하는 일뿐이라고 그녀는 말한다.

이제는 다른 종류의 가방에 대해 이야기해보자. 우리가 각자의 가방에 너무 많은 걸 집어넣으면 에너지를 잃는다. 가방이 클수록 에너지는 줄어든다. 타인보다 많은 에너지를 지니고 태어난 사람도 있지만, 사실 우리는 사용할 수 있는 양보다 많은 에너지를 가지고 있다. 이 에너지는 대체 어디로 갔을까? 어릴 때 성에 대한 내용을 가방 안에 넣어버리면 에너지를 많이 잃는다. 여성이 자신의 남성성을 가방에, 아니면 깡통 안에 집어넣으면 거기에서 나오는 에너지를 잃는다. 우리 각자의 가방에 들어 있는 에너지는 이제는 사용할 수 없는 상태라고 보면 될 것이다. 창조성이 부족하다면, 자신의 창조성이 가방 안에 들어가버렸기 때문이다. "난 창조성이 부족해", "전문가에게 맡기지 뭐" 같은 말을 하는 사람이 있지 않은가? 이것이 바로 그런 예다. 대중이 원하는 시인이란 마치 용병처럼 외부에서 들어온 사람이다. 하지만 우리는 모두 자신만의 시를 써야 한다.

지금까지는 각자가 개인적으로 소유한 가방에 대해 이야기했지만, 마을이나 공동체에도 이런 가방이 있다. 나는 수년간 미네소타주의 한 작은 농장 마을에서 살았다. 이 마을 주민의 가방 내용물은 모두 같을 수밖에 없었다. 그리스에 있는 마을이라면 가방 속에 당연히 다른 게 들어 있을 것이다. 이는 집단의 결정대로 마을 전체가 특정한 종류의 에너지를 가방에 넣고선 아무도 꺼내지 못하게 하는 것과 같다. 이 문제에서는 마을이 개인의 과정에 개입하기 때문에, 혼자 대자연 속에서 사는 것보다 더 위험하다. 반면 작은 마을에서 개인이 격렬한 증오를 느낀다면 그 개인의 투사가 어디로 향하는지 볼 수 있다는 이점이 있다. 융 심리학자 공동체에도 마을과 마찬가지로 가방이 존재하며, 여기에는 보통 천박함이나 돈 욕심 같은 걸 집어넣으라고 권장한다. 프로이트 심리학자 공동체에서는 대신 거기에 종교 생활을 넣으라고 요구한다.

국가 단위의 가방도 있는데, 미국이 끌고 다니는 가방은 꽤 기다랗다. 러시아와 중국의 잘못도 적지 않지만, 지금 미국의 가방에 무엇이 담겨 있는지 알고 싶다면 러시아를 공식 비판하는 국무부의 발표를 주의 깊게 들어보면 된다. 로널드 레이건 대통령의 말을 빌리면, 미국은 웅대한 비전이 있지만 러시아에는 제국이 있을 뿐이다. 거기서는 정체된 리더십을 견뎌야 하고, 소수를 가혹하게 다루며, 젊은이를 세뇌하고 상호 조약을 위반한다. 반면 프라우다^{Pravda}지(러시아 대표 일간신문)의 미국 관련 기사를 읽으면 러시아의 가방에 무엇이 들었는지 알 수 있다. 양쪽의 그림자는 저 먼 허공 어딘가에서 서로 만나며, 이들이 만드는 네트워크를 우리 모두 대면하고 있는 것이다. 이러한 비유에 새로운 내용을 덧붙일 생각은 없으나 적어도 개인의 그림자, 공동체의 그림자, 그리고 국가의 그림자는 분명히 구분했으면 한다.

이 글에서 나는 세 가지 비유를 사용했다. 가방, 필름 깡통, 그리고 투사다. 깡통이나 가방은 닫혀 있으며 그 이미지가 어둠 속에 남아 있기 때문에, 우리는 이들을 순진하게 세상 속으로 내던질 때 비로소 내용물을 볼 수 있다. 그러면 거미는 악, 뱀은 교활함, 그리고 염소는 성욕 과다의 이미지가 된다. 또 남성은 일차원적이고 단순하며, 여성은 연약하고, 러시아인은 부도덕하며, 중국인은 다 똑같이 생겼다. 그러나 이렇게 값비싸고 해롭고도 낭비적이며 부정확한 상호 비방을 통해서만 그게 얼마나 추하고 어리석은 진흙탕 싸움인지 깨달을 수 있다.

2. 그림자는 진화한다

에드워드 C. 휘트먼트 Edward C. Whitmont

'그림자'라는 용어는 개인 성격에서 이상적인 자아의 모습을 만들기 위해 억압한 부분을 가리킨다. 무의식 속 모든 부분은 투사를 통해 밖으로 나타나므로, 우리는 투사를 통해, 정확히는 '다른 사람'을 바라보는 자신의 관점을 통해 그림자를 만나게 된다. 그림자는 꿈이나 환상이라는 형태로 개인의 무의식을 표현한다. 개인이 지닌 복잡성이 모여 생겨난 성격의 겉면을 둘러싼 껍질과도 같으며, 개인의 한계를 넘어 깊은 내면 경험으로 들어가는 문이라고 할 수 있다.

현실적으로 그림자란 성격 중 열등한 부분으로 나타나는 경우가 많지만, 긍정적인 그림자도 있다. 우리가 부정적 특징에 자신을 동일시해 긍정적 특징을 억압할 때 긍정적 그림자가 나타난다.

다음에 설명할 그림자의 사례는 익숙한 상황에서 나타나는 전형적인 경우다. 한 중년 여성 내담자가 시어머니에 대해 되풀이해 불만을 호소한다. 이 내담자가 하는 말은 대체로 정확한 것 같다. 내담자의 남편에게 따로 물어봤을 때도 거의 똑같은 설명을 들었기 때문이다. 내담자 부부가 보기에 시어머니는 지배욕이 강하며, 다른 사람의 관점을 인정하려 하지 않는 탓에 조언을 구하면서도 정작 듣고 나면 이를 깎아내리며 트집을 잡는 버릇이 있다. 항상 자신이 학대당하는 피해자라 생각하며, 그때문에 다가가기 매우 힘든 사람이다. 며느리는 시어머니가 자기와 남편 사이를 가로막고 있다고 느낀다. 남편이 끊임없이 어머니를 챙겨야 하는 탓에 부인인 자기는 뒷전이 되어버린다고 생각한다. 내담자의 결혼 생활은 가망 없이 궁지에 몰린 듯 보인다. 그런데 어느 날 내담자는 다음과 같은 꿈을 꾼다.

"저는 어두운 복도에 서 있어요. 남편 쪽으로 가려는데 시어머니가 길목을 막고 있어요. 하지만 제일 끔찍하게 두려운 건 시어머니가 절 보지 못한다는 것이에요. 제게 스포트라이트가 떡하니 비치고 있는데도요. 시어머니가 보기에는 전 아예 거기 존재하지 않는 것과 같아요."

꿈이란 항상 무의식을 가리킨다는 점을 다시 한번 상기해보자. 꿈은 우리 인식 속 불충분한 부분이 어딘지 드러내 이를 보완해준다. 꾸는 사람이 정확히 알고 있는 상황을 되풀이해 알려주는 게 아니다. 의식 속에 의심이 도사리고 있을 때, 꿈은 이를 반복해 보여줌으로써 의심을 해소하도록 도와준다. 하지만 자신이 확신하는 사실이 꿈에서 되풀이해 나타날 때, 이는 무의식이 문제를 제기하고 있다는 뜻이다. 투사가 우리 자신에게 이루어지고 있는 것이다. 표면적으로 이 꿈은 며느리가 의식에서 불평하는 내용을 되풀이하는 것처럼 보인다. 그러나 무의식이 투사하는 내용을 살펴보면 이 꿈의 진정한 의미를 알 수 있다. 이 꿈이 내담자에게 명백하게 알려주는 사실은 스포트라이트가 환히 비추는 쪽은 내담자이지 시어머니가 아니라는 것이다. 이는 내담자가 시어머니에게 투사하는, 그리고 자신과 남편 사이를 가로막는 무의식의 내용이 무엇인지 보여준다. 남편과의 사이를 가로막는 시어머니는 사실 내담자 내면에 자리 잡고 있다. 언제나 자기만 옳아야 하는 것도 자신의 욕구이며, 장애물을 만들고 모든 것을 깎아내려야 직성이 풀리는 것도 내담자 자신의 성향이다. 내담자 앞을 가로막은 것은 바로 자신을 불행한 희생자로 만들려고 하는 내담자 자신의 성향이다. 시어머니 탓으로 돌리는 특징은 모두 본인의 특징과 일치하며, 내담자는 여기에 지나치게 사로잡힌 나머지 자신을 있는 그대로 보지 못할뿐더러 자신의 실제 인격 역시 깨닫지 못한다. 그 결과 자신의 인격은 존재하지 않는 것과 마찬가지가 되어버리며, 자신을 제대로 볼 수 없는 탓에 현실의 시어머니도 인격체로 보지 못한다. 그래서 사실 시어머니가 아닌 자신이 스스로 사용하는 방해꾼 되기 전략에도 제대로 대처하지 못하는 상태가 되고 말았다. 그림자의 투사(또는 아니무스나 아니마의 투사)에 갇히면 필연적으로 벌어지는 완벽한 악순환이라 하겠다. 투사는 우리 자신이 타인을 보는 관점을 흐릴 수밖에 없다. 투사로 나타나는 특징이 앞에서 설명한 사례에서처럼 실제로 타인의 모습일 수도 있다. 하지만 이때 투사에서 나타나는 감정 반응이 향하는 곳은 이와 똑같은 감정적 색깔을 띤 채 우리 자신의 내면에 자리 잡은 콤플렉스다. 이 콤플렉스는 우리의 시야는 물론 객관적으로 바라보고 인간적으로 공감하는 능력도 방해한다.

빨간 색유리로 된 안경을 쓰고 있지만 이를 알지 못한 채 자동차를 모는 사람이 있다고 생각해보자. 이 운전자는 빨강, 노랑, 그리고 초록으로 이루어진 교통 신호를 분간하기 어려워 항상 사고의 위험에 노출될 것이다. 이 사람에게 모두 빨갛게 보이는 교통 신호 중 일부 또는 대부분이 빨간 신호라 해도 이는 아무런 도움이 되지 않는다. 이 운전자에게 위험이란 자신에게 씌워진 '빨간색 신호의 투사'를 구별하고 그 차이를 판별하지 못한다는 사실에서 비롯된다. 그림자 투사가 일어나면 우리는 실제 타인의 모습과 우리 자신의 콤플렉스를 구별하지 못하게 된다. 사실을 상상과 구별할 수 없게 된다는 뜻이다. 그러면 어디에서부터 투사하기 시작했으며 실제 타인은 어디까지인지 파악할 수 없다. 그뿐 아니라 타인을 올바로 보지 못하는 만큼 자신조차 제대로 볼 수 없다.

누군가에게 가장 혐오스럽고 참을 수 없는, 사이좋게 지내기 가장 힘든 성격 유형이 무엇인지 물어보라. 그 사람이 내놓는 대답은 아마 그 자신이 억압하고 있는 성격 특성일 것이다. 그가 묘사하는 모습은 사실 자신이 철저히 무의식 속에 숨겨놓은, 그래서 언제 어디서든 타인에게서 발견하면 고통스럽기 그지없는 모습이다. 자신이 억압하는 부분이기 때문에 받아들일 수 없는 것이다. 자신 안에서 받아들일 수 없는 그 부분이 타인에게서 보일 때도 용납하지 못한다. 반면 부정적 특징이라도 과다하게 불쾌감을 주지 않고 (용서해야 할 상황이라면) 비교적 쉽게 용서할 수 있다면 그림자와 연관되지 않았을 가능성이 크다.

그림자는 낯섦으로 인해 의심의 대상이 되는 '다른 사람'에 대한 경험의 원형이다. 자신을 옹호하고 정당화하기 위해 탓하고 공격할 희생양을 찾으려는 원초적 욕구다. 그림자는 '적[enemy]'에 대한 경험, 그리고 비난할 만한 이유를 타인에게 갖다 붙이는 습관의 원형이기도 하다. 자신을 잘 알고 있으며 자신의 문제를 제대로 해결했다는 착각에 빠지기 때문이다. 내가 올바르고 맞아야 한다고 생각하는 동안에는 내 안의 악을 인정하지 못하고, 이는 내가 아닌 다른 이의 악이라 생각한다는 의미다.

이렇게 거짓말을 하는 이유는 자아 그 자체의 본질에 있다. 자아 발달은 자기^{Self}*, 즉 개인의 잠재적 성격 경향과 외부 현실이 만난 결과로 일어난다. 다시 말해 내면의 잠재적 개성과 외부의 집단성이 만나서 이루어진다. 그 첫 번째 단계는 옳고 그름 사이의 경험으로 자기 수용$^{self\text{-}acceptance}$의 기초가 되며, 이 단계에서는 최초 수준의 의식을 처음 받음과 동시에 외부 집단에 투사된다. 아동은 적응을 통해 자신을 수용한다. 자기, 그리고 의식과의 조화를 이룰 수 있는지는 외부에서 이를 수용하는지에 달려 있다. 집단과 페르소나^{persona}(자신의 외적 성격, 타인에게 비치는 자신의 성격)의 가치에 달려 있다는 뜻이다. 개성 내부의 갖가지 요소 중에서 외부에서 수용 가능한 페르소나의 가치와 지나치게 동떨어진 부분이 있다면, 이들은 자아가 스스로에 대해 가지는 이미지에 의식적으로 제외된다. 그래서 이들은 억압의 대상이 된다. 하지만 사라지는 건 아니고 외부에서 보이지 않는 제2의 자아$^{alter\ ego}$로 작동한다. 즉 '그림자가 된다'. 자아 발전의 기초는 '옳지 않은', 또는 '악한' 것을 억압하고 '선한' 것을 촉진하는 일이다. 자아가 강해지려면 먼저 집단의 금기를 익히고 초자아^{superego}(프로이트의 성격 구조에서 자아와 원초아^{id} 사이를 오가며 규범, 도덕, 윤리 등을 전달하는 부분) 및 페르소나의 가치를 수용하며 집단의 도덕 기준에 자신을 맞춰야 한다.

가장 중요하게 언급할 사실은 이상적 페르소나 및 일반적인 문화 가치와 크게 차이 난다는 이유로 억압당하는 특성이 실은 우리의 기본 성격 구조 중 필수 요소일 수도 있으며, 이들은 억압 때문에 원시성 수준에 머무른

---

* 융 심리학에서 '자기'를 대문자 S를 사용해 표기할 때가 많은데, 이는 기독교 문헌에서 신을 대문자를 써서 'God'이라고 표기하는 것처럼 총체성과 신성성을 강조하기 위해서다. 여기에서 휘트먼트는 대문자로 표기했다.

채 발달하지 못해 결국 부정적으로 변해버린다는 점이다. 불행히도 억압한다고 이들이 사라지거나 작동을 멈추지는 않는다. 자아가 의식할 수 있는 범위 바깥으로 내몰릴 뿐이다. 이들은 콤플렉스가 되어 활동한다. 자아한테 보이지 않기 때문에 자아의 감독을 받지 않아, 파괴적인 형태로 존재하면서도 아무런 견제도 받지 않는다. 그림자는 개인의 특성 중 성격 구조상 절대적 '암흑'에 속하는 욕구 및 행동 양식으로, 다시 말해 콤플렉스로 구성된다. 대부분 타인이 눈으로 관찰할 수 있으며 그걸 볼 수 없는 건 자신뿐이다. 그림자 속 특성은 보통 자아가 이상적으로 생각하고 얻으려 애쓰는 것과는 확연히 다르다. 섬세한 이타주의자라면 잔인한 이기주의자의 모습을, 용감한 파이터는 징징대는 겁쟁이의 모습을, 그리고 사랑 가득한 연인은 신랄한 잔소리꾼의 모습을 내면에 그림자로 지니고 있을지 모른다.

그림자의 존재 또는 그림자를 향한 욕구는 인간의 보편적 원형이다. 자아 형성 과정, 즉 개인성과 집단성이 충돌하는 과정을 보편적 형태로 경험하기 때문이다. 그림자가 투사되는 데는 두 가지 방식이 있다. 개인성 차원에서는 악하다고 인식된 인물의 형태를 띠며, 집단성 차원에서는 악을 의인화한 '적'의 형태가 가장 일반적이다. 신화에서는 악마, 사탄, 유혹하는 존재, 악령이나 망령, 또는 음습하거나 악한 형제나 자매의 모습으로 등장한다.

그림자는 자아 발달을 구성하는 요소다. 인식의 중심을 완성하는 과정에서 갈라져 나오기 때문이다. 우리에게 부족하고 결핍되었다고 여기는 부분이 그림자다. 프로이트가 처음 발견했으며 지금은 널리 알려진, 의식이 억압하는 요소인 '무의식'과 대략 일치한다. 그림자가 무의식적으로 자연스레 나타날 때, 보통은 꿈속에서 자신과 성별이 같은 인물로 등장한다.

그림자를 인식하면 의식적 성격에도 눈에 띄는 효과가 나타난다. 자신이 보는 타인의 악한 모습이 실은 자신을 가리키고 있을지 모른다는 생각만으로도 다양한 충격 효과가 일어나며, 그 사람의 윤리적, 도덕적 확신이 클수록 그 효과도 커진다. 자신의 그림자를 대면하고 겁먹은 채 물러서거나 상처받지 않으려면 정신력이 강해야 하며, 열등한 자기를 수용하려면 용기가 필요하다. 감당하기 힘들 정도로 강한 충격을 받았을 경우 무의식은 보통 보상 기능을 발동해 상황을 건설적으로 바라봄으로써 도움을 주려 한다. 다음과 같은 꿈의 사례가 좋은 예다.

"누군가가 사과를 가지고 저를 죽이려 했어요. 그러자 제가 탐탁지 않게 생각하던 이웃 사람이 제가 쓸모없다고 생각하던 볼품없는 자갈투성이 땅을 아름다운 정원으로 일궈놓은 게 보였어요."

이 꿈에서는 그림자라는 문제가 두 가지로 나타난다. 원형적 의미와 개인적 의미다. 내담자는 꿈속에서 사과를 창세기 첫 장에 등장하는 악마의 표상인 사과로 연결했다. 모르는 사람이 내담자에게 준 사과는 악마 또는 뱀이 주는 선물이며, 그림자의 원형적 형태를 이룬다. 이는 그림자가 모든 사람이 공통으로 극복해야 하는 일반적 문제임을 뜻한다. 내담자가 평소에 깔보던 이웃 사람은 개인의 그림자를 의미한다. 이 꿈이 실제로 뜻하는 바는 이렇다. 나는 그림자가 나를 죽일까 두렵다. 그림자가 내게 준 사과는 선과 악의 구분을 의미하며, 이는 내면에 있는 악의 유혹을 내가 인식한다는 의미다. 그리고 인간은 그 사과를 먹음으로써 죽음이란 걸 알게 된다(창세기 3장 19절). 하지만 사과에는 숨은 뜻도 있다. '너희가 하나님처럼 되어서, 선과 악을 알게 된다(창세기 3장 5절).' 따라서 이 꿈은 내담자에게 충격을 준 개인의 그림자라는 문제가 실은 모든 인간에게 근본적 문제(따라서 원형적 문제)임을 가리킨다. 자기 내면의 악을 마주 보는 일은 죽음처럼 힘들고 굴욕적인 경험일 수 있지만, 죽음이 그러하듯 개인이 존재하는 의미를 초월하는 일이기도 하다. 이러한 꿈의 의미를 내담자가 깨닫는 게 중요하다.

꿈 뒷부분이 전하는 메시지는 이렇다. 내가 받아들이지 못하는 내면의 부분이며 꿈속에서는 멸시하던 이웃과 연결되어 나타난 특징인 '그림자'는 불만족스럽던 불모지가 낙원으로 바뀌는 공간이다. 그림자는 일단 인식하고 나면 재생의 근원이 된다. 자아가 기존에 지니고 있던 가치에서는 이렇게 새롭고 생산적인 충동의 에너지가 나올 수 없다(자아가 제대로 발달했을 때도). 삶에서 곤란하고 불모지 같은 상황이 생길 때, 우리는 자신의 어둠 속, 의식이 외면하고 받아들이려 하지 않던 부분을 들여다보아야 한다. 괴테의 대표작 《파우스트^{Faust}》에서 악마는 "그럼 당신은 대체 누구인가?"라는 질문을 받자 이렇게 대답한다.

"언제나 악을 원하면서도
언제나 선을 창조하는 힘의 일부분이지요."

(이 말은 뒤집어도 사실이다. 공상적 박애주의자가 흔히 그러듯, 우리는 선을 원할수록 이기적 의도를 간과하거나 악의 존재를 무시함으로써 결과적으로 더 많은 악을 창조한다.)

이는 우리에게 한 가지 근본적 사실을 일깨운다. 그림자는 바로 우리의 개성으로 통하는 문이라는 사실 말이다. 그림자는 인격 속 무의식을 처음으로 우리에게 보여주는 반면, 진정한 자기를 만나는 첫 번째 단계가 되기도 한다. 사실 무의식에, 그리고 우리 자신의 진실에 접근하려면 그림자를 거쳐야 한다. 지금까지 보지 못했거나 보지 않으려 했던 내면의 모습을 먼저 인식해야 비로소 '이들을 움직이고 존재하게 하는 근본이 무엇인가'라는 문제에 접근해 답을 얻을 수 있다. 따라서 그림자를 제대로 직면하지 않고서는 어떤 진보도 성장도 이룰 수 없다. 그림자를 직면한다는 것은 단순히 그림자가 무엇인지 안다는 것이 아니다. 우리가 원하거나 자신에게 기대하는 모습이 아닌, 우리의 진짜 모습을 바라보고 제대로 충격을 받아야 한다는 뜻이다. 그래야 진정한 인격을 향한 첫걸음을 디딜 수 있다.

긍정적 잠재력을 갖추지 못하고 자신을 과다하게 깎아내리거나, 도덕적 에너지 부족 등의 이유로 자신을 부정적 측면과 동일시하면, 긍정적 잠재력은 그림자의 특징으로 변한다. 이럴 때 그림자는 선악 양쪽을 다 밝혀주는 긍정적 그림자가 되어, 부당하게 무시당한 의식에 꿈의 형태로 파고들려 한다. 하지만 이런 경우보다 지나치게 희망적이고 긍정적으로 자기를 치장하는 일이 실제로는 더 자주 일어난다. 이는 집단에서 수용되는 형태에 자신을 맞추려고 하기 때문에 발생하는 현상이다.

그림자에 대해 우리가 보이는 반응은 몇 가지로 나눠볼 수 있다. 우선 그림자를 거부할 수도, 직면할 수도 있다. 그림자가 자신의 일부분임을 깨닫고 나면 우리는 이를 지워버리려 할 수도 있고, 바로잡으려 할 수도 있다. 그림자를 책임지기 거부하려 할 수도 있고, 멋대로 굴도록 그냥 내버려둘 수도 있다. 또는 건설적인 방향으로 그림자의 고통을 감당하는 방법도 있다. 이는 그림자를 자신의 인격 중 일부분으로 받아들여 건강한 겸손함과 인간미로, 나아가 삶의 지평을 넓히는 새로운 통찰로 삼는 것을 말한다.

그림자와의 직면을 거부하거나, 의지력만으로 "사탄아 물렀거라"를 되뇌며 그림자에 대항하려 한다면 그림자는 무의식으로 떨어진 채 부정적이고 강박적으로 투사된 형태로만 힘을 발휘하게 될 뿐이다. 이렇게 되면 투사로 주변 세계가 우리 자신의 얼굴을 보여주는 배경으로 변형되지만, 우리는 이를 깨닫지 못하고, 그로 인해 점점 고립된다. 실제 주변 세계가 아니라 그림자가 투사해 보여주는 '나쁘고 사악한' 허상의 세계와 이어지기 때문이다. 그 결과 현실과 동떨어진 채 부풀려지고 뒤틀린 자기 위안에 빠진다. 다들 잘 알고 있을 '이게 이렇게만 됐어도'나 '딱 이렇게만 된다면', 또는 '세상이 내 가치를 제대로 알아봐주기만 하면' 같은 상상의 세계 말이다.

투사 때문에 우리는 이런 갑갑한 상황이 '환경이 우리에게 악의를 갖고 있기 때문에 벌어지는 것'으로 여기며, 결국 지겹도록 끝없이 계속되는 악순환에 빠진다. 이러한 투사는 타인을 보는 태도에까지 영향을 미친다. 나중에는 말 그대로 투사를 통해서만 타인을 보는 수준에까지 이른다는 뜻이다. 악의에 쫓긴 채 타인을 상상하는 것을 너무나 오래 지속한 나머지, 과다한 방어성에 질린 타인이 결국 스스로 우리에게 악의를 갖게 된다. 주변에서는 이를 이유 없는 적의 unprovoked hostility 라고 한다. 타인의 방어성을 자극하는 동시에 타인의 그림자를 우리에게 투사하며, 우리 자신의 방어성으로 이에 반응하는 과정에서 더 많은 악의가 생겨날 뿐이다.

이런 상황에서 자아는 본능적으로 자신의 통제력과 주권을 지키기 위해 그림자와의 직면에 크게 저항한다. 그림자가 나타날 기미만 보여도 이를 싹 지워버릴 것처럼 반응하기 일쑤다. 의지력이 발동한 결과 "절대 다시는 그러지 않을 거야!"라고 결심한다. 그리고 나면 최후의 충격이 밀어닥친다. 아무리 애써도 그런 일은 불가능하다는 사실을 어떤 식으로든 깨닫게 되기 때문이다. 그림자는 스스로 에너지를 충전하는 감정과 행동의 유형이다. 의지를 갖고 행동한다고 그림자의 에너지가 멈추지는 않는다. 에너지를 변형시키거나 방향을 돌려야 한다. 하지만 그러려면 먼저 그림자의 존재를 인식해야 하며, 그와 동시에 그림자는 그냥 없애버릴 수 있는 게 아니라는 사실을 인정하고 받아들여야 한다.

욕구라고 생각된다면 어쩔 수 없이 받아들여야 한다고 느끼는 사람이 대다수일 것이다. 자신의 욕구에 저항하는 일, 충동이 주는 압박을 견디는 일, 그리고 욕구를 만족시키지 못함으로써 겪는 좌절이나 아픔에 시달리는 일이 그림자와의 맞대면보다도 더 고통스럽다고 받아들이기 때문이다. 따라서 우리는 자신이 욕구를 느끼고 있음을 깨달았을 때, 이에 저항할 상황이 생기는 걸 회피하려 욕구 자체를 외면하고 아예 존재하지 않는 척한다. 욕구를 억압하는 게 자기 통제보다 덜 고통스러워 보이지만, 불행하게도 여기에는 위험이 따른다. 이러면 자신의 동기를 의식하지 못한 채 무책임하게 행동하게 되기 때문이다. 우리는 자신의 모습과 감정에 반드시 책임져야 할 필요가 없지만, 행동에는 책임을 져야 한다. 그러므로 우리는 자기 수양하는 법을 배워야 한다. 그리고 자기 수양에 기초가 되는 것은 필요할 경우 자신의 느낌을 거스르며 행동하는 능력이다. 이는 인간에게 필요한 부분일 뿐만 아니라 인간의 특권이기도 하다.

반면 억압은 이를 완전히 무시한다. 억압은 고집스레 계속하면 정신 병리 증상으로 이어지지만, 이는 최초의 자아 형성에서 꼭 필요한 부분이기도 하다. 이는 우리 모두 내면에 정신 병리적 세균을 지니고 있다는 뜻이다. 이 점에서 잠재적 정신 질환은 인간을 구성하는 데 필수적인 부분이라 할 수 있다.

그림자에는 자신을 올바로 표현할 시간, 공간, 그리고 방법이 있어야 한다. 그림자를 맞대면함으로써 그림자가 언제, 어떻게, 그리고 어디서 자신을 표현하도록 허락할지를 보다 건설적인 맥락에서 선택할 수 있다. 부정적 측면을 드러내지 못하도록 막을 수 없을 때도 충격 완화 요소를 의식적으로 추가할 수 있으며, 아니면 최소한 이에 사과라도 할 수 있다. 상처를 피할 수 없거나 피해서는 안 되더라도, 이 과정을 부드럽게 진행하면서 결과를 받아들일 준비를 할 수 있다는 뜻이다. 이를 무시하면 그럴 기회를 잃는다. 그림자를 제멋대로 하도록 내버려두면, 우리를 이끌고 폭주하며 파괴와 위험에 빠뜨린다. 그리고 우리에게 어떤 형태의 일로 '일어난다'. 이런 일은 보통 우리에게 가장 어색한 때 벌어진다. 무슨 일이 정확히 어떻게 일어날지 모르니 충격을 완화할 수 있는 방법이 없고, 그 때문에 타인에게 그 책임을 돌리기 일쑤다.

물론 사회와 집단이 겪는 그림자의 문제도 있다. 사회적, 인종적, 그리고 국적에 따른 편견과 차별의 뿌리가 놀랍게도 여기에 있다. 소수 집단, 그리고 주류와 뜻을 달리하는 집단은 다수가 투사하는 그림자를 짊어져야 한다. 흑인이든 백인이든, 기독교든 유대교든, 이탈리아계든 아일랜드계든, 또는 중국계든 프랑스계든 마찬가지다. 그뿐만이 아니다. 그림자는 적의 원형이 되기 때문에, 그림자의 투사는 가장 평온하고도 고결한 시기에조차 가장 끔찍한 전쟁으로 우리를 몰아넣을 수 있다. 적도 적과의 분쟁도 모두 원형적 요소이며, 우리의 갈라진 내면이 투사된 모습이다. 이는 법으로 통제할 수도 없으며, 없어지길 바란다고 없어지는 것도 아니다. 우리가 자신의 그림자를 용기 있게 대면하고 내면에서 일어나는 분열을 치유해야 이를 해결할 수 있다. 이를 완전히 박멸했다고 지레짐작으로 믿고 있을 때가 집단 혹은 개인에게 가장 위험한 때다.

그림자는 완전히 없앨 수 없다. 어둠의 형제자매로 우리 곁에 항상 존재한다. 그림자가 어디 있는지 깨닫지 못할 때 늘 문제가 벌어진다. 그때쯤에는 틀림없이 그림자가 우리 바로 뒤에 서 있을 것이다. "나는 그림자 문제를 겪고 있는가?", "내게 부정적인 부분이 있는가?" 같은 건 절대로 올바른 질문이 아니다. "지금 이 순간 그림자는 어디에 있는가?"가 올바른 질문이다. 그림자가 아직 보이지 않을 때, 바로 그때를 조심해야 한다. 콤플렉스 자체는 정신 질환이 아니라는 융의 말을 기억하면 도움이 된다. 우리가 콤플렉스 같은 걸 가지고 있지 않다고 생각할 때에만 정신 질환이 되는 것이다. 그렇게 생각할 때 콤플렉스가 우리를 집어삼키기 때문이다.

3. 그림자는 알고 있다: 존 A. 샌퍼드와의 인터뷰

D. 패트릭 밀러[D. Patrick Miller]

다음은 작가 D. 패트릭 밀러가 정신분석가 존 A. 샌퍼드와 나눈 인터뷰로, 잡지 〈더 선〉에 실렸던 글이다.

더 선: 융은 "선한 인간보다는 온전한 인간이 되겠다"라고 말한 바 있습니다. 많은 사람이 이 말에 어리둥절해하고 혼란스러워했죠. 사람들 대부분이 악과 '선함'의 과잉 사이에 어떤 관계가 있는지 깨닫지 못하는 이유는 무엇

일까요?

샌퍼드: 자아와 그림자의 문제입니다. 기독교 전통에서 가장 첨예하게 드러나는 문제이기도 하죠. 성경에서는 선과 악의 차이가 분명하게 그려집니다. 선한 신이 있고 악한 악마가 있습니다. 신은 인간이 선을 행하고 악을 벌하길 바랍니다. 《신약성서》의 관점에서 보면 개인이 악에 굴복해 악한 일을 하면 영혼은 타락하며 파괴됩니다. 부정적 심리 과정이 시작된다는 뜻입니다. 그래서 기독교에서는 언제나 '선한 사람이 될 것'이라는 목표 또는 모델을 두고 그에 관련한 이야기를 하죠.

하지만 원래 기독교 전통은 인간이 내면에 그와는 정반대 것들을 지니고 있음을 잘 알고 있습니다. 사도 바울$^{\text{St. Paul}}$은 이렇게 말했어요. "나는 내가 원하는 선한 일은 하지 않고, 원하지 않는 악한 일을 합니다." 이는 심층심리학$^{\text{depth psychology}}$(인간의 무의식적 행동, 심리를 연구하는 심리학)적인 말입니다. 그는 자신에게 그림자가 있음을 알았고, 그래서 오직 하나님만이 그런 상황에서 자신을 구원할 수 있다고 생각한 겁니다. 하지만 자신의 상황을 제대로 알았기 때문에 평정을 유지하고 제대로 대응할 수 있었어요.

이후 이러한 심층적 관점이 사라지면서 사람들은 자신을 선과 동일시해야 한다는, 아니면 적어도 그런 척해야 한다는 압력을 느끼게 됩니다. 이러면 그림자와 더는 이어지지 못하죠. 또 그 와중에 교회가 중대한 실수를 저지르는데, 이는 중세에 특히 두드러집니다. 이 시기에는 특정한 행동뿐 아니라 상상까지 악으로 취급했습니다. 악에 대해 상상하는 것만으로도 악한 사람이 되고 마는 것이죠. 간통은 물론 죄지만, 간통에 대해 상상하는 것까지 죄가 되었기에 양쪽 다 참회하고 죄를 용서받아야 했습니다.

그 결과 사람들은 상상 속 삶을 부정하고 억압했고, 그림자는 더 깊이 숨어 들어가버렸습니다. 내면의 분열이 심화한 거죠.

더 선: 이러한 과정은 여성성의 요소가 사라진 것과 궤를 같이합니까?

샌퍼드: 네, 그렇게 말할 수 있겠군요. 여성성에서 현실은 그러한 대조가 분명하게 나타나지 않습니다. 남성성이 보는 사물은 햇빛 속에서 보는 것처럼 분명합니다. 이건 이거고 저건 저거죠. 반면 여성성은 달빛 속에서 사물을 보는 것과 같습니다. 조금씩 뒤섞이고 서로 분명히 구분되지도 않습니다. 그림자는 전체로 보면 매우 섬세하고 복잡합니다. 겉으로 보이는 선악 구분의 문제만큼 단순한 게 절대 아니에요.

그래서 여성성의 요소가 있었다면 이러한 그림자와 자아의 완전한 분열이 조금은 덜했을 겁니다. 초기 교회는 일종의 페미니즘 운동을 이끄는 지도자였습니다. 그러나 이후에는 가부장적으로 변해버렸죠. 자아와 그림자의 분열이 점점 심해지면서 지킬 박사와 하이드 같은 현상의 토대가 되었습니다. 기독교 역사를 연구하면 이렇게 진전되는 과정을 발견할 수 있어요. 예를 들면 선한 일을 행하고 있다고 공언한 사람들이 중세 종교재판을 이끌었습니다.

물론 기독교인에게만 그림자가 있는 건 아닙니다. 모두가 끔찍한 일을 저지를 수 있어요. 하지만 자아와 그림자의 분열은 기독교 전통에서 유독 두드러집니다. 이런 상황에서 다행인 점은 심층심리학이 돌아왔다는 겁니다. 비록 교회는 상상까지 금지하려 했지만 내면의 삶에 대해 분명히 알고 있었으며, 그래서 늘 자기 성찰을 중시했습니다.

더 선: 저는 종교 원리주의자에게 둘러싸여 성장했습니다. 항상 특유의 긴장감이 느껴졌어요. 밖으로 표현하는 건 고사하고 말 그대로 '마음속에 들어오는 것조차 막으려고' 애쓰는 듯한 분위기 말입니다. 자아와 그림자 사이의 내면 분열을 유지하는 데는 상당한 에너지가 필요한 것처럼 보입니다.

샌퍼드: 맞습니다. 그리고 그런다고 반드시 좋은 사람이 되는 건 아니에요. 순수한 선을 갈망하다 보면 선한 척만 하게 되거나 자기기만에 빠집니다. 페르소나, 즉 자아에 둘러쓴 선함의 가면이 생겨나죠. 지킬 박사는 거대한 페르소나를 지니고 있었으며 이를 온전히 믿었습니다. 하지만 진짜 선한 사람은 절대 아니었어요. 지킬 박사와 하이드가 어떤 관계였느냐 하면, 지킬 박사는 은밀하게 하이드가 되고 싶어 했잖아요. 자신을 내면 그림자의 모습으로 바꿔줄 약을 얻자, 그는 이상적인 해답을 찾았다고 생각합니다. 하지만 하이드 씨가 되고자 하는 갈망이 결국 그를 집어 삼켜버리죠.

여기서 그림자와 순수한 악의 결정적 차이가 무엇인지 이해하는 게 중요합니다. 프리츠 퀸켈$^{\text{Fritz Künkel}}$(독일 출신의 미국 정신의학자이자 심리학자)이 한때 말했던 것처럼 사실 악마는 그림자가 아니라 '자아'입니다. 퀸켈은 자아 너머에 악의 원형인 진짜 악이 있다고 생각했지만, 대부분의 사람에게 진짜 문제는 자아입니다.

융 심리학에서 말하는 그림자는 뉴욕 출신 분석심리학자 에드워드 C. 휘트먼트*가 제대로 정의했습니다. 그의 말을 빌리면, 그림자란 '성격 발달 시기에 이상적인 자아상$^{\text{ego ideal}}$에 맞지 않는다는 이유로 거부당한 모든 것'입니다. 사랑을 베풀고 도덕적으로 올바르며 친절하고 관대한 것을 이상적인 자아상으로 삼는 기독교인으로 성장했다면, 자기 내면에 존재하지만 그와는 상반되는 분노, 이기심, 괴상한 성적인 상상 등의 특성은 억압해야 하겠죠. 이렇게 떨어져 나온 성격 특성이 그림자라고 하는 이차 인격secondary personality을 형성합니다. 이차 인격이 충분히 고립 상태로 유지되면 흔히 말하는 다중 인격multiple personality자가 되는 겁니다.

모든 다중 인격 사례에서는 그림자를 선명하게 식별할 수 있습니다. 그림자가 언제나 악한 건 아닙니다. 자아와 다를 뿐이죠. 융은 그림자는 사실 90%의 순금과 같다고 말한 바 있습니다. 억압당한 모든 것은 막대한 양의 에너지와 긍정적인 잠재력을 지닙니다. 그러므로 그림자는 아무리 골칫덩어리 같아도 본질적으로는 악이 아닙니다. 반면 자아는 인격 전체를 있는 그대로 받아들이려 하지 않고 통찰하려 하지 않기 때문에 악에 더 크게 기여합니다. 그림자보다도 말이죠.

더 선: 자아가 자신의 악을 그림자에 투사하기 때문에 그림자가 더 큰 질타를 받는군요.

샌퍼드: 바로 그렇습니다. 신약성서라는 이름의 심리학 문건을 다시 뒤져보면 '악마는 모든 거짓말의 아버지'라고 설명하는 걸 볼 수 있을 겁니다. 그런데 그림자는 거짓말을 하지 않습니다. 진짜 동기를 숨기고 거짓말하는 건 바로 자아예요. 심리 치료에 성공하려면, 그리고 종교를 온전히 개종하려면 자신에게 절대로 정직해야 한다는 요구 사항이 따르는 이유가 여기에 있습

---

* 이 글 앞에 등장하는 《그림자는 진화한다》를 썼다.

니다.

더 선: 분석심리학자 마리-루이제 폰 프란츠는 이런 말을 했죠. "인간은 자신이 생각하는 자기 모습만이 진짜라고 생각하는 경향이 있지만, 그림자는 인간을 '바로 지금, 바로 여기'라는 상황에 맞닥뜨리게 함으로써 그 사람의 진짜 인생 이력을 만들어낸다. 중요한 건 그림자가 만드는 그 이력이다." 이 말을 접하고 저는 우리 사회가 정치가들에게 환멸을 느끼는 경향에 대해 생각하게 되었습니다. 아시다시피 정치가들이 선거운동 중 우리에게 건네는 자신의 이력은 진짜 중요한 게 아니잖습니까.

샌퍼드: 정치가가 우리에게 전하려 하는 이력은 보통 홍보 전문가들이 만든 것이며 페르소나, 즉 가면입니다. 그들의 진정한 실체를 숨기고 있어요. 하지만 그런 실체도 우리는 받아들일 수 있을 겁니다. 그럴 기회가 있다면 말이죠. 자신의 그림자를 솔직히 털어놓는 것보다 부정하는 쪽이 장기적으로 훨씬 더 큰 해를 끼칩니다. 한 예로 개리 하트$^{Gary\ Hart}$*가 몰락한 건 불륜을 저질렀기 때문이 아니라 증거가 명백한데도 계속 거짓말을 했기 때문이었잖습니까. 그것을 보면서 저는 그가 그렇게 현명한 사람은 아니라고 생각했습니다.

우리는 페르소나가 얼마나 강력한가에 따라 선거 당락이 결정되는 시대

---

* 전 미국 상원 의원. 1988년 미국 대통령 선거를 앞두고 민주당 측의 유력한 후보였으나 모델과 불륜 스캔들이 터지며 후보 경선을 포기하고 정치계에서 은퇴했다.

에 살고 있습니다. 로널드 레이건이 훌륭한 예라 할 수 있겠군요. 그의 손짓 하나, 말 한마디 등 어느 것 하나 연출되지 않은 게 없다는 걸 우리 모두 알고 있습니다. 조지 부시 대통령이 저한테는 훨씬 편안하게 느껴져요. 그가 하는 말에 동의하는지와는 별개로 말이죠. 적어도 부시는 진짜로 사람이 말하는 것 같은 느낌을 주거든요.

지방 유세를 할 때 우리는 정치가의 됨됨이를 좀 더 잘 알 수 있을 것 같습니다. 언론이 페르소나를 강화하는 모습에서는 이 시대의 기술이 지닌 소름 끼치는 측면이 보여요. 매우 위험합니다.

더 선: 스티븐 킹Stephen King*이나 클라이브 바커Clive Barker**의 소설에서 공포 영화, 그리고 몇몇 헤비메탈 밴드가 공공연히 보여주는 악마주의에 이르기까지, 요즘은 연예계에서 그림자가 아주 확실하게 나타나고 있습니다. 이런 것들이 과연 우리가 그림자를 점점 더 많이 인식하고 통합하고 있다는 뜻일까요, 아니면 일부 사회 비평가나 검열관이 생각하듯 우리가 타락해가고 있다는 뜻일까요?

샌퍼드: 그림자는 까다롭긴 하지만 여전히 인간적인 요소입니다. 이를 넘어 진짜로 악마적인 쪽으로 넘어갈 때가 문제입니다. 이 경우 원형적인 악이라는 문제가 생깁니다. 인간의 자아 너머에 존재하는 악마가 있을까요? 그런

---

*　　미국 소설가
**　　영국의 소설가이자 영화감독. 대표작으로 '헬레이저(Hellraiser)' 시리즈가 있다.

1부 그림자란 무엇인가

데 기독교인만 악마를 걱정한 건 아닙니다. 초기 페르시아인은 악을 만들어 내는 신의 섭리가 있다고 생각했습니다.

나치 독일의 홀로코스트, 그리고 스탈린의 대학살은 인간 개인의 그림자로 생긴 결과가 아닙니다. 거기서 우리는 사악한 집단정신에 깃든 악의 섭리를 확인할 수 있습니다. 우리는 이걸 두려워해야 합니다. 많은 사람은 이러한 악이 존재한다는 사실을 부정할 겁니다. 살인자는 전부 불우한 어린 시절과 부모의 학대가 만들었다고 말할 거예요. 하지만 저는 원형적인 악의 섭리가 분명 존재한다고 생각합니다.

록 음악 가사 같은 걸 검열하며 거기에 악이 존재한다고 말하는 이들이 어느 정도는 맞을지도 몰라요. 솔직히 말해 저 역시 그런 내용을 접하고 역겨움을 느낄 때가 있습니다. 개중에는 정말 사악해 보이는 것들도 있어요. 하지만 원형적인 악에 대해 설교하는 사람들이 거기에서 자유롭다고 생각하지는 말아야 합니다. 사실 악을 두고 도덕성을 강조하는 것이야말로 악에 굴복하기 딱 좋은 방식입니다. 미묘한 문제예요. 악을 공격하며 자기에 대한 통찰을 막는 건 지킬 박사가 했던 실수를 되풀이하는 것에 불과합니다.

더 선: 사악해 보이는 것과 실제로 사악한 것을 어떻게 구별할 수 있을까요?

샌퍼드: 좋은 질문입니다. 선뜻 대답하기 어려운 질문이기도 하죠. 대부분은 바라보는 사람의 심리에 달려 있습니다. 그 사람의 심리적인 틀이 경직되어 있을수록 더 사악해 보일 겁니다. 원형적인 악의 수준이 드러나면 모든 사람이 충격을 받을 것이라고 말씀드릴 수밖에 없겠군요. 하지만 당연히도 그런 일이 항상 제때 일어나지는 않습니다. 나치 독일이 저지른 악을 세계는

뒤늦게야 깨달았죠.

질문하신 내용을 구별하는 데는 융이 말한 감정 기능$^{\text{feeling function}}$이 도움이 됩니다. 사물의 가치를 규명하는 데 사용하는 내면의 수단이 감정 기능입니다. 이는 무엇이 바람직하거나 바람직하지 않은지 알려주지만, 자아가 판단하는 게 아닙니다. 자아는 자신에게 편리한 관점에서 좋고 나쁨을 결정하기 때문에, 자아 중심의 방어 시스템에 도움이 되는 걸 좋다고 여기며 거기에 반대되는 건 나쁘다고 간주합니다. 청교도인이 질병을 감염시켜 아메리카 원주민들의 목숨을 빼앗았을 때, 그들은 이를 좋은 일이라 생각했습니다. 하나님이 어떻게 자신들이 대륙에 정착할 길을 터주었는지 설교했죠. 물론 천연두로 죽어가던 원주민들은 이 상황에서 전혀 다르게 선악을 판단했을 겁니다.

감정 기능에는 이런 자아 중심적 오염이 일어나지 않습니다. 순수한 감정의 평가지만, 우리가 언제나 이를 알아차리지는 못해요. 미국 대중이 결국 베트남전에 반기를 든 것은 감정 기능이 표면으로 부상했기 때문입니다. 아무리 국가의 정치적 목표와 일치한다 해도 이 전쟁은 잘못되었으며 끔찍하다고 감정의 판단을 내린 사람이 점점 늘어난 것이죠. 그리고 당연히 그들이 옳았습니다. 올바른 정보를 갖고 있기만 하다면, 감정 기능의 가치 판단은 선악 판단에 믿을 수 있는 기준이 됩니다. 정보를 다 갖고 있지 않거나 전체 상황 중 일부만 본다면 감정 기능은 완전히 잘못된 결론에 도달할 수도 있습니다.

더 선: 실제 관찰한 것에 따르면 그림자는 어떤 과정을 거쳐 내면에 통합됩니까?

샌퍼드: 그림자를 처음으로 분명하게 볼 때 보통 경악하게 됩니다. 자아 중심의 방어 시스템 중 일부가 필연적으로 부서지거나 녹아버리죠. 그 결과 일시적으로 우울증에 빠지거나 의식이 흐려집니다. 융은 그림자의 통합 과정(융은 이를 개성화^{individuation}라 불렀습니다)을 연금술 과정에 비유했습니다. 연금술에는 흑화^{melanosis}라는 단계가 있는데, 여기에서는 용기 내부에 담긴 연금술 재료가 모두 검게 변합니다. 하지만 이 단계가 반드시 필요합니다. 융은 이 과정이 무의식을 처음 접하는 단계, 그러니까 그림자를 처음 접하는 단계를 상징한다고 말했습니다. 자아는 이를 일종의 패배로 간주하죠.

더 선: 이 단계에서 묶여버리는 일도 가능한지요? 그림자가 계속 등장해 내면에 이를 전혀 통합할 수 없게 된다거나?

샌퍼드: 그렇진 않을 겁니다. 그림자에 대한 순수한 통찰이 이루어지면 융이 말하는 창조성의 중심, 자기^{self}가 나타나기 때문입니다. 그 후에는 수없이 변화가 일어날 수 있어요. 이는 개인마다 다릅니다. 퀸켈이 개성의 '진정한 중심'이라고 부른 요소가 등장하고, 이와 점점 가까운 관계를 맺는 쪽으로 자아의 방향이 바뀝니다. 그러면 개인이 순수한 악과 이어질 가능성은 훨씬 줄어듭니다. 그림자를 통합하는 일은 항상 잘못된 페르소나가 사라짐과 동시에 일어나기 때문이죠. 자신을 더 현실적으로 바라보게 됩니다. 자신의 진짜 본성을 보는 일은 언제나 매우 긍정적인 효과를 가져옵니다. 정직함은 순수한 악에 맞서는 위대한 방어 수단이에요. 자신에게 거짓말하는 걸 멈추는 것이야말로 악에 대항해 취할 수 있는 가장 좋은 보호책입니다.

더 선: 자아가 우리의 '진짜 중심'이 아니라면, 무엇이 중심일까요?

샌퍼드: 실제로 융 심리학은 인격에 중심이 두 가지 있다고 생각한다는 점에서 다른 심리학과 구별됩니다. 자아^{ego}는 의식의 중심이며, 자기^{self}는 의식, 무의식, 그리고 자아를 모두 포함하는 전체 인격의 중심이죠. 자기는 전체이자 중심입니다. 자아는 중심에서 떨어져 독립적으로 돌아가는 조그만 영역이지만 전체에 포함됩니다. 따라서 자아는 인격 내 작은 중심이며 가장 큰 중심은 자기라고 할 수 있습니다.

이러한 관계는 꿈에서 가장 분명하게 볼 수 있습니다. 깨어 있을 때 자아는 태양과 같습니다. 모든 것을 비추지만 별은 오히려 가리죠. 우리는 자아-의식이 우리 자신의 창조물이 아니라는 사실을 깨닫지 못합니다. 이는 다른 어딘가에서 나타나 우리에게 주어진 것입니다. 우리는 끊임없이 무의식의 영향을 받지만 대체로 이를 알지 못합니다. 자아는 스스로 사고를 창출한다고 믿고 싶어 합니다. 하지만 꿈속에서는 꿈의 자아가 나타나며 모든 게 바뀌죠. 꿈을 꾸고 나서 이를 회상하면 우리는 자동으로 꿈의 자아와 동일시하게 됩니다. 이걸 '나'라고 부르며 이런 식으로 꿈을 회상하죠. "나는 곰을 만나서 레슬링 경기를 했어요. 그러고는 춤추는 여자가 등장했죠." 하지만 꿈을 꾸는 동안 꿈의 자아는 깨어 있는 자아가 알지 못하는 걸 알고 있다는 차이가 있습니다. 예를 들어 내가 꿈속에서 아주 빠르게 달리고 있었다는 건 기억하지만 왜 그랬는지는 기억하지 못할 수 있습니다. 하지만 꿈을 꾸는 동안에는 그 이유를 알고 있죠.

가장 중요한 점은 꿈의 자아보다는 꿈속에 등장하는 다른 대상이 더 중요하다는 것입니다. 꿈의 자아는 때로 존재감이 없거나 지워질 때도 있습니다다. 해가 지고 별이 뜨면 우리는 자신이 수많은 별로 꽉 찬 하늘 속 별 하나에 불과하다는 사실을 알게 됩니다. 이것이 바로 영혼의 풍경입니다. 깨어 있을 때는 보이지 않죠.

더 선: 문득 깨달았는데, 저는 깨어 있는 동안의 그림자가 더 편안하게 느껴지네요. 꿈속의 그림자는 단순히 관념 수준을 넘어 완전히 진짜 같고 대단히 강력합니다. 때로는 스스로 그림자가 되어 나 자신을 통합하고 있는 듯한 기분까지 들거든요.

샌퍼드: 맞습니다. 그림자는 꿈속에서 동력 시스템 역할을 하며 실제 우리만큼 강력합니다. 꿈속 정신의 영역에 있는 모든 요소는 서로 덜 구분되며 꿈의 자아는 이들을 단순히 관찰만 할 수도 있고, 또는 스스로 이들 중 하나가 되거나 그 중간 지대에 머무를 수도 있어요.

그림자는 언제나 자아 그 자체의 특성이며, 그림자의 특성은 자아 구조의 일부가 되었을 수도 있습니다. 그림자는 반드시 사악한 형상이 아니며 사실은 자아의 형제자매와 같다고 할 수도 있겠군요. 그리고 그림자가 하는 행위에는 언제나 이유가 있으며, 이는 자아에서 배제된 성격 특징과 이어져 있음을 기억하는 게 중요합니다. 꿈속에서 그림자가 되는 건 상당히 드문 일이며, 꿈의 자아는 그림자가 꿈속에서 형태를 바꾸는 걸 관찰하고 있을 가능성이 큽니다.

더 선: 깨어 있을 때보다 꿈속에서 그림자가 되는 편이 더 안전할 것 같군요.

샌퍼드: 음, 그림자의 미묘함과 또다시 부딪치고 있는 것 같네요. 이 부분에서 제 생각은 융보다는 퀸켈 쪽에 가깝습니다. 자아는 원래 자기의 중심과 꽤 가까이 존재한다는 겁니다. 그러다 자기에서 멀리 벗어날수록 자아 중심적 자세가 되며, 아동기의 영향이 부정적일 때 이는 악화합니다. 이러한 영향의 본질에 따라 우리가 지닌 자아 중심적 방어의 본질이 결정되며, 그림자의 본질 또한 결정됩니다.

예를 들어 개인이 환경에 맞부딪쳐 자신이 약하고 무능하게 느껴지는 경험을 하면 인생을 헤쳐나갈 또 다른 방법을 찾게 되는데, 바로 '대책 없이 상대에게 무작정 의지하는' 사람이 되는 것이죠. 자신의 힘을 키우는 대신 강한 사람에게 의존하지만, 그러려면 상대가 자신을 지지해줄 이유가 있어야 합니다. 그래서 도움이 필요하니 나를 지지해야 한다고 어필하죠. 자아 중심적 삶의 자세라 할 수 있습니다. 언제나 남이 도와줘야 하며 자신이 도움을 받아야만 하는 이유를 끝없이 늘어놓는 사람이 되는 겁니다. 도와주지 않으면 내가 나쁜 사람이 되고 말죠.

이런 사람은 타인을 지겹게 만듭니다. 완전히 지겨워지면 사람들은 그를 더는 도와주지 않게 되고, 그는 위협과 불안을 느낍니다. 타인에게 매달리는 자아 중심적 자세를 유지하기 위해 그가 억압하는 것은 바로 용기와 솔직함이에요. 매우 바람직한 특징이지만 그의 극단적 의존성은 이들 특징을 악마로 간주하기 때문에, 이들을 직면하면 죽을 만큼 깜짝 놀랄 겁니다. 사실 이렇게 억압된 특징은 진짜로 위험해질 수 있습니다.

한 고등학생을 예로 들어볼까요. 이 소년은 거북이 같은 자아 중심적 방어를 합니다. 그냥 혼자 있고 싶어 해요. 학교 일진들은 혼자 있는 이 친구를 표적으로 삼는데, 너무나 심하게 괴롭힌 나머지 어느 날 이 친구의 회피성 자아 중심 방어막이 펑 하고 폭발해버립니다. 그러고는 그림자가 나타나죠. 이제 그는 얻어맞든 말든 상관없이 주먹다짐을 벌일 수도 있고, 그 결과가 나쁘지 않다면 그림자를 내면으로 잘 통합했다고 할 수 있겠죠. 반면 아버지의 총을 들고 와서 자기를 괴롭히던 일진들을 쏴버릴지도 몰라요. 그러면 상황이 끔찍해지죠. 이 에너지가 너무나 오랫동안 깊이 억압되었다면, 그 때문에 유감스러운 결과가 벌어질 수 있습니다.

더 선: 자기를 괴롭히던 일진들은 소년이 직접 소환한 걸까요?

샌퍼드: 당연히 그렇죠. 무의식 수준에서 이 소년은 자신의 내면 통합에 필요한 게 무엇인지 메시지를 보내고 있던 겁니다. 퀸켈은 이런 상황에서는 '대천사^{archangel}'를 보내 신성한 계획을 완수한다고 이야기했죠.

더 선: 대천사라고 해도 우리를 돌봐주진 않을 텐데요.

샌퍼드: 맞습니다. 시나리오만 만들어줄 뿐이에요. 우리가 알 수 있는 사실은 대천사가 개입하면 상황이 바뀐다는 것뿐입니다. 그다음에 무슨 일이 벌어질지는 아무도 몰라요. 그림자가 풀려나는 건 쉽게 볼 상황이 아닙니다. 따라서 이 소년이 심리 치료를 통해 자신의 적개심을 발견하거나, 다른 종류의 보살핌을 통해 그림자가 서서히 발산되도록 하는 편이 좋았을 겁니다.
　퀸켈은 이런 수수께끼 같은 말을 남겼어요. "마지막 결전에서 신은 항상 자아가 아닌 그림자 편에 서 있다." 다루기 힘든데도 그림자는 창조성의 원천에 항상 더 가까이 있죠.

자아가 자아 중심적 상태에 있지 않다면 이는 상황이 완전히 달라졌다는 겁니다. 그림자와 자기, 양쪽 모두와 건강하고도 창조적인 관계를 형성했다는 뜻이거든요. 내면 통합 과정에서 자아는 축소되지 않습니다. 경직성이 줄어들 뿐이죠. 강한 자아와 자아 중심적 자아에는 엄청난 차이가 있습니다. 자아 중심적 자아는 항상 허약해요. 개인의 진정한 잠재력은 개성화를 통해 얻게 되는데, 이는 강한 자아가 없으면 일어나지 않습니다.

더 선: 단순히 '자기'가 되는 건 불가능하다는 뜻인지요?

샌퍼드: 그렇습니다. 자기를 표출하는 데는 자아가 꼭 필요해요. 하지만 자아가 위험에 처하는 일을 감수할 각오가 되어 있어야 합니다. 모세^{Mose}가 불타는 수풀 속에서 여호와의 음성을 듣고 나서 이스라엘 백성들을 이집트 탈출을 이끈 것과 같습니다. 자아가 강하기 때문에 할 수 있었던 일이죠.

4. 역사와 문학에 등장하는 그림자

앤서니 스티븐스$^{Anthony\ Stevens}$

기독교 역사에서 악으로 '타락'할지도 모른다는 두려움은 어둠의 힘에 '귀신 들린 듯 홀리는' 공포의 형태로 표현되었다. 이런 부류의 이야기는 언제나 매혹과 공포를 동시에 불러일으켰다. 브램 스토커$^{Bram\ Stoker}$의 《드라큘라$^{Count\ Dracula}$》가 이 장르의 대표적 예일 것이다. 흡혈귀와 늑대 인간 이야기는 항상 우리 곁에 있었다.

가장 잘 알려진 귀신 들림의 예로 파우스트의 전설을 들 수 있다. 파우스트는 자신의 고결한 학자 생활에 지루해진 나머지 악마와 계약을 맺는다. 파우스트는 분명 중년의 위기에 시달렸을 터다. 외골수적인 지식 추구로 자신의 인격 역시 일방적이고 지성 과잉으로 발달하는 바람에 자기를 구성할 잠재력을 무의식 속에 처박아두고 썩혀버린 것이다. 이런 경우 흔히 그렇듯 억압된 정신 에너지는 관심을 얻으려 한다. 불행히도 파우스트는 자신을 환자로 분석해 무의식에서 등장한 것들과 대화를 나누며 그림자를 자신 속으로 흡수하려 하지 않는다. 대신 그 속으로 스스로 빨려 들어가 홀려버린다.

문제는 파우스트가 자신의 문제에 대한 답이 같은 걸 되풀이하는 것이라고, 그리고 계속 지식을 더 얻으려고 하는 일처럼 해묵은 신경증적 유형에 작심하고 더 집착하는 것이라고 믿었다는 데 있다. 파우스트와 마찬가지로 똑똑한 독신남이며 비슷한 문제를 겪은 지킬 박사가 그랬듯, 파우스트는 그림자가 사람의 형태로 등장하자 신비로움에 매혹당하고, 자신의 자아를 희생하면서까지 그림자의 마법에 빠져버린다. 그 결과 모두가 두려워할 일들이 벌어지며 두 사람 다 파국을 맞는다. 파우스트는 방탕한 주정뱅이로 전락하며, 지킬 박사는 끔찍한 하이드 씨로 변한다.

파우스트와 메피스토(파우스트를 유혹하는 악마), 그리고 지킬 박사와 하이드의 이야기가 우리를 사로잡는 것은 이들로 인해 형상화되는 문제의 본질적 원형에서 비롯된다. 어떤 의미로는 파우스트도 지킬 박사도 영웅이다. 우리 대부분이 외면하는 일을 감히 하겠다고 나섰기 때문이다. 우리는 이보다는 도리언 그레이$^{\text{Dorian Gray}}$*처럼 행동하려 한다. 세상을 향해 순진한 모습의 가면을 쓰고 악한 성격을 숨기며 아무도 그 존재를 알아채지 못하기를 바란다. 그림자가 '사라진다는' 생각에 즐거워하며 우리 도덕의 이중성을 부정하고, 아담의 원죄를 참회하면서도 신과 하나가 되겠다는 생각에 또다시 에덴동산에 들어선다. 유토피아, 엘도라도 또는 샹그릴라같이 악이라고는 모르는 이상향을 창조하고, 악은 우리의 본성이 아니며 우리를 어디서든 속박하는 '부패한' 사회가 악한 것이므로 '사회의 본질을 바꾸면 악은 영원히 사라질 것'이라 주장하는 마르크시즘이나 루소의 계몽주의 같은 환상에서 만족을 얻는다.

성경에서 말하는 아담의 타락과 마찬가지로, 지킬 박사와 파우스트 이야기는 우리 자신에게 악이 있다는 변하지 않는 현실을 상기시키며 경고를 던진다. 이 세 가지 이야기는 모두 똑같은 원형적 주제를 살짝만 바꾼 것이다. 한 남자가 자신을 둘러싼 환경에 지루해진 나머지 초자아의 금기를 무시하고 그림자를 자유롭게 놓아주기로, 자신의 아니마를 만나 이를 제대로 알고 살아가기로 한다. 하지만 자신감이 지나친 나머지 도를 넘고 만다. 그 결과 남자를 기다리는 것은 복수의 여신 네메시스가 내리는 가차 없는 처분이다. '죄의 대가는 죽음뿐이다.'

이 같은 이야기를 둘러싼 불안은 '들키면 어떡하지?'라는 공포가 아니라 '악이 통제 불능 상태가 되면 어떡하지?'라는 공포다. 공상과학소설의 플롯이 보통 이와 같은 불안을 자아내는 구조로 이루어져 있는데, 그 원형은 바로 메리 셸리$^{\text{Mary Shelley}}$의 소설 《프랑켄슈타인^{Frankenstein}》이다. 프로이트는

---

* 오스카 와일드의 소설 《도리언 그레이의 초상》 주인공. 자신의 초상화가 자기 대신 나이를 먹었으면 하는 기원이 이뤄져 영원한 젊음을 얻지만, 방종과 타락으로 참혹한 결말을 맞는다.

《문명 속의 불만$^{Civilization\ and\ Its\ Discontents}$》이라는 저서에서 이 현상을 설명하면서, 통제할 수 없는 악에 대한 공포는 인류가 지닌 불안이라고 설명했다. 자신이 살던 시대와 상황(19세기 오스트리아 빈의 중산층)으로 프로이트는 남녀가 모두 두려워하는 억압된 악의 실체가 전적으로 성적인^{sexual} 것이라고 생각했다. 우연히도 그림자에 대한 프로이트의 체계적 연구는 유대교-기독교적 초자아가 지녔던 힘이 서서히 저물어가던 시기에 이루어졌으며, 성을 악마로 보던 당시 문화를 청산하는 데 크게 기여했다. 남녀를 막론하고 예전이라면 억압당했을 그림자의 요소들이 죄책감에 시달리는 일 없이 쉽게 전체 인격에 통합되었다. 이러한 프로이트의 업적은 후에 융이 그림자의 구성 요소를 인식·통합하는 분석 과정이 정신 치료에서 지니는 가치를 집단 수준에까지 적용했을 때 이를 설명하는 인상적 사례가 되기도 했다.

하지만 그림자에는 성적 욕구만큼 강력하지만 결과가 훨씬 더 참혹한 탓에 몰아내야 하는 측면이 여전히 존재한다. 권력과 파괴 욕구가 그것이다. 제1차 세계대전, 그리고 그 결과로 파시즘이 등장하는 걸 목격하고서도 프로이트가 그렇게 오랫동안 이 요소를 무시했다는 건 솔직히 놀랍다. 누군가는 프로이트가 자신의 성적 이론$^{sexual\ theory}$을 정신분석의 토대로 삼으려 한 것과 관계가 있다고 의심하기도 한다("친애하는 융 선생, 성적 이론을 절대 버리지 않겠다고 약속해주지 않으렵니까. 이는 그 어떤 것보다 근본적인 문제입니다. 여기서 교리를 만들어야 하지 않겠소. 절대 흔들리지 않을 보루를 말이오").* 영국의 정신분석학자 앤서니 스토$^{Anthony\ Storr}$는 이에 대해 흥

---

* 프로이트가 융에게 한 말이다.

미로운 추론을 내놓았다. 한때 동료였던 알프레트 아들러$^{\text{Alfred Adler}}$가 성욕보다 권력욕이 개인 심리학에서 더 중요한 역할을 한다고 확신해 정신분석학파에서 갈라져 나온 일에 앙심을 품었기 때문이라는 것이다.*

그림자의 잔혹하고 파괴적인 요소와 직면해야 한다는 과제는 20세기 들어 인간에게 피할 수 없는 운명이 되었다. 여기에 실패하면 생존의 희망을 잃는다. 이것이 우리의 '일반적 불안'이 된 데는 충분한 명분이 있다. 우리가 사는 시대가 지닌 그림자의 문제기 때문이다. 노벨 의학상을 수상한 오스트리아의 동물학자 콘라트 로렌츠$^{\text{Konrad Lorenz}}$는 이렇게 말했다. "우리는 종말의 묵시록을 멈춰야 하는 시대에 살고 있는지도 모른다. 하지만 이는 일촉즉발의 아슬아슬한 일일 것이다."

인류 역사에서 지금은 진화 단계상 우리의 목숨이 위태로운 순간이다. 인간이 자신과 대부분의 다른 생물 종을 지구에서 멸망시키지 않으려면 개체발생^{ontogeny}이 계통발생^{phylogeny}에 승리해야 한다.** 그림자를 의식 수준으로 끌어올리는 건 생물학적으로도 긴급한 의무다. 이 과제가 지닌 도덕적 책무는 이전 어느 세대에서보다도 현재에 더 크다. 지구와 태양계 전체(인류가 태양계에서 지각을 지닌 유일한 생물인지 지금으로선 모르기 때문에)의 운명이 우리 손에 달려 있다. 우리 시대 가장 위대한 심리학자 중에서 융은 인류의 존재론적 승리를 가능하게 하는 개념적 모형을 제공했다. 그는 그림자라는 개념에 아들러와 프로이트의 연구까지 종합했으며, 자기가 실현되

---

*   아들러는 이후 개인심리학(individual psychology)을 새롭게 창시한다.
**   사람에 대해 적용하면 개체발생은 개인 차원에서 이루어지는 변화를, 계통발생은 사람이라는 종 전체에서 이루어지는 변화를 말한다. 여기서 이들 용어는 개개인이 자신의 그림자를 의식으로 끌어올림으로써 인류 전체의 그림자 문제를 해결해야 한다는 맥락으로 사용되었다.

는 방식을 설명하면서는 그마저 초월했다. 우리의 본성을, 그중에서도 특히 그림자의 본성을 의식에 받아들이는 법을 배워야 비로소 우리는 인류 전체에 닥칠지 모르는 대재앙을 피할 수 있다.

5. 지킬 박사와 하이드

존 A. 샌퍼드 John A. Sanford

헨리 지킬 Henry Jekyll 과 에드워드 하이드 Edward Hyde, 이 두 사람을 소설에서 어떻게 묘사하는지 비교하면서 이 글을 시작해야 할 같다. 지킬 박사는 '몸집이 크고 풍채가 좋으며, 말쑥한 얼굴을 한 50대 남성으로, 살짝 약삭빠른 모습이 보이기도 하지만 어디로 보나 능력 있고 친절한' 인물이라고 설명되어 있다. 그러니 그의 성격이 좋지 않다고 생각할 이유는 딱히 보이지 않는다. 헨리 지킬의 선함 이면에 미심쩍은 성격이 숨어 있을지 모른다는 사실을 짐작할 만한 부분은 '살짝 약삭빠른 모습'이라는 암시적 표현뿐이다. 나중에 지킬 박사는 자신을 '학식과 덕망이 있는 주변 사람들을 존경하는' 사람이라고 좀 더 상세히 설명한다. 이는 헨리 지킬이 선함과 친절을 지니고 있을 뿐 아니라 동료들에게 인정받기를 갈망하며, 이 때문에 다른 사람들 앞에서 의도적으로 꾸미곤 했다는 사실을 보여준다. 즉 남들의 인정과 존경을 받을 수 있는 긍정적 페르소나를 받아들였다는 것이다.

하지만 지킬은 자기 인격에 이러한 페르소나와 일치하지 않는 부분, 즉 '자제할 수 없는 향락적 성향'이 있음을 깨닫는다. 그래서 어느 정도의 쾌락을 추구하게 되었지만, 이는 목에 힘주고 살고 싶은 자신의 '오만한 욕구'와 양립하기 힘들었다. 그런 까닭에 '필요 이상으로 사람들 앞에서 근엄하고 점잖은 모습'을 취하게 되었다고 그는 말한다. 지킬 박사는 '죽을 만큼 수치스럽다'고 생각해 타인에게 보이고 싶지 않던 자신의 인격 속 일부분을 숨기기 위해 대중 앞에 나설 땐 매우 점잖은 모습의 가면을 쓴 것이다. 그 결과 '자신의 쾌락을 숨기게 되었으며', '완벽한 이중생활에 빠지고 말았다'고 지킬은 말한다.

지킬은 심리학적 통찰력을 지니고 있었다. 자기 본성이 이중적임을 알고 있었기에 "인간은 단일하지 않다. 이중의 존재다"라고 말했다. 또 인간은 개별적 자아의 집단으로 이루어져 있고, 자신의 인격은 한 가지가 아니라 마치 다양한 주민이 모여 사는 마을과 같다는 대담한 추론까지 할 수 있었다. 이는 현대 심층심리학에서 확증하는 내용과도 일치한다. 지킬 박사는 이러한 이중성을 '철저하게 원초적'이라고, 다시 말해 원형적이기 때문에 처음부터 인간 정신 구조의 근본적 양상으로 존재한다고 봤다. 이러한 심리학적 통찰을 지녔으면 자신의 의식을 더 높은 수준으로 발전시킬 수도 있었겠지만, 유감스럽게도 지킬은 심리학적 근본 오류를 저지르는 바람에 실패했다. 과연 어떤 오류였는지 살펴보자.

하이드는 사악한 힘으로 가득 찬, 덩치가 작으며 살짝 기형적인 젊은이로 묘사된다. '무시무시하고' '사람 같지 않게 보이며', 보기만 해도 사람들의 마음에 증오를 불러일으킨다. 음산하고 비웃는 듯 냉정하며, 인간적 감정이라고는 없기 때문에 양심의 가책도, 죄책감도 느끼지 않는다. 하이드의 젊음은 그가 사실 지킬의 그림자 인격이며 아직 쓰지 않은 에너지를 갖고 있다는 사실을 암시한다. 앞에서 살펴본 대로 그림자에는 자신이 살아보지 못한 삶이 포함되어 있기 때문에, 그림자 인격을 건드리는 것은 젊고 새로운 에너지를 내면에 받아들인다는 의미다. 하이드의 왜소한 덩치와 흉측한 외모는 그림자 인격인 하이드가 지킬의 외적인 삶에서 충분한 비중을 차지하지 않았음을 가리킨다. 하이드가 마치 바위틈에서 다른 나무들의 그림자 속에서 자라야 하는 나무처럼 일그러진 외모를 지닌 것은 그가 대부분 무의식의 어둠 속에서 살았기 때문이다. 지킬의 말을 빌리면 '의무의 구속이 단절된 것'과 같은 하이드의 양심 결핍 역시 그림자 인격의 특징이다. 이는 마치 그림자가 도덕적 감정과 의무는 자아 인격의 몫으로 떠넘긴 채 옳고 그름의 감각이 없는 내면의 금지된 충동에 따라 살려고 하는 것과 같다.

하지만 에드워드 하이드에 대해 가장 중요한 사실은 지킬의 말에서 알 수 있다. 처음 약물의 힘을 빌려 하이드로 변했을 때 그는 자신이 "더욱더, 10배는 더 사악해졌음을, 내가 원초적으로 갖고 있던 악의 노예가 되어버렸음을 알았다"고 말한다. 원래 지킬은 자신 내면의 '향락적 성향', 즉 자잘하게 잘못을 저지를 수는 있지만 그 이상의 선은 넘지 않는 쾌락 추구의 측면만 봤을 뿐이다. 하지만 일단 하이드로 변신하자 자신이 생각한 것보다 훨씬 더 사악한 인간임을 깨닫는다. 이 설명만 보면 그림자 인격이 개인 내면의 어두운 부분에서 시작된다고 볼 수도 있지만, 어느 시점에서 훨씬 더 깊고 원형적인 악과 접촉하게 된다. 지킬이 하이드를 가리켜 '사람들 가운데 유독 그만이 순수한 악 그 자체'라고 말할 만큼 강력한 악 말이다. 지킬은 원래 짓궂은 장난 수준의 쾌락 추구를 즐기려 했을 뿐이다. 하지만 이런 원형적 악의 손안에서 단순히 악과 파괴의 기쁨을 얻을 목적으로 커루 박사를 무참히 살해하는 등 극악무도한 행동을 해버리는 데는 그리 오래 걸리지 않았다. 전쟁 중일 때, 또는 범죄의 형태로 별다른 가책 없이 타인을 냉정하게 살해하는 사람에게서 이와 같은 극악무도함을 찾아볼 수 있다. 원형적 악은 우리에게 충격을 주기도 하고, 우리를 매혹하기도 한다. 매일 접하는 신문조차 겁에 질린 채 빨려들어 읽게 만드는 게 이러한 원형적 악이다.

융은 우리 행동이 우리를 만든다고 말한 적이 있다. 지킬이 결국 목숨을 잃어야 했던 이유를 이 말에서 이해할 수 있다. 잠시만이라도 하이드가 되어 행동해보기로 한 순간 그는 하이드가 되는 길을 선택한 것이다. 자기 의지로 악을 행하기로 결정하는 순간 우리는 악 그 자체가 된다. 그러므로 그림자의 가장 어두운 충동에 따르는 건 그림자 문제의 해결책이 되지 못한다. 그런 시도를 하자마자 악에 사로잡히고 물들 수 있기 때문이다. 악의 원형적 본질이 이를 통해 드러난다. 원형은 자아를 사로잡을 수 있는 성질을 지니고 있으며, 이렇게 되면 자아는 원형으로서의 악에 먹혀버리거나 동화되기 때문이다.

지킬 자신도 본의와 상관없이 하이드로 변하고 나서 이러한 위험을 깨닫는다. 그에게는 엄청난 충격이었다. 자기 의지에 따라 하이드로 변했다가 되돌아올 수 있으리라 기대했지만, 오히려 하이드가 자신을 점점 지배하게 되었기 때문이다. 그 전까지는 자신 있게 "난 원하는 순간에 하이드 씨를 없앨 수 있다"고 말했으나, 이제는 그럴 수 없다. 이는 지킬이 악에 대해 부주의했으며 그 때문에 악에 쉽게 사로잡혔음을 보여준다. 이러한 상황은 지킬이 공원에 앉아서 자신이 결국은 '주변 다른 사람들과 똑같다'고 생각하고, 남들과 비교해 자신이 낫다고 생각하며, 자신의 적극적 선의를 다른 사람들의 '게으름과 나태함'과 비교하는 장면에서 다시 나타난다. 경솔하게도 악의 힘을 무시하는 바람에, 이는 자신의 이중적 성격이 가져온 긴장에서 벗어나려는 바람과 어우러져 지킬을 파멸의 길로 이끈다.

이 시점에서 지킬은 자신의 인격에 자리 잡은 하이드와 더는 관계 맺지 않기로 마음먹고, 친구 어터슨에게 "하나님께 맹세하네. 신께 맹세코 이제 다시는 그놈과 만나지 않겠네. 내 명예를 걸고 말하건대, 그놈은 이 세상에서 나와 더 볼 일이 없네. 모든 게 끝났어"라고 선언하기까지 한다. 그리고 하이드와의 관계를 끝내려고 노력한다. 삶을 새롭게 바꾸어 더욱더 선행에 힘쓰는 한편, 처음으로 종교에 헌신적으로 몰두한다.

　지킬이 종교에 몰두했다는 건 사실 형식적 종교의식에 참여했다는 뜻으로 봐야 한다. 어떤 교회 예배에 참석했을지도 모른다. 물론 지킬의 종교가 참된 것이 아님을 우리는 알고 있다. 그는 하나님에 대해서는 전혀 모르지만, 형식화된 종교 안에서, 그리고 자신의 종교적 겉치레에 의지해 하이드에게 무너지지 않게 막아보려 한 것이다. 오늘날 우리도 대부분 그런 식으로 종교를 이용하고 있는지도 모른다. 특히 인간의 죄를 비난하고, 죄지은 사람을 벌하겠다며 위협하며, 선행이 구원의 징표라며 선을 행하라고 권하는 종교적 신조를 지니고 있는지도 모른다. 자신의 그림자 인격을 억누르려 의식적으로 혹은 무의식적으로 힘겹게 애쓰는 사람들에게는 이런 식의 종교가 인기 있을지도 모르겠다.

　하지만 그러한 시도는 지킬 박사에게 소용이 없었고, 하이드는 지킬 안에서 더욱 강력해졌다. 그림자 인격으로서 하이드는 무의식에 계속 존재하며 자유로워지기 위해, 즉 지킬의 인격을 완전히 손에 넣어 자신이 바라는 대로 살기 위해 이전보다 더 발버둥 친다. 어두운 면이 지나치게 강력해진 탓에, 그를 억눌러 정신의 지하실에 가두려는 시도는 그만 실패로 끝나고 만다. 이제 하이드가 지킬보다 더 강해졌기 때문이다. 여기서 작가 스티븐슨은 그림자를 따라 살아가는 것이 답이 아니라면, 그림자를 억압하는 것 역시 답이 아니라고 말한다. 양쪽 다 인격을 둘로 분열시키는 행위이기 때문이다.

지킬의 위선과 종교적 겉치레의 문제도 있다. 종교도, 그리고 하이드와 더 관계하지 않으려 하는 그의 바람도 모두 자기 보호 욕구에서 비롯되었을 뿐 도덕적 감정에서 나온 게 아니다. 지킬이 하이드를 막으려 한 것은 영적인 이유에서가 아니라 단순히 파멸을 두려워했기 때문이다. 그 저변에는 악에 대해 그가 지닌, 하지만 아직 깨닫지 못한 동경이 도사리고 있다. 지킬이 하이드와 더는 관계하지 않겠다고 결심하고서도, 하이드의 옷가지를 없애지 않고 소호에 있던 집도 처분하지 않은 사실에서 분명히 드러난다. 우리는 이 시점에서 지킬이 악에 완전히 무너지는 것을 피할 유일한 방법은 그의 영혼을 악보다 더 강력한 영성으로 채우는 것이라고 할 수도 있을 것이다. 하지만 자신이 하이드가 되도록 내버려둠으로써 지킬은 자신의 영혼을 공허하게 만들었으며, 그 결과 악이 그를 완전히 집어삼켜버린다.

헨리 지킬의 근본적 실수는 자신 속에 있는 정반대 존재가 자아내는 긴장에서 도망치려 한 것이다. 앞에서 언급한 대로 그는 심리학적 의식을 다른 사람보다 약간은 많이 지니고 있었다. 자신이 이중적 본성을 지녔음을 알고 있었기 때문이다. 자신 속에 또 다른 사람이 있으며, 그 사람의 바람은 타인의 인정을 받고 싶다는 자신의 평범한 바람과는 정반대라는 사실을 알고 있었다. 그가 이러한 의식을 키워 자신 안에 있는 정반대 존재에서 비롯된 긴장을 감당했다면 그의 인격은 발달했을지도 모르고, 심리학 용어로 말하면 개성화되었을지도 모른다. 하지만 그는 그 대신 자신을 변신시키는 약을 써서 긴장에서 도망치는 길을 택했고, 지킬과 하이드를 오가며 죄책감이나 긴장 없이 자기 인격의 두 측면을 모두 발현하는 쾌락과 이점을 취했다. 지킬이 하이드에 대한 책임을 전혀 느끼지 못했다는 사실은 주목할 만하다. "죄를 지은 쪽은 하이드, 오직 하이드뿐이었다"고 그는 말했다.

여기서 우리는 그림자 문제에 대처하는 방법에 대한 실마리를 얻을 수 있다. 지킬의 실수는 우리에게 그림자 때문에 생기는 드라마가 해피엔딩이 되려면 어떻게 해야 하는지 알려준다. 지킬이 거부했던 긴장을 감당하는 게 성공의 열쇠다. 그림자에 대한 인식을 억압하는 일, 그리고 그림자와 자신을 동일시하는 일은 우리 안에 있는 정반대 모습이 주는 긴장에서 도망치려는 시도에 불과하다. 우리 내면의 밝은 면과 어두운 면을 같이 묶고 있는 '끈을 느슨하게 하려는' 시도일 뿐이다. 물론 고통스러운 문제에서 도망치는 것이 그 동기겠지만, 고통에서 도망치는 일이 심리적 재앙으로 이어진다면 반대로 고통을 감당하는 일은 우리에게 온전해질 수 있는 가능성을 줄 것이다.

반대가 낳는 긴장을 감당하는 일은 십자가에 못 박히는 것과 같다. 우리는 정반대 사이에 매달린 고통스러운 상태다. 하지만 그렇게 매달려 있을 때만 우리 안에서 신의 은혜가 일어난다. 우리가 지닌 이중성의 문제는 자아 수준에서는 절대 해결되지 않는다. 이성적 해결을 허용하지 않기 때문이다. 하지만 문제를 의식한다면 자기, 곧 우리 안에 있는 신의 형상$^{imago\ dei}$이 작용해 이성으로는 불가능한 인격의 통합이 가능해진다.

달리 말해, 우리가 본성에 있는 정반대 존재라는 짐을 의식적으로 짊어진다면, 이성으로 설명할 수 없는 은밀한 치유 과정이 무의식적으로 작용해 우리에게 도움을 주며 인격의 통합을 향해 움직일 것이다. 이러한 비이성의 치유 과정, 이겨내기 어려워 보이는 장애물에 둘러싸인 채 길을 찾는 일은 특히 여성적 특징을 지니고 있다. 자아와 그림자, 빛과 어둠 같은 정반대 것들이 결코 통합될 수 없다고 말하는 것은 이성적, 논리적이며 남성적 사고의 결과다. 그러나 여성적 정신은 논리가 아무것도 발견할 수 없다고 말하는 곳에서 통합의 길을 찾아낼 수 있다. 이런 이유로 스티븐슨의 이야기에 여성이 별로 등장하지 않으며 어쩌다 등장할 때도 부정적으로만 보인다는 사실은 주목할 만하다. 이 책의 주요 등장인물에는 여성이 단 한 명도 없다. 지킬, 엔필드, 어터슨, 풀, 어터슨의 사무장인 게스트, 그리고 래니언 박사는 모두 남성이다. 여성 등장인물은 간략하게만 언급된다. 하이드의 집을 관리하는 여성은 '얼굴이 흉한' 냉정하고 마녀 같은 인물이다. 마지막 날 밤 어터슨이 지킬의 집을 방문했을 때 만난 공포에 질린 하녀가 간략하게만 언급되지만, 그녀 역시 '거의 실성한 듯 울음을 터뜨리는' 것으로만 나온다. 물론 하이드에게 짓밟힌 소녀도 등장하며, 하이드 주위를 에워싼 '하르퓌아^{harpy}(그리스신화에 나오는 여자의 머리와 새의 몸을 한 괴물)처럼 사나운' 여인들도 등장한다. 마지막 날 밤 실험실에 있던 하이드가 '여자처럼, 또는 망령처럼 울고 있는' 것으로 묘사되기도 한다. 막연하기는 하지만 여성이나 여성적인 것을 긍정적으로 표현한 유일한 경우는 커루 박사가 살해되는 장면을 목격한 가정부에 대한 언급이다. 하지만 그녀조차 살해 장면을 보고 기절해버리는 것으로 묘사된다.

간단히 말해 스티븐슨의 이야기에서 여성적인 것은 나쁜 것으로 나온다. 냉정하고 마녀 같으며, 약하고 무능하거나 희생자로 전락한다. 이는 여성적 정신은 소용이 없으며 상황에 도움이 되지 않음을 암시한다. 심리학적 표현으로 옮기자면, 지킬의 경우처럼 심리학적 의식을 거부하면 우리 영혼의 여성적인 부분은 약해지고 쇠퇴해 절망과 비극에 빠진다고 말할 수 있다. 달리 해결할 수 없는 문제에서 해결책을 찾도록 도움을 주는 것은 다름 아닌 여성적 능력이기 때문이다.

반면 어터슨에 대한 묘사는 제대로다. 어터슨을 표현한 부분을 보면 이야기꾼으로서 스티븐슨의 재능을 알 수 있다. 이야기 대부분이 그의 눈과 경험을 통해 우리에게 전달되는데도 정작 그는 스포트라이트를 받지 않기 때문이다. 어터슨이라는 인물은 능숙하게 그려졌으며, 독자는 어터슨에게 호감을 느낀다. 마음속에 쉽게 그릴 수 있고, 그의 생각과 감정, 그리고 반응을 따라갈 수 있다. 하지만 이야기의 스포트라이트는 언제나 그를 지나쳐 지킬과 하이드의 주요 사건을 비치기 때문에 어터슨은 절대로 무대의 중심을 차지하지 않는다. 이런 이유로 우리는 문학적 장치로서 어터슨이라는 인물을 놓치기 쉽다. 이야기를 전달하려면 반드시 있어야 하는 인물이지만, 선과 악의 수수께끼에 대해 우리에게 직접 무언가 가르치려 하지는 않기 때문이다.

하지만 사실 어터슨의 역할은 보이는 것보다 훨씬 중요하다. 그는 악에 민감하게 반응하는 감수성을 지녔으며, 선과 악, 자아와 그림자의 이야기는 결국 그의 의식에서 온전히 드러나기 때문이다. 어터슨은 감정 기능이 충분히 강력해 악을 접하고 충격을 받을지언정 거기에 무너지지 않고 맞설 수 있는 인물을 상징한다. 사람으로 하금 악의 심연에서 공포라는 반응을 끌어낼 수 있게 하는 것이 바로 이 감정 기능이지만, 지킬은 이 기능이 약했으며 하이드에게서는 전혀 찾아볼 수 없다.

누군가는 결국 악을 인식해야 한다. 지킬과 하이드의 행동은 은밀했지만, 비밀은 자신을 드러내는 방법을 모색하기 마련이다. 모든 비밀은 내면에 숨은 힘을 사용해 인간의 의식에 나타나며, 이런 이유로 악행은 결국 인류 전체, 또는 특정한 개인의 의식에 드러난다. 이야기의 서두에서 어터슨이 알 수 없는 무언가 때문에 괴로워하고 잠을 못 이뤘음을 되새겨보자. 이는 분명히 무의식이 어터슨을 괴롭히고, 지킬과 하이드의 무시무시하고 음산하며 은밀한 삶을 어터슨의 의식에 드러내려 길을 모색하고 있다는 증거다. 이야기에서 악을 알아차리는 일은 어터슨의 의식 속에서 일어난다. 따라서 그는 가장 인간적인 최상의 자아, 곧 일종의 구원자를 상징한다. 그는 무슨 일이 일어나고 있는지 차츰 알아채고 두려움을 느끼는데, 이것은 어둠의 힘이 인간의 삶을 장악하는 걸 막고 인간을 보호하는 수단이다.

래니언 박사는 어떤가? 그 역시 악한 본성을 알아차리지만, 방식이 잘못되었다. 래니언은 지킬과 하이드의 수수께끼를 어터슨만큼 끈질기게 파헤치지 않았다. 악이 제대로 그를 덮쳤을 때 이는 래니언이 감당하기에 너무 버거웠다. 그는 악을 너무 빨리 접했으며, 필요한 준비나 인간적 도움 없이 악을 지나치게 깊이 들여다보고 말았다. 이는 악을 인식할 때의 숨은 이면이다. 우리는 악을 인식해야 하지만, 너무 깊이 순진하게 파고들다 보면 회복할 수 없을 만큼 충격을 받을 수도 있다.

향정신성 약이 우리 주변 곳곳에 널린 지금 이 시점에서, 하이드로 변신하기 위해 지킬이 제조한 악마의 약물 또한 언급할 가치가 있다. 나는 알코올이 인격을 지킬에서 하이드로 변화시킨다는 사실을 종종 목도했다. 정상적이던 사람도 술만 약간 들어가면 자기 인격의 추한 면을 드러낸다. 어떨 때는 술을 마시려는 충동의 밑바닥에 자신을 주장하려는 그림자의 노력이 깔린 것으로도 보인다. 마치 우리가 지금 다루는 이야기에서 하이드가 자신의 어두운 삶을 살 수 있도록 지킬이 약을 먹길 간절히 바란 것과 같다.

지킬의 인격 중 악한 부분은 지킬을 파멸시켰지만, 결국 스스로를 파멸시킨 것이라고 말할 수도 있을 것이다. 지킬이 하이드에게 완전히 잠식당하자마자 하이드 자신도 자살하고 만다. 여기에도 교훈이 있다. 악은 결국 선을 넘어 자신까지 파멸시킨다는 것이다. 분명 악은 혼자서는 살 수 없으며, 자신의 먹이가 될 선한 것이 있는 곳에서만 존재한다.

6. 그림자는 꿈속에서 어떻게 나타나는가
마리-루이제 폰 프란츠 Marie-Louise von Franz

그림자가 무의식 인격의 전부는 아니다. 그림자는 자아^{ego} 속 미지의 특성을 나타낸다. 대체로 개인의 영역에 속하면서 의식이라고도 할 수 있는 측면이다. 어떤 측면에서 그림자는 개인의 개인적 삶 외부에서 비롯된 집단의 요소로 구성되기도 한다.

개인이 자신의 그림자를 들여다보면, 자신 내면에 있다는 것은 부정하지만 다른 사람한테서는 흔히 보이는 성격과 충동의 존재를 알게 된다(많이들 이를 수치스러워한다). 이기심, 게으른 마음, 흐트러짐, 비현실적 몽상, 계획과 음모, 부주의와 비겁함, 돈과 물질에 대한 과도한 집착 등의 성질인데, 간단히 말하면 "이런 건 별로 중요하지 않아. 아무도 모를 거고 다른 사람도 다 하는 걸 뭐"라고 한 번쯤 말해봤을 법한 사소한 죄들 말이다.

친구가 내 잘못을 비난할 때 걷잡을 수 없는 분노가 치밀어 오른다면, 그 시점에서 내가 모르고 있던 자신의 그림자가 살짝 보이는 것이라고 생각해도 좋다. 물론 나보다 '딱히 나을 것 없는' 타인이 그림자가 저지른 잘못을 가지고 나를 비판하면 짜증이 나는 건 당연하다. 하지만 내가 꾸는 꿈이, 다시 말해 내면의 심판자가 나를 비난한다면 뭐라고 할 수 있을까? 이때가 바로 자아가 붙들린 순간이다. 그리고 그 순간이 불러오는 결과는 보통은 당황스러운 침묵이다. 그 후에 고통과 기나긴 자기 공부가 시작된다. 신화 속 헤라클레스의 과업*의 심리학 버전이라고도 할 수 있는 일이다. 기억할지 모르겠지만, 불운한 영웅 헤라클레스의 과제 중 하나는 수백 마리 소가 수십 년 동안 쌓아 올린 분뇨로 꽉 찬 아우게이아스 왕의 더러운 가축우리를 하루 만에 청소하는 일이었다. 어마어마하게 많은 일이라 보통의 인간이라면 생각만으로도 좌절해 무너질 만하다.

그림자는 그저 누락된 것만으로 이루어진 게 아니다. 이는 충동적이고 우발적인 행동에서 자주 나타난다. 미처 생각할 시간을 갖기도 전에 사악한 말이 튀어나오고, 계획이 세워지고, 잘못된 선택이 이루어진다. 그리고 의도하지 않았거나 의식적으로 원하지 않은 결과를 직면해야 한다. 더욱이 그림자는 의식적 인격보다 훨씬 더 많은 규모로 집단 감염에 더 잘 노출된다. 혼자 있을 때 우리는 상대적으로 문제가 없다고 느끼지만 '다른 사람들'이 원초적이고 사악한 짓을 저지르는 순간, 거기에 자신도 동참하지 않으면 바보 취급당할까 두려워서 자신의 것도 아닌 충동에 굴복하고 만다. 이는 동성 집단에서 특히 자주 일어나는 현상으로, 우리는 자신의 그림자뿐 아니라 다른 사람들의 그림자에까지 발목을 잡힌다. 우리는 이성異性의 그림자도 물론 보지만, 보통은 동성의 그림자만큼 짜증스럽지 않으며 이해하고 넘어가기도 쉽다.

---

* 헤라클레스가 헤라의 주문에 걸려 자신의 가족을 살해하고 난 후, 스스로 목숨을 끊는 대신 델포이의 신탁을 받아 에우리스테우스 왕에게 12년간 봉사하며 수행한 12가지 과제를 말한다.

따라서 꿈과 신화에서 그림자는 동성의 인물로 나타난다. 다음에 소개할 꿈이 좋은 예다. 이 꿈을 꾼 사람은 48세 남자로 열심히 일하고 규율 잡힌 자신만의 삶을 살기 위해 노력하며 쾌락이나 돌발적인 일을 본성이 허락하는 수준보다 훨씬 더 억압하는 사람이었다.

"저는 마을에 아주 큰 집을 갖고 살고 있었어요. 그 집 구석구석을 다 알지 못했죠. 그래서 집을 한 바퀴 쭉 둘러봤는데 저도 모르는 방들이 있다는 걸 알았어요. 그 방들은 주로 지하실에 있었는데, 거기엔 다른 지하실이나 지하에 있는 거리로 통하는 출구까지 있었어요. 출구 중 몇 개가 잠겨 있지 않거나 자물쇠가 아예 없는 걸 알고 전 기분이 나빠졌어요.

게다가 이웃에서 일하는 노동자들이 몰래 숨어 들어올지도 모르고요. 1층으로 돌아와 뒤뜰을 지나가는데 거리나 다른 집으로 이어지는 또 다른 출구들이 보였어요. 좀 더 자세히 조사해보려고 했는데, 한 남자가 요란하게 웃으며 다가오더니 우리가 초등학교 때 친구 사이였다고 소리치는 거예요. 저도 그 사람이 기억났어요. 그 사람이 그간 자기가 어떻게 지냈는지 이야기하는 동안 저는 그와 같이 출구 쪽으로 걸어가서는 거리를 함께 산책했어요. 거대한 원형 거리를 거쳐 초록 잔디밭에 다다르자 허공에 이상한 단색의 그림이 걸려 있고, 말 세 마리가 갑자기 우리를 지나쳐 달려갔어요. 힘세고 예쁜 말들이었죠. 거칠지만 손질은 잘된 상태였는데, 기수가 타고 있지 않았어요(탈영이라도 한 걸까요?)."

미로 같은 기이한 통로와 방들, 그리고 잠겨 있지 않은 지하실 속 출구는 고대 이집트인이 그린 지하 세계를 연상시킨다. 미지의 가능성을 담은 무의식의 특징을 나타내는 유명한 상징이다. 이는 또한 무의식의 그림자 부분에서 일어나 영향을 미치는 다른 것들에 우리가 얼마나 '열려' 있는지, 그리고 불가사의한 외부 요소가 어떻게 우리 내면에 들어올 수 있는지도 보여준다. 지하실은 이 사람의 정신(이 사람의 인격 중 여전히 인식되지 않은 정신의 영역을 상징하는)의 지하 공간이라 할 수 있다. 이상한 건물의 뒤뜰에서 갑자기 오래전 학교 친구가 나타난다. 어렸을 때는 자신의 일부였지만 오랫동안 잊어버렸던 이 친구는 꿈꾼 사람의 또 다른 측면이 의인화된 것이다. 들뜬 기분, 급한 성미, 또는 정직함 같은 어린 시절의 성격이 홀연히 사라졌는데 어떻게 어디로 사라졌는지 모르는 일은 흔히 일어난다. 이 사람이 잃었던 성격이 (뒤뜰에서) 돌아와 다시 친해지려 한다. 꿈속에 등장한 친구는 아마도 이 사람이 신경 쓰지 않던, 삶을 즐기는 능력과 자신의 외향적인 그림자를 상징할 것이다.

우리는 이 사람이 무해해 보이는 옛 친구를 만나기 전에 왜 '불편한' 기분이 들었는지 곧 알게 된다. 친구와 거리를 산책할 때 한 무리의 말이 달려 나온다. 이 사람은 말들이 아마 군대(다시 말해 자신의 삶을 특징짓던 의식적 규율)에서 도망 나왔을지도 모른다고 생각한다. 말 위에 기수가 없다는 사실에서 본능적 충동이 의식의 통제를 벗어날 수 있음을 알 수 있다. 예전에 없던 긍정적 힘이 옛 친구와 말을 통해 다시 나타났으며, 이는 이 사람에게 절실히 필요했던 것이다.

우리가 자신의 '또 다른 면'을 접할 때 이런 문제는 흔히 일어난다. 그림자는 보통 의식에 필요한 가치를 담고 있지만, 삶에 통합하기 힘든 형태로 존재한다. 꿈에 등장하는 통로와 큰 집은 꿈꾼 사람이 자기 정신의 차원을 아직 잘 모르고 있어 이를 제대로 채울 수 없다는 사실도 알려준다.

이 꿈 속 그림자는 내향성 인물^{introvert}(외부의 삶에서 지나치게 물러나려 하는 성향을 지닌 사람)에게 전형적 형태다. 외부의 대상, 외부의 삶에 더 치중하는 외향성 인물^{extrovert}이라면 그림자는 확연히 다르게 나타날 것이다.

활기찬 성격에 사업도 여럿 성공시켰지만, 꿈에 자신이 시작한 창조적 작업을 끝내야 하는 상황이 계속 등장하던 젊은이의 사례가 있다. 다음 소개할 꿈이 그중 하나다.

"한 사람이 소파에 누워 소파 커버를 얼굴에 뒤집어썼어요. 프랑스 사람인데, 어떤 범죄라도 저지를 무법자예요. 공무원 한 명이 저를 따라 아래층으로 내려가는데, 저는 절 향한 음모가 벌어졌다는 사실을 알고 있었어요. 그러니까 그 프랑스 사람이 우연을 가장해서 절 죽일 계획이었죠(밖에서 보면 우연으로 보이겠지요). 제가 출구로 다가갈 때 그가 내 뒤로 슬그머니 다가왔지만, 전 이미 방어를 하고 있었어요. 그때 키 크고 살찐 (부자고 힘 있는) 사람이 갑자기 몸이 안 좋다며 내 옆의 벽에 몸을 기댔어요. 전 기회를 놓치지 않고 공무원의 심장을 찔러 죽였어요. '약간의 물기밖엔 안 보이는걸.' 논평이라도 하는 것처럼 이런 말이 들려왔고 저는 안전해졌죠. 명령을 내릴 사람이 죽었으니 프랑스 사람이 절 습격할 일도 없을 거예요(공무원이랑 덩치 큰 거물은 사실 동일 인물일지도 몰라요. 거물이 공무원 역할을 대신하는 거죠)."

프랑스인 무법자는 이 사람의 다른 측면, 지금은 거의 사라진 내향성을 상징한다. 그가 소파에 (수동적으로) 누워 소파 커버를 얼굴에 뒤집어쓴 건 혼자 있고 싶기 때문이다. 반면 공무원과 (사실은 공무원과 동일 인물인) 잘

나가는 살찐 사람은 이 사람이 외부에서 성공적으로 수행 중인 책임과 활동이 의인화된 것이다. 거물이 갑자기 몸이 안 좋아진 건 이 사람이 자신의 역동적 에너지를 외부 생활에서 강제로 터뜨리느라 몇 번 병에 걸린 적이 있다는 사실과 연결된다. 하지만 잘나가는 사람은 혈관 속에 피가 흐르지 않는다. 약간의 습기만 있을 뿐이다. 이 사람이 외부에서 행하는 의욕 넘치는 활동은 사실 진짜 삶이 아니고 열정도 담겨 있지 않으며 냉혹한 메커니즘에 불과하다는 뜻이다. 따라서 살찐 거물이 살해당한다 해도 이는 손실이 아니다. 꿈 마지막에 프랑스인은 만족한다. 분명 이는 긍정적 그림자이며, 그가 부정적이고 위험하게 변한 건 꿈 꾼 사람의 의식적 태도가 이와 맞지 않았기 때문이다.

　이 꿈은 그림자가 여러 다른 요소로 구성되어 있다는 사실을 보여준다. 이 꿈에서는 무의식적 욕망(살찐 거물)과 내향성(프랑스인)이 그림자를 이룬다. 하필 프랑스인과 연결되는 이유는, 프랑스 사람들이 애정 표현을 능숙하게 할 줄 알기 때문이다. 따라서 그림자에 해당하는 두 인물은 우리가 잘 아는 두 가지 동력인 권력과 성을 상징하기도 한다. 권력욕은 여기서 공무원과 거물이라는 두 가지 형태로 등장한다. 공무원은 집단에 적응하는 일, 거물은 야심이 의인화된 것으로, 둘 다 권력욕에 집중한다. 꿈을 꾼 사람이 이 위험한 내면의 힘을 막는 데 성공하자, 프랑스인은 갑자기 적대적이지 않게 되었다. 달리 말하면, 권력욕과 마찬가지로 위험한 측면인 성욕 역시 항복을 선언한 것이다.

　그림자의 문제는 정치적 갈등에서 중요한 부분을 차지한다. 이 꿈을 꾼 사람이 그림자 문제에 민감하지 않았다면 필사적인 프랑스인을 바깥 삶의 '위험한 공산주의자'와, 그리고 공무원과 거물은 '탐욕에 찬 자본주의자'와 동일시했을지도 모른다. 이런 식으로 내면에서 서로 대립되는 요소를 회피하려 했을 것이다. 자신의 무의식적 경향을 타인에게서 보게 될 때, 이를 '투사'라고 한다. 어느 나라든 정치 선동은 이 같은 투사로 가득하다. 뒤뜰에서 사람들 몇 명이 모여 뒷담화할 때와 하등 다를 게 없다. 투사는 어떤 종류든 우리가 타인을 보는 관점을 가리고 객관성을 훼손해, 결국은 진실한 인간관계를 이룰 가능성을 망쳐버린다.

그림자의 투사가 끼치는 해악은 이뿐만이 아니다. 예를 들어 우리가 자신의 그림자를 공산주의자 또는 자본주의자와 동일시한다면, 우리 인격의 일부가 반대편에 남는다. 그 결과 (자발적이 아니더라도) 끊임없이 뒤에서 다른 쪽을 편들게 되며, 알지 못하는 사이에 적을 돕는 결과를 낳는다. 반면 다른 쪽을 세심하게 대한다면 서로를 이해하거나 적어도 싸움을 멈출 가능성이 생긴다.

그림자가 친구가 될지 적이 될지는 대부분 우리 자신에 달려 있다. 둘러보지 않은 집과 프랑스인 무법자가 보여주듯, 그림자가 반드시 적인 건 아니다. 사실은 여느 인간과 마찬가지로 우리와 사이좋게 지내야 하는 존재다. 상황에 따라 때로는 양보하고 저항하며 애정을 전함으로써 말이다. 그림자가 우리의 적으로 변하는 건 그림자를 무시하거나 오해할 때뿐이다.

7. 일상에서의 그림자를 찾아서

윌리엄 A. 밀러 William A. Miller

내면으로 떠나는 여행을 통해 그림자가 어떻게 구성되었는지 들여다볼 수 있는 경로는 최소 다섯 가지다. (1) 다른 사람에게 자신을 어떻게 보고 있는지 피드백을 요청해 알아본다. (2) 우리가 만드는 투사의 내용을 파헤친다. (3) 우리가 말과 행동에서 저지르는 '무의식적 실수'를 분석해 우리가 의도했던 바와 다르게 타인에게 인식될 때 무슨 일이 일어나는지 조사한다. (4) 어떤 유머를 자신과 동일시하는지 생각해본다. (5) 꿈과 몽상, 환상을 연구한다.

타인에게 피드백을 받아라

먼저 거울에 비치는 자기 모습 너머를 바라보는 게 첫 단계가 될 수 있을 것이다. 거울을 보면 우리가 보려고 하는 자신의 모습만 보인다. 그 너머까지 조망하면, 타인이 보는 나는 어떤 모습인지 볼 수 있다. 이게 스스로 불가능할 것 같다면 다른 사람과 함께 시작해보자.

아는 사람 중 자신을 속이며 살아가는 인물이 있다면 그 이미지를 떠올려보자. 이는 별로 어렵지 않을 것이다. 우리는 다른 사람에게서 보이는 거대한 그림자에 매우 익숙하니 말이다. 너무나 명백하게 보이는 걸 어떻게 모를 수 있을까 싶어 놀랄 때도 많다.

부정하고 싶기는 하지만, 적어도 이론적으로는 이것이 양쪽 모두의 문제라는 데 동의할 수밖에 없다. 무슨 말인가 하면, 스스로 보지 못하는 타인의 그림자가 내 눈에는 선명히 보인다면 반대로 스스로 보지 못하는 내 그림자가 타인의 눈에는 뚜렷하게 보인다는 뜻이다. 내가 보는 타인의 그림자를 타인에게 기꺼이 (그리고 물론 친절하게) 알려준다면, 그 사람 또한 자신이 보는 내 그림자를 기꺼이 (그리고 물론 친절하게) 알려줄 것이다.

타인에게 부탁해 그들이 보는 내 모습에 대해 피드백을 얻는 것은 개인으로서 지닌 그림자를 통찰하는 데 매우 효과적인 방법 중 하나다. 아쉽게도 대부분은 이런 생각을 하기만 해도 위협을 느낀다. 그리고 우리가 자신을 보는 모습이나 타인이 우리를 보는 모습이나 하나도 다를 게 없다고 믿으려 할 것이다.

우리가 자신의 그림자를 바라보도록 도와주기에 가장 적합한 사람은 우리를 잘 알고 있는 이들이다. 배우자나 연인일 수도, 가까운 친구나 동료일 수도 있다. 역설적으로 우리가 귀 기울여 듣지 않을 것 같은 이들이 사실 가장 크게 도움이 될 가능성이 높다. 보통은 이들이 하는 말이 대놓고 주관적이거나, 투사거나, 그냥 끼워 맞춘 것에 불과하다고 할 것이다. 나를 잘 모르는 사람에게 피드백을 받는 게 차라리 편안할 것이다. 그러나 낯선 사람은 우리를 잘 아는 사람들만큼 제대로 된 의견을 전달하지 못한다. 이는 내면을 향한 여정이 쉽지 않음을 보여주는 또 다른 예라 하겠다.

내가 다른 사람에게 피드백을 요청했다고 생각해보자. 그 사람이 말하길, 자신과 함께 있을 때 나는 때로 잘난 척하는 사람으로 보였다고 한다. 듣기 좋은 말은 아니지만, 그가 이런 생각을 했다는 사실은 받아들일 수 있을 것이다. 하지만 난 아마 이렇게 대꾸하고 싶을 것이다. "대체 무슨 소리를 하는 거야? 난 잘난 척하는 사람 따위는 딱 질색이라고."

하지만 입 밖에 내지는 않는다.

이는 사실 내 그림자의 성향이나 특성에 대해 꽤 많은 단서를 준 것이다.

우리가 호불호를 과장해서 말한다는 건, 그리고 그 입장을 단호하게 밀어붙인다는 건, 그 상황에서 우리는 그림자 영역에 들어와 있으니 이를 제대로 조사해보는 게 좋다는 뜻일지도 모른다.

나는 타인이 인식하는 내 그림자의 경향이 무엇인지 들었으며, 잘난 척하는 것처럼 보인다는 사실이 믿기 힘들지만 그 사람의 의견을 일단 수용했다고 하자. 그다음 가까운 친구를 찾아가 사정을 설명하며 다른 친구가 나를 잘난 척한다 생각한다고 말했다는 사실을 전한다. 그리고 그 친구도 나에 대해 똑같이 생각하는지 솔직히 말해달라고 한다. 그 결과 다른 의견을 듣고 만족할 수도 있고, 똑같은 말을 또다시 듣게 될 수도 있다. 어느 경우든 진심으로 자신의 내면을 여행하려 한다면 어느 쪽으로든 상관없이 사실을 제대로 알고 싶어 할 것이다. 내가 지닌 그림자의 성향에 대해 두 사람 이상이 똑같은 이야기를 한다면, 그 말이 사실이라 믿고 그들의 눈에 보이는 모습이 어떤지 더 깊이 파고들어야 할 것이다.

투사의 내용을 분석하라

개인의 그림자로 향하는 두 번째 경로는 투사의 내용을 분석하는 것이다. 투사는 인격 내에 존재하지만 의식과는 관련이 없는 성향이나 특성이 활성화될 때 사용하는 무의식의 기제다. 무의식의 투사가 이뤄진 결과 타인에게서 보이는, 그간 알지 못했던 나 자신의 성향을 목격하고 이에 반응하게 된다. 투사를 통해 우리는 자신의 일부지만 스스로는 인식하지 못했던 부분을 발견한다.

투사는 부정적일 때도, 긍정적일 때도 있다. 하지만 내면의 바람직하지 않은 차원을 타인에게서 볼 때가 많다. 따라서 그림자의 요소를 접하려면 우리가 타인을 볼 때 어떤 성향이나 특징, 태도를 싫어하는지, 그리고 이를 얼마나 심하게 싫어하는지 분석해야 한다.

가장 간단한 방법은 타인에게서 보일 때 내가 가장 싫어하는 성격, 예를 들어 자만심, 급한 성미, 이기심, 무례, 탐욕 등을 쭉 나열해보는 것이다. 목록이 다 채워지면 (꽤 긴 목록이 될 것이다) 그중 단순히 싫은 걸 넘어 극히 혐오하고 경멸하는 특성은 무엇인지 추려본다. 간추린 최종 목록은 자신의 그림자가 무엇인지 정확히 알려줄 것이다. 이 내용은 아마 그대로 믿기 힘들 것이며, 받아들이기는 더욱더 버거울지도 모른다.

만약 내가 타인에게서 볼 때 도저히 참을 수 없는 성향 목록에 '오만함'이 포함되어 있다면, 그리고 내가 누군가를 다른 사람을 대할 때 오만하다며 완고하게 비판한다면, 내 행동을 분석해 실제로는 자신이 오만하게 행동하고 있는 건 아닌지 확인해보는 게 좋을 것이다.

우리가 타인에게 보내는 비판이 우리 자신의 탐탁지 않은 성향을 투사한 것뿐만은 아니다. 그러나 타인에게 감정적으로 과잉 반응한다면, 이는 우리 무의식 속 무언가가 자극을 받아 활성화되었기 때문이라 생각해도 무방하다. 앞에서 이야기한 대로 투사가 향하는 사람에는 투사를 달라붙게 하는 '갈고리' 같은 게 있기 마련이다. 예를 들어 짐이라는 사람이 오만하게 굴 때가 있다면, 여기에는 짐의 행동을 공격하는 내 모습에 대한 어느 정도의 '합리화'가 포함된다는 말이다. 하지만 그림자의 진정한 투사에는 짐이 스스로 내보이는 잘못보다 내가 짐을 비난하는 내용이 훨씬 많이 담겨 있다.

갈등 상황은 여러 문제를 낳으며 이로 인해 감정도 격해진다. 그 결과 그림자를 투사할 수 있는 예외적 공간이 생긴다. 갈등을 경험하면 자신의 그림자가 지닌 특징에 대해 많은 걸 배울 수 있다. 우리가 '적'을 헐뜯는 내용은 사실 자신의 어두운 그림자를 투사하는 것에 불과할지도 모른다.

때로는 자신의 긍정적 그림자를 타인에게 투사하기도 한다. 타인에게서 보이는 긍정적 성향은 사실 우리 내면에 있지만 어떤 이유에서인지 우리가 의식으로 끌어올리려 하지 않는, 그 때문에 스스로 알아채기 어려운 성향이다.

우리는 가끔 경험적 증거 없이도 타인에게서 긍정적인 면을 볼 때가 있다. 낭만적인 만남이나 인사 평가 같은 상황에서 자주 발생하는 일이다. 서로에 대한 갈망에 휩싸인 연인은 자신의 무의식 속 긍정적 특정을 상대에게 투사할 때가 많다. 이렇게 투사된 성향은 일정한 형태를 띠는데, 그러지 않으면 투사가 대상에 붙어 있지 못한다. 그러나 이 경우에도 투사된 내용을 알아차릴 정도가 되면 안 된다. 수전이 친절하고 관대한 면모를 그림자로 지니고 있다고 하자. 그녀는 이를 샘에게 투사해, 자신에게 특히 친절하게 대해준다며 칭찬을 아끼지 않는다. 수전의 친구들은 샘이 이기적이거나 탐욕스러운 성격은 아닌 것 같지만, 그가 수전에게 보여준 친절과 관용은 일시적인 것에 불과하다는 사실을 수전이 깨닫게 해주려 할 수 있다. 하지만 수전은 이에 전혀 귀 기울이지 않을 것이다.

우리는 타인의 긍정적 특징 하나에 일단 '꽂히면', 다른 긍정적 특징까지 그에게 투사하게 된다. 이는 인사 관련 인터뷰에서 종종 일어나며 보통 '후광효과 halo effect'로 알려져 있다. 인터뷰하는 사람이 인터뷰 대상에게 이런 식으로 꽂히면, 그에게서 잘못된 점이라고는 찾을 수 없게 될 것이다. 인터뷰하는 사람이 개인의 긍정적 자질을 인터뷰이에게 투사하면, 그와 반대되는 증거는 아무리 강력하다 해도 가려져버린다.

이는 바람직하지 않은 상황이지만, 긍정적 투사가 어떤 힘을 지니고 있는지 잘 설명해준다. 그러므로 우리는 그림자에 부정적인 것뿐만 아니라 긍정적 잠재력도 존재한다는 사실을 인식할 필요가 있다. 이들 긍정적 자질을 열거한 다음, 타인에게서 보이는 이런 모습에는 칭찬을 아끼지 말아야 한다. 우리가 무심코 "오, 하지만 난 저 정도까지는 되지 못할 거야"라고 혼잣말을 할 때, 어떤 성격을 두고 이런 말이 나오는지 자세히 알아보는 게 좋다. 분명 우리 내면에 자리 잡은 '황금의 그림자$^{golden\ shadow}$' 중 일부분일 테니 말이다.

'무의식의 실수'를 분석하라

개인의 그림자로 향하는 세 번째 경로는 말이나 행동에서 무의식적으로 나오는 오해나 실수를 분석하는 것이다. 말실수란 의도하지 않게 잘못 말하는 바람에 자신을 당황하게 만드는 것을 가리킨다. 사실 무엇보다 우리가 되고 싶어 하지만 차마 되지 못하는 모습이 그림자라고 한다면, 우리는 이러한 현상을 통해 그림자의 모습을 내보인다. "절대 그렇게 말하고 싶었던 게 아닙니다"라거나 "이런 말을 했다니 믿을 수가 없네요" 같은 '사과'는 의식이 계획해도 결정은 그림자가 할 때가 많다는 사실을 보여준다.*

예를 들어보자. 앤은 항상 타인이 하는 일에 관대해야 한다고 배웠다. 그래서 친구 크리스가 나이 예순에 모델 학교에 들어가겠다고 결심했을 때, 사실 말도 안 되는 일이라 생각했지만 어쨌든 친구가 용기낸 것을 칭찬해주려 했다. 그러나 앤의 그림자가 그녀의 속마음을 누설해버렸다. 크리스의 결정을 축하해준다면서 "넌 분명 정말 대단한 엉망진창이 될 거야"라고 말해버린 것이다. 물론 원래는 '엉망진창^{muddle}'이 아니라 '모델^{model}'이라고 말

---

* 원문은 'Consciousness proposes, shadow often disposes'로 이는 'Man proposes, God disposes (뜻은 사람이 세우나 실행은 하늘에 달렸다, 즉 진인사대천명)'이라는 격언을 패러디한 것이다.

하려 했을 것이다. 하지만 앤은 자신이 크리스의 결정에 얼마나 비판적이었는지 몰랐으며, '엉망진창'이야말로 그 상황을 지켜보며 들었던 진짜 생각이었다.

행동 실수는 말실수보다 더 노골적으로 속마음을 보여준다고 할 수 있다. 어떤 사람이 '뜬금없는' 행동을 하는 이유에 대해서는 그 누구도 정확히 설명할 수 없을 것 같다. "그 사람 대체 무슨 일인지 모르겠어. 그러는 걸 단 한번도 본 적이 없는데!"라고 말하는 사람이 있다. 이런 행동은 평소 알고 있던 그 사람의 성격과는 완전히 동떨어져 보이기 때문에, 일단 이런 일이 벌어지면 모두가 (심지어 본인까지) 어안이 벙벙해진다.

또 다른 형태인 '오해'도 있다. 우리가 의도한 대로 타인이 받아들이지 않는 경우를 말한다. 몇 가지 예가 있다. 한 연사가 청중에게 친근한 모습으로 발표를 하고 싶어 했다고 생각해보자. 하지만 발표가 끝난 후 그는 '매우 비꼬는 것'처럼 보였다는 말을 듣는다. 겸손하고 수줍음 많은 여성이 파티에서 자신에게 '접근'하는 남자에게 불쾌감을 느낄 수 있다. 정작 자신이 상대에게 추파를 던지고 있었음을 알지 못한 채로 말이다. 시상식의 밤에서 동료를 위해 짧은 연설을 해달라고 부탁받은 사람이 있다고 치자. 행사가 끝나고 이 사람은 동료의 부인에게 유머를 빙자해 자기 남편을 "참 능숙하게 까 내리더라"는 말을 듣고 당황할지도 모른다.

(우리 모두에게 꽤 익숙할) 이런 상황은 우리에게 내면을 여행하며 자신에 대해 다시 한번 깨달을 기회를 선사한다. 하고 안 하고는 우리 선택에 달려 있다. 이런 '실수'가 벌어질 때 그저 웃어 넘기거나, 자기방어하기에 급급하거나, 합리화하려 하거나, 또는 그냥 덮어두려 하는 건 아무 도움이 되지 않는다. 우리의 어두운 그림자를 가려내려면 이들을 대담하게 직면해야 하

1부 그림자란 무엇인가

며, 이로 인해 자신을 더 깊이 이해함으로써 얻는 이득도 따를 것이다. 이렇게 하면 이 같은 당황스럽고 어색하며 파괴적인 '실수'가 다음에는 일어나지 않도록 할 수 있다.

어떤 유머를 자신과 동일시하는지 생각해보라
개인의 그림자로 향하는 네 번째 경로는 자신의 유머 감각, 그리고 일반적 유머에 대한 반응을 분석하는 것이다. 유머는 단순한 취향 문제가 아니라는 사실을 대부분 알고 있다. 유머라는 이름으로 그림자가 전하는 진실을 선언할 때가 많기 때문이다. 그림자를 강하게 부정하며 억압하는 사람은 보통 유머 감각이 부족하며 재미있는 말도 거의 하지 않는다.

이런 경우를 생각해보자. 작은 마을에서 일요일마다 '도움 주기 단체' 같은 일로 모이던 세 목사의 이야기가 있다. 오랫동안 만나면서 이들 사이에는 친밀감과 신뢰가 쌓여갔다. 어느 날, 이들은 서로 믿을 만한 사이가 되었으니 자기가 살면서 범한 가장 큰 죄를 털어놓고 서로의 죄책감을 공유하기로 했다. 첫 번째 목사가 "난 예배 헌금을 훔친다는 사실을 고백해야겠네"라고 말했다. 두 번째 목사가 "정말 나쁜 일이로군"이라고 말하며 자신의 죄를 털어놓았다. "내가 저지른 가장 큰 죄는 옆 마을에 사는 여자랑 바람을 피운 거라네." 두 사람의 비참한 이야기를 듣고 있던 세 번째 목사가 말했다. "오 형제들이여, 고백하는데 내가 저지른 가장 끔찍한 죄는 뒷담화를 즐기는 일이라네. 당장 여기서 나가고 싶어 견딜 수가 없군!"

이 이야기의 결론을 듣고 대부분 재미있다며 웃는다. 하지만 그게 전부가 아니다. 이 이야기는 우리 자신이 지닌 뒷담화라는 그림자를 자극하며, 우리는 세 번째 목사가 두 동료의 죄를 마을에 퍼뜨리면서 느낄 즐거움을 자신과 동일시하며 재미있어한다. 우리는 당연히 그게 옳지 않은 행동임을 알고 있으며 실제로 그런 짓을 저지르지도 않을 것이다. 하지만 기억하자. 그림자는 우리가 감히 하지는 못하지만 실은 하고 싶어 하는 모든 것이라는 사실을 말이다. 이 이야기가 재미있게 느껴진다면, 이는 우리가 자신을 더욱 분명히 깨달을 수 있다는 의미다. 반면 그림자를 부정하고 억압하는 사람이라면 이 이야기를 절대 유머로 받아들이지 못하며 비판할 것이다. 이런 사람은 이야기의 결말이 재미있지 않으며 오히려 슬프다고, 이는 우리 시대에 관한 일종의 고발이며 세 목사 모두 벌을 받아야 한다고 말할 것이다.

타인의 고통이나 불행에 기뻐하는 건 악취미라는 걸 알지만, 그래도 스케이트를 처음 타는 사람이 빙판 위에서 우스꽝스럽게 움직이는 걸 보면 심하게 재미있어할 것이다. 몇십 년 전, '활동사진'이라는 걸 처음 접한 이들이 보면서 가장 재미있어한 장면은 바나나 껍질을 밟고 미끄러지는 고전적 코미디가 아니던가. 우리는 수많은 불행을 겪고 괴로워하는 코미디언의 모습을 보며 환호한다. 이 같은 상황을 묘사하는 유머는 억압된 가학성을 자극해 표출시킨다. 분명 우리가 재미있고 웃긴다고 생각하는 것들을 분석해보면 자신에 관한 지식이 더 넓어질 것이다.

스포츠 경기에서, 특히 격투 종목에서 거대하고 강력한 그림자의 모습을 종종 목격한다. 다른 상황이라면 벌금을 물거나 감옥에 들어가야 할 행동이 여기서는 바람직한 것으로 권장되며 박수갈채까지 받는다. 보통은 신사적일 사람들이 여기서는 거의 살인에 버금가는 행동을 하라고 부추긴다. 나는 언젠가 사회학 연구 조사를 위해 프로레슬링 경기장에 갔다가 나이 든 여인한 무리를 만난 적이 있다. 레슬러들이 링에 등장하기 전까지는 분명 '정상적인' 분들이었다. 하지만 경기가 시작되자 그들은 전부 자리에서 일어나 주먹을 휘두르며 소리쳤다. "저 쓸모없는 새끼 죽여버려!", "저 자식 가만 놔두지 마. 팔을 분질러!" 그림자의 공격성을 대리로 표현하는 게 이날 저녁 그분들의 사명이었던 것이다.

꿈, 몽상, 그리고 환상을 연구하라

개인의 그림자로 향하는 마지막 경로는 우리의 꿈과 몽상, 그리고 환상을 연구하는 것이다. 부정하고 싶을지도 모르겠지만, 우리는 모두 꿈을 꾸고 몽상에 젖으며 환상에 빠진다. 이러한 경험에 주의를 기울이면 내면의 그림자와 그 내용을 훨씬 많이 이해할 수 있게 된다.

그림자는 꿈속에서 동성의 인물로 등장한다. 우리는 이를 두려워하거나, 싫어하거나, 혐오하거나, 또는 우리보다 못한 사람을 대할 때와 같이 반응한다. 꿈속에서 보통 자신을 쫓아온다고 생각해 그게 사실이든 아니든 상관없이 피하고 싶어 한다. 그림자는 또한 우리가 본능적으로 두려워하며 도망치고 싶어 하는 불분명한 형체로 등장하기도 한다.

꿈속 인물은 우리 자신의 그림자이거나 그림자를 대표하는 부분이기 때문에 이를 직면해 그 정체가 무엇인지 밝혀야 한다. 인물의 행동, 태도, 그리고 (말을 할 경우) 말을 관찰할 필요가 있다. 이 인물은 의식의 일부가 될 수도 있는 우리 내면의 차원이 의인화된 것이므로, 자신을 아는 데 유용한 자원이다. 하지만 꿈속에서는 그림자를 피하는 게 일반적이다. 우리 대부분에게는 의식의 삶에 존재하기 때문이다.

우리는 몽상이나 환상에 빠진다는 사실을 부정하고 싶어 할 수도 있지만, 사실 우리는 생각보다 많은 시간을 여기에 쏟는다. 깨어 있는 낮 동안, 의식을 집중하는 기능에만 매달리게 하는 일은 참기 힘들다. 그러니 생각할 거리가 따로 없을 때는 무슨 생각을 하겠는가? 우리의 사고는 어디를 향하는가? 어떤 이미지와 환상이 우리 생각을 파고드는가? 몽상과 환상은 우리의 페르소나와 정반대라 우리를 공포에 질리게 만들 수도 있다. 분명 우리는 이들이 어떤 모습인지 타인에게 고백하려 하지 않으며, 대다수는 자신에게조차 이를 고백하려 하지 않을 것이다.

하지만 이들의 존재를 부정한다면 우리 자신을 알 또 다른 기회를 놓치는 것이다. 우리는 환상과 몽상에서 의식 수준에서는 수용하지 못하는 생각이나 계획, 설계, 그리고 꿈을 찾아낼 수 있기 때문이다. 값진 환상, 우리를 살찌우는 몽상도 존재한다. 우리에게 불가능한 일을 몽상 속에서는 성취할 수 있기 때문이다. 다시 말하지만, 그림자를 직면하고 이에 관해 제대로 심사숙고한다면 그림자는 언제나 자신의 가치를 우리와 공유할 준비가 되어 있다.

마지막으로 그림자 속으로 들어가는 건 매우 개인적인 일이며, 각자에 따라 달라지는 일이라고 결론을 내려야 하겠다. 우리는 자신만의 길을 찾아 이를 따라가야 한다. 내면의 그림자를 향해 가는 데 일반적인 과정 같은 건 있을 수 없지만, 지금까지 추천한 내용은 분명히 도움이 될 것이다.

타인

신과 별의 이름을,
숨은 바다의 파도가 일으키는 거품을,
저 먼 정원에 날리는 꽃가루를
왜 이야기하는가,
우리를 상처 입히는 건 삶 자체인데, 하루하루가
우리 속을 쥐어뜯는데, 매일 밤이
살해당한 채로 몸부림치며 내려오는데
알지 못하지만 언제나
존재하며 피해자이며
적이자 사랑이자 모든 것인 다른 누군가의 고통을 느낄 때,
우리는 온전한 채여야 할까?
어둠을 탓하지 마라,
컵에 담긴 즐거움을 한 모금에 비우지 마라.
둘러보라. 다른 누군가가 있다, 언제나 다른 누군가가.
그가 호흡하면 그대는 숨이 막힌다,
그가 먹으면 그대는 허기가 진다.
죽으면서는 그대 죽음의 가장 순수한 반쪽을 지니고 간다.

-로사리오 카스테야노스 Rosario Castellanos (멕시코의 시인, 작가)

2부

그림자의 형성
가족 안의 버림받은 자기

"어둠이여, 나를 형제라 부르라!
내가 찾는 것을
난 두려워하면 안 되나니."
- 미상

"수치, 죄책감, 자만심, 공포, 혐오, 질투, 욕구, 그리고 탐욕은 자아 형성 과정에서 반드시 나오는 부산물이다. 이들은 열등감과 권력욕이라는 양극단을 야기하며, 자아가 처음으로 해방될 때 나타나는 그림자의 특징이다."
- 에드워드 C. 휘트먼트

"우리는 스무 살 때까지의 삶은 자신 속 어떤 부분을 가방 안에 넣을지 고민하면서 보내며, 그 이후의 삶은 무엇을 가방에서 다시 꺼낼지 고민하면서 보낸다."
- 로버트 블라이

서문

우리에게는 각자의 심리적 유산이 있다. 생물학적 유산이 실재하는 것처럼 심리적 유산 역시 실재하며, 여기에는 가정환경이라는 정신의 양식을 통해 흡수하거나 전달받은 그림자의 유산도 포함된다. 우리는 가정에서 부모와 형제자매의 가치와 기질, 습관 및 행동에 노출되기 때문에, 부모가 자신의 삶에서 해결하지 못한 문제는 대처 방식이 제대로 기능하지 않은 상태로 우리에게도 똑같이 일어나는 경우가 많다.

시인 T. S. 엘리엇$^{\text{T. S. Eliot}}$은 '집은 한 사람이 시작되는 곳'이라고 말했다. 가정은 자신의 개인성과 운명을 희곡처럼 상연하는 극장과 같다. 감정의 무게중심이자 자기 정체성이 형성되는 곳이며, 특히 가족의 다양한 개성에 영향받으며 자신의 성격을 발달시키는 곳이기도 하다.

부모와 형제자매, 자신을 돌봐주는 사람 등 우리에게 사랑과 인정을 주는 주요 원천이 형성하는 심리적 분위기 속에서 아동은 자아^{ego}의 발달이라는 중요한 과정을 겪는다. 인간이 사회에 적응하려면 '나'라는 자아를 형성해야 한다. 자아는 의식 성장을 조직하는 주요 원리가 된다. 좋은 일이라고 인식하거나 권장되는 것과 자신을 얼마나 동일시하며 '틀리거나 나쁜' 것을 내면에서 얼마나 억누르는지에 따라 자아가 발달하는 정도가 달라진다. 이는 개성이 성장하면서 불안을 없애고 긍정적 배려를 얻어내는 데 전략적 이점을 안겨준다. 자아가 성장하는 과정은 삶 전반부 내내 계속되며, 우리가 세상으로 나간 다음에는 외부 영향과 경험을 통한 수정 단계를 거친다.

자아가 들어오면 그림자는 사라진다. '버림받은 자기^{self}'는 자아 형성 과정에서 생기는 부산물이며, 결국에는 거울에 비친 자아와 같은 대칭 이미지가 된다. 우리는 자신의 모습대로 발달하는 데 맞지 않는 부분을 버림으로써 그림자를 만든다. 자아 발달의 일방적 측면 때문에 내면이 수용하지 못해 외면하고 거부하는 성격은 정신 속 무의식에 쌓여 열등 인격, 즉 개인의 그림자로 형성된다.

하지만 이들은 버린다고 해서 사라지지는 않고 내면에 그대로 남아 있다. 보이지 않는 탓에 신경도 쓰지 않지만, 그래도 이들은 여전히 존재한다. 인식되지 않은 채 내면 깊숙이 숨은 무의식 속 또 다른 자아의 형태로 말이다. 감정의 극단에서 이는 불쑥 갑자기 튀어나온다. 어른들이 "내 안의 악마가 시킨 짓이야!"라고 말하는 건 자신의 또 다른 자아가 저지른 행동을 설명할 때 쓰는 완곡한 표현이다.

따라서 자아와 그림자는 오랫동안 신화의 모티브로 잘 알려진 적대 관계다. 한쪽은 선하고 다른 한쪽은 악해 서로 반목하는 신화 속 쌍둥이나 형제는 심리적 환경 속 자아와 또 다른 자아의 모습을 상징적으로 보여주는 예라 할 수 있다. 이러한 형제간 반목은 묶였을 때 하나의 전체를 형성한다. 이와 마찬가지로 자아가 버림받은 자기와 동화할 때 우리는 전일성으로 한 걸음 더 나아갈 수 있다.

어릴 때는 의식으로 지각되는 영역이 느슨하고 불확실하게 관리된다. 놀이터에서 노는 아이들과 이를 대하는 어른들의 모습에서 그림자가 형성되는 과정을 목격할 수 있다. 아이들이 놀 때 보이는 심술궂고 잔인한 모습은 우리를 놀라게 한다. 우리가 이를 보면, 양심의 가책을 느껴 끼어들어야겠다고 느끼는 게 자연스러운 반응일 때가 많다. 당연히, 그리고 본능적으로 우리는 아이들이 상처받는 걸 원하지 않는다. 하지만 아이가 노는 모습을 어른이 보기에 바람직한 방향으로 맞추기 위해 우리가 버린 감정과 행동을 아이 역시 버리길 바란다. 또 우리는 이전에 자신에게 스스로 투사했던 모습을 '나쁘게 행동하는' 아이의 모습에도 투사한다. 아이가 그 뜻을 이해한다면, 어른의 기대를 충족하기 위해 그런 나쁜 충동과 자신을 동일시하지 않을 것이다.

타인의 그림자는 아동의 자아 및 그림자 형성에 끊임없이 정신적 영향을 행사한다. 어렸을 때 우리는 자아가 인식하는 이면에서 일어나는 일은 그냥 덮어두도록 배운다. 그래야 착해 보이고, 내게 중요한 사람들이 나를 받아들여주기 때문이다. 투사, 즉 받아들이기 힘든 무의식적 경향을 자신의 본의와는 상관없이 외부 대상이나 사람으로 치환하는 일은 연약한 자아가 긍정적 피드백을 얻고자 할 때 이를 도와주는 역할을 한다. 융 정신분석가 욜란데 야코비[Jolande Jacobi]에 따르면 "자신의 어둠을 인정하고 싶어 하는 사람은 없다. 자아가 자신의 정신 전체를 대표한다고 믿는 사람, 그래서 자아에 속하지 않는 성격은 알지도 못하며 알고 싶어 하지도 않는 사람은 자신이 모르는 '영혼 속 부분'을 주변 세계에 투사하기 마련이다."

물론 이와 반대의 경우도 벌어진다. 타인의 기대를 자신이 절대 충족시킬 수 없다고 생각할 때, 아동은 우리가 받아들이기 힘든 행동을 하며, 타인이 자신에게 행하는 그림자 투사의 희생양이 되고 만다. 흔히 말하는 가족 안의 '미운 오리 새끼'는 사실 가족의 그림자를 떠맡도록 정해진 존재다. 정신분석학자 실비아 브린턴 페레라[Sylvia Brinton Perera]는 자신의 저서 《희생양 콤플렉스[The Scapegoat Complex]》에서 이렇게 희생양의 정체성을 지닌 성인은 무의식과 감정의 흐름에 태생적으로 극히 민감한 사람인 경우가 많다고 말한다.

그렇기 때문에 어릴 때부터 가족 전체의 그림자를 자기 몫으로 떠맡는다.

영국의 융 분석가 A. I. 앨런스비^{A. I. Allensby}는 가족의 그림자에 관해 융이 자신에게 해준 이야기를 다음과 같이 설명한다(이 이야기는 존 P. 콩거^{John P. Conger}의 저서 《융과 라이히: 그림자로서의 육체^{Jung and Reich: The Body as Shadow}》에서 따왔다).

융은 예전에 자신이 지금까지 살면서 단 한번도 잘못을 저지른 기억이 없다는 한 퀘이커 교도(물질적 장소로서의 교회를 부정하며 성직자나 목사가 없는 게 특징인 기독교 교파)인 유명 인사를 만난 적이 있다고 말했다. 융은 "그 사람의 자식들이 어떻게 되었는지 아십니까?"라고 내게 물었다. "아들은 도둑이 되고 딸은 매춘부가 되었다죠. 아버지가 자신의 그림자를, 인간으로서 불완전한 부분을 대면하려 하지 않았기 때문에 외면당한 어두운 부분은 자식들이 짊어질 수밖에 없었던 겁니다."

부모와 자식의 관계 유형 말고도 그림자의 형성 과정을 복잡하게 만드는 다른 사건이 있다. 아동의 자아가 의식에 자리 잡을 때, 그중 일부분은 우리가 세계를 향해 보이는 얼굴, 즉 가면(페르소나)으로 변한다. 타인이 생각하는 우리의 모습이 바로 이것이다. 페르소나는 우리가 자신의 주변 환경 및 문화와 이어져야 한다는, 그리고 자신의 이상적 자아는 우리가 자란 세계의 기대와 가치와 맞아야 한다는 요구를 충족시킨다. 그 아래에서는 그림자의 봉쇄 작업이 벌어진다. 자아와 페르소나 발달 과정 전체가 주변 환경에 대한 자연스러운 반응이며, 이는 우리가 가족, 친구, 선생님, 성직자 등과 소통하며 경험하는 인정과 부정, 수용과 수치심 등의 영향을 받는다.

가족 내부에서 일어나는 각종 상황을 생각해보면 제2의 자아가 어떻게 발달하는지 알 수 있다. 다른 가족 구성원의 그림자는 버림받은 자기가 새롭게 형성되는 데 크게 영향을 준다. 가족 집단 전체가 자신의 어두운 요소를 인지하지 못하거나, 가족 구성원이 결탁해 가족 중 특히 강력하거나 허약한, 또는 가족이 아끼는 특정 구성원이 지닌 그림자를 숨기는 경우 이 현상은 특히 두드러진다.

2부에 수록된 글은 아동기에 일어나는 그림자 형성 과정의 다양한 측면을 다룬다. 첫 번째 글에서는 저명한 부부 상담 치료사이자 베스트셀러 작가 하빌 헨드릭스Harville Hendrix가 자신의 저서 《연애할 땐 Yes 결혼하면 No가 되는 이유Getting the Love You Want》에서 인용한 내용을 통해 억압이 버림받은 자기를 만들고 일관된 정체성을 분열시키는 과정을 설명한다.

가족 역동family dynamic이 매우 부정적이고 폭력적이거나 제대로 기능하지 않을 때, 죄책감과 수치심이 우리가 물려받는 그림자에서 가장 골치 아픈 핵심이 된다. 로스앤젤레스에서 활동하는 융 정신분석가 로버트 M. 스테인Robert M. Stein은 부모의 부정과 배신이 아동의 정신에 오랫동안 끼치는 오염 효과에 관해 자신의 저서 《근친상간과 인간의 사랑Incest and Human Love》에서 인용해 설명한다.

부모는 아동에게 최초의 선생님이다. 작가 킴 체닌Kim Chernin은 〈모녀 관계의 이면〉에서 부모의 가르침이 언제나 달콤하지만은 않다고 이야기한다. 여성 섭식장애를 다룬 책을 쓴 바 있는 체닌은 어머니의 질투, 분노, 그리고 죄책감이 오늘날 사춘기를 맞이하는 여성들에게 역설적인 상황을 형성한다고 이야기한다. 이들 감정은 그림자의 일부로 인식되지 않을 경우 딸에게 비극적인 자기파괴라는 결과를 야기할 수 있다고 한다.

부모가 된다는 것은 어렵고 위험하기까지 한 책임이다. 존 A. 샌퍼드의 에세이 〈부모 되기, 그리고 자식의 그림자〉에서는 아동의 자연스럽고 건강한 심리적 성장을 방해하지 않으면서 그림자를 발달시킬 수 있도록 돕는 방법을 설명한다. 이 글은 샌퍼드의 저서 《악: 현실의 그림자$^{\text{Evil: The Shadow Side of Reality}}$》에서 인용한 것이다.

그림자의 형성은 필수이며 보편적인 일이다. 그림자가 있어 우리는 '자신의 모습'이 된다. 또 이를 초월해 '우리가 성취 가능한 잠재력의 모습'으로 만드는 그림자 작업이 가능해진다.

8. '잘못된 자기'의 형성
하빌 헨드릭스 $^{\text{Harville Hendrix}}$

특정한 생각이나 감정 및 행동을 억압하려 부모는 다양한 기법을 동원한다. "그런 생각 하면 안 돼", "다 큰 애는 우는 거 아니야", "거기 만지지 마!", "그런 말 다시는 듣고 싶지 않구나!" 등 딱 부러지게 지시를 내릴 때도 있고, 백화점에서 어머니가 아이에게 하듯 꾸짖고 위협하거나 찰싹 때리기까지 한다. 대체로 부모는 아이를 미묘하게 '무효화'하는 과정을 통해 길들이려는 경향이 있다. 아이가 하는 어떤 일에는 보상을 하지 않거나 아예 보려고도 하지 않는다는 뜻이다. 예를 들어 부모가 아이의 지적 발달에 가치를 두지 않는다면, 아이에게 장난감이나 운동 기구는 줘도 책이나 과학 키트 같은 건 주지 않을 것이다. 부모가 딸은 정숙하고 여성스러워야 하며 아들은 강하고 자기주장이 확실해야 한다고 믿는다면, 자식이 그러한 성 역할에 맞게 행동할 때만 보상을 줄 것이다. 아들이 무거운 장난감을 질질 끌고 방에 들어오면 "어이구 우리 아들, 힘도 세지!"라고 말하지만, 똑같은 장난감을 딸이 가지고 오면 "예쁜 옷이 더럽혀지잖니"라며 경고할지 모른다.

부모가 자식에게 가장 깊이 영향을 주는 건 '예시'를 통해서다. 아이들은 부모가 어떤 결정을 내리는지, 어떤 자유와 쾌락을 허락하는지, 어떤 재능을 계발하며 어떤 능력을 무시하는지, 그리고 어떤 규칙을 따르는지 본능적으로 알아차린다. 이 모두가 아이에게 분명한 효과를 발휘한다. '이렇게 살아야 하는구나, 삶을 헤쳐나가려면 이렇게 해야 하는 거로구나'라고 인식하게 하기 때문이다. 아이가 부모의 모델을 따르는지 반항하는지, 이러한 초기 사회화 과정은 타인과 교류할 때도 중요한 역할을 한다.

사회의 명령에 아동이 취하는 반응은 예측 가능한 몇 가지 단계를 거친다. 보통 첫 번째 반응은 금지된 행동을 숨기는 것이다. 아동은 속으로 화가 나도 이를 표출하지는 않는다. 대신 혼자 방 안에서 자기 몸을 만지작거리며 부모가 자리에 없을 때 동생을 괴롭힐 것이다. 결국 아이는 수용할 수 없기 때문에 없애버려야 하는 생각이나 감정이 있다는 결론에 이르며, 상상의 부모를 만들어내 자신의 생각과 행동을 감시하게 한다. 마음속 이 부분을 심리학에서는 '초자아'라 부른다. 이제 아이는 금지된 생각을 하거나 '받아들일 수 없는' 행동에 탐닉할 때마다 스스로 주입한 불안에 따른 쇼크에 시달린다. 이는 너무나 불쾌한 경험이라 아이는 자신 속 이 금지된 부분을 잠재워버린다. 프로이트 심리학 용어를 빌려 말하면, 이를 '억압'한다. 부모에게 복종하려는 이 행동의 궁극적 대가로 아이는 자신의 전일성을 잃고 만다.

　이 공백을 메우기 위해 아이는 '잘못된 자기'를 만들어낸다. 이는 자신의 존재 중 억압하는 부분을 위장해 숨기겠다는, 그래서 더는 상처받지 않도록 자신을 보호하겠다는 목적을 충족하기 위한 성격의 구조를 말한다. 아이가 냉정한 어머니 밑에서 성적으로 억압된 채 성장하면 '터프가이'가 될 수 있다. 아이는 이렇게 말한다. "어머니가 나한테 별로 사랑을 주지 않아도 상관없어. 그딴 싸구려 감정, 난 필요 없어. 내가 스스로 만들면 돼. 그리고 또 하나, 섹스는 추악해!" 이렇게 성장한 아이는 모든 상황에 이와 똑같은 반응을 적용한다. 그에게 접근하는 모든 사람에게 똑같은 방어막을 세우는 것이다. 시간이 지나 연애를 시작하는 걸 더는 망설이지 않게 된다 해도, 애인이 육체적 친밀감과 성적 욕구를 보이면 여전히 날을 세워 비판할 것이다. "왜 이렇게 날 못 만져서 안달이야? 그리고 잠자리는 또 왜 그렇게 밝히지? 정상이 아니야!"

　이와 정반대로 똑같이 양육되었다고 해도 다른 아이는 누군가가 다가와 자신을 구원해줄 것이라는 믿음에 자기 문제를 부풀리고 과장하려 할 수도 있다. "불쌍한 나, 상처받았어. 깊이 상처받았어. 누가 날 돌봐주고 지켜줘야 해." 반면 같은 상황에서 어떤 아이는 자기 앞에 있는 사랑을, 음식을, 그리고 물질적인 것을 모두 움켜쥐고 절대 놓지 않으려는 끝없는 욕심에 찬 사람으로 성장할 수도 있다. 그러나 이들 '잘못된 자기'의 본질이 어떤 것이든 목적은 같다. 아이가 원래 지니고 있던, 신이 주신 전일성을 잃는 아픔을 최소화하는 것이다.

　아이마다 이처럼 독특한 자기 보호 형태가 부정적 모습으로 비판받음으로써 더 큰 상처를 입는 원인이 될 때가 온다. 무심하거나, 욕심이 많거나,

자기중심적이거나, 살쪘거나 혹은 인색하다는 등의 이유로 아이를 비난하는 사람도 있을 것이다. 이런 사람들은 아이가 보호하려는 상처에도, 자신을 지키겠다는 현명한 본질에도 관심이 없다. 아이 성격 중 신경질적인 면만 볼 뿐이다. 그러면 아이는 열등하다는 낙인이 찍힌 채 온전함과는 거리가 멀어진다.

이제 아이는 꼼짝달싹 못하는 상태로 이럴 때 유용함을 발휘하는 자기 성격 속 적응력에 의지할 수밖에 없다. 하지만 타인에게 거절당하는 건 원하지 않는다. 이럴 땐 어떻게 해야 할까? 해결책은 자신에게 쏟아지는 비판을 부정하거나 공격하는 것이다. 아이는 자기방어를 위해 "나는 냉정하지도 무심하지도 않아" 또는 "사실 난 강하고 독립적인 사람이야"라고 말할지도 모른다. 아니면 "나는 약하지도 부족하지도 않아. 그냥 좀 민감한 성격일 뿐이야"라거나 "나는 욕심 많고 이기적인 사람이 아냐. 검소하고 신중한 거야" 같은 말일 수도 있다. 어쨌든 다른 말로 하면 이렇다. "네가 말하는 나는 진짜가 아냐. 넌 날 부정적인 면으로만 보고 있는 것뿐이라고."

어떤 면에서는 아이의 말이 옳다. 부정적 성향은 자신의 본성이 아니기 때문이다. 이는 고통으로 형성된, 복잡하고 때로 적대적인 세계에서 자신이 살아남기 위해 '꾸며낸' 정체성의 일부가 되었을 뿐이다. 하지만 그렇다고 아이에게 부정적 성향이 없다는 뜻은 아니다. 실제로 있다고 증언할 사람은 널려 있다. 하지만 긍정적 자기 이미지를 유지하고 생존 기회를 높이기 위해 아이는 이를 부정해야만 한다. 이들 부정적 성향은 '버림받은 자기', 즉 너무나 고통스러워 받아들이지 못하는 잘못된 자기의 일부분이 된 것이다.

여기서는 자기 무의식에 이러한 부분이 계속 늘어가는 것에 대해 살펴보자. 우리는 자신의 전일성, 다시 말해 태어날 때 통합된 형태로 갖고 있던 사랑이 넘치는 본성이 다음과 같은 세 부분으로 쪼개진 상태다.

(1) **잃어버린 자기**$^{lost\ self}$ 내 존재 중 사회의 요구로 억압해야 했던 부분
(2) **잘못된 자기**$^{false\ self}$ 억압, 그리고 올바른 보살핌의 부족으로 생긴 공허함을 메우기 위해 겉치레로 세운 부분
(3) **버림받은 자기**$^{disowned\ self}$ 타인의 인정을 받지 못하고 부정당한, 잘못된 자기 속 부정적인 부분

이 복잡한 구성에서 우리가 일상적으로 인식하는 유일한 부분은 원래 내 존재의 일부로 여전히 살아 있는 부분, 그리고 잘못된 자기 속 일부 측면이다. 이들 요소가 합쳐져 '개성', 즉 우리가 타인에게 설명하려 하는 자신의 모습을 형성한다. 잃어버린 자기는 자신의 인식 밖에 존재한다. 억압된 부분과의 연결을 스스로 거의 파괴해버렸기 때문이다. 잘못된 자기 속에 있는 부정적 부분인 버림받은 자기는 의식 수준 아래를 떠다니며 의식으로 등장하겠다고 끊임없이 위협을 가한다. 이를 계속 숨겨놓으려면 적극적으로 부정하거나 타인에게 투사할 수밖에 없다. "나는 이기적이지 않아"라고 강조하거나 "무슨 소리야, 내가 게으르다고? 게으른 건 바로 너야"라고 오히려 상대를 공격하면서 말이다.

9. 거절과 배신

로버트 M. 스테인^{Robert M. Stein}

아동기에 배신을 당하고 기대가 무너지는 환멸감을 경험해 깊이 상처받았을 때 어떤 기제^{mechanism}가 작동하는지 자세히 알아보자. 원래 타고난 원형인 전일성에서 보다 현실적인 인간관계로 옮겨 가는 과정이 사라지거나 적절하지 않은 경우, 아동은 거절과 배신을 경험한다. 예를 들어 어머니가 무조건 헌신적으로 자식을 보호하는 어머니의 원형과 자신을 계속 동일시하며, 자식과의 관계에서 이와는 정반대 느낌과 감정이 닥쳐올 때조차 이런 태도를 유지한다면 아동은 거절감과 배신감을 느낀다. 아동은 어머니의 온전한 진짜 개성을 경험해야 자신의 개성화 경험을 제대로 시작할 수 있기 때문이다.

어머니가 '긍정적인 어머니 원형'과 자신을 동일시할 때 '부정적인 어머니'의 이미지는 무의식에 강력하게 스며든다. 아동은 원형적 어머니에서 감정과 느낌의 음영을 지닌 현실 속 인간으로서 어머니로 넘어가지 못한 채 상반된 이 두 가지 원형의 힘 사이에 갇혀버린다. 이렇게 되면 전일성이 갑자기 파괴되어 개성에 커다란 균열이 생기고, 아이는 거절당했다는 느낌과 배신감 중 하나를 경험한다. 그리고 바람직한 '어머니와 아이 사이의 원형'에서 보호받다가 밖으로 밀려났음에 분노하지만, 동시에 개성화를 향한 충동으로 되돌아가기를 포기하고 바깥에 머무르기로 한다. 아이에게는 달리 선택지가 없다. 아이인 채 머무르거나, 자신을 거부하며 요구만 해대는 절대적 존재인 '부정적인 어머니^{negative mother}'의 분노를 불러일으킬 뿐이다. 중간은 없다. 아이는 자신의 개성화를 실현하고 표현하겠다는 목표를 향해 나아가야 하지만, 그와는 관계없이 만족감이나 성취감 등을 모두 파괴해버리는 어둠의 힘과 맞닥뜨려야 한다. 이렇게 아이는 배신을 경험한다.

긍정적인 어머니$^{positive\ mother}$가 아이의 본성을 수용하고 약점이나 부적절한 측면까지 소중하게 다루는 것과 마찬가지로, 부정적인 어머니는 이를 모두 거부하며 부족한 부분을 초월할 것을 요구한다. 하지만 이는 집단 수준에서 발생하는 현상이라 결국 아이가 개인으로서 가지는 특별한 부분은 전부 부정당한다. 달리 표현하면, 자신의 아이에게 어떻게 해야 하는지에 대해 어머니의 이상적 이미지에 맞지 않는 모든 요소는 부정당한다. 이러한 경험으로 아이는 남들과 다른 특이한 부분을 숨기거나 억압해야 하며, 이렇게 숨겨지고 억압당하는 특징이 모여 그림자를 형성한다. 그림자에는 사람들이 보통 수용하려 하지 않거나 혐오하는 것, 또는 타인과 사회에 해로운 것이 포함되어 있기 때문에 개성화와 그림자가 오염되면 재앙 같은 결과를 낳을 수 있다. 이 경우 개인은 자신의 영혼과 그림자를 동등한 것으로 받아들이며, 이렇게 되면 그 누구와도 인간적으로 친밀해지기 힘들어진다. 누군가와 가까워지려 할 때마다 자신을 거부하게 만들 일을 저지를 것이다. 이는 매우 흔한 현상이므로 좀 더 이해하려 노력할 필요가 있다.

배신이라는 깊은 원형적 상처로 고통받는 사람은 왜 스스로 타인에게 거부당하게 만들 만한 일을 저지를까? 자신 속 무언가가 "날 거절해줘요"라고 요구라도 하는 것처럼 말이다. 이런 사람은 자신에 관해서도 같은 관점을 표현할 때가 많다. 나는 한동안 이것이 전적으로 누군가와 가까워지면 자신의 해묵은 상처가 더 크게 도질지도 모른다는 공포 때문이라고 생각했다. 이것도 분명 어느 정도 맞는 말이다. 하지만 다른 사람과의 친밀한 연결로 상처를 들킬 수 있다고 해도, 애초에 그 상처를 만든 건 아동기에 경험하는 배신과 거절이라는 사실을 깨달았다. 그러므로 타인을 거부하는 동시에 타인이 자신을 거부하도록 유도하는 사람이 있다면, 그는 자신이 상처받았던 상황을 반복하는 것과 마찬가지다. 분명히 그는 무의식적 기제를 통해 상처받는 일을 피하려 한다. 그렇다면 이를 다르게 설명할 수 없을까.

개인이 그림자와 영혼을 구별하지 못해 생기는 결과를 보면 이 사실을 더 이해하기 쉬워진다. 이런 사람이 다른 누군가와 영적 교감을 나누면, 내면에 깊이 숨겨져 있던 수치심, 죄책감, 그리고 공포가 고개를 든다. 달리 표현하면 그림자에는 원래 개인의 총체적 개성으로 동화·통합되어야 했으나 그렇게 되지 못한 유아적이며 퇴행적인 요소가 담겨 있으며, 이렇게 된 이유는 자기 내면에 자리 잡은 부정적인 부모의 원형에 의해 심하게 거부당했기 때문이다. 그렇기에 이 같은 영혼-그림자 오염 현상이 일어날 때마다, 다른 사람이 자신을 깊이 수용하고 사랑할 때조차 자신이 거부당하는 기분을 느낀다. 그리고 자신의 온전한 존재와 구별하지 못한 채 남아 있는 그림자에 들어 있는, 상대가 받아들이기 힘든 해로운 특징으로 인한 죄책감에서 상대가 자신을 해방해주길 요구한다. 아이 같은 의존 욕구, 아이 같거나 미분화한 성적 욕구, 탐욕, 잔인함 같은 그림자의 요소는 인간의 조건에 속함에도 보통은 억제해야 한다. 그러지 않으면 타인에게 해를 입히기 때문이다. 타인이 보이는 이런 모습을 받아들일 수 있다면, 이는 그 사람의 영혼을 향한 사랑과 존중과도 잘 어우러진다. 하지만 이는 그림자의 희생물이 되는 걸 자처한다는 의미가 아니다. 타인의 거절을 자초하는 사람들이 찾아 헤매는 게 바로 이것이다. 이들은 자신의 그림자를 완전히 드러낼 수 있도록 허락받아야만, 그리고 그로 인해 받는 벌까지 누군가가 사랑해줘야만 비로소 타인의 수용과 사랑을 받는다고 느낀다는 뜻이다. 이 사실은 문제를 새롭게 조명하는 동시에, 타인에게 다가가는 두려움보다 타인에게 다가가야 할 필요성이 더 크다는 사실을 지적한다. 우리에게는 자신에게 죄책감과 공포를 불러일으키는 그림자 속 요소를 없애고픈 깊은 욕구가 있으며, 타인과 친밀한 관계가 형성될 가능성이 보일 때마다 이것이 끊임없이 등장하는 건 바로 그런 이유에서다.

10. 모녀 관계의 이면
킴 체닌^{Kim Chernin}

우리는 어머니와 딸의 유대가 지닌 달콤하기는커녕 씁쓸한 이면에 도달했다. 어머니가 딸을 질투하는 일, 딸이 가진 것을 탐하며 딸이 가진 것은 자신이 희생한 결과라 느끼는 일. 자신이 그렇게나 딸에게 주고 싶어 한 바로 그 기회 때문에 딸을 질투하는 일은 얼마나 잔인하고도 끔찍한 역설인가.

어머니 입장에서 돌이켜 보니 나는 어머니의 질투심을 이해하게 되었다. 어머니라는 삶에 비밀스레 숨어 있는 위기보다 더 인정하기 힘든 무언가를 나의 내면에서 관찰할 수 있었다. 모녀 관계 문제로 나를 찾는 내담자 중 가장 일반적인 유형이 바로 어머니가 딸이 누리는 기회에 대해 분노 섞인 질투를 품은 경우, 사방에 기회가 널려 있는 새로운 세상으로 쉽게 나아갈 수 있음에도 섭식장애 같은 문제를 일으켜 스스로 이를 망쳐버리는 딸에 대해 격분하는 경우이기 때문이다.

사랑하는 아이를 질투하는 일만큼 어머니가 감당하기 힘든 감정도 드물 것이다. 물론 어머니는 항상 딸에게 최선을 다하며, 자신이 얻지 못한 모든 걸 딸이 가질 수 있기를 기원하며 이를 위해 자신을 아낌없이 희생한다. 그렇다면 딸이 '새로운 여성'에 대해 이야기하는 걸 들으며 우리가 분노를 느끼는 것은 어찌 된 영문일까? 딸이 미래에 관해 잡담하는 걸 들을 때, 아이는 셋을 둘 거고 세계를 여행하며 화가가 되어 주식으로 돈까지 실컷 벌겠다는 희망찬 미래 계획을 엿들을 때 어머니가 뜬금없이 느끼는 증오심에 대해 우리는 무슨 말을 할 수 있을까? 그리고 다 옛날에 들어본 이야기라는 뜻으로 쓴웃음을 짓고, 알겠다는 듯 한숨을 쉬고, 머리를 가로젓지 않도록 자신을 억눌러야 할까? 이건 모두 어머니가 딸에게 갖는 질투다.

보통 내게 상담하러 찾아오는 내담자들의 어머니는 자신의 삶에서 선택할 수 있는 가능성에 대해 잘 알고 있었다. 제대로 교육받았으며, 고등교육 과정까지 마치고 직장에 다닌 경우도 많다. 딸을 키우기 위해 자기가 희생해야 한다는 이유로 이를 포기했지만, 이 희생을 스스로 완전히 포용하지는 못했다. 그래서 어머니는 딸을 질투하며 분노를 느낀다.

아이 때문에 자신이 희생을 감수해야 했다는 분노는 자기 커리어를 자녀 양육과 병행하는 여성에게도 뚜렷하게 나타난다. 당연히 이런 경우 이 문제는 반복되는 선택 속에서 불확실성과 고통, 그리고 분노를 불러일으킨다. 내가 그림 그릴 시간을 벌기 위해 아이가 텔레비전을 계속 보도록 해야 할까. 씻지 않아도 되는 냉동 시금치를 밥상에 올리고 10분 정도 다른 생각에 몰두할 시간을 벌까 말까. 내가 강좌를 수강할 시간을 확보할 수 있도록 아이를 한두 시간쯤 더 유치원에 맡겨둬도 될까. 결정할 내용은 그때그때 다르다. 생각은 해보지만 결국은 급히 신발을 주워 신고 후다닥 달려 나간다. 학교에서 돌아오는 아이를 마중 나가야 하기 때문이다.

어머니가 아무리 자기 문제를 숨기려 애쓴다 해도, 딸이 어머니의 분노를 모를 리 없다. 하지만 알고 싶어 하지 않는다. 어머니를 위해서라는 이유로. 어머니가 쏟은 노력이 수포가 되는 걸 딸은 전부 지켜보았다. 어머니가 여성의 최고 덕목은 가족을 위해 자신을 희생하는 거라고 주장하는 걸, 하지만 바로 그다음 순간 자신이 행한 건 희생이 아니라며 부정하는 걸 딸은 전부 들었다. 할머니가 굽던 사워도^{sourdough}*로 만든 스웨덴식 호밀빵을 굽는다고 엄마가 온종일 부엌에 있는 모습을 딸은 보았다. 어머니가 식탁을 둘러보며 자식들의 얼굴에 나타나는 반응으로 그날 하루 자신이 쏟아부은 에너지를 보상받고 싶어 하는 욕구를 딸도 마찬가지로 느꼈다. 그러고 나서 딸은 어머니에게 그릇을 씻고 치울 힘조차 남지 않은 것처럼 그 후 며칠 동안 이스트와 밀가루가 담긴 볼이 싱크대 위에 그대로 놓여 있는 것을 보았다. 이걸 씻고 치우는 건 맏딸의 몫이었으며, 몇 년이 지나 식사에 손을 대지 않기 시작한 것도 바로 그 맏딸이었다. 어머니를 분노하게 만든 건 다른 무엇보다 빵을 부풀어 오르게 만들려는 악전고투였음을 딸은 알고 있었기 때문이다.

슈퍼마켓에서 어머니가 냉동식품 판매대와 신선식품 판매대 사이를 왔다 갔다 하는 모습을, 냉동 시금치를 집어 들고 미소를 지으면서도 자기에게 말을 할 때는 그걸 티 내지 않으려는 듯 짐짓 굳은 표정을 짓는 것을 아직 어린 딸은 보았다. 이번에는 별일 없을 거야. 오늘 한 번쯤 냉동식품을

---

* 밀가루와 물로 만들며 빵을 부풀리는 데 사용하는 유산균과 이스트를 넣은 반죽. 사워도로 만든 빵은 독특한 풍미가 있다.

저녁 식탁에 올린다고 무슨 문제가 있겠어. 그러다 어머니는 갑자기 몸을 돌려 냉동식품 쪽으로 되돌아가서는 냉동 시금치를 더러운 물건 다루듯 치워버린다. 어머니를 따라가는 딸의 눈에는 어머니가 채소 카운터에서 신선한 시금치를 집어 들고 갑자기 약간 시무룩한 얼굴로 시계를 쳐다보고선, 시금치를 카트에 담았다가 다시 진열대에 돌려놓는 모습이 보인다. 그러다 어머니는 다시 냉동식품 판매대에서 냉동 시금치 팩을 집어 들고는 '사냥꾼에게 쫓겨 겁에 질린 야수의 모습'으로 딸을 바라본다. 그리고 같은 과정이 반복된다. 어머니도 딸도 마치 이 상황이 웃어넘기면 그만인 게임인 것처럼 굴려고 하지만, 의무와 자유로운 선택 사이의 이 불안한 여정에서 어머니는 자신의 역할에 대한 불확실함과 분노를 표출하고 있었던 것이다. 어머니는 결국 신선한 시금치를 사 들고 돌아왔지만 요리는 하지 않았고, 시금치는 냉장고 속에서 시들고 말았음을 딸은 기억한다. 어머니가 분노하고 있었다는 사실도. 식재료를 사고 저장하고 준비하던 기억 속에서 말이다.

커서 어른이 된 딸은 이 기억을 해석해보려 한다. 그러고는 어머니는 당신의 삶이 주는 한계를 더는 받아들일 수 없었던 것이라고 말한다. 어머니가 자신의 모성에 심히 분노하고 있었으며 이를 거부할 때도 많았음을, 선택지가 더 많았던 자신에게 질투를 느꼈음을, 자신에게 경쟁심을 가지고 대할 때도 많았지만 결국에는 당신의 애매한 양면적 감정 때문에 지고 말았음을 딸은 깨닫는다. 그리고 나이가 들었는데도 이런 감정을 느낀다는 사실이 너무나 부끄러운 나머지 어머니는 자신이 그렇게 느꼈다는 사실조차 깨닫지 못할 때가 많았다. 딸은 그런 어머니의 감정을 다 느끼고 있었는데도.

이렇게 모성을 신비화하면서도 그 안에서 애매하게 방황하는 분위기에서 성장한 딸이 자기 삶을 스스로 꾸리게 되면 문제를 겪을 수밖에 없다. 어머니가 딸을 위해 희생하며 행복했을 것이라고 믿으면서도 희생 같은 건 없었다고 속으로 되새기는 내면의 분열과 직면한다. 딸은 자신이 박탈감을 느낄 이유가 없다고 필사적으로 확신함으로써 자신의 분노와 감정적 결핍을 지우려 한다. 하지만 딸이 감히 꺼내려 하지 않는 어머니에 대한 의문, 자신이 여성으로서의 잠재력을 계발하도록 도와주지 않은 어머니를 향한 분노, 어머니와 딸 사이에 갈등이 계속된다는 느낌, 딸이 감히 스스로 인정하지 못하는 감정 모두가 딸이 어머니에게서 벗어나 자신만의 삶을 꾸리지 못하도록 만든다. 자신의 발전 가능성을 향해 나가지 못하고 머뭇거리면서도, 매듭처럼 복잡하게 얽혀 자신의 에너지와 의욕을 붙들어 매는 콤플렉스를 풀어내려 미친 듯이 애쓸 뿐이다.

어머니를 뛰어넘는 일은 단순히 어머니가 하지 못했던, 자신의 삶을 꾸리는 것이 아니다. 그보다는 '어머니가 스스로 원했으나 당신의 선택 때문에 성취하지 못했을지도 모르는 무언가를 나는 해내야 한다'라는 문제에 가깝다. 어머니의 삶을 형성한 게 경제적 문제 또는 여성에게 필연적으로 닥치는 운명에 대한 믿음이라면, 어머니가 자신의 불만족과 불행을 완화하는 데 모성이 크게 도움을 주었을 것이다. 그러나 어머니가 다른 선택이 있었음에도 딸을 위해 희생하는 쪽을 택했다면, 이러한 선택에 관해 인정하면서도 분노하는 애매한 양가감정 속에서 당신이 누리지 못한 삶을 계속 갈망했다면, 아이가 생겼으니 이제 자기만족과 성취는 아이를 키움으로써만 얻을 수 있다고 자신을 설득했으나 이것이 사실인지 스스로 의심하기 시작했다면, 미처 눈치채지 못한 질투와 분노, 그리고 억압된 갈망으로 자신의 삶이 계속 부글부글 끓어오르고 있었다면, 어머니의 삶을 극복해야 한다는 문제가 딸에게 자리 잡는다. 딸이 섭식장애를 겪는다면, 그 중심에는 이런 문제가 자리 잡고 있다고 생각한다. 어머니가 자신의 감정을 더는 억누를 수 없게 될 때, 딸을 통해 삶의 활기를 얻는 페르소나 아래 자신의 본모습을 더는 지울 수 없게 될 때, 딸은 어머니를 극복해야 한다는 문제를 겪는다. 이런 경우 자신의 개성을 표출하길 원하는 딸은 두 가지 견디기 힘든 상황을 겪을 가능성이 있다. 우선 사춘기에 접어들어 세상과 만나게 되면서 어머니의 질투와 분노를 자기 내면에 불러들일 위험이 있다. 어머니가 딸을 보며 자신의 실패와 결핍을 떠올릴 때도 있는데, 사실 이런 경우가 더 위험하고 고통스러우며 불쾌하다.

그러면 이는 누구 탓일까? 상처를 지녔으며 한때는 자신도 딸이었던 어머니의 책임일까? 아니면 언젠가는 어머니가 되어 자기 딸의 비난을 감수해야 할지도 모를 딸의 책임일까?

일단 어머니를 탓하는 경향을 넘어설 필요가 있다. 동시에 분노와 좌절을, 한때는 우리 모두 알고 있었던 버림받았다는 그 느낌을, 우리 자신처럼 위기에 빠진 어머니들의 딸들을 스스로 인식할 수 있어야 한다. 그리고 어머니에게 분노하고 있었음을 깨달으며 충격받았다면 이를 사회적 맥락으로 이해하는 법을 배워야 한다. 이는 어머니라는 개인을 가정에서 분리해 당신이 우리를 출산하던 그 역사적 순간에 둠으로써 가능하다.

가정에 머물러 결혼과 육아에 자신을 점점 헛되이 희생하고 인내하며 여성은 자신의 신경쇠약과 위기를 오랫동안 숨겨놓고 있을 뿐이다. 하지만 여성이 우리 시대에 들어 가능해진 사회적 기회를 활용하기 위해 한 걸음만 나서도 숨어 있는 위기는 당장 눈에 띈다. 그러므로 연령과 상관없이 자신을 지우고 희생하며 자식을 통한 삶을 사는 게 불가능해지는 순간 모든 여성은 숨겨져 있어도 여전히 심각한 위기에 직면한 현대의 어머니가 된다. 마찬가

2부 그림자의 형성 - 가족 안의 버림받은 자기

지로 그 여성은 연령과 상관없이 섭식장애를 겪는 딸이 된다. 자기 발전을 추구하고 어머니의 삶에 대해 고민을 멈춰야 하는 바로 그 순간에 말이다.

섭식장애는 이렇게 거대한 문화적 맥락에서 봐야만 해결 가능하다. 그래야 어머니에게 얼마나 비참하게 양육되었는지 분노할 수 있기 때문이다. 하지만 이 분노에는 어머니가 어머니로서만이 아니라 딸이었을 때 느낀 절망까지 포함한다. 문화적 맥락에서 문제를 바라봐야만 어머니를 향한 분노뿐 아니라 여성을 끊임없이 억압해온 사회제도를 향한 분노까지 표출할 수 있을 것이다. 그리고 섭식장애는 '순전히 정치적인 행동'이라는 급진적이나 위안이 되는 지식을 얻음으로써 자기 파괴와 집착의 뒤얽힌 매듭에서 풀려날 수 있을 것이다.

이 모두는 죄책감에 시달리는 여성 세대에 대한 이야기다. 자신의 정당한 꿈과 야망을 깨닫지 못한 탓에 딸을 제대로 키우지 못하는 여성, 자신이 실패했다고 생각하며 그런 자신을 용서하지 못하는 어머니, 어머니가 자신에게 해준 것 이상을 원하는 건 자신의 잘못이라고 생각하는 딸, 여성이 나이를 먹으며 겪는 위기를 온전히 보고 경험한 모든 사람, 그리고 어머니를 용서하려면 그 전에 얼마나 많은 분노가 어머니를 향해야 하는지 알기 때문에 차마 분노할 생각조차 하지 못하는 모든 사람에 대한 이야기다.

딸들이 느끼는 이 모든 죄책감은 어떻게 될까? 어떻게 표출될까? 이것이 은폐된 증상이라는 형태로 터져 나오는 걸 어디서 발견할 수 있을까?

이제 우리는 이 문제의 답을 갖고 있다. 우리 시대의 딸들이 어떻게 자기 자신을 적대적으로 대하는지 알고 있다. 발전하고 뻗어나가야 할 순간에 무너지는 딸들의 모습을 보았다. 자신을 굶주림으로 괴롭히며 자기 몸을 적으로 만들던, 자신의 육체를 공격하던 딸들의 모습을 보았다. 여성의 역할이 갖는 한계로부터 자유로워지려는 시도로 여성이 자기 몸에 가하는 이러한 덧없는 공격에는 다름 아닌 어머니에 대한 투쟁이 숨어 있다. 섭식장애의 특성은 우리에게 죄책감과 더불어 표출되지 못하고 숨은 분노가 있다는 사실을 알려준다. 여성이 어머니에게 직접 분노를 표출할 수 없다면 그 대신 무엇을 공격할까? 분노를 자신에게 돌려, 어머니와 마찬가지로 자신이 공유하는 여성의 육체를 공격 대상으로 삼지 않을까? 이렇게 충격적인 상징적 대체를 통해 딸은 어머니를 향한 분노를 자신의 몸으로 돌린다. '자신을 키워주었으며, 자신이 세상에 존재하게 된 순간에 어머니라는 존재를 가르쳐준 사람과 여성으로서 공유하고 있는' 자기 몸에 말이다.

하지만 여기서 여성의 육체는 문제가 아니다. 딸의 발달을 가로막는 문제는 어머니를 향한 이 상징적 공격에서 파생되는 죄책감과 불안이다. 오늘날 사춘기에 접어드는 딸은 자신의 분노, 불안 및 어머니와 분리되면서 생기는 상실감을 다스리려고 이들 감정을 자신이 지닌 여성의 몸으로 향하게 한다. 그 결과 자기를 새롭게 자각해야 할 순간에 오히려 자신을 심각한 자기파괴로 몰아넣는다. 이는 새로운 시대의 여성이 해결해야 할 비극적 역설이다.

11. 부모 되기, 그리고 자식의 그림자

존 A. 샌퍼드^{John A. Sanford}

우리 개성에는 그림자라는 형상이 존재한다. 의식이 개성 속에서 발달하려면 무언가와 동일시하는 과정을 거쳐야 하며, 이는 동일시의 대상과 반대되는 것은 반드시 배제된다는 뜻이다. 아이들이 성장 과정에서 적절한 심리적 특성을 자신과 동일시하며 그림자와는 동일시하지 않는다는 사실은 중요하다. 그림자와 자신을 지나치게 동일시하면 자아에 일종의 '왜곡' 혹은 치명적인 흠결이 생기기 때문이다. 개성화 및 전일성은 개성 속 의식 부분이 도덕적 태도를 지니고 있어야만 가능하다. 우리가 부정과 거짓, 폭력적인 부분과 지나치게 동일시하며 자성이나 죄책감을 느끼지 않는다면 전일성은 나타나지 못한다.

하지만 이런 측면에서 아이들이 올바로 발달할 수 있도록 돕는 일은 간단한 문제가 아니다. 부모나 교회, 사회 등의 입장에서 도덕적 설교를 늘어놓는다고 해도 효과가 없거나 오히려 해로울 때가 다반사다. 부모가 실제로 어떤 삶을 사는지, 그리고 심리적으로 얼마나 정직한지가 이 문제에서는 훨씬 더 중요하다. 부모가 위선적이라면 아무리 도덕적인 설교를 늘어놓는들 안 하느니만 못하다. 그림자의 발달과 더불어 그림자가 일으키는 문제를 궁극적으로 해결하는 데는 이것보다 더 중요한 요소가 있으니, 바로 부모와 자식 간에 '유대'가 형성되어야 한다는 사실이다. 아동의 삶은 처음부터 부모 혹은 적절한 대체물과 사랑으로 이어져야 한다. 그럼으로써 도덕적 삶의 초석을 세울 수 있다. 앞 글에서 분석한 것처럼, 도덕적 삶은 개인이 타인, 그리고 인간적 감정과 어떻게 이어져 있는지의 문제이기 때문이다. 어떤 아이는 이러한 유대를 맺지 못해 그림자에서도 가장 어두운 부분에 맞설 때 필요한 감정적 방어가 제대로 이루어지지 않는다. 이는 범죄자 또는 소시오패스의 인격으로 이어진다. 즉 자아가 그림자와 동일시하게 된다는 뜻이다.

하지만 이와 마찬가지로 부모가 자식이 정직하고 타인을 배려하는 등 더 긍정적인 성격과 동일시하도록 독려할 때도 자식을 내면의 어두운 부분과 완전히 갈라놓아서는 안 된다. 그림자는 인격 속 의식과 접촉이 완전히 끊어졌을 때 가장 위험해지기 때문이다. 화를 내는 걸 예로 들어보자. 물론 아이에게는 화를 내려는 충동에 굴복해 타인에게 해를 주도록 허락해서는 안 된다. 하지만 이와 동시에 분노하는 일 자체와 완전히 손을 끊는 것도 아이에게는 커다란 손실이다. 앞에서 살펴본 대로 화를 내는 건 건강한 반응일 때도 많기 때문이다. 부모가 "동생한테 화를 내다니 너는 나쁜 아이야"라고 말한다면 감수성이 예민한 아이의 경우 부모의 인정을 얻기 위해 자신의 분노를 억압할 위험성이 있다. 이렇게 되면 인격이 분열되고 자율적으로 행동하기 때문에 위험할 수 있는 '그림자 인격'이 나타나는 것은 물론, 화를 냄으로써 생기는 삶의 에너지를 잃는다. 아이는 화를 내지 못하게 해놓고 정작 부모는 아무렇지도 않게 화를 낸다면 이는 매우 부정적인 효과를 낳는다. 실제로 "나는 화를 내도 되지만 너는 안 돼" 같은 태도를 보이는 부모가 많다. 이러면 자식이 부모 뒤를 따라가기 힘들다. 아이가 동생한테 심하게 화를 낼 때 부모는 이렇게 이야기해야 한다. "화가 나는 건 이해하지만, 그렇다고 동생한테 돌을 던지면 안 돼." 그러면 아이는 자신의 어두운 면과 완전히 단절하지 않고도 폭력적 충동과 감정을 적절하게 자제할 수 있다.

그림자 인격이 형성되는 건 피할 수 없는 일이기 때문에 그림자는 원형이라고 불린다. 이는 개성을 형성하는 데 반드시 필요한 벽돌 같은 역할을 한다는 뜻이다. 형용사로 '원형적'이라고 하면, 모든 인간에게 이것이 '전형적'으로 나타난다는 것을 의미한다. 따라서 의식적 인격의 발달 과정에서 그 어둠의 동반자인 그림자 역시 함께하는 건 인간 모두에게 전형적으로, 또 공통으로 나타나는 현상이다. 그림자는 원형이므로 신화나 동화, 유명 문학 작품에도 자주 등장한다. 문학작품의 경우 앞에서 언급한 로버트 루이스 스티븐슨의 소설 《지킬 박사와 하이드》 같은 예가 있다.

부모가 아이의 그림자 인격을 제대로 다루려면 먼저 부모 자신의 그림자를 받아들이고 이와 이어져 있어야 한다. 자신의 부정적 감정과 고상하지 않은 반응을 수용하는 데 어려움을 겪는 부모는 아이의 어두운 면을 창조적으로 수용하는 것도 힘들어한다. 여기서 수용이 방임을 뜻하는 게 아니라는 사실을 명심해야 한다. 아이가 뭘 하든 그냥 내버려두는 부모는 아이에게 아무런 도움이 되지 않는다. 어떤 사회에서든 용납되지 않는 행동이 있으며, 아이는 이를 이해하고 그 한계 안에서 행동하도록 자제력을 키워야 한다. 방임하는 분위기에서는 아이가 자신의 행동을 스스로 감독하는 체계를 개발하는 능력이 둔해진다. 그렇게 되면 자아 발달이 잘 이루어지지 않아 어른이 되어도 자신의 그림자를 제대로 다루지 못한다.

부모가 되어 그림자 문제를 창의적으로 해결하려면 엄청난 노하우와 의식, 인내, 그리고 지혜가 있어야 한다. 아이를 지나치게 방임해서도, 과하게 단속해서도 안 된다. 부모가 먼저 자신의 그림자 문제를 명확하게 인식하고 자신의 그림자를 스스로 수용할 수 있어야 하며, 그와 더불어 자아 강도를 높여 자신의 감정에 제대로 대처할 수 있게 하는 게 문제 해결의 핵심이다. 가족의 삶이란 게 보통 그렇지만, 특히 부모가 된다는 것은 그림자 문제를 접하고 해결해야 하는 용광로와 같다. 가족의 삶에서 부정적 감정은 떼를 지어 모이기 때문이다. 예를 들어 아이가 심하게 장난을 치거나, 짜증 나게 굴거나, 부모의 개인 시간에 끼어들거나, 아이를 키우는 데 돈과 시간, 또는 에너지가 지나치게 많이 들 때 부모는 때로 어쩔 수 없이 아이에게 부정적 감정이 생긴다. 가족의 삶에 묶여 있다 보면 자기 내면에서 균열이 일어나는 걸 경험할 것이다. 아이를 사랑하는 일은 한순간이라도 아이가 미워지는 감정과 모순된다. 아이에게 최고만 주고 싶다는 순수한 소망은 분노나 거부 같은 강력한 감정과 모순된다. 이렇게 우리는 자기 분열을 경험하며, 이런 자기 갈등에서 심리적 의식이 생성된다. 그리고 거기에는 그림자 인격이 지닌 한 가지 대단한 가치가 숨어 있다. 그림자와의 갈등은 자아 각성$^{\text{self-awareness}}$에 꼭 필요하다는 사실이다.

…

그림자들 속에서도

칠현금을 울려본 자만이

앞을 내다보며

무한한 찬미를 바칠 수 있다.

죽은 자들과 양귀비의 진액을

먹어본 자만이

가장 조용한 음률까지도

다시 잃지 않으리라.

연못에 비치는 모습이

희미해지더라도

가만히 새겨두라.

이중의 세계 안에서야

모든 목소리는 비로소

영원히 부드러워지리라.

- 라이너 마리아 릴케^{Rainer Maria Rilke}
《오르페우스에게 바치는 소네트^{The Sonnets to Orpheus}》 중

3부

새도복싱
질투, 분노, 그리고 기만의 춤

"사랑이 다스리는 곳에는 권력을 향한 의지가 없다. 그리고 권력이 지배하는 곳에는 사랑이 부족하다. 사랑과 권력은 서로의 그림자다."
- C. G. 융

"우리의 그림자 인격은 타인에게는 명백하게 보이나 우리 자신은 모른다. 우리 안에 있는 남성성이나 여성성의 요소에 대해서는 더더욱 잘 모른다. 이런 이유로 융은 그림자의 통합을 전일성을 이루는 '견습의 부분^{apprentice-piece}', 그리고 아니마나 아니무스의 통합은 전일성을 이루는 '장인의 부분^{master-piece}'이라고 명명했다."
- 존 A. 샌퍼드

"증오는 여러모로 사랑과 공통점이 많다. 주요한 공통점으로 사랑에서 보이는 자기 초월적 면모, 대상에 대한 고착과 의존, 자기 정체성의 일부분을 대상에 남겨놓다는 점이다. 증오하는 사람은 사실 증오의 대상을 갈망한다."
- 바츨라프 하벨^{Václav Havel} (극작가이자 체코공화국(현 체코) 초대 대통령)

서문

형제나 자매 같은 동성 혈육이나 친한 친구에게 우리가 갖는 깊은 유대감과 친밀함에는 환상 속 연인에게 갖는 유대감만큼이나 깊은 신비함이 담겨 있다. 자매나 형제 사이는 거울로 비친 듯 같아 보이면서도 분명히 다른 모습이다. 이들을 잇는 게 핏줄인지 정신인지는 모르겠지만, 어쨌든 이들에게는 그림자와 자기가 함께 보인다.

자매는 자라면서 마치 자석의 양극처럼 달라지는 가족이 많다. 융 정신분석학자 메리언 우드먼Marion Woodman은 저서 《동정녀의 잉태The Pregnant Virgin》에서 이러한 현상을 '꿈의 자매dream sisters'라고 불렀다. 신화에 등장하는 이브Eve와 릴리스Lilith, 프시케Psyche(그리스 로마 신화에서 사랑의 신 에로스/큐피드의 아내이자 마음과 영혼의 여신)와 오루엘Orual, 이난나Inanna(수메르 신화에서 사랑 또는 전쟁의 여신)와 에레시키갈Ereshkigal(수메르 신화에서 명계의 여신) 자매처럼, 보통 자매의 재능은 서로 반대일 때가 많다. 한쪽이 물질, 자연, 그리고 음식의 세계에 이끌린다면 다른 쪽은 영spirit, 문화, 그리고 마음의 세계에 이끌리는 식이다. 영원히 갈라졌으면서도 이어진 이들은, 실제로는 강렬한 질투, 선망, 경쟁심 및 오해로 갈라질 때가 많다.

정반대로 보이지만 서로를 채워주는 형제 또는 그와 비슷한 남성 한 쌍도 끊임없이 등장하는 주제다. 카인과 아벨, 예수와 유다, 오셀로와 이아고, 프로스페로Prospero와 칼리반Caliban* 등이 그 예다. 이들은 자아와 그림자

---

* 프로스페로와 칼리반은 셰익스피어의 희곡 《템페스트》의 등장인물이다.

가 쌍으로 춤을 추듯 움직이며 한쪽이 전면에 나서면 다른 한쪽은 물러난다. 결정적 순간 한쪽이 다른 쪽을 그림자/적으로 여기면, 쌍둥이 형제의 손에 죽음을 당하는 동생 같은 상황이 벌어진다. 하지만 동시에 살해하는 쪽의 일부분 역시 죽음을 맞는다.

이같은 격렬한 관계를 치유하는 열쇠가 바로 그림자 작업이다. 자신의 자매와 성격이 매우 다른 여성이 다른 상황에서 "언니(동생)라면 어떻게 할까?"라고 자문하는 건 타인은 뚜렷이 볼 수 있으나 자기 눈에는 보이지 않는, 아직 제대로 개발되지 않은 자신의 능력을 불러내려는 것과 같다. 남성이 야성미, 조용함, 관능적 면모 등 자신에게 익숙하지 않은 타인의 성향을 능숙하게 평가하고 자신에게 통합할 수 있다면, 이 역시 타인을 자신으로 끌어들여 자기감을 확장하는 효과를 낸다.

연애 관계에서도 자신과 정반대 성격을 만나면 곤란해하는 때가 많다. 그리고 자신과 성격이 전혀 다른 사람과 사랑에 빠진다. 소극적인 사람이 적극적인 사람을, 내향적인 사람이 외향적인 사람을, 독실한 신자가 무신론자를, 말 많은 사람이 말 없는 사람을 좋아하는 일이 흔하다. 마치 우리가 원하는 부분을 지닌 사람이라서 빠져드는 것처럼 말이다. 우리 내면에는 그저 잠복하고 있을 뿐인 성격이나 적성을 이들은 실생활에서 발휘한다. 수줍음 많은 여성은 남편한테 자기 대신 이야기하게 한다. 상상력이 부족한 남성은 아내의 상상력을 빌려와 삶을 즐겁게 만들 수 있다.

'스스로 계발할 수 없는 부분은 결혼으로 얻으면 된다'라는 격언은 사실일지도 모른다. 우리 자신의 분노, 엄숙, 사고력, 또는 감정의 깊이 등을 제대로 내면화하지 못한 상태라면 이러한 약점이나 열등한 부분을 메워줄 수 있는 사람에게 끌리기 마련이며, 이렇게 되면 끝내 자기 스스로 이 부분을 계발하지 못할 위험성이 있다.

이렇게 성향이 반대인 사람과 결혼하는 일이 흔한 데는 문화적인 이유도 있다. 이성적이고 지배욕이 강하며 감정이 무디고 목표 지향적인 성격 등 남성에게 이상적 자아의 모습은 여성에게 일반적으로 이상적 자아인 보살핌, 감정적, 수동적, 그리고 과정 지향적 성격의 그림자에 해당한다. 그 결과 그림자와 연인이 동일한 성격을 공유하는 일이 생길 수 있다.

융 정신분석학자이자 점성술사 리즈 그린$^{Liz\ Greene}$은 이렇게 설명한다. "영성이 강하고 세련되며 윤리적인 남성이라면 그 그림자가 매우 원초적 형태일 수 있다. 그러면 자신도 매우 원초적 성격이 강한 여성을 사랑하게 되는 경향이 있다." 그러나 이 남성은 똑같은 성격을 다른 남성에게서 보게 되면 아마도 싫어할 것이라고 그린은 지적한다. 그 결과 "똑같은 걸 사랑하기도 혐오하기도 하는 재미있는 이분법에 빠진다."

사회적, 경제적으로 선택의 폭이 넓어지면서 남성-여성에 대한 고정관념이 급속히 무너지는 것처럼 보이지만, 무의식은 여전히 외부 세계를 완전히 따라잡기엔 살짝 뒤처져 있다. 남성이든 여성이든, 불균형 성장이 계속된 사람은 타인을 향한 투사를 통해 자신과 반대인 상대와 결혼해 자신을 온전하게 완성하려 한다.

이는 연애 관계 후반 투사에 동요가 일어날 때, 우리 자신이 버린 자기의 일부분을 배우자에게서 발견할 때 이를 불편해하는 이유가 무엇인지, 우리 자신이 금지한 분노, 질투, 그리고 기만 등의 충동을 배우자가 표출하는 모습을 볼 때 이에 대해 방어 현상을 일으키는 이유가 무엇인지 설명해주기도 한다. 그림자 작업을 하지 않는다면 이러한 스트레스 때문에 괴로운 이별을 겪어야 할 수도 있다. 그림자 작업을 통해 우리의 불편함은 더욱 깊은 자기 이해로 승화될 수 있다. 작가이자 시인 제임스 볼드윈^{James Baldwin}은 이를 시적으로 이렇게 표현했다.

> 우리가 타인에게서 마주치는 모습은
> 우리가 내면에서 스스로 마주치는 모습이다.

어떤 주장이든 때로 너무 도를 넘어 심각하게 받아들이면 결론이 지나치게 단순화되기도 한다. 모든 것은 투사에 불과하며, 따라서 우리는 자신의 부정적 감정에 책임지려는 내면의 그림자 작업만 있으면 된다고 말할 사람도 있을 것이다. 하지만 분노 표출이 진짜라면 부정적 감정이 일어나는 이유가 매우 명확할 때도 있다. 강간, 살인, 인종 청소 등을 접할 때 우리가 분노하는 건 당연하며, 이로 인해 사회적 행동으로 옮아 가는 것 역시 당연하다. 개인의 연애, 결혼 생활에서 그림자 작업의 목적은 우리의 부정적 사고나 감정을 무효로 만드는 게 아니다. 자신이 행하는 투사의 부분, 다시 말해 우리 자신이 창조와 치료에 관여해야 할 부분은 무엇인지, 그리고 우리와는 별개로 상대에게 존재해 우리에게 분명하게 부정적 반응을 끌어내는 부분은 무엇인지 확실하게 조명하는 게 그림자 작업의 목적이다.

이 섹션에서는 성인 간의 관계에서 일어나는 '섀도복싱'에 대해 탐구한다. 종교학 교수이자 융 심리학자 스타일의 작가 크리스틴 다우닝^{Christine Downing}은 자신의 저서 《프시케의 자매들^{Psyche's Sisters}》 일부분을 인용해 심리학이 부모-자녀 간의 문제와 연애에 주로 초점을 맞추는 바람에 등한시했던 주제인 '형제와 자매의 원형'을 탐구한다.

그다음 장은 캐나다 토론토에서 활동하는 융 정신분석가이자 융 심리학 관련 서적을 출판하는 이너 시티 북스Inner City Books의 발행인 대릴 샤프Daryl Sharp가 중년의 삶을 다룬 저서 《생의 절반에서 융을 만나다The Survival Paper》*에서 인용했다. 샤프는 남성 친구/형제와의 만남을 통해 자신의 그림자 성격이 무엇인지 접하게 되었다고 설명한다. 몇 년 후 샤프의 친구들은 입장이 바뀌어 서로에게서 예전의 자신 모습을 보게 되었음을 깨달았다.

그리고 나서는 베스트셀러에 오른 저작 《연인과 배우자Intimate Partners》를 재인용하며 이성 간의 관계로 주제를 옮긴다. 사회학자 매기 스카프Maggie Scarf는 각자 서로의 '버림받은 자기' 측면을 지닌 채 투사된 정체성에 갇혀버린 남편과 아내의 문제에 대해 설명한다. 스카프는 처음에 새롭고 익숙하지 않은 모습이라 매혹되었던 부분에서 긴장이 생겨나며, 나중에는 이를 회피하게 되면서 결혼 생활이 위기를 맞는 상황을 탐구한다.

어떤 연애, 결혼 관계든 그림자 작업이 반드시 필요하다. 사랑의 불꽃이 막혀 있는 곳을 뚫고 어두운 곳을 열어젖히며 우리 자신으로 이끌 것이다.

---

* 2009년 국내 발행

12. 형제와 자매가 드리우는 그림자

크리스틴 다우닝 Christine Downing

여성에게 자매란 이 세상에서 자기와 가장 비슷한 존재일 것이다. 자신과 같은 여성이며 같은 세대이자 자신과 똑같은 생물학적, 사회적 유산을 지녔다. 같은 부모 아래 같은 가정에서 자라면서 똑같은 가치와 전제, 그리고 똑같은 상호작용의 유형을 접한다.

형제자매의 관계란 인간관계 중에서도 가장 오래간다. 태어나면서부터 시작되어 한쪽이 세상을 떠날 때까지 계속된다. 현재의 문화에서는 사실 그냥 버려도 그만인 관계이긴 하지만, 결혼이나 출산 등 축하할 일이 생기면 (가끔은 이혼이나 사망 등 위기 상황에서도) 결국 만나게 된다. 이런 순간이 실제로 닥쳐오면 어릴 때 서로 교류하던 모습이 얼마나 빨리 되살아나는지, 그리고 어릴 때 느낀 감사하는 마음과 적의 같은 감정이 얼마나 빨리 되살아나는지 깨닫고선 깜짝 놀랄 때가 많다.

그러나 아무리 우리 자신과 닮았다 해도 결국 남이다. 자매는 우선 자신을 정의할 때 견주어보는 대상이다(각종 연구 결과가 시사하는 바에 따르면, 아동은 어머니로부터 자신을 분리하기도 전에 자매가 나와 다른 존재임을 인식한다). 비슷함과 차이, 친근함과 다름, 그 어느 쪽도 완전히 극복할 수 없다. 이러한 역설과 긴장이 형제자매 관계의 핵심에 항상 숨어 있다.

흥미롭게도 동성 형제는 서로를 볼 때 이상적 자아이자 융이 말하는 '그림자'가 된다. 독특한 상호 관계 속에서 자신을 정의한다. 모녀 관계에서도 어머니가 딸을 만드는 만큼이나 딸도 어머니를 만들지만, 모녀 관계는 자매 관계처럼 대칭적이지 않다. 물론 자매 관계라 해도 비대칭적인 부분이 있고 위계 서열이 있다. 누가 언니이고 나이가 몇 살 차이인지 등으로 차이가 생긴다. 하지만 어머니와 유아를 구별하는 버겁고도 성스러운 차이와 달리, 자매 사이의 차이는 세속적 잣대로 보면 미묘하고도 상대적이다. 형제자매의 차이는 교섭이 가능하며 좁힐 수 있고 당사자들이 스스로 다시 정할 수도 있다. 서로를 스스로 정의하는 일은, 보통 자매들이 서로 다르다고 느끼는 특성과 차이를 어느 정도 의식적으로 과장해 양극화함으로써 이루어지는 것 같다('똑똑한 쪽이 나, 예쁜 쪽이 언니'). '나는 아빠 딸, 너는 엄마 딸'처럼 부모를 자기편으로 가르기도 한다. '나'는 자매에게 해당하지 않는 부분이다. 자매란 내게 '가장 되고 싶지만 될 수 없는', 그와 동시에 '되지 않아 다행이지만 될까 봐 두려운' 존재다.

자매는 가장 가까운 친구와도 다르다(물론 가까운 친구가 자매를 대신하는 역할을 할 때도 있다). 자매란 선택한 게 아니라 부여받은 관계이며, 자매는 친구처럼 바꿀 수 없는 존재다. 영국의 심리학자 존 볼비$^{\text{John Bowlby}}$에 따르면 자매에게 가장 중요한 것은 친숙함^{familiarity}이다. 자매는 손쉽게 부모를 제외한 이차적 애착$^{\text{secondary attachment}}$의 대상이 되어 피곤하거나 굶주리거나 아프고 겁먹고 불안할 때 의지할 수 있는 존재로 자리 잡는다.* 자매는 놀이 상대도 되지만 이는 다른 역할이다. 우리는 놀이 상대를 찾을 때 기분이 좋은 상태이며 자신이 뭘 원하는지 잘 알고 있다(여기서는 노는 일이다). 이와 달리 자매는 평생 계속되며 완전히 끊는 게 불가능에 가까운 관계다

---

* 존 볼비는 애착 이론(attachment theory)의 선구자 중 한 명으로 꼽힌다. 애착 이론은 장기적 인간관계의 근본 원인을 설명하는 이론이다.

(자매와 절연하는 일보다는 이혼이 훨씬 자주 일어난다). 이러한 영구성으로 적의와 공격성을 표출하기에 가장 안전한 관계이기도 하다(심지어 부모와의 관계보다도 안전하다. 유아기에 부모한테 의존하듯 자매에게 의존하지는 않기 때문이다). 그러므로 자매의 유대는 스트레스가 되기도 하고, 불안하기도 하며, 애매모호한 대상이 되기도 한다.

나는 실제로 자매가 없는 여성도 자매와의 관계를 갈망하며, 여성은 평생에 걸쳐 '자매' 역할을 해줄 대상을 찾아 헤맨다는 사실을 발견했다.

자매와 형제는 융이 말하는 원형이다. 마치 어머니와 아버지처럼 우리 정신의 삶 내부에 실제 경험과 상관없이 존재하기 때문이다. 모든 원형이 그렇듯 자매는 투사 또는 전이^{transference}*의 형태로 계속 새롭게 등장하며 내면의 특질을 지닌다. 삶에서 자매가 갖는 의미를 분류하려면 다음 세 가지 형태에 주의해야 한다. 실제 자매, 대리^{surrogate} 자매, 그리고 우리 내면에 존재하는 자매의 원형이다.

나는 내 자매에게 없는 걸 가진 인물이다. 내면의 자매, 즉 내 이상적 자아이자 그림자 자아가 이상하게도 하나로 뭉친 존재는 개성화 과정에서 매우 중요하기 때문에 실제로 내게 자매가 있든 없든 상관없이 존재한다. 그러나 모든 원형이 그렇듯 자매의 원형 역시 나만의 형태로 구현되어야 하며, 뚜렷이 구별되는 이미지를 가지고 외부 세계에 표현해야 한다. 자매가 없을 때는 보통 상상의 자매나 자매의 대리 역할을 해줄 인물이 있을 때가 많다. 자매가 있을 때도 원형의 역할을 온전히 수행하기에는 충분하지 않다고 느

---

* 프로이트가 고안한 개념. 과거 상황에 느낀 특정한 감정이나 원래 무의식에 새겨진 정서를 현재의 다른 대상에게서 또다시 체험하는 현상이다.

끼기라도 하는 듯, 상상 속 인물이나 자매를 대체할 존재가 따로 있는 경우가 흔하다. 물론 이럴 때도 진짜 원형을 상상하고 의인화하는 작업이 필요하다. 자매의 원형은 친구의 특정한 표정에서, 또는 꿈속에서 소설이나 신화 속 여성 인물의 형태로 나타난다.

프로이트는 자매의 원형은 과거 경험과는 상관없이 정신의 삶에서 적극적으로 활동하는 원초적 환상 중 하나라고 말한 바 있는데, 나는 이를 여러 차례 확인했다. 실제로는 자매가 없는 여성들이 내가 자매라는 주제로 진행하는 워크숍에 참석하는 걸 봐왔기 때문이다. 이들은 자신이 삶에서 자신의 원형 자매와 어떤 관계를 맺고 있는지 탐구하고 싶어 했다. 처음 이런 일을 겪었을 때 난 궁금했다. "뭐라고 말해야 하지? 실제로 자매가 없으면 어떤지 나는 과연 얼마나 알고 있을까?" 그때 이런 생각이 들었다. "사실 꽤 많이 알고 있을지도 모르겠군." 우리 어머니는 외동이었으며 내 딸은 자매가 없기 때문이다. 어머니는 내가 빨리 크기를 얼마나 바랐는지 이야기한 적이 있다. 그러면 당신에게도 자매 같은 존재가 생길 거라고 믿으셨기 때문이다. 자매 관계의 요소가 있는 나와 어머니의 관계는, 나와 내 딸 사이의 유대와는 미묘하게 대조되는 부분이 있다.

자매에 대한 우리 어머니의 이해는 당신이 어렸을 때 자매가 없었다는 사실에 강하게 영향받았다는 사실 역시 잘 알고 있다. 어머니는 자매 관계에 관한 환상이 있었다. 자매 사이에는 라이벌 의식 같은 건 없고 친밀함 뿐일 거라 생각했으며, 내가 어렸을 때 언니와의 관계에서 겪은 스트레스를 이해하지 못했다. 50년 넘게 어머니는 시누이와 집착에 가까운 질투로 갈등 관계에 있었지만, 자신이 겪는 상황이 사실 자매 관계와 같은 거라고는 생각하지 못했다. 우리 딸에게 자매가 없다는 사실은 이와는 좀 다른 결과로 이어졌다. 남자 형제와 같이 자란 탓에 딸은 남자에 대해 신비감을 별로 품지 않았다. 그 대신 관심을 다른 여성에게 쏟았다. 사랑을 쏟을 연인으로서, 그리고 자매로서 말이다.

자매를 원형이라고 부르면 자매 관계는 개인과 이성을 넘어선 일종의 종교적 차원으로 승화시킬 수 있으며, 실제 인물에 신비로운 신이나 악마의 오라를 지닌 원형의 이미지를 '전이'할 수 있다. 하지만 일반적이며 역사와 무관한 자매 관계의 본질이 존재한다는 뜻은 아니다. 원형은 항상 특정한 경험으로 촉발된다. 그리고 그러한 경험이 공유·재생되며 비슷한 반응을 일으키는 정도가 얼마나 심한지는 단순히 가정하는 대상이 아닌 탐구해야 할 대상이다. 또 우리는 부모-자식 관계를 성스러운 것으로 만들었지만 정작 형제자매와의 관계는 세속의 영역으로 남겨버렸다는 프로이트의 날카로운 관찰에 나는 깊은 인상을 받았다. 나 역시 자매라는 원형이 어머니의 원형보다는 훨씬 덜 성스럽게 느껴지기 때문이다. 자매 원형이 지닌 고결함은 내 영혼의 특징과 상응한다. 그러니 여신이 아니라 보통 여성인 셈이다. 인간이었던 신화 속 프시케('정신^{psyche}'이라는 말의 원형)의 약혼은 저승의 여신 페르세포네^{Persephone}와는 다른 차원의 세계에서 이루어졌으며, 내가 내 자매를 찾아보기 시작한 건 이 페르세포네에서부터였다.

그림자는 형제자매에 관한 흥미와 연관이 있다. 융의 설명에 따르면 그림자는 신화나 문학, 그리고 꿈에서 형제의 모습을 하고 나타날 때가 가장 흔하기 때문이다. 융은 특히 '사이 나쁜 두 형제의 모티브'에 흥미가 많았다. 융에 따르면 이는 모든 대립하는 존재, 특히 무의식의 강력한 영향을 다루는 두 가지 정반대의 방법인 부정^{denial}과 수용^{acceptance}, 그리고 사실주의^{literalism}와 신비주의^{mysticism}를 상징하기 때문이다. 이 모티브를 상상할 때 융은 항상 독일 소설가 E. T. A. 호프만[E. T. A. Hoffman]의 소설 《악마의 묘약[The Devil's Elixirs]》에 등장하는 두 형제를 떠올렸다. 이 소설에서는 주인공이 자신의 악의에 찬 음울한 형을 부정하고 무서워하면서 엄숙하고 꽉 막혔으며 심각할 정도로 융통성 없는 인물로 변하는데, 이는 '그림자가 없는 사람'이 어떻게 일차원적으로 변할 수 있는지 보여준다고 융은 해석했다.[1]

융이 생각하기에 중년기 남성의 우선 과제는 이 형제 같은 인물과 어떻게 다시 이어질지 배우는 것일 때가 많다. 지금 와서는 불가능해 보이는 탓에 아동기로 퇴행하려 할 가능성이 커지는데, 이전에 퇴행을 위해 쓰던 수단이 이제는 먹히지 않기 때문에 일단 퇴행이 시작되면 유아기를 넘어 선조들이 살아가던 시대까지 거슬러 올라가버린다. 이렇게 되면 신화에서 나온 이미지와 원형이 각성하며, 내면의 영적 세계가 생각지도 못하게 외부에 노출된다. 원형의 그림자를 직면하는 일은 비자아[non-ego]의 근원적 경험과 같으며, 내면에서 내게 반대하며 도전하는 존재를 접해봄으로써 우리는 무의식과 조화롭게 지내는 첫걸음을 디디게 된다.

하지만 형제 관계의 내면적 의미에 관한 융의 통찰에 영감을 준 것은 사이 나쁜 형제가 아니라 그리스신화 속 쌍둥이 형제 디오스쿠오리[Dioscuri]* 형제다. 동생은 아버지가 신들의 왕 제우스이고 형은 아버지가 인간이었으나, 이들은 사이가 너무나 돈독한 나머지 죽은 후에도 서로 떨어지려 하지 않았다. 환생의 원형에 대해 저술한 에세이에서 융은 이렇게 썼다.

---

* '제우스의 아들들'이라는 뜻. 형 카스토르(Castor), 동생 폴룩스(Pollux) 모두 사후 신으로 승천했다.

우리는 한쪽은 인간, 다른 한쪽은 불사의 존재인 디오스쿠오리 형제와 같다. 언제나 함께하더라도 완전히 한 몸은 될 수 없다. 우리는 다른 누구도 아닌 '내'가 되려고 하지만, 내면에 존재하는 친구 또는 적과 마주할 수밖에 없으며, 친구일지 적일지는 우리 자신에 달려 있다.

신화에 등장하는 두 남자의 우정을 융은 내면의 친구와의 관계가 외부로 표상된 것으로 보았다. 이는 자연의 섭리가 우리를 이끌고 싶어 하는 방향이기도 하다. 우리가 되고 싶어 하나 완전히 그렇게 되지는 못하는 존재, 우리 안에서 성숙하는 더 크고 넓은 인격, 바로 자기다.[2]

우리 내면에 존재하며 우리에게 긍정적일 수도 부정적일 수도 있는 (다시 말해 그림자일 수도 자기일 수도 있는) 동성의 인물에 대해 생각해보면, 융이 주장한 내면의 형제$^{inner\ brother}$라는 개념은 분명 오토 랑크$^{Otto\ Rank}$*가 '더블^{double}**'이라고 명명한 존재와 공통점이 많다. 랑크는 초기 저서인 《영웅의 탄생$^{The\ Myth\ of\ the\ Birth\ of\ the\ Hero}$》에서 '적대적 형제'라는 모티브가 신화와 문학에서 자주 등장하는 주제로서 가지는 중요성을 탐구했다. 이후 랑크는 신화와 문학 속 근친상간 모티브에 대해 방대한 연구를 했는데, 여기에서도 형제 모티브는 마찬가지로 등장한다. 이때 형제는 쌍둥이일 때가 많고, 한쪽의 목숨을 구하기 위해 다른 쪽이 목숨을 바치는 경우도 많다. 랑크는 후기 저작에서 이 모티브를 '더블'의 모티브에 포함해, 형제라는 개념을 주로

---

* 프로이트의 애제자였으나 프로이트에게 반기를 들고 미국으로 이주했다.
** 보통 '분신', '복제된 이미지' 등으로 옮기지만 이 책에서는 원문 그대로 '더블'로 옮기기로 한다.

내면의 인물 또는 또 다른 자아인 것으로 보았다. 더블은 유한한 자기를 상징할 수도, 불멸의 자기를 상정할 수도 있다. 자기 죽음에 대한 이미지로 보면 공포의 대상이 될 수도 있으며, 자신의 불멸성을 상징하는 것으로 보면 찬양의 대상이 될 수도 있다. 더블은 죽음일 수도, 불멸의 영혼일 수도 있다. 공포를 부추기지만 사랑도 북돋운다. 그리고 '비슷해져야 한다는 의무감과 다르고 싶어 하는 열망' 사이의 '영원한 갈등'을 불러일으킨다. 더블은 거울이, 그림자가, 반사된 이미지가 필요한 이유에 답해준다. 독립된 생명을 지니고 있으면서도 영웅의 생명과 너무나 긴밀하게 달라붙어 있기 때문에, 영웅이 여기서 완전히 자신을 분리하려고 하면 불운이 닥친다.

랑크의 사상은 원시인들이 그림자를 자신의 신비한 더블이자 영적이면서도 실재하는 존재로 생각했으며 이런 그림자와 같은 더블, 다시 말해 죽어도 죽지 않으며 의식적인 자아가 물러나면 꿈속에 나타나는 자기 속의 측면을 그리스어로 '프시케^{psyche}'라고 한다는 사실을 우리에게 일깨워준다. 따라서 랑크의 관점에서는 인간이 내면에 존재하는 자신과 동성의 형제자매와 같은 존재인 '더블'과 맺는 관계는 인간이 자신의 무의식적 자기, 즉 정신^{psyche}과 맺는 관계를 상징한다. 이는 또한 인간이 죽음, 그리고 불멸과 맺는 관계도 상징한다. 저 깊은 밑바닥에서 우리가 지닌 열망, 자아를 죽이고 초월적 자기$^{transcendent\ self}$와 합쳐지려는 열망을 표출하며, 자아보다 더 거대한 존재 앞에 무릎 꿇고자 하는 갈망을 상징한다.

'형제/자매의 사랑'이라는 이미지는 우리가 '심리학을 넘어서려' 하는 욕구를 뜻한다. 영적인 삶에서 첫 단계에 나타나는 것은 '차이 만들기^{differentiation}'로, 이는 적대성으로 나타날 때도 많다. 하지만 두 번째 단계는 이에 굴복하고 이를 사랑하게 됨으로써 완성된다. 그러나 랑크는 이 과정을 말 그대로 외면만 보고 받아들이는 건 위험하다고 경고한다. 인간이라면 그 누구도, 배우자나 형제자매라 해도, 상대의 또 다른 자아가 된다는 역할이 주는 부담감을 온전히 견디지는 못한다. 그에 따르면, 더 큰 무언가를 향해 손을 뻗는 일은 개개인이 자기의 영역을 넘어 뻗어나가려는 욕구, 다시 말해 스스로가 복종할 수 있는 '넘어섬'에 대한 욕구에서 비롯된다. 하지만 현실에 이렇게 뻗어나가면서 생기는 무게를 짊어질 수 있는 것은 존재하지 않는다. 랑크는 영적인 욕구와 순수하게 인간적인 욕구에는 차이가 있으며, 따라서 양쪽을 충족시키거나 만족시키려면 이를 각자의 영역에서 따로따로 추구해야 한다는 사실을 깨닫는 건 매우 힘든 일이라고 말한다. 사랑받고자 하는 욕구를 개인에게 잘못 적용하면 필연적으로 절망, 그리고 치유할 수 없는 열등감이 생길 수밖에 없다. 랑크는 우리를 채워주는, 온전하게 만들어주는 더블의 이미지는 다른 인간의 형태로 나타나지 않는다는 사실을 깨닫도록 도와주고 싶어 한다. 다르면서도 비슷해지고 싶어 하는, 개인성을 유지하면서도 타인과 이어지고 싶어 하는, 자연스러운 삶을 원하면서도 불멸을 갈망하는 이중 욕구는 종교적으로 이해해야 한다. 랑크는 형제/자매에 대한 사고를 바탕으로 해 '심리학을 넘어설' 수 있었다.[3]

때때로 그림자에 관련된 융의 개념도 이와 비슷한 깊이를 지니고 있을 때가 있다. 그러나 그 외에는 자아의 관점에서, 그림자를 평가절하되고 부정당한 개인사의 측면들이 구체화된 부정적 존재로 보았으며, 자신과 반대성을 지닌 원형을 접하면서 진행되는 실제 개성화 작업에 들어갈 준비를 마치기 전에 우리 안으로 다시 통합시켜야 하는 것으로 묘사하곤 했다. 융의 설명에 따르면 심리적 전일성을 이루기 위한 마지막 단계에서는 또다시 자신과 동성의 인물로 등장하는 원형, 즉 자기를 상대해야 한다. 이러한 직선적 형태의 발달 모델은 자신 내면에 있는 두 가지 동성 인물, 즉 '그림자'와 '자기'를 극단적으로 갈라놓는다. 그림자는 이 과정의 시작 부분에 속하며, 자기는 마지막 부분에 속한다. 따라서 그림자와 자기 사이의 내적 연결은 가려진다. 이들을 단순히 내면의 형제자매로만 생각한다면, 결국 애매모호한 수수께끼의 존재로만 남을 따름이다.

13. 형제, 그리고 나 자신

대릴 샤프 Daryl Sharp

그날 밤 혼자 있을 때, 취리히에서 아널드와 있던 때를 떠올렸다. 그와 함께 지내면서 나는 유형학 typology*에 대해 융의 책을 읽었을 때만큼이나 많은 것을 배웠다.

아널드는 정말 놀랄 정도로 직감대로 움직이는 성격이었다. 역에 그를 마중 나갔을 때, 열차 두 대가 그냥 지나갔는데, 그는 세 번째 기차를 타고 도착했다. 내게 보낸 편지에는 정확히 어떤 기차를 타고 올지는 언급되어 있지 않았다. 지극히 아널드다웠다. 그리고 내가 그렇게 생각하는 건 지극

---

* 심리학에서 유형학이란 인간 행동을 유형에 따라 분류해 개인을 파악하려는 방법론을 뜻한다.

히 나다운 일이었다.

"교외에 집을 한 채 빌렸어." 나는 가방을 들어 올리며 말했다. 아널드의 가방은 자물쇠가 고장 났고 끈도 없었다. 바퀴 한쪽도 사라져 있었다. "기차로 12분 정도 걸리니 아주 멀지도 않고. 셔터는 초록색이고 벽지는 점박이 무늬. 주인아주머니는 상냥한 분이고, 가구를 원하는 대로 놔도 된대."

"그거 멋진걸." 신문을 머리 위로 펼쳐 들며 아널드가 말했다. 페이지가 흩어져 떨어졌다. 아널드는 모자가 없었고, 비옷 가져오는 걸 까먹었다. 게다가 슬리퍼를 신고 있었다. 세상에. 여행 가방도 없었다. 그가 취리히가 아니라 루체른으로 부쳤기 때문이다.

"루체른이나 취리히나 스위스잖아." 자기가 철학자라도 된 것처럼 아널드는 말했다.

처음에는 꽤 놀랐다. 그때 우리는 서로를 잘 몰랐고, 나는 앞으로 그에 관련해 무슨 일을 경험하게 될지 알지 못했다. 평생 이런 비슷한 사람도 만나지 못할 것이다. 이렇게나 나랑… '다른' 사람은.

아널드에게 시간이란 아무 의미도 없었다. 기차를 놓치고, 약속에도 안 나타나기 일쑤였다. 수업에도 항상 늦었고, 교실을 겨우 제대로 찾았을 땐 필기구를 안 가져오는 식이었다. 돈은 넘치게 갖고 있거나 전혀 없거나 둘 중 하나였다. 예산이라는 개념이 없었기 때문이다. 방향감각도 꽝이라 집 밖으로만 나가면 길을 잃었다. 때로는 집 안에서도 길을 잃었다.

"맹인 안내견이라도 있어야 하는 거 아냐?" 나는 농담을 건넸다.

"네가 있으면 그런 거 없어도 되잖아." 그는 씩 웃었다.

그는 난로를 켜놓은 채 잠이 들었고, 불을 끄지도 않았다. 문간에서 하늘을 멍하게 바라보느라 냄비는 항상 끓어 넘치고, 고기도 새까맣게 태워먹는 게 예사였다. 부엌에서는 항상 그슬린 토스트 냄새가 났다.

열쇠, 지갑, 강의 노트, 심지어 여권까지도 심심하면 잃어버렸다. 깨끗한 셔츠라는 걸 가져본 적도 없었다. 낡은 가죽 재킷, 헐렁한 청바지, 그리고 서로 다른 양말 두 짝을 걸친 그의 모습은 영락없는 부랑자 몰골이었다.

아널드의 방은 언제나 폭풍이라도 한바탕 쓸고 간 것처럼 엉망진창이었다. "보기만 해도 짜증 나네." 나는 거울을 보고 넥타이를 바로잡으며 중얼거렸다.

나는 깔끔하게 정돈된 게 좋았다. 그래야 성에 찼다. 물건이 어디 있는지 정확하게 알고 있었다. 책상도 방도 항상 말끔했다. 밖에 나갈 때는 항상 불을 끄고 방향감각도 나무랄 데 없었다. 물건을 잃어버리지도, 약속에 늦지도 않았다. 요리도 바느질도 제대로 할 줄 알았다. 지금 돈이 얼마나 있는지도 확실히 알고 있었다. 언제나 자세한 것까지 기억했고, 놓치는 일 따위는 없었다.

"넌 정말 현실감이 없어." 아널드가 달걀을 익히는 모습을 지켜보았다. 그 단순한 일까지 마치 영웅의 여정을 보는 것 같았다. 처음에는 프라이팬을 못 찾더니, 찾고 난 다음에는 엉뚱한 버너 위에 얹었다.

"네가 아는 그 현실 말이지." 그는 풀이 죽어 말했다. 그러다 욕을 내뱉었다. "젠장!" 또 기름에 덴 것이다.

아널드를 인정하는 게 쉽진 않았다. 정말 그러고 싶었지만 말이다. 그가 지닌 붙임성과 넘치는 기운은 매력적이었다. 무모한 듯한 자신감이 뿜어져 나오는 것도 좋았다. 그는 삶을 즐기는 인생 그 자체였고, 어떤 상황에도 쉽게 적응했다. 나보다 모험심이 훨씬 강했고, 어딜 가든 친구를 만들 수 있었다. 그리고 그렇게 즉석에서 사귄 친구들을 집에까지 데리고 오곤 했다.

그에게는 불가사의한 지각 능력이 있었다. 내가 판에 박힌 생활에 파묻힐 때마다 그는 새로운 뭔가를 내게 들이밀었다. 마음속은 항상 계획과 새로운 아이디어로 끓어올랐다. 촉도 아주 좋은 편이었다. 다른 사람들처럼 오감밖에 없는 나에 비해 그는 진짜로 육감을 가지고 있는 듯했다. 반면 내 시야는 평범했다. 내가 '사물'이나 '사람'만 볼 때, 아널드는 그 안의 본질을 꿰뚫어 보았다.

그러나 우리 사이에는 항상 문젯거리가 생겼다. 아널드가 내게 뭔가를 하려고 한다고 표현할 때면 나는 그 말을 곧이곧대로 받아들였다. 하겠다고 말했으면 진짜로 할 것이라 생각했다. 그리고 그가 정해진 시간과 장소에 나타나지 않을 때마다 정말로 짜증이 났다. 그런 일이 꽤 자주 벌어졌다.

난 이렇게 말하곤 했다. "자네가 거기 있을 줄 알았거든. 표까지 사뒀는데. 대체 어디 있었던 거야?"

"누가 날 찾길래." 그는 변명 조로 대답하곤 했다. "다른 일이 생겨서. 도저히 안 된다고는 못하겠더라고."

"정말 안정감이라곤 없군. 너는 정말 믿음이 안 가. 경박하고 변덕스러워. 대체 진득하게 한자리에 좀 있으면 안 되는 거야?"

아널드는 생각이 달랐다. 그는 "난 가능성을 표현하는 것뿐이야"라고 말했다. 무책임하다, 내지는 혼란스럽게만 한다는 내 힐난을 열 번 듣고 나서였다. "말을 꺼내기 전에는 존재하지 않고, 말을 꺼내고 나서야 형태가 생기지. 하지만 그렇다고 내가 그대로 하겠다는 뜻은 아니야. 더 나은 일이 생길 수도 있으니까. 난 내 말에 속박되지 않아. 네가 모든 걸 곧이곧대로 받아들이는 것까지 내가 어쩔 순 없지 않나."

그는 말을 이었다. "직관은 내 머릿속에서 동그랗게 원을 지어 날아다니는 새들과 같아. 왔다가는 그냥 가버리곤 하지. 무조건 따라가면 안 돼. 모르는 거니까. 날아가는 걸 입증할 시간이 필요하거든."

어느 날 아침 일어나보니 밤새 끓어 물이 다 날아간 냄비가 계속 버너에서 가열되고 있었다. 아널드는 침대에서 힘겹게 일어나 안경을 찾아 헤매고 있었다.

"혹시 내 면도기 봤어?" 그가 날 불렀다.

"환장하겠네!" 난 오븐용 장갑을 끼며 분노에 차 소리 질렀다. "언젠가 넌 집을 홀라당 태워먹을 거야. 우리는 둘 다 잿더미가 될 테고. 사람들은 '오, 안됐네, 장래가 유망한 사람들이었는데. 한쪽이 얼간이라 유감이야' 하면서 우리 잿더미를 단지에 담아 가족한테 보낼 거라고!"

내가 냄비를 문밖으로 집어 던질 때, 아널드는 발을 질질 끌며 부엌으로 들어왔다.

"무슨 말이야?" 그는 말했다. "어제저녁이면 네가 신시아한테 저녁을 만들어줬잖아. 나는 집에 있지도 않았다고."

사실이었다. 나는 얼굴이 벌게졌다. 자존심은 무너졌고, 어쩔 줄 몰랐다.

"미안하네." 나는 풀죽은 소리로 말했다. "내가 까먹었어."

아널드는 손뼉을 치고 춤추며 방 안을 빙빙 돌았다. "인간계에 잘 돌아왔네, 그대!" 노래까지 불렀다. 늘 그렇듯 음정은 불안했다.

나는 그제야 아널드가 내 그림자라는 사실을 깨달았다. 완전히 새로운 발견이었다. 그럴 리 없다고 생각했지만 — 우리는 자신의 콤플렉스가 서로 완전히 다르다는 사실을 익히 알고 있었다 — 사실이었다. 천둥에라도 얻어맞은 듯한 충격이었다. 난 느낀 그대로 아널드에게 이야기했다.

"상관없어." 그는 말했다. "너도 내 그림자니까. 그러니까 너도 날 궁지로 모는 거잖아."

우리는 포옹했다. 그 사건이 우리 우정을 살려주었다고 생각한다.

이 모두가 오래전에 일어난 일이다. 그 후 나는 더욱더 아널드처럼 변했다. 그리고 사실은 그도 조금은 더 나 같아졌다. 그는 방향감각도 늘었고 크로켓 만드는 법도 배웠다. 이제는 나보다도 더 꼼꼼하게 모든 걸 챙긴다. 혼자 살면서 멋진 정원도 가꾼 데다, 정원에 있는 모든 꽃 이름을 알고 있다. 그것도 라틴어로.

반면 나는 이제 저녁 파티에 참석하기도 하고 때때로 새벽까지 바를 옮겨 다니기도 한다. 중요한 서류를 잘못 두기도 하고, 사람들 이름과 전화번호도 까먹는다. 낯선 도시에서 길을 제대로 찾지도 못한다. 정작 할 일은 주위에 쌓여가는데 가능성만 찾아다닌다. 청소부 아주머니의 도움이 없다면 내 방은 진작 먼지에 뒤덮였을 것이다.

그림자를 깨닫고 자신의 삶으로 받아들이면 이렇게 예상치도 못한 결과가 생긴다. 이 과정은 일단 진행을 시작하면 멈추기 힘들다. 이제 예전 모습으로는 되돌아갈 수 없지만, 이 과정에서 잃어버리는 것에는 반드시 보상이 따라온다. 이전의 자신 중 일부는 잃어버리지만, 그 대신 전에 없었던 새로운 차원이 생긴다. 한쪽으로 치우쳤던 부분에서 균형을 잡게 되는 것이다. 나와 다르게 움직이는 사람들을 수용할 줄 알게 되고 자신을 보는 태도도 새로워진다.

아널드와는 지금도 가끔 서로 만난다. 우리는 여전히 서로에게 그림자 형제지만, 상황은 예전과 좀 바뀌었다.

내가 최근 무슨 일탈을 저질렀는지 그에게 이야기하면, 그는 머리를 흔들고는 내 어깨를 툭 치며 이렇게 말한다. "이런 망나니 같으니."

아널드는 화로에 불을 피워놓고 친한 친구 몇 명과 보내는 조용한 저녁에 대해 이야기하며, 다시는 여행 같은 건 다니고 싶지 않다고 한다. 한때는 언제든 떠날 준비가 되어 있던 이 얼간이가 말이다. 나는 "바보 같아. 너무 뻔하잖아"라고 말한다. 그를 한 대 툭 치면서.

14. 배우자에게서 나와 반대의 모습을 본다는 것
매기 스카프 Maggie Scarf

남편이, 아내가 서로 처음 반했다고 말하는 부분이 사실은 결혼 생활에서 둘 사이에 생기는 갈등의 원천과 똑같다는 것은 정신의학업계에 종사하는 전문가라면 다들 알고 있는 진실이다. 한때 '매력적'이었던 부분은 시간이 지나며 완전히 새롭게 보인다. 배우자에게서 보이는 나쁘고 봐주기 힘든 부분, 문젯거리면서 부정적으로 보이는 성격과 행동거지라는 딱지가 붙는다.

예를 들어 예전에 아내가 따스하고 온정 넘치며 사교성 좋은 성격이라고 생각했던 남편은 나중에는 아내가 '소란스럽고 오지랖 넓은' 성격이자 다른 사람을 대하는 방식에 '깊이가 없다'고 생각을 바꿀 가능성이 있다. 마찬가지로, 처음에 남편을 믿을 수 있고 예측 가능하며 안정감 있는 성격이라는 이유로 높은 점수를 준 아내는 나중에는 이런 성격이 지루하고 따분하며 사람을 답답하게 만든다며 악담하게 될 가능성이 있다. 따라서 처음에 사랑스럽고도 놀랍게 느껴지는 배우자의 모습이 나중에는 역겹고 끔찍하게 다가와 좀 더 일찍 정체를 깨달았어야 한다며 우리를 후회하게 만드는 바로 그것이다. 사실은 옛날이나 지금이나 똑같은 성격이지만, 결혼 생활 전후로 다른 이름을 얻는 것뿐이다.

배우자에게서 가장 매력적으로 보이는 부분은 사실 애매모호한 느낌으로 가득 차 있을 때가 많다. 그래서 내가 부부 상담에서 나누는 대화는 언제나 똑같이 시작되며, 지금 건너편에 나란히 앉아 있는 브렛^{Brett} 부부를 상담할 때도 마찬가지일 것이었다. "자, 한번 이야기해보세요." 나는 젊은 부부에게 질문했다. "서로 맨 처음 반한 부분이 어떤 점이었나요?" 완전히 집중해서 내 말을 듣고 있는 아내 로라^{Laura}를 바라보던 내 시선은 살짝 경계하는 남편 톰^{Tom} 쪽으로 옮겨 갔다. "두 분이 서로를 특별하게 느끼게 된 계기가 무엇이었다고 생각하시나요?"

뻔한 질문이었겠지만, 다른 내담자들처럼 이들 역시 이 질문을 받고 놀라고 당황한 듯한 반응을 보였다. 로라는 급히 숨을 들이쉬고서는 갈색이 도는 자신의 금발 머리를 한 움큼 집어 어깨 뒤로 넘겼다. 톰은 자리에서 금방이라도 튀어 오를 것 같은 모습이었지만, 그러는 대신 화려한 갈색 소파 등받이에 몸을 기댔다. 둘은 서로를 쳐다보고 살짝 미소를 지었다. 로라의 얼굴이 붉어졌고, 둘 다 웃음을 터뜨렸다.

분명한 사실은 브렛 부부는 서로 많이 다른 사람이라고, 여러 면에서 정반대라고 생각하고 있다는 것이었다.

첫 번째 상담이 끝나갈 때, 나는 다음과 같이 질문했다. "두 분이 모두 알고 있는 사람, 예를 들어 친구나 가족이 두 분의 결혼 생활을 3인칭으로 설명한다면, 어떻게 이야기할까요?"

"'있을 수 없는 일'이요." 톰이 곧바로 미소를 지으며 대답했다.

"있을 수 없는 일이라… 왜일까요?" 내 질문에 그는 어깨를 으쓱했다. "신문 대 교회, 냉소주의자 대 독실한 신자…. 저는 꽤 논리적이고 과묵한 편인데 로라는 완전 정반대죠."

톰은 잠깐 망설이며 로라를 바라보았다. 로라는 동의한다는 듯 고개를 끄덕였다. 슬픈 듯하면서도 즐거운 표정이 그녀의 얼굴에 새겨졌다. "당신은 조용하고 나서지 않는 사람이죠." 로라는 인정하며 말했다. "그리고 저는 사방팔방 돌아다니며 튀는 스타일이에요. 좋은 의미든 나쁜 의미든." 톰은 로라 쪽을 바라보며 고개를 끄덕이고는 내게 말했다. "우리는 생각할 수 있는 모든 부분에서 서로 달라요."

서로의 반대되는 부분을 보고 결혼한 다른 여러 부부와 마찬가지로, 이 둘도 결혼 생활 중 서로에게 잘 스며드는 것에 관련된 문제와 마주쳤다. 바로 자기 내면에 있는 감정, 소망, 생각 등을 배우자의 내면에 있는 감정, 소망, 생각 등과 구분하는 일이 바로 그것이다.

여기서 딜레마는 개인 간의 경계를 긋는 일이다. 서로 가깝고 헌신적인 관계에서 스트레스를 받는 주요한 원인은 근본적으로 자신의 머릿속에서 일어나는 일과 상대의 머릿속에서 일어나는 일을 혼동한다는 데 있다.

브렛 부부와 마찬가지로, 부부가 완전히 다른 정반대 성격인 경우가 많다. 〈펀치와 주디$^{\text{Punch and Judy Show}}$(영국의 전통 풍자 인형극)〉에 나오는 두 인물, 펀치와 주디와 같다. 둘 다 관객의 객관적 시점에서 보기에는 무대에서 각자 상반되는 인물 역할로 보인다. 하지만 무대 아래에서 둘을 조종하는 줄은 서로 꼬여 있다. 둘은 배우자가 의식적으로 인지하는 수준 아래에서 감정의 혼란으로 깊은 곤경에 처했다. 각자는 '서로에게' 상대편의 자기, 즉 남편이나 아내의 내면 존재로부터 부정당한 부분을 상징한다.

예를 들어 브렛 부부 사이에서 일어나는 일을 관찰하면, 감정과 관계된 일이 서로 갈라지는 모습을 볼 수 있을 것이다. 그러니까 인간적 소망이나 태도, 감정, 타인과 연결하며 행동하는 특정한 방식을 이들 부부는 함께 받아들인 다음 (그러니까 감정이나 반응 양식 전체를 한 뭉텅이로, 마치 '한 사람'에게 내면화하듯 받아들인 다음) "난 이쪽을 가질 테니 넌 이쪽을 가져" 하는 식으로 그 안에서 나눠 먹기를 한 것과 같다.

부부에게는 흔한 일로, 톰과 로라 역시 여기에 대해 서로의 무의식 수준에서 동의가 이루어진 상태였다. 이는 충분한 분석 같은 게 없어도 강력한 행동력을 발휘한다. 로라는 결혼 생활에서 낙관주의 쪽을 맡았고, 톰은 비관주의 쪽을 맡았다. 로라는 독실한 신앙인이고, 톰은 비판적 회의주의자다. 로라는 자신의 감정을 개방하고 싶어 했고, 톰은 자신을 닫아두고 싶어 했다. 로라는 적극적으로 쫓아가는 사람이고, 톰은 적당히 거리를 두는 사람, 즉 친근해지지 않으려 애쓰는 사람이다. 사실 둘은 온전히 통합되고 적응력 높은 하나의 존재를 '함께' 만들어낸 것이다. 이 존재가 숨을 쉴 때 로라가 들숨 쪽을, 톰이 날숨 쪽을 맡은 것뿐이다.

하지만 로라가 무대 위에서 남편과 더 가까워지고 싶어 하는 것처럼, 정직하고 성실하게 남편과 일체가 되고 싶어 하는 것처럼 보일지는 몰라도, 관객에게 보이지 않는 곳에서 그녀는 남편 톰과 모종의 합의를 끝낸 상태다. 그녀가 톰에게 가까이 다가가려 할 때마다, 톰을 자율적으로 조종하는 끈이 활성화되어 그는 (거의 반사적으로) 곧바로 거리를 두려 할 수밖에 없었다. 로라는 톰에게 의지해 서로 간에 필요한 거리를 유지한 것이다.

다른 사람들도 마찬가지지만, 로라 역시 어느 정도 자율성이 필요했다. 로라라는 개인으로 머무를 수 있는, 자신만의 소망과 목표를 추구할 수 있는 개인적 공간이 필요했다. 하지만 그녀에게 자신의 독립적인 욕구를 충족하는 일은 잘못되고 위험한 것으로, 제대로 된 성인 여성이라면 하지 않을 일로 여겨졌다. 여성이라는 자신의 합법적 역할은 결혼 생활에서 남편에게 가까이 붙어 있는 데 집중하는 것으로 생각했다. 그래서 자기 내면에 자신만의 욕구가 존재하며 자신이 이를 원한다는 사실을 로라는 인정할 수 없었다. 그녀는 자신의 내면에 존재하지만, 남편에 의해 표출되는 (독립적인 별개의) 자기 욕구만 인식한 것이다.

하지만 로라가 톰에게 의지해 자신이 쫓아가면 톰이 달아나는 식으로 서로의 거리를 유지한 것처럼, 톰 역시 원하거나 필요할 때는 로라에게 의지해 가까움과 친밀함을 유지했다.

톰은 친밀함에 대한 소망이나 욕구를 직접 표현하기보다(또는 이러한 소망과 감정에 책임을 지거나 인식하기보다) 의식에서 분리하는 쪽을 택했다. 이러한 생각과 소망이 자신을 지나치게 많이 드러내고 취약하게 만든다고 느꼈기 때문이다. 가까워지고 싶을 때는 이 소망을 부인 로라를 통해 표현했다. 로라가 지닌 친밀함의 끈을 당기면서도 자신이 무엇을 하는지 의식하지 못했다. 아마도 딴생각에 잠겨 멍한 듯 보이는 게 한 가지 방법이었을 것이다. 혹시 그가 다른 여자를 생각하고 있는지 로라가 궁금해하도록 말이다. 그러면 로라는 불안해져 톰의 뒤를 쫓게 되었다. 이렇게 해 톰은 자신이 원하던 친밀한 교감을 얻었다.

이 부부에게 일어난 일은 보통의 결혼 생활에서 대단히 흔하다. 부부가 경험하는 갈등, 즉 각자의 욕구를 충족하고 싶어 하면서도 서로 간의 관계 욕구도 만족시키고 싶어 하는 데서 오는 갈등은 부부 사이에서 반으로 갈린다. 부부가 둘 다 서로 가까워지고 싶어 한다는 사실을 인식하는 대신, 둘

다 각자 자신의 목표를 추구하고 싶어 하는 사실을 인식하는 대신, 자율/친근함 사이의 갈등은 사실 부부 각자의 머릿속에 존재하는 갈등이라는 사실을 인식하는 대신, 브렛 부부는 무의식중에 서로 타협하는 쪽을 택했다.

그렇게 해서 로라는 자신만의 개인적 공간에 관한 욕구를 의식적으로 갖지 않아도 됐으며, 톰은 자신이 마음을 열고 신뢰하며 가까워지고 싶다는 욕구가 있음을 인정하지 않아도 됐다. 두 사람이 동시에 지닌 친밀함의 욕구(관계를 원하는 욕구)는 로라가 혼자 떠맡았고, 두 사람이 동시에 지닌 자율 욕구(각자 자신만의 목표를 추구하고 싶어 하는 욕구)는 톰이 혼자 떠맡았다. 그래서 로라는 항상 톰과 가까이 있고 싶어 하는 것처럼, 그리고 톰은 언제나 방해받지 않고 떨어져 있고 싶어 하는 것처럼 보인 것이다.

그 결과 이 딜레마는 내면의 갈등(각자의 주관적 세계에 존재하는 갈등) 대신 개인 사이의 갈등, 끊임없이 서로 싸우게 만드는 갈등이 되었다.

'정신 내면의 문제(개인의 마음속에 있는 문제)를 개인 간의 문제(두 사람이 겪는 문제)로 전환하는 일'은 투사된 정체성 projective identification 을 통해 일어난다.

'정체성의 투사'는 침투력이 강하고 다루기 까다로우면서도 파괴적일 때도 많은 정신 기제다. 부부 중 한쪽이 자신의 내면 경험에서 부정하고 거부하는 부분을 배우자에게 투사한 다음, 그것이 원래 자신이 아닌 배우자의 내면에 존재하는 감정이라고 간주한다. 자신이 원하지 않는 생각과 감정이 배우자의 내면에 있다고 생각할 뿐만 아니라, 배우자에게 단서와 자극을 주어 이를 부추기기까지 한다. 처음부터 내 것이 아니라 거기 있었던 것처럼 행동하기 위해서. 그 대신 자신은 이제 배우자가 거부한 배우자의 생각, 느낌, 그리고 감정을 마찬가지로 자신과 동일시한다.

정체성의 투사가 일어나는 방식을 가장 명확하게 보여주는 예로 '공격성이 전혀 없고 화도 안 내는 남편'을 들 수 있다. 이 사람은 신기하게도 분노의 감정이 없으며 다른 사람의 분노, 그러니까 독자도 예상했겠지만, 아내의 분노만 인지할 수 있을 따름이다. 절대 화를 내지 않는 남편에게 뭔가 짜증스러운 일이 생겨 분노의 감정을 경험할 때, 이 사람은 의식적으로 이 감정과 접촉을 끊어버릴 것이다. 그 결과, '자신이 화가 났다는 사실을 알지 못하지만 놀랍도록 능숙하게 아내가 자기 대신 적대감과 화를 폭발시키게 만들 것이다'.

이 사람의 아내는 실제로는 전혀 화가 나지 않음에도 남편과 소통하는 순간 분노를 느낄 것이다. 자신과 전혀 상관없는 일 때문에 그런 것처럼 보일지 몰라도, 사실은 남편의 화를 대신 표출하는 것이다. 이렇게 해서 남편이 의식적으로 소유하고 받아들이지 못하는 자기 내면의 일부분으로부터 남편을 '보호'하는 역할을 한다고도 할 수 있다.

절대로 화내지 않는 남편은 억압된 분노를 아내를 통해 표출하고 여기에 자신을 동일시함으로써 자신은 아무것도 책임지지 않아도 되는 상황을 만든다. 사실 처음에 화를 낸 건 자신이라는 사실을 인식할 책임조차 지지 않는다. 그리고 자기 안에서 분노의 감정을 강력하게 부정하는 만큼 아내를 비난한다. 이렇게 투사된 정체성 속에서 절대 화를 내지 않는 이 사람은 아내가 보이는 다혈질이고 충동적이며 자제되지 않는 감정 표현과 행동으로 스스로 겁에 질리기까지 한다.

이와 유사하게, 절대로 슬퍼하지 않는 사람은 자신의 억압된 기분이 배우자에게만 있는 것으로 여길 수도 있다(이런 상황에서는 배우자가 두 사람 분의 슬픔과 절망을 혼자 짊어지고 있다고 생각하면 되겠다).

투사는 일반적으로 자기가 부정하는 부분을 상호 교환하는 형식으로 일어나는 경향이 있다. 말하자면 이는 부부가 무의식적으로 동의함으로써 발생한다. 그렇게 되면 부부는 각자가 스스로 인지하지 못하는 부분을 상대를 통해 보게 되며, 이를 바꾸려 하면서 끊임없이 어려움을 겪는다.

4부

부정당한 신체

질병과 건강, 그리고
성생활

"몸을 단순히 그림자 이상의 것이라고 이야기하는 일은 20세기의 비관주의를 버리고, 살아 있는 인간을 긍정하기로 마음을 고쳐먹는 것과 같다."
- 존 P. 콩거^{John P. Conger}(미국의 정신분석학자)

"악은 인간의 배 속, 두려우면 아파오는 그곳에 존재한다. 악마가 자아를 꾀어 지옥의 심연으로 끌고 가는 유혹의 수단 중 가장 흔한 것이 바로 육체의 쾌락이다. 이 재앙을 맞이해 겁에 질린 자아는 어떻게 해서든 몸을 자기 통제하에 두려 한다. 자아와 연결된 의식은 무의식, 또는 어두운 힘을 저장하고 있는 신체에 저항하는 상태로 변한다."
- 알렉산더 로언^{Alexander Lowen}(미국의 의사, 심리 치료사)

"남성의 그림자 인물인 와일드 맨^{wild man}은 다음과 같은 것들을 신뢰하라고 격려한다. 하반신, 생식기, 다리와 발목, 우리의 부족한 부분, 발바닥, 동물의 조상, 지구 자체, 지구의 보물, 땅에 오래 묻힌 시신, 우리 모두 결국 그리로 향해 내려가는 비옥하고도 집요한 존재. 《도덕경》에서는 '물은 낮은 곳으로 흐른다'라고 말한다. 진정한 와일드 맨의 책이라 할 수 있다."
- 로버트 블라이

서문

인간의 몸은 2000년 동안 서구 문화의 그림자 속에서 살아왔다. 동물적 충동, 성적 정열, 그리고 시간이 가면 쇠퇴할 수밖에 없는 본질은 어둠 속으로 밀려나고 대신 영, 마음, 이성적 사고 등을 중시하는 성직자스러운 금기가 그 자리를 채웠다. 과학의 시대가 도래하며 육체는 그저 화학물질로 꽉 찬 주머니로, 영혼 없는 기계 같은 존재로 전락하고 말았다.

그 때문에 마음과 육체는 딱 단절되고 말았다. 문화가 조명하는 부분은 좌뇌의 논리와 자아가 담당하는 개인의 노력뿐이며, 우뇌의 직관과 육체적 문제는 묻히고 말았다. 마치 강물처럼 우리 문화의 지형을 둘로 깊이 갈라 손 닿는 것마다 양극화해버린다. 육체와 정신, 죄악과 순수, 금수와 신성, 이기주의와 이타주의 등.

(육체를 그림자로 보는) 이런 패러다임이 어떤 끔찍한 결과를 낳는지 우리는 살면서 느낄 수 있다. 몸의 기능을 죄스럽고 부끄러워하며, 움직임과 감각은 자연스러움이 부족해진다. 그리고 만성적인 심신증$^{psychosomatic\ disease}$(마음의 문제가 신체의 질병으로 나타나는 증상)에 시달린다. 거부당한 신체의 문제는 오늘날 공포스러울 정도로 퍼져 있는 아동 학대, 섹스 중독, 약물 중독 및 섭식장애 등에서도 첨예하게 드러난다.

우리가 지닌 종교적, 영적 전통에서 인간의 진화는 육체를 승화하기 위함이라고 말함으로써 마음과 육체의 단절을 심화한다. 기독교인이든 힌두교인이든 육체적 욕구를 '더 높고 숭고한' 목적으로 변화시키려 한다. 쾌락과 한가로움을 향한 '저급한' 욕구는 단지 밑에 깔리는 기반으로 볼 뿐이다.

여기에 로봇공학이나 인공지능 같은 첨단 분야의 과학자들이 더욱 논쟁에 불을 붙였다. 그들은 전자 기기를 부착하고 부품을 좀 갈아끼우기만 하면, 육체가 차지하는 부분이 줄고 전기회로 같은 연결이 늘어나 공상과학 텔레비전 시리즈 〈스타트렉〉에 등장하는 만물박사 휴머노이드 '데이터^{Data}' 처럼 되어 더 이상 몸이 필요 없을 것이라 주장했다.

물론 이 신체의 미래에 대한 시나리오는 우리에게 열려 있는 여러 갈래 길 중 한 가지일 뿐이다. 심신증 치료를 옹호하는 이들은 신체를 무작정 폄하하기보다는 영적인 일을 수행하는 성스러운 신전이나 변신을 위한 매개물로 여긴다. 정신분석학자 존 P. 콩거의 말대로 "육체는 우리의 학교이자 수업이며, 주인공이며 사랑하는 적이다. 또 더 높은 곳으로 뛰어오르는 장소다."

여성의 영적 가치를 탐구하는 여성들 역시 육체가 자기를 구현한다는 입장을 지지하며, 신세대 교사 및 임상치료사는 몸을 적극적으로 상징화 과정에 포함시킨다. 치유 효과가 있는 소리, 이미지, 리듬을 몸에 입히고 마음으로 들어가는 대문을 지키는 야수를 피해 가면, 몸을 그림자의 영역에서 빼낼 수 있다고 이들은 믿는다.

우리는 대부분 그림자가 눈에 보이지 않으며 마음 깊은 곳에 숨어 있다고 생각하는 경향이 있다. 그러나 직업상 인간의 몸을 정기적으로 다루기 때문에 그 침묵의 언어를 읽을 줄 아는 사람들은 그 안에서 그림자의 어두운 형상을 볼 수 있다. 그림자는 우리의 근육에, 피부에, 피와 뼈에 자신의 모습을 새긴다. 우리의 개인사는 전부 몸을 통해 묘사되며, 그 언어를 이해하는 사람들은 이를 읽을 수 있다.

물론 원래 운동감각을 인식하는 경향이 있는 무용가, 운동선수, 또는 장인 같은 이들이라면 우리를 각성시키는 열쇠를 몸이 가지고 있다는 사실은 전혀 새롭지 않을 것이다. 하지만 감정이나 사고에 무게가 쏠린 사람들은 신체를 그림자에서 꺼내는 것만으로도 매우 고무적인 변화를 의미하며, 이는 그림자 작업을 수행하는 주요한 도구가 될 것이다.

이 섹션의 목적은 신체를 통해 그림자에 접근하는 것이다. 융, 그리고 내면 세계에 심취한 다른 심리학자들이 선택한 마음속 상징적 경로에 비해 '덜 밟은 길'에 해당한다. 캘리포니아주 버클리에서 활동하는 생체 에너지 요법 정신분석학자 존 P. 콩거는 무의식, 그리고 무의식이 인간 신체와 어떤 관계가 있는지에 관한 칼 융과 빌헬름 라이히$^{Wilhelm\ Reich}$*의 관점을 비교한다. 콩거는 정신과 신체에 대해 이들이 다른 정의를 내리는 것은 두 사람의 개인적 성격과 성향 차이에서 비롯된 결과라고 생각한다. 하지만 그와 동시에, 둘 사이에 깜짝 놀랄 만큼의 유사점도 있다는 사실을 밝힌다.

그다음에는 라이히의 제자 존 C. 피에라코스$^{John\ C.\ Pierrakos}$가 〈악의 해부학〉이라는 글을 통해 신체 강화에 대한 담론을 확장해, 이는 사실 인간이 저지르는 악한 행동의 근본 원인이라고 주장한다. 감정의 활력이 단절되고 신체가 감정에 맞서는 쪽으로 강화되면, 개인의 자연스러운 에너지가 둔화되어 폭력적인 결과를 낳는다고 피에라코스는 말한다.

물리학자이자 작가 래리 도시$^{Larry\ Dossey}$는 자신의 저서 《질환을 넘어$^{Beyond\ Illness}$》를 재인용하며 건강에 관련해 병이 수행하는 비밀스러운 역할에

---

* 오스트리아의 성과학자. 마르크스주의와 프로이트 사상을 결합, 성 해방 또는 인간 해방을 주장했으며 성정치학의 선구자가 되었다.

대해 탐구한다. 건강과 질환은 흑과 백처럼 항상 함께하고, 각기 목적이 있으며, 둘 다 우리에게 선물과 같은 존재라고 도시는 말한다.

성생활 또한 신체의 삶에서 자연스러운 일부분이다. 스위스의 융 정신분석학자 아돌프 구겐뷜-크라이히[Adolf Guggenbühl-Craig]는 자신의 저서 《결혼: 죽거나 살거나[Marriage: Dead or Alive]》 중 한 장을 통해 매저키즘, 새디즘, 근친상간 및 금지된 상대와의 성관계 등 성생활에 숨은 악마적 부분을 탐구한다. 성생활 속 악마적 요소에는 그 자체로 사람을 매혹하는 부분과 힘이 있다.

결론적으로 신체는 그 자체로 완성된 소우주와도 같다. 독일의 언어학자이자 인도학자 하인리히 치머[Heinrich Zimmer]의 말을 빌리면 "우리 몸 안에는 모든 신이 들어 있다." 하지만 이 책의 기고자들은 이렇게 덧붙일 것이다. 거기에는 신 말고 악마도 들어 있다고.

15. 그림자로서의 신체

존 P. 콩거[John P. Conger]

엄격히 말하자면 그림자는 자아 속 억압된 부분이며 우리가 자신에 대해 받아들일 수 없는 부분을 상징한다. 옷 아래 숨어 있는 신체는 우리가 의식적으로 부정하는 내용을 노골적으로 드러낼 때가 많다. 우리는 대부분 타인이 보는 자신의 이미지에 분노나 불안, 슬픔, 편협함, 억압, 욕구 등을 포함하고 싶지 않아 한다. 1912년에 융은 이렇게 서술한 바 있다. '기독교 전통에서 영을 강조함으로써 인간의 육체적 부분이 참을 수 없을 정도로 가치가 절하당했음을 인정해야 한다.'¹ 1935년, 융은 자신의 이론 전반에 대해 영국에서 강의하면서 신체가 그림자를 상징할 수도 있다는 내용을 덧붙였다.

우리는 자신의 그림자 부분은 보고 싶어 하지 않는다. 그 결과로 문명사회를 사는 많은 사람은 자신의 그림자를 송두리째 잃어버리고, 3차원적 측면을 상실했다. 이렇게 되면 보통은 육체를 잃은 채로 살게 된다. 신체는 가장 의심스러운 친구와도 같다. 우리가 좋아하지 않는 걸 많이 만들어내기 때문이다. 자아의 이러한 그림자는 너무나 많이 의인화된다. 때로는 찬장 속 해골 같은 흉측한 모습을 하고 있다. 당연히 모든 사람은 이런 것을 없애버리고 싶어 한다.²

자발적으로 솟아나는 삶의 에너지가 다양한 방식으로 짓밟히고 부정당해 신체가 허울만 남은 대상이 되어버리는 비극적인 역사를 담고 있는 한, 신체는 사실 그림자 그 자체일 수밖에 없다. 이성 과잉의 삶을 권장하는 일에는 가장 원초적이고도 자연스러운 활기를 상실한다는 대가가 따른다. 신체를 읽을 수 있는 사람들이 보면, 몸에는 우리가 거부한 모든 것의 역사가 담겨 있으며 우리가 감히 입 밖으로 꺼낼 수 없는 것들을 드러낼 뿐만 아니라 우리가 과거에, 그리고 현재 느끼는 공포를 표현한다. 그림자로서의 신체는 '성격'을 지닌 신체라고 할 수 있다. 이 경우에 신체는 인식되지도 개발되지도 못한 채, 받아들여지지도, 사용 가능한 상태도 아닌 채 갇혀 있는 에너지다.

융은 실제로 활기차고 키도 크며 건강한 인물이었지만, 신체에 대해서는 이야기한 적이 거의 없다. 볼링겐 성탑(Bollingen Tower)(융이 취리히 호수 근방에 있는 작은 마을 볼링겐에 짓고 살았던 건물)을 짓고 나서 융은 물을 샘에서 펌프로 직접 길어 올리고 장작을 패는 등 보다 원초적인 삶으로 돌아갔다. 몸을 쓰는 활동을 자발적으로 할 수 있다는 데서 오는 매력이 신체적으로는 더 큰 편안함으로 나타났다. 그가 우연히 했던 발언 몇 가지를 보면 융이 신체에 대해 가지고 있던 태도는 빌헬름 라이히와도 근본적으로 일치하지만, 정신과 좀 더 많이 떨어져 있으며 비유적으로 표현되었다는 차이가 있다.

몸이 하는 일을 좀 더 관심 있게 지켜봐야 한다고 설파한 라이히의 사상은 직설적이고도 분명했다. 라이히는 정신과 육체가 '동일하게 기능한다'고 보았다.[3] 신체의 표현으로 나타나는 정신을 연구했으며, 적어도 초기에는 신체적 표현의 힘을 알지 못했던 비엔나 정신분석학파에 대한 놀라운 대안이자 해독제가 되어주었다. 라이히는 원래 강렬하고도 조금은 융통성 없는 성격이었으며, 마음이 표현하는 형이상학적이고 문학적인 부분을 못 견뎌 했다. 근본이 과학자였기에 자신이 직접 관찰한 내용을 근거로 삼았으며 그 이외는 '신비주의'에 불과하다며 성급하게 폐기하는 경향이 있었다. 신비주의는 라이히가 1920년대 초 프로이트 학파에 들어가면서 융의 사상을 분류할 때부터 적용한 범주였다. 이후 라이히는 저서 《에테르, 신, 그리고 악마 Ether, God and Devil》에서 이렇게 말했다.

오르곤의 기능주의*를 연구할 때의 원칙인 기능적 동일성$^{functional\ identity}$을 제대로 표현하는 예로 정신과 신체의 통일, 감정과 자극^{excitation}의 통일, 그리

---

*   오르곤(orgone)은 라이히가 가정한, 우주에 충만한 생명력을 의미한다.

고 감각과 자극^{stimulus}의 통일만 한 것이 없다. 삶의 기본 원칙으로서의 이러한 통일 내지 동일성은 어떤 종류의 공상적 사상도 완전히 배격하며, 감정의 자율성마저도 여기서 제외된다.[4]

반면 융은 칸트 철학 지식 이론의 영향을 받아 자신은 철학적으로 정신을 연구하는 과학자이자 경험주의자라는 입장을 유지했으나, 자신이 현실을 견지하고 있다고 결론 내리지는 않았다. 융은 자신의 에세이 《정신의 본질에 대해$^{On\ the\ Nature\ of\ the\ Psyche}$》에서 이렇게 말했다.

정신과 물질은 동일한 세계에 담겨 있기 때문에, 게다가 서로 끊임없이 접촉하며 결국에는 표상 불가능한 초월적 요소로 자리 잡기 때문에, 정신과 물질은 원래 동일한 대상이 지닌 별개의 특질일 수 있으며, 그럴 가능성이 크다.[5]

정신과 육체는 깜짝 놀랄 정도로 함께하는 부분이 많지만, 라이히와 융은 서로 극단적으로 다른 방식으로 연구를 수행했다. 스타일이나 성향 등이 불안해 보일 만큼 차이가 나는 까닭에, 이 두 가지 체계를 하나로 잇는 일은 생각하기 힘든 놀라운 일이다. 이는 역설적으로 프로이트를 이론적 매개로 할 때 가능해진다. 라이히와 융은 서로 대화를 나눈 적도 없으며 서신 등으로 교류하지도 않았다. 몇 가지 발언을 토대로 라이히가 융의 존재를 알고 있긴 했으나, 융에 대해 알고 있던 내용에는 피상적 평가에 기반을 둔 편견이 강했다고 짐작할 수 있을 따름이다. 반면 융의 저작에는 라이히에 대한 내용이 전혀 등장하지 않는다. 그러나 라이히도 융도 프로이트가 내놓은 원리와 자신들의 개념을 계속 비교했다. 이런 생각지 못한 방식으로 라이히와 융의 개념 간에는 교차 관계가 성립한다.

융은 1939년에 작성한 논문에서 그림자를 프로이트의 무의식 개념과 비교하며 이렇게 서술한다. "그림자는 (프로이트의 무의식 개념과 연결될 때) '개인' 무의식과 겹친다."[6] 라이히는 1942년에 쓴 저서 《파시즘의 대중심리 The Mass Psychology of Fascism》 3판 서문에서 자신이 말하는 '두 번째 층secondary layer'이 프로이트의 무의식과 연결된다고 말했다. 라이히에 따르면 파시즘은 생체심리학 구조의 두 번째 층에서 비롯된다. 생체심리학 구조란 3개 층으로 구성되어 자율적으로 기능하는 성격 구조(또는 사회 발전의 퇴적 구조)를 가리킨다. 보통 인간은 표면의 첫 번째 층은 '조용하고 예의 바르며 인정 넘치고 책임감이 있으며 양심적'이라고 라이히는 말한다. 그러나 그에 따르면 표면상의 '사회적 협조성은 심층에 존재하는 생물학적 자기성의 핵심과는 이어져 있지 않다. 이 핵심은 성격의 두 번째이자 중간층에 의해 태어나며, 이 층은 잔인하고 가학적이며 선정적이고 탐욕스럽고도 시기심 많은 충동만으로 이루어져 있다. 이는 프로이트 이론에서 말하는 '무의식' 또는 '억압된 것'을 가리킨다.'[7]

융의 '그림자'와 라이히의 '두 번째 층'은 모두 프로이트의 '무의식'과 연결되기 때문에, 우리는 적어도 대강이나마 이들 사이에 연결이 가능하다고 인정할 수 있다. 신체에 반영해보면 라이히는 두 번째 층이 내부 및 외부에서 이루어지는 공격을 방어하기 위해 근육과 피부가 항상 뻣뻣하게 수축하는 현상과 같다고 보았다. 에너지가 고통받는 신체에 흘러 들어가는 걸 급격히 줄이기 위해 신체를 닫는 방식에 해당한다. 라이히는 신체에서 보호하는 역할을 맡는 층이 이런 방식으로 억압된 물질을 방출하는 방식을 연구했다. 이때 그림자로서의 신체란 이 같은 방식으로 갑옷을 입은 듯 신체를 보호하는 방식을 가리킨다.

한스 크리스티안 안데르센$^{\text{Hans Christian Andersen}}$이 쓴 《그림자$^{\text{The Shadow}}$》라는 동화가 있다. 원래 주인이던 학자에게서 벗어나는 데 성공한 그림자의 이야기다.[8] 학자는 그림자 없이도 잘 지내며 성격이 더 온순한 새 그림자를 만든다. 몇 년이 지난 후, 학자는 자신의 예전 그림자를 만나는데, 부자가 되어 명성을 떨치고 있었다. 공주와의 결혼을 앞두고 있던 그림자는 대담하게도 예전의 주인이던 학자를 자신의 새 그림자로 고용하려 한다. 학자는 그림자의 정체를 폭로하려 하나, 눈치 빠른 그림자는 그를 감옥에 가둬버리고 약혼녀에게 자신의 그림자가 그만 미쳐버려 자기를 위협할 수도 있기 때문에 그랬다고 둘러댄다. 이 동화는 자아에서 버림받은 어두운 부분이 강력하고도 예측할 수 없는 방식으로 뭉쳐 원래의 주종 관계를 뒤엎어버릴 수도 있다는 교훈을 준다. 라이히라면 갑옷을 입은 성격$^{\text{armored character}}$*이 이렇게 발달한다고 보았을지도 모를 이야기다.

아주 엄격하게 보면 그림자로서의 신체는 '갑옷을 입음으로써 자아가 억압하는 내용이 무엇인지 표출하는 신체'를 뜻한다. 융의 페르소나 개념이 라이히의 첫 번째 층과 연결된다고 짐작할 수도 있을 것이다. 라이히는 (앞에서 인용한 문단에서) '보통 인간은 성격의 첫 번째 표면층은 조용하고 예

---

* 성격 갑옷(character armor)은 라이히가 만든 용어로, 내면의 약점이 밖으로 드러날지도 모른다는 공포로 생기는 마음의 껍질로, 이것이 다른 사람들 앞에서 갑옷을 입고 무장한 것과 같다는 뜻으로 사용했다.

의 바르며 인정 넘치고 책임감이 있으며 양심적이다'라고 서술한 바 있다.[9] 그리고 융은 이렇게 말했다. "페르소나는 개인의 의식과 사회 사이 관계의 복잡한 시스템으로 일종의 가면이라고 하기에 딱 맞다. 한편으로는 타인에 관한 확실한 인상을 표현하도록, 그리고 다른 한편으로는 개인의 진짜 본질을 숨기도록 만들어졌다."[10] 융의 '페르소나'가 라이히의 '첫 번째 층'보다 더 복잡한 방식으로 작동하지만, 이 두 가지 시스템 사이는 꽤 그럴듯하게 연결된다. 융은 페르소나가 의식과 무의식 사이 균형의 일부이며 보상compensation(약점을 감추고 극복하려는 심리적 작용)의 결과라고 생각했다. 어떤 사람이 세상에서 강자로 더욱 군림하려는 것은, 내면의 여성적 연약함을 보상하기 위함이다. 그는 자신의 여성성을 자각하는 정도가 덜할수록 원시적 아니마로서의 자기 모습을 세상에 투사할 가능성이 더 크다. 그러지 않으면 발작, 변덕, 편집증, 히스테리 등을 겪을 가능성이 커진다. 라이히는 표면층을 그리 중요하지 않다며 무시하는 경향이 있었지만, 반면 융은 우리가 쓰는 가면과 내면의 삶 사이에 이루어지는 필수적 상호작용의 모습에 주목했다.

라이히는 두 번째 그림자층을 극복해야 인간 내면의 가장 핵심에 도달할 수 있다고 보았다. 이 과정에서 따라오는 저항은 갑옷으로 가려진 부분을 표시하는 깃발과 같은 역할로, 인간의 핵심으로 다다르는 길잡이가 되어준다고 여겼다. "사회적 조건이 호의적일 때 이 핵심 부분에서 인간은 근본적으로 정직하고 성실하며 협조적이며 애정이 넘칠 뿐만 아니라, 적당한 동기가 있으면 이성적으로 증오할 줄도 아는 동물이다."[11]

융의 그림자와 라이히의 두 번째 층 개념 사이의 등가성은 대강만 성립할 뿐 아주 정확하게 딱 들어맞는 건 아니다. 융은 그림자를 인간 정신 속 신의 이미지라는 본질에 비추어 삶의 핵심 중 하나로 생각했다. 우리의 어두운 부분은 우리가 부정한 삶으로 비집고 들어갈 수 있게 해준다. 그러나 라이히에게 악이란 원기 있는 삶을 부정하는 고질적 메커니즘이자 인간의 자연적, 생물학적 핵심에 도달하는 걸 막는 장애물이다. 악마는 인간의 핵심과는 상관이 없으며, 비밀스러운 두 번째 층이 인격화된 존재일 뿐이다.

여러 해 동안의 노력을 거쳐 라이히는 프로이트가 말한 치유의 힘을 갖는 절망이라는 개념을 공유하게 되었고, 교육과 개인 치료를 통해 성격 갑옷을 제거하려 노력했다. 그가 내놓은 세 가지 층으로 구성된 성격 이론에서는 완전히 없애는 게 거의 불가능해 보이는 두 번째 층에 나름의 가치가 있다는 사실을 인정하지 않는다. 하지만 현재 임상가들은 우리가 모두 자신을 보호하기 위해 갑옷이 어느 정도 필요하다는 데 전반적으로 동의한다. 정신 치료란 단순히 갑옷을 제거하려 하는 게 아니라, 갑옷의 경직되고 무의식적인 방어 위주의 구조에 유연성, 그리고 의식적 선택이라는 요소를 도입하는 과정이다.

갑옷의 생물학적 개념에는 신체를 활기 있게 움직이도록 하는 데 적절한 특성이 있으며, 그림자는 정신의 수준에서 그와 비등한 기능을 수행하며 그 존재가 심리학적으로 다양한 의미가 있게 만든다. 그림자에는 우리가 거부해온 힘이 담겨 있다. 완전히 없어질 수 없으며 우리로부터 제대로 분리할 수도 없다. 그림자의 저 깊은 핵심에는 우리가 절대로 길들이지 못하는 부분이 있음을 깨닫고 인정한다고 해도 그림자는 여전히 우리와 연결되며 우리 내면으로 통합시켜야 하는 존재다. 그림자와 더블은 둘 다 의식적 삶의 찌꺼기뿐 아니라 원시적이며 미분화된 우리 삶의 동력과 미래의 밝은 전망까지 담고 있다. 그리고 이들의 존재는 우리의 인식을 강화하는 한편, 우리에게 정반대가 주는 긴장감을 극복할 힘을 준다.

16. 악의 해부학

존 C. 피에라코스 John C. Pierrakos

악이라는 개념을 그 반대쪽, 즉 선에서부터 접근하며 탐구해보자. 삶의 진眞과 선善에 해당할 건강이라는 점에서 보면 인간의 현실, 에너지와 의식은 한 몸에 가깝다. 실제로 이를 느낄 수도 있다. 최근 뮤지션 한 명이 내담차 방문해 이런 말을 했다. 자신이 내면에서 우러나오는 연주를 할 때면 몸 전체가 자연스럽게 그에 따라 흐르듯 움직이며, 실제로 악기를 연주하는 건 바로 이 리듬이라는 것이다. 자유롭게 흘러나와 조정을 거쳐 아름다운 소리를 창조한다. 건강할 때 우리의 삶은 끊임없는 창조의 과정이다. 사랑, 그리고 다른 사람과 하나가 되었다는 감정이 넘쳐흐른다. 하나 됨이라는 건 자신이 다른 이들과 다르지 않다는 깨달음을 말한다. 그래서 타인을 도와주고 싶어 하고, 타인과 동일시하고 싶어 한다. 다른 사람에게 일어나는 일은 내게도 일어날 수 있음을 느낀다. 건강한 사람이라면 삶의 방향 역시 긍정적이다. 그리고 사업이든, 생각이든, 자신에게 만족하는 감정이든, 뭐든지 성공적으로 일궈낸다. 이런 상태에서는 병도 악도 존재할 수 없다.

몸이 아프면 일어나는 첫 번째 특징은 현실의 왜곡이다. 몸과 감정, 타인 및 타인이 하는 행동의 본심이 모두 뒤틀린다. 그렇다면 원래 자연스럽게 존재하는 사실을 왜곡하는 것이 악이라고 볼 수 있다. 아픈 사람은 자신이 왜곡된 상태임을 자각하지 못하기 때문에 자신이 살면서 얻는 질병이 외부에서 온다고 생각한다. 아픈 정도가 더할수록 자신의 문제는 외부의 힘 때문이라고 생각하게 된다. 정신 질환 psychosis을 겪는 사람은 온 세상이 자신을 적대시한다고 여긴다. 의자에 앉은 채 벽을 쳐다보며 "그네들이 이러는 거야. 그들이 날 죽일 거야. 독을 먹일 거라고" 같은 말을 내뱉는다. 자신의 삶과 행동에 대해 자신이 감당해야 하는 책임 따위는 완전히 내던지며, 자신에게 일어나는 모든 일이 자기 바깥에서 온다고 생각한다. 건강한 사람이라면 이와는 정반대로 행동할 수 있을 것이다.

아프면 의식과 에너지가 어느 정도 변화를 겪는다. 말하자면 의식 때문에 마음이 변하는 것이다. 삶은 우리 내면에서 왜곡된 모습으로 변하며, 에너지가 밖으로 표출되는 방식 역시 바뀐다. 사고는 편협해지고 감정은 증오, 잔혹, 잔인, 두려움과 공포로 표현된다.

빌헬름 라이히는 '갑옷을 입은' 상태를 설명하면서 질병이 우리에게 어떻게 작용하는지에 관한 문제를 훌륭하게 조명한다. 갑옷을 입은 사람은 자신을 자연스러운 세계에서 떼어놓는다. 정확하게는 자신의 신체 속 삶의 박동 주변에 장애물을 침으로써 그렇게 된다. 갑옷을 입은 신체는 경직될 뿐만 아니라 감정에 이어지지 못하며 신체 감각도 줄어들거나 가라앉는다. 이렇게 되면 냉담한 성격으로 변해버린다. 증오에 가득 차 있으나 이를 깨닫지 못하며 상반되는 이중적 모습을 보이게 된다.

라이히는 모든 생명, 모든 인간에게 심장과 같은 핵심이 있어서 삶의 맥박이 바로 이곳에서 시작된다고 생각했다. 비교적 자유로운 사람이라면 이 맥박이 온전히 신체 주변부까지 전달되어 표현하고 움직이며 느끼고 숨 쉬고 진동할 수 있게 된다. 하지만 갑옷을 입은 사람의 경우에는 핵심과 주변부 사이에 일종의 마지노선이 쳐진 상태다. 삶의 충동이 이 방어선에 부딪히는 순간 공포에 휩싸이며 이를 억압해야겠다고 생각하게 된다. 이들 충동이 우리 몸 표면까지 떠오른다면 자신은 꼼짝없이 소멸하고 만다고 생각하기 때문이다. 갑옷을 입은 사람에게 자신의 감정(특히 성적인 감정)은 끔찍하고 더러우며 나쁜 것이다. 핵에 갇혀 있던 공격적인 충동이 갑옷과 부딪치면, 갑옷은 흔들린다. 그리고 이들 충동이 방어선을 무너뜨리면 갑옷을 입은 사람은 완전히 공포로 날뛰게 되고 만다. 자신의 감정, 자신 속에 살아 움직이는 삶, 감정의 달콤한 흥얼거림, 사랑의 맥박 등을 감당할 수 없기 때문에 공포에 질리는 것이다. 그래서 타인에게, 그리고 자신에게까지 적대적으로 변하며 삶 자체를 부정한다. 자신이 입은 갑옷이 실은 자신을 삶의 핵심으로 들어가지 못하게 가로막는 죽음과 같은 존재라는 사실을, 그리고 정말 흉하고 증오스러운 건 사실 그 갑옷이라는 사실을 깨닫지 못한다. 그래서 갑옷을 입은 상태일 때 우리는 분리된다. 마음이 몸에서 분리되고, 몸은 감정에서 분리되며, 감정은 영혼에서 분리된다.

갑옷을 입은 사람은 신비주의자로 변할 수도 있다. 자신 안에 신이 깃들어 있다는 사실을 받아들이지 못하기 때문이다. 그 대신 '저기 어딘가에 있는' 신을 보면서 이렇게 말한다. "기도를 드리고 자신을 정화하면 내 문제는 해결될 거야." 하지만 그런 일은 절대 일어나지 않는다. 자아 방어나 저항 같은 부정적 성향을 접해 극복하지 않은 채 영성으로 접근하는 사람은 그리스신화 속 이카루스^{Icarus}와 같아서, 높이 날아오르지만 불타는 태양 가까이에 가면 날개가 녹아 삶의 바닷속으로 추락해 빠져 죽고 만다. 인간은 삶의 장애물을 초월하고 넘어서야 창조와 영성의 영역으로 들어설 수 있다.

신비주의자와는 반대로 갑옷을 입은 사람은 난폭해진다. 감정을 표현할 때는 괴물처럼 변해버리고, 그러고 나면 공포를 겪는다. 진실한 감정을 인식하는 순간 자신은 소멸하고 말 거라 생각하기 때문이다.

이러한 장애물을 갑옷을 입은 사람은 어떻게 제거할까? 라이히의 말에 따르면 우리는 합리적인 것뿐 아니라 비합리적이지만 유용한 것도 인지해야 한다. 우리의 비합리성을 중요하게 여겨야 한다. 이를 인식하고, 받아들이며, 당당하게 노출해야 한다. 비합리성에는 강물과 같은 삶의 흐름이 담겨 있기 때문이다. 비합리성과 완전히 단절되면 현학성의 늪에 빠져 죽고 만다. 이런 말을 한다고 우리가 늘 비합리적으로 행동해야 한다는 뜻은 당연히 아니다. 비합리적인 면을 포용하고 거기에 드는 에너지를 아까워하지 말되, 비합리성이 지나치게 활성화하는 일을 막고 우리가 삶에 스스로 장치한 장애물에서 비합리성이 탄생했다는 사실을 이해해야 한다는 뜻이다. 라이히가 이야기한 기본적 사실이 또 한 가지 있다. 우리는 신에 대립하는 존재, 그리고 악마라는 개념을 버리지 말아야 하며, 우리 자신의 사고 영역을 확장해야 한다.

따라서 악이 드러나는 모습은 순수한 에너지 및 의식과 다르지 않다. 만들어지고 난 후 그 성격이 바뀌었을 뿐이다. 근본적으로 악이란 없다. 하지만 인간이 이를 표현하는 영역에서는 악이 분명 있다.

에너지, 의식과의 관계에서 악이란 무엇을 뜻할까? 에너지라는 측면에서 보면 악은 감속, 주파수의 감소, 그리고 응축이다. 이때 우리는 몸이 무겁고 묶인 듯해 움직이지 못하는 갑갑함을 느낀다. 우리는 증오심으로 가득하거나 죽은 듯 힘이 없거나 할 때처럼 부정적 감정으로 차 있을 때 몸이 무거워진다. 힘이 있으면 이와 정반대로 활력을 느끼게 된다. 수풀 속을 산책하며 날아가는 듯한 기분이라고 이야기한다. 이렇게 신체의 에너지는 줄어들고 응축된다.

의식이라는 측면에서 보면 행동의 주파수가 떨어질수록 의식의 왜곡이 커지며 그 반대도 마찬가지다. 더 무겁고 부정적인 기분이 될수록 창조성과 감정은 약화되며 타인을 이해하는 정도 역시 떨어진다. 극한으로 가면 모든 움직임을 차단하고 생각에 틀어박힐 수도 있다. 이렇게 되면 외부와 완전히 단절되어 어떻게 돼도 상관없는 지경에 이르고 만다. 종교 및 모든 종류의 구조화된 윤리는 우리에게 증오와 기만, 원한, 속임수 등은 전부 악하다고 가르쳐왔다. 종교의 관점에서 해석할 때 이러한 상태, 그리고 이를 표현하는 행동은 선과 악에 관한 의식이 왜곡되었기 때문에 빚어진 결과다.

성경에서 내가 해석하기에 대단히 중요한 한 가지 사실을 예수가 언급한 대목이 있다. 그는 자신의 사도에게 '악에 저항하지 마라'(마태복음 5:39)라고 가르친다. 이를 한번 분석해보자. 저항하는 일 자체가 악이다. 저항이 없다면 에너지는 막힘 없이 잘 흐를 수 있다. 저항이 있다면 움직임은 멈추거나 주춤하며 인간은 정체 상태에 빠진다. 저항은 정서를 질식시키고 에너지를 쇠약하게 만들며 감정을 죽인다. 저항은 일종의 경계이자 사고 체계다. 여기에서 말하는 사고는 추상적 사고가 아니라 구조화된 사고를 가리킨다.

의식은 인간 내부 에너지의 흐름을 어느 정도 책임져야 한다. 우주적 차원에서 의식은 우주 내의 에너지 흐름을 맡고 있기 때문이다. '책임'이라고 표현했다 해서 '죄책감' 같은 걸 느낀다는 뜻은 아니다. 정신의학에서는 그 누구도 부정적 행동이나 무의식 속 내용을 가지고 탓하지 않으려 노력하는 게 원칙이다. 그 대신, 이들은 개인이 인지하지 못하는 방식으로 생겨난 역동 상태에서 생긴 결과이며, 이 때문에 개인을 탓할 수는 없다고 보려 한다. 의식이 부정적일 때 개인은 진실에 저항하기 마련이다. 우리가 알면서 의도적으로 사용하는 의식적 저항도 있다. 부인에게 상처받은 남편은 사랑이라는 감정을 끄집어내 이를 용서하는 것을 선택할 수도 있고, 부정적이며 파괴적인 감정을 계속 유지하며 부인에게 복수하려 할 수도 있다. 이 모두가 무의식적 행동의 결과물은 아니다. 그리고 무의식에서 복수하는 쪽을 선택했다고 해서 이것이 남편의 잘못이라고는 말하지 않는다.

따라서 악이란 도덕적 코드가 지각하는 것보다 훨씬 깊은 존재이며, 생명에 반대되는 개념이다. 삶은 역동적이며 맥박치는 힘이다. 에너지이자 의식이고 여러 가지 방식으로 나타난다. 그리고 삶에 저항이 없다면 악 같은 것도 없을 것이다. 저항은 악이라고 부르는 것들이 밖으로 나타나는 방식이다. 악을 만드는 것은 에너지와 의식의 왜곡이다.

17. 건강함이라는 빛, 병이라는 그림자

래리 도시 Larry Dossey

시인 개리 스나이더 Gary Snyder 는 지구라는 땅을 포기할 수 있는 사람만이 지구가 환경적으로 살아남는 데 기여할 수 있다고 말했다. 우리가 종종 잊어버리는 관점 한 가지를 새롭게 조명한 말이라 할 수 있다. 그 관점이란 정반대되는 사물 사이에는 원래 연관성이 있다는 것이다. 비록 이것이 지구라는 행성의 종말과 생존이라는 극단적 정반대라 할지라도 말이다.

이와 같은 종류의 통합력이 건강과 질병이라는 양극단을 떠받치는 역할을 한다. 끔찍한 질병과 찬란히 빛나는 건강 사이에는 깊은 상호 관계로 작용하는, 끊을 수 없는 연결 고리가 있다. 질병은 죽음의 전조이자 개인의 소멸을 알리는 신호탄이므로 사라져야 하는 대상이라는 일반적 견해로 보면, 둘 사이에 어떤 식으로든 연관 관계가 있다는 말 자체가 괴이하게 느껴질지도 모르겠다. 하지만 '정반대' 사이에 존재하는 연결 고리는 사라지지 않으며 우리 몸 안에 여전히 남아 있다. 이들 연결 고리는 인간이 만든 집단 지혜의 일부이며, 지구상의 여러 다양한 문화에 온전히 보존되어 있다. 우리 사회에서도 마찬가지로 여러 대통령이 각종 질병과 '전쟁'을 선언했음은 물론, 의학 기술의 발전으로 현재 주요 질병이 결국은 완전히 사라지리라 전망하고 있음에도 질병과 건강 사이의 고리를 완전히 끊어내지는 못했다.

우리는 질병을 어떻게 생각해야 할지 잊어버리고 말았다. 사실 우리는 질병 따위는 전혀 생각하지 않으려고 무척 애쓴다. 기말고사 기간이 다가오거나 실제로 병에 걸리거나 하지 않는 한 마음속에서 질병에 관한 생각을 몰아내려 한다. 우리는 건강이라는 말에는 건강한 사고까지 포함된다는 말을 듣고 있으며, 건강한 사고란 질병 같은 걸 일부러 곰곰이 생각하지 않는다는 뜻이라고 어림짐작한다. 병을 멀리하는 것뿐만 아니라 세상을 떠난 친구의 장례식에 가는 일이나 환자를 병문안하려 병원에 가는 일까지 두려워하는 건 물론이고, 치과, 내과, 가족 주치의, 소아청소년과나 부인과 등 어떤 의사도 찾아가기 무서워한다.

그러나 병을 생각하지 않고 살 수는 없다. 감기를 겪을 때라든가 친구의 죽음을 경험할 때 등 우리에게 이를 상기시키는 예는 끊임없이 발생한다. 죽음은 집단 사회구조에서 빼놓을 수 없는 부분이다. 아무리 애써본들 질병과 맞닥뜨리는 일을 피할 수 있는 사람은 아무도 없다.

그렇다면 건강에 관한 생각으로 질병에 대한 생각을 대체하려 끊임없이 애쓰면서도 질병에서 숨을 수는 없다는 사실은, 우리에게 건강과 질병이 어떤 관계인지 말해주는 것일지도 모른다. 이 둘은 조금은 이상한 방식으로 수수께끼처럼 뭉쳐 있고, 한쪽을 이해하면 다른 한쪽도 이해할 수 있으며, 한쪽을 갖지 않고서는 다른 한쪽도 가질 수 없다는 사실을 말이다. 내려가지 않고는 올라간다는 뜻을 알 수 없는 것처럼, 흰색이 없다면 검은색의 뜻을 알 수 없는 것처럼, 우리는 건강을 위해 질병과 죽음을 완전히 인식에서 배제할 수는 없는 듯하다.

사실 어떤 건강관리에서든 우리는 이런 질문을 던질 수밖에 없다. "난 무엇을 예방하려는 것일까?" 예방접종같이 일상적으로 되풀이되는 활동 시에도 마음속에 떠오르는 질문이 있다. '이 예방접종을 하면 과연 무엇에 대해 면역이 생긴다는 것일까?' 점점 인기가 높아지는 건강 관련 박람회에 가서 무료 혈압 체크를 받았다고 생각해보자. 이때도 공포는 비밀스레 숨어 있다. '혈압 체크를 등한시하면 어떻게 될까?' 건강과 관련된 모든 행동에는 이런 어두운 면이 따라다닌다. 가장 피하고 싶은 것이 무엇인지 상기시키기 때문이다. 질병과 죽음을 피할 수 없으며 아무리 노력한다 해도 건강을 질병에서 떼어놓을 수도, 죽음을 탄생과 떼어놓을 수도 없다. 건강을 향한 우리의 광기 어린 집착은 물체로 이루어진 세계에서 빛이 언제나 그림자를 드리우듯 질병과 죽음이라는 현상에 대한 감수성만 높일 뿐이다. 둘은 언제나 함께하고 서로를 잡아끌며, 분리할 수 없는 관계다.

전근대 문화는 대부분 건강과 질병은 이렇게 갈라놓을 수 없는 관계라는 사실을 더욱 잘 이해한 듯하다. 신화와 의식에서 이러한 지혜는 구체화되어 나타난다. 여러 사회에서 질병에서 숨기보다 질병과 더불어 살려는 시도를 했음을 알 수 있다. 물론 이러한 문화에서는 질병과 죽음을 피할 수 없었기 때문이며, 전근대가 기술이 발달한 지금의 사회 같았다면 당시 사람들 역시 우리처럼 질병과 죽음에 질색했을 것이라고 주장할 수도 있다. 이런 주장에 수긍이 가는 면도 있지만, 대부분의 전근대 사회가 질병과 죽음에 대해 지녔던 포용적 태도는 더욱 유기적인 존재의 표현, 다시 말해 무력함이 아니라 세상을 더욱 깊이 이해하는 데서 나오는 현실적 표현 방식이었을 가능성이 크다.

질병은 그 자체의 욕구, 즉 접근과 설득을 원하는 욕구, 준비와 돌봄을 원하는 욕구를 지닌 독립적 존재로 취급할 수 있다. 병은 이성을 지닌 것으로 볼 수 있다. 따라서 거래를 제안하고 성립시킬 수 있다. 이는 우리가 잠복하고 있던 암, 심장마비 또는 뇌졸중의 공격을 받고 함락당한다는 기존 견해와는 사뭇 매우 다르다.

오늘날 우리는 질병과 이어져 있다는 느낌을 거의 전부 잃어버렸다. 그 대신 질병과의 사이에 기술적으로 개입하는 형태를 받아들였다. 하지만 그 대가로 건강과 이어져 있다는 느낌 역시 잃고 말았다. 건강과 질병 사이에 반드시 있어야 할 연결을 잃어버린 까닭에, 건강을 어떻게 음미해야 할지 모른다. 세상과의 유기적이고 자연스러운 연결을 항생제와 수술, 그리고 생명에 필수적인 무언가(다시 말해 건강 그 자체)를 파괴하지 않고도 영생을 이룰 수 있다는 약속으로 대치할 수는 없다. 현대 기술의 개입이 '나쁘다'는 게 아니다. 그러나 종교철학자 허스턴 스미스$^{\text{Huston Smith}}$가 말했듯 '사물의 본질'이라는 지혜를 기술로 완전히 대체할 수는 없다. 기술은 그 자체로 지혜가 될 수 없으며, 건강이라는 경험의 보증인도 되지 못한다.

원시시대에 이 지구에 살았던 인간들이 깨달았던 세계의 유기성을 오늘날 우리가 재발견하고 있는 것일까? 그럴지도 모른다. 건강과 질병에 대한 이해에서 우리는 아직 원하는 답을 찾지 못했으며 우리 사회가 현대 의학의 비인간성, 그리고 현대 의학이 지키지 못한 약속에 대한 분노로 불타고 있다는 사실은 분명하다. 이러한 분노가 존재한다는 것은 의심의 여지가 없지만, 그 방향은 올바르지 않은 것 같다. 지금 우리가 목격하는 것은 분명 '체계'를 향한 분노지만, 그 체계는 사실 우리 자신이다. 우리는 한때 알던 것을 속아서 팔아넘기고 잊어버렸다는 생각에, 우리 자신이 가지고 있던 세상과의 유기적 연결을 끊어버렸다는 사실에 실망했다. 그 대가로 우리는 장수가 삶의 질과 같은 의미가 아니라는 사실을 뼈아프게 깨닫고 있다. '무병 생존 기간$^{\text{disease-free interval}}$(암 등의 질병에서 수술 등의 치료 후 재발까지의 시기)' 등이 얼마나 공허한 개념인지 직접 겪고 있다. 우리는 건강에서 중요한 무언가를 놓치고 있다는 사실, 이 무언가가 없다면 건강이 진정한 건강이 아니라는 사실은 무시할 수 없다.

이 사라진 '무언가'는 어떤 요소일까? 나는 질병이 지닌 그림자, 건강이라는 빛과 항상 함께해야 하는 그림자라고 생각한다. 이는 세계와의 유기적 연결을 느끼는 방식이자, 세계를 본질적 부분이 아닌 형태로 쪼갤 수 없다는 명백한 지식이다. 건강을 상대하는 것과 마찬가지로 질병을 상대하겠다는 의지이자, 이 과정에서 한쪽의 존재 없이 다른 한쪽은 의미가 없다는 걸 깨닫는 일이다.

건강과 질병 사이의 이러한 상호적 욕구를 동시에 만족시키기는 쉽지 않다. 우리는 지금의 문화에서 '이쪽 아니면 저쪽'만 가질 수 있다고, 내려가는 일 없이 올라가기만 할 수 있으며 흰색이 없이도 검은색만 가질 수 있다고 믿게 되었기 때문이다. 질병 없이 건강만 갖는 일도, 심지어 죽음 없이 탄생만 하는 일도 가능할 수 있다. 연구 자금과 인력, 시간의 문제일 뿐이다. '이쪽 아니면 저쪽' 식의 사고방식을 넘어서야 한다는 요구는 현대의 잠재력과는 맞지 않는 원시적 사고 형태로 되돌아가야 한다는 초대장처럼 보일지도 모른다.

그러나 건강과 질병이라는 양극단 사이의 떼놓을 수 없는 본질을 이해한 건 원시인뿐만이 아니다. 인간은 모든 세대에 걸쳐 이러한 비전을 경험했다. 이는 끊임없이 이어져온 지혜이자 신비주의자와 시인에 의해 전승된 지식의 일부분이다.

18. 성생활 속의 죄악
아돌프 구겐뷜-크라이히^{Adolf Guggenbühl-Craig}

개성화 과정에서 가장 큰 과제는 그 안의 어둡고 파괴적인 부분을 경험하는 일이다. 이는 다양한 장면에서 일어날 수 있으며, 성생활도 그 매개체 중 하나다. 사드 후작^{Marquis de Sade}(가학성 성욕^{sadism}이라는 용어를 만든 프랑스 작가)이 했을 만한 환상에 넘쳐 있어야 한다거나, 그런 환상을 실제로 구현해야 한다는 뜻은 당연히 아니다. 그러한 환상은 성을 담당하는 신의 영역에서 펼쳐지는 개성화 과정의 상징적 표현으로 이해해야 한다는 뜻이다.

예전에 자기 몸에 채찍질하는 걸 즐기는 피학대 성향^{masochism}(마조히즘)의 여성 내담자를 보통 성향으로 되돌리려 해본 적이 있다. 어느 정도 성공을 거두기도 했다. 내담자는 피학대 행동을 멈췄고, 피학대적 환상을 억압했다. 그러나 이후 이유를 알 수 없는 두통에 시달리며 직장에서까지 문제를 겪고 말았다. 내담자가 겪은 일종의 시각적 체험이 한 가지 있는데(그녀는 아프리카 여성이었으며, 따라서 당시에는 채찍질당하는 게 흔한 상황이었다) 성경 속 모세가 그녀 앞에 나타나 자신의 몸에 채찍질을 계속하라고, 그러지 않는다면 이집트인이 그녀를 죽일 것이라 말했다고 한다. 내담자는 이 경험에 근거해, 그리고 멕시코 기독교인들의 채찍질 의식에서 일부 내용을 빌려와 복잡한 이론을 만들었다. 자신은 학대를 받아야 세상의 괴로움과 직면하고 이를 해결할 수 있다는 것이었다. 그 이론을 가지고 내담자는 다시 한번 피학대적 환상에 못 이기는 척 굴복했다. 그러면서 두통은 사라지고 정신적 발달도 다시 잘 이뤄졌다. 이 사례는 설명용일 뿐 이렇게 하라고 추천하는 게 아님을 명심했으면 한다.

가학-피학적 성향은 심리학자들의 감탄을 불러일으킬 때가 많다. 쾌락과 고통이 어떻게 공존할 수 있을까? 여러 심리학자와 정신분석학자가 보기에 피학대증은 자기모순처럼 보인다. 그리고 개중에는 피학대 성향을 지닌 사람은 자신의 환상을 때로 아주 세밀하고 극적으로 실현하기도 하지만 실제 고통을 느끼면 그러한 행동을 당장 중단한다고 주장하는 사람도 있다. 그러나 이 주장이 항상 옳은 건 아니며, 그중 일부는 성적으로 변형되기도 한다. 실제 성생활이 성적인 상상과 일치하는 일은 거의 없다. 피학대증 환자 중 상당수는 단지 모욕감에서 오는 고통뿐만이 아닌 실제 고통에서 쾌락을 느낀다는 사실을 우리는 알고 있다.

피학대증은 중세에 큰 역할을 했다. 채찍질을 전문으로 하는 사람이 도시든 지방이든 넘쳐났기 때문이다. 종교적 성자 상당수가 자기 몸에 채찍질을 하는 데 상당한 시간을 쏟았다. 수도사와 수녀의 일과 중 하나는 자신에게 고통과 창피를 가하는 것이었다. 이러한 집단적 현상을 현대 정신의학은 변태적이고 신경증적인 성적 성향의 표현으로 해석하려 하는데, 그렇게 만족스럽지는 않다. 개성화라는 개념을 사용하면 이 문제에 더 가까이 접근할 수 있다고 생각한다. 우리가 삶에서 겪는 고통이야말로 가장 받아들이기 힘든 것 중 하나가 아닌가? 세상은 고통으로 가득 차 있으며, 우리는 모두 정신적이나 육체적으로 크나큰 고통을 겪은 나머지 성자들마저도 이를 제대로 이해할 수 없었다. 인간사의 슬픔과 즐거움, 고통과 쾌락, 그리고 신의 분노와 신의 은총을 동시에 받아들이는 일은 개성화 과정에서 가장 어려운 과제 중 하나다. 반대되는 개념―괴로움과 즐거움, 고통과 쾌락―은 피학대증 안에서 상징적으로 통합된다. 따라서 삶을 실제로 받아들이는 동시에 고통조차 즐거움으로 경험할 수 있게 되는 것이다. 피학대증 환자는 특이하고도 환상적인 방식으로 인간 존재가 경험하는 최고의 정반대를 직면하고 해결하는 것과 같다.

가학증은 어느 정도까지는 우리가 지닌 파괴적 측면을 표현하는 것으로 이해해야 한다. 우리의 핵심과 그림자의 표현이자 우리 내면에 있는 살인자를 표현하는 것이기도 하다. 구체적으로 말하면 파괴에서 즐거움을 찾는 인간의 성향이다. 파괴성이 인간이 타고난 본성인지 발달 과정에서 잘못된 결과인지 따지는 건 여기서 다룰 주제가 아닌 것 같다(개인적으로는 전자에 한 표를 던지고 싶지만). 어떤 경우든 파괴성은 인간이라면 당연히 해결해야 하는 심리적 현상이다. 파괴하고, 지워 없애고, 괴롭히는 등의 행위가 주는 즐거움을 성을 매개로 해 경험할 수 있는 것이다.

타인을 파괴하며 얻는 즐거움은 자기 파괴 성향과 관련 있다. 따라서 가학증과 피학대증이 한 쌍으로 등장하는 것은 전혀 놀랄 일이 아니다. 자기를 파괴하는 자는 원형으로서의 그림자 한가운데를, 인간 존재 안의 파괴성에서 더 잘게 쪼갤 수 없는 핵심을 차지한다.

가학증 속 또 한 가지 요소는 권력 중독이다. 상대를 완전히 지배하고 마치 고양이가 쥐를 다루듯 갖고 놀면서 성적인 쾌락을 느낀다.

이뿐만이 아니다. 상대를 물건처럼 다루며 모욕한다는 또 하나의 측면이 있다. 가학적 환상에서는 상대를 묶어놓고 상대의 반응을 '냉정하게' 바라보기만 하는 일이 큰 몫을 차지한다. 여기서 자신의 상대는 반응을 보며 즐기기 위한 인격 없는 대상일 뿐이다.

기독교 철학자들은 오랫동안 성^{sexuality}을 생식^{reproduction}하고만 연결해 인식했다. 사악하고 기괴한 것, 맞서 싸우거나 거세해야 할 대상으로 보았다. 중세 종교철학자들은 전부 분명 똑똑하기 그지없는 이들로 성실하게 진실과 이해를 추구했다. 따라서 이들이 성을 사악하다고 인식한 사실을 쉽게 무시하고 넘어가선 안 된다. 이들은 상당 부분 진실을 표현하고 있었다고 봐야 할 것이다.

지금도 성은 여전히 죄악시된다. 무해하다거나 '완전히 자연스러운' 것으로 보이게 만들려는 시도는 휘청거리며 실패하며, 현대인에게조차 어떤 종류의 성은 사악하고 해로운 것으로 여겨진다.

여성해방운동은 성을 남성이 여성을 억압하는 정치적 무기로 보려 한다. 그래서 성을 죄악시하는 반면 남성과 여성의 성적 역할을 뒤바꾸는 건 무해하다고 암시한다.

성을 죄악시하는 또 한 가지 예로 소위 '원초적 장면$^{primal\ scene}$'이 갖는다고 하는 효과를 인용하고자 한다. 프로이트의 제자들, 그리고 이들의 영향을 받은 지식인 중 여러 사람이, 어렸을 때 우연히 부모의 성행위 장면을 목격하면 심각한 심리적 문제를 겪게 되기 마련이라는 입장을 견지한다. 다양한 신경증이 아동기의 이런 경험 때문에 발달한다는 것이다.

부모가 성행위하는 장면을 목격하면 근친상간 욕구 및 이와 연결된 아이의 질투심이 과다하게 자극받는다. 이를 통해 오이디푸스 콤플렉스가 불편할 정도로 강해진다. 반면 불행히도 부모가 자신의 성을 아동에게 거리낌

없이 개방하는 일은 불가능하다. 이 역시 근친상간 금기와 연관된다. 부모 역시 자신의 근친상간 환상 및 경향에 대해 본능적으로 자기방어에 들어가기 때문이다. 금기를 억압하는 것은 이를 인식하며 존중할 때보다 더 많은 심리적 상처를 유발할 것이다. 근친상간 금기를 포함해 인간이 정한 주요 금기는 우리를 가로막는 역할보다 지켜주는 역할을 할 때가 더 많다.

대부분 병원 조직에서 성이 배제되는 모습을 보면, 이 시대에도 성이 여전히 사악한 것으로 여겨진다는 사실을 알 수 있다. 일반적으로 성생활이 결핍된 환자들은 괴상하고도 신기한 악영향을 입는다고 생각한다. 하지만 왜 그렇게 생각할까? 예를 들어 이들 정신 치료 시설 환자는 왜 내부에서 다른 환자랑 성관계를 가지면 안 되는 것일까?

다음은 성을 당연히 해로운 것으로 여기는 또 한 가지 사례다. 스위스에서 지적장애인과 성관계를 갖는 일은 범죄행위다. 지적장애인이 학대받는 것을 방지하기 위함이다. 그러나 이 법을 제정한 결과 지적장애인은 성생활을 영위하는 일 자체가 불가능해졌다. 이런 비인간적인 법률에 어떤 저항도 없었다는 사실은 성에는 마술 같은 힘이 있다고 생각하는 사실을 다시 한번 보여준다.

마지막으로 (올림픽에 참가하는) 운동선수를 예로 들어보자. 이들은 코치에게서 대회 기간에는 성적 행위를 절대 하지 말라는 지시를 받을 때가 많다. 올림픽 참가 선수들 몰래 성관계를 가졌다는 이유로 송환당한 경우까지 있었다. 그러나 이와는 달리 왕성한 성관계를 즐기고 나서 신기록을 세운 선수들도 있다.

이 분야에서는 고대로부터 이어진 편견이 여전히 적용되고 있는 것과 같다. 일부 원시 문화에서 남성은 전투에 나서기 전 여성과의 성관계를 삼갔다고 한다.

성의 해로운 요소는 성행위를 순수하게 '즐거움' 또는 쾌락의 경험으로 받아들이기가 매우 힘들다는 사실에서도 나타난다. 맛있는 음식을 먹을 때처럼 성을 '그냥 즐기는' 사람은 거의 없다. '물잔 이론'glass of water theory of sexuality, 즉 인간의 성욕은 잔에 담긴 물을 마시는 것과 같다는 이론은 종종 옹호받지만, 실제로 이런 삶을 사는 사람은 오랜 세월 동안 거의 없었다.

이런 태도에서 드디어 자유로워졌다고 사람들이 생각하는 오늘날, 성에는 항상 사악한 무언가가 있다는 생각은 심리학적 관점에서 어떤 의미일까? 사악하다는 건 언제나 반지성적이고 인상적이면서도 신비한 무엇이다. 우리는 신성한 무언가가 나타날 때마다 공포를 느낀다. 개성화 과정은 종교적 색채가 강하며, 여러모로 신비한 경험으로 다가오는 경우가 많다. 구원과 연관된 모든 것에는 무엇보다도 사악하고 낯선 측면이 있다. 언제나 초인superhuman이라는 개념이 포함되기 때문이다.

성을 사악한 것으로 보는 이유에 관해서는, 성에 개성화와 비슷한 특징이 있음을 생각하면 이해가 가능할 것이다. 성은 단순히 무해한 생물학적 활동이 아니라, 우리 삶의 의미와 연결되는 무언가를, 신성함을 추구하고 갈망하는 우리의 모습을 상징한다.

성은 개성화의 모든 측면에 관한 상징을 우리에게 제공한다. 부모 같은 존재와의 만남은 근친상간 드라마에서 찾아볼 수 있다. 그림자를 직면하는 일은 파괴적인 가학-피학적 성애 요소로 이어진다. 자신의 영혼을, 아니마와 아니무스를, 남성성과 여성성을 접하는 일은 성적인 형태로도 나타난다. 자신을 사랑하는 일, 그리고 타인을 사랑하는 일을 (환상으로든 행동으로든) 육체적으로 경험하는 방법이 바로 성이다. 신비적 합일unio mystica(인간이

신과 융합된 상태), 《융합의 신비$^{\text{Mysterium Coniunctionis}}$》* 같이 정반대 것들 사이에 이루어지는 모든 합일에 대해 성애의 언어 속만큼 인상적으로 설명할 수 있는 것은 없다.

---

* 연금술과 심리학의 개념을 빌려 반대되는 것들의 융합에 대해 설명한 카를 융의 마지막 저서 제목

5부

성취의 그림자
일과 발전의 어두운 이면

"돈을 사랑하는 일은 모든 악의 근원이다."
- 《신약성경》 디모데전서 6:10

"내가 지구에 존재하는 건 무언가를 이루기 위해서가 아니다. 성취란 우리의 목적이 표현된 형태다."
- 폴 윌리엄스^{Paul Williams}(미국의 유명 작곡가)

"발전이야말로 저희의 가장 중요한 제품입니다."
- 광고 문구

"우리는 산업의 밝은 면을 자연의 어두운 면보다 강조하거나, 자연의 밝은 면을 산업의 어두운 면보다 강조하는 경향이 있다. 현실에서 우리는 밝은 면은 밝은 면끼리, 어두운 면은 어두운 면끼리 비교해야 한다."
- 토머스 베리^{Thomas Berry}(미국의 역사학자)

서문

스트레스와 번아웃 burn-out을 다루는 문학작품이 점점 늘어나고 있으며, 이들은 미국의 직업윤리가 개인에게 미치는 부정적 측면을 상세히 다룬다. 집단에 미치는 부정적 측면은 환경 재앙이라는 모습으로 다가온다.

우리는 거의 모두 자신이 사랑하는 사람(아마도 아버지나 할아버지 등)이 열심히 일하는 걸 너무나 중요하게 여긴 나머지 자신의 삶 전체를 일에 바치는 모습을 본 적이 있을 것이다. 일 중독자는 모험 같은 일에까지 온 생명을 쏟아붓는다. 때로는 자신의 은퇴 후나 후손을 위한 안락한 삶을 꿈꾸며, 때로는 인류 복지에 더 크게 기여하려는 꿈을 품고, 때로는 사실 아무 꿈도 없지만 일 말고는 다른 목적이 없다는 이유로 그렇게 한다. 강박적으로 일하는 사람은 창조적 과정에 매혹된 것이 아니라 자기 안의 사악한 부분에 홀린 것이고, 이 때문에 자신이 쓰고 있는 굴레에서 벗어나지 못한다.

일 중독은 이제 도박이나 과식과 마찬가지로 일종의 중독 증상, 반복적 강박 행동으로 간주된다. 우리가 속한 여러 조직의 리더는 일 중독의 그림자 세계가 이뤄지길 고대하며 이를 다양한 방식으로 부추기기도 한다. 노동자들이 감당할 수 없을 정도로 일을 떠안고 말도 안 되는 판매 할당을 받는 한편, 고위 임원들이 마티니(칵테일)를 곁들인 호화로운 점심을 즐긴다. 미국 노동자들의 계급에 따른 라이프스타일의 불균형은 점점 심각해지고 있다.

그 대가는 심각하다. 배우자나 부모 등 소중한 사람과 같이할 시간이 없다. 과도하게 일하는 노동자는 일에 치우친 삶 속에서 육체적으로나 정서적으로 피폐해져간다. 기업에서는 임원들이 평균 근속 7년이 지나면 회사를 떠난다.

《현대의 광기Modern Madness》의 작가 더글러스 라비어Douglas LaBier는 이를 '부상을 입은 채 일하는working wounded' 사람들이라고 부른다. '원래 건강한 사람들이지만, 경력 발달에는 좋으나 영혼에는 좋지 않은 상황 때문에 크나큰 정서적 대가를 치르는 데 적응된' 상태다. 라비어의 지적에 따르면, 이렇게 일하면서 성공을 일군다 해도 이는 단순히 적응을 잘했다는, 회사 이미지에 맞지 않는 특성을 묻어버리고 조직의 집단 페르소나에 자신을 끼워 맞췄다는 의미일 뿐일 때가 많다. 회사에도 대외적으로 내놓은 사명에 맞게 만들어진 페르소나(세상에 내보일 회사의 반반한 얼굴)가 존재하기 때문에, 보이지 않는 그 이면에는 열악한 복지 혜택, 내부의 반대 의견에 대한 불관용이나 갈등, 환경에 끔찍할 정도의 악영향을 미치는 외부 정책, 또는 소비자 기만 등의 어두운 부분이 숨어 있는 게 보통이다.

일터에서는 모두가 가치 충돌에서 비롯된 고통을 접한다. 원칙을 훼손하고, 타인을 지배하며, 직원의 개인적 필요를 무시하고, 선의라는 이름으로 거짓말을 하는 한편, 이런저런 방식으로 영혼을 팔 것을 강요당하는 느낌을 받는다. 계약 체결과 동시에 태도가 완전히 바뀌는 변호사에 대한 농담은 사실 다른 모든 직업에도 적용 가능한 내용이다. 한 변호사가 업계 최고가 되고 싶어서 악마를 찾아갔다. 악마는 변호사에게, 자기에게 영혼을 내놓으면 세상 모든 부와 권력을 안겨주겠다고 제안했다. 그러자 변호사가 이렇게 말했다. "그래요… 하지만 조건이 너무 쉬운데, 대체 무슨 꿍꿍이슈?"

긴장감 큰 환경이 주는 압박은 우리를 일그러뜨리며 자신에게 크나큰 손해를 안긴다. 성공은 자부심을 과다하게 부풀리는 반면, 실패는 참혹한 수치로 이어진다. 억만장자 도널드 트럼프가 그랬듯, 우리는 아주 높이 날다가도 한순간에 추락할 수 있다.

모든 일이 그렇듯 우리가 기술과 적성을 개발하는 동안 자신 속 다른 부분은 그림자 속에 남겨진다. 우리가 세일즈맨이나 정치가, 기업가처럼 외향적 야망으로 강력하고도 경쟁을 즐기는 성격으로 만들면 인격의 내향적 부분은 그림자 속으로 들어가고 만다. 그 결과 주목받지 않을 때 노력하는 법, 고독을 즐기는 법, 그리고 자신 속에 숨은 자원을 찾아내는 법은 잊어버린다. 반면 예술가나 작가처럼 은밀하고 개인적인 페르소나를 키우면 야망이나 탐욕이 그림자 속으로 숨는다. 이들은 절대 나타나지 않거나 어느 날 갑자기 벽장 속 유령처럼 튀어나온다. 도덕적이고 정직한 기업가가 은밀한 부정 거래나 자금 횡령, 세금 포탈 등의 혐의로 현장에서 체포되는 이야기를 다들 한 번쯤은 읽어보지 않았는가. 이는 그림자에 지배당한 결과로, 근본적으로 자신의 그림자를 더 제대로 들여다보지 않은 게 원인이다.

그림자가 종종 우리를 장악해 평소와 180도 다른 인격으로 바꿔버리는 것처럼, 집단이나 기업 역시 그림자에 잠식당할 수 있다. 대공황 세대가 지녔던 보수적, 물질적 가치는 1960년대 들어 순종과 물질주의에 반기를 드는 이들을 그림자로 인한 영웅으로 만든 반문화의 탄생이라는 결과로 이어졌다. 반면 이러한 경향은 이후 물질주의가 또다시 부상하는 결과를 낳았으며 그 결과는 지금 우리가 보는 대로다.

이렇게 왔다 갔다 하며 이루어지는 반복적 변화는 다른 방식으로도 일어난다. 야망에 따르는 그림자가 개인적 차원에서는 번아웃으로, 그리고 문화적 차원에서는 동식물종의 멸망 등으로 나타난다. 전 세계적으로 환경에 벌어진 크나큰 재앙으로 우리는 제한 없는 경제성장과 무차별적 기술 개발이 가져오는 어두운 부작용에 대해 경각심을 갖게 되었다.

환경주의 작가 빌 맥키븐$^{Bill\ McKibben}$은 저서 《자연의 종말$^{The\ End\ of\ Nature}$》에서 인간은 더 이상 과학기술의 주인이 아니라고 지적한다. "우리가 끝없는 물질적 발전을 향한 욕구로 움직이는 한 여기에 한계를 지을 방법은 없다. 아마 유전자조작을 통해 질병을 박멸할 수는 없을 테지만, 완벽하게 효율적인 병아리를 생산하는 데 이를 사용하지 않을 수도 없을 것이다."

이 섹션에서는 보스턴에서 활동하는 심리학자이자 조직 컨설턴트 브루스 섀클턴$^{Bruce\ Shackleton}$이 직장에서 만나는 그림자 자아에 대해 서술한다. 이는 개인 차원에서도 조직 차원에서도 모두 벌어진다. 섀클턴은 개인의 그림자와 기업의 그림자의 관계가 어떻게 이루어지는지에 따라 핵심적 사항에 도움이 될 수도, 방해가 될 수도 있음을 밝힌다.

그다음에는 캘리포니아 심리학 전문대학교$^{California\ School\ of\ Professional\ Psychology}$ 총장 존 R. 오닐$^{John\ R.\ O'Neil}$이 발매 예정인 자신의 저서 《성공의 이면$^{The\ Dark\ Side\ of\ Success}$》 중 일부를 미리 소개한다(1994년 '성공의 역설$^{The\ Paradox\ of\ Success}$'이라는 제목으로 발매되었다). 기업가이자 컨설턴트인 오닐은 그림자의 문제를 계속 인식하고 있음으로써 건강한 성취를 지속할 수 있는 방법을 소개한다.

그다음 글은 교육자이자 작가인 마샤 시네타르$^{Marsha\ Sinestar}$의 저서 《좋아하는 걸 하면 돈은 따라온다$^{Do\ What\ You\ Love,\ The\ Money\ Will\ Follow}$》를 인용했으며, 여기에서 시네타르는 개인의 결점과 잘못이 직장에서 어떻게 나타나는지에 대해, 그리고 창조적인 삶을 위해 이를 제대로 활용하는 방법에 대해 알아본다.

작가 첼리스 글렌디닝$^{Chellis\ Glendinning}$은 저서 《기술이 상처를 입을 때^{When}

Technology Wounds》에서 기술로 인한 질병을 앓는 사람들의 이야기를 소개하며 컴퓨터와 형광등, 피임약, 석면, 그리고 농약 등 이전까지는 보이지 않던 기술 발전의 위험성을 폭로한다. 이 책에 인용한 부분에서 글렌디닝은 견제받지 않는 제한 없는 기술 발전이야말로 진보라는 생각에 의문을 표하며 이러한 사상으로 인간이 치러야 할 대가를 검토해야 한다고 촉구한다.

개인적 또는 집단적 성취에도 어두운 이면은 존재하는 것 같다. 그리고 검증과 견제 없는 진보는 거대한 혼돈으로 이어진다.

19. 일터에서 만나는 그림자
브루스 섀클턴 Bruce Shackleton

우리가 의식적으로 성취하려 한다고 믿는 모든 것을 진짜로 성취하지 못하도록 막는 장애물은 무엇일까? 우리가 자신의 희망과 열망을 따라가려 할 때 노력을 방해하며 딴죽을 거는, 그리고 성공의 빛을 누리지 못하게 하려는 우리 속 또 다른 일부분의 본질은 과연 무엇일까? 직장 내 조직은 어떤 식으로 우리가 목표를 성취하도록 돕기보다 방해하는 역할을 할까?

가족이나 학교, 교회 같은 곳들에 비해 직장은 아직 그림자 형성의 핵심 요소로 인식되지는 않지만, 적응, 순응 및 성공 등의 이유로 우리의 행동 양식에 크게 영향을 미친다. 직장에서 우리는 모두 상사, 동료, 그리고 고객을 즐겁게 하려 애쓰며 공격성, 탐욕, 경쟁심 또는 지나친 자기주장 같은 불쾌한 부분을 자아 속 깊숙이 밀어 넣을 때가 많다. 심리학적, 영적 보상은 자신 속의 너무나 많은 부분을 그림자로 밀어 넣어 우리가 '회사에 영혼을 팔아넘기는' 수준까지 다다를 정도가 되어야 발생할 때가 대부분이다.

물론 우리에게 그림자는 필요하다. 부정적이고 파괴적 충동, 약점이나 열등한 능력 같은 것도 여기 숨길 수 있기 때문이다. 그러나 우리가 자신 속 지나치게 많은 부분을 깊숙이 집어넣어버리면 위험해진다. 직장과 관련한 개인의 그림자는 빠져나갈 수 없으며 유연하지도 않은 채로 너무나 짙어지고, 그렇게 되면 파괴적으로 변하며 제멋대로 움직여 통제할 수 없게 된다.

권력과 능력이라는 그림자

해럴드[Harold]는 '정상'에 오르겠다는 열망으로 10년간 노력해 이를 성취한 중년 남성이다. 소규모 첨단 기술 관련 회사의 재정 부문 부사장을 맡고 있었다. 대기업 조직에서 일하는 동안에도 나름 성공적으로 이력을 쌓았지만, 40대 초반이 되어 우울증과 동기 상실, 그리고 더 이상의 성공을 추구하는 게 무의미하다는 느낌에 시달리다 정신 치료를 받으러 나를 찾아왔다. 대기업에서 퇴직한 해럴드는 이전보다 규모가 작은 회사에서 자신의 능력을 시험하지 않아도 되는 직책을 맡고 있었으며, 적잖은 시간을 정년퇴직에 대해 생각하며 보냈다.

해럴드는 가족에게 불만감을 물려받았다. 전형적인 자존감 부족의 사례라 할 수 있다. 그 전 근무 환경에서 해럴드는 상사를 대하는 데 어려움을 겪었다. 자신이 다른 사람들과 동등한 위치에 있다고 생각하지 않았기 때문이었다.

해럴드의 현 상사는 추진력이 강하며 무례하고 둔감하게 구는 일이 잦았을 뿐만 아니라, 이익에 목숨을 거는 스타일로 회사를 경영하는 인물이었다. 자신의 의견에 공개적으로 반대하는 일을 용납하지 않았으며, 때때로 직원들에게 잔인하게 굴었다. CEO의 이러한 공격성에 해럴드는 보통 수용적 태도로 반응했으며, 불안한 듯 비굴하게 굴 때도 많았다. 그는 사실 권력, 오만함, 그리고 능력 같은 자신의 그림자 감정을 투사할 상사, 주변에 있으면 불편하고 불안해지며 가족이 자신에게 떠안긴 이미지를 강화할 수 있는 상사를 찾은 것이다.

한동안은 완벽해 보였다. 해럴드는 맡은 일을 잘해내는 척했지만 그 이상은 절대 하지 않았다. 그 결과 능력뿐 아니라 현상 유지에 적격인 인물로 인정받았다. 그러나 겉으로 보이는 직무 이면에서 해럴드는 자신의 창조적 에너지와 열정을 꼭꼭 숨겨놓고 있었으며, 위험이 따를 만한 갈등을 무릅쓰지 않았다. 자신의 경력을 발전시키기 위한 능력 개발 역시 등한시했음은 물론이다. 해럴드는 애매하게 불안함과 불만을 느낄 따름이었다.

위태롭던 현실의 둑에서 물이 새기 시작했다. 원래 도덕적이고 종교적인 인물이었음에도 해럴드는 별 의미 없는 액수의 돈을 빼돌렸으며 분노와 좌절, 그리고 자신이 보잘것없다는 자괴감을 간접적으로 해소하기 위해 수동 공격적 행동에 의존하게 되었다(스스로 생각한 선한 시민이라는 자신의 이미지와 전혀 맞지 않았기 때문에). 이러한 행동에 충격받은 그는 결국 자신의 업무 스타일이 어떤 대가를 치렀는지 더 깊이 검토하게 되었다.

일 중독, 그리고 조직의 그림자

직장인들이 여가에 관한 욕구, 친밀감, 그리고 가족 등을 젖혀둔 채 업무적 성취만 추구하는 기계로 전락하는 모습에서 우리는 직장에서의 그림자를 볼 수 있다. 이러한 중독적 행동은 필연적으로 대단히 균형을 상실한 강박적 생활 습관으로 이어진다.

　대부분의 중독과 마찬가지로 일 중독의 근원은 가족의 습관에서 찾을 수 있다. 어떤 가정에서는 자녀가 뭔가를 해냈을 때만 지지하며, 그 결과 자녀는 전적으로 이기는 일에서만 자존감을 얻는다. 또 다른 가정에서는 부모의 일 중독이 마치 눈 색깔처럼 자녀에게 그대로 전해진다. 또 어떤 가정에서는 성취에 실패한 부모 때문에 자녀는 성공만 좇는 삶을 택한다. 실제로는 부모의 그림자 자아가 되는 것이다.

　이러한 패턴이 조직에 적용되어 지지를 받고 권장된다면, 한동안은 모든 게 완벽해 보일 것이다. 개인의 그림자와 회사의 그림자가 일치하기 때문이다. 그러나 일반적으로는 결국 어딘가에서 무언가가 잘못되게 마련이다. 직원은 술이나 약물 등 각종 중독 증상을 보이거나 번아웃 증상을 겪는다. 회사는 경영 방침이나 리더십이 뒤바뀐다. 그러면 일 중독의 파괴적 측면으로 결국 모든 것이 엉망진창이 되고 말 것이다.

　일 중독은 단순히 조직의 좋지 않은 이면이 아니다. 회사가 공개적으로 천명하는 규칙, 의례적 측면, 그리고 직원이 자신의 행동을 조직하는 가치 등의 기업 문화도 있지만, 눈에 덜 띄는 이면 역시 존재하기 마련이며, 이러한 이면과의 관계가 어떤지에 따라 기업의 재정적, 개인적 성취가 상당 부분 결정될 수 있다.

　적절한 인력 개발 및 스트레스 관리의 필요성을 부정하는 조직은 직원 탓을 하며 직원을 배려 없이 대할 가능성이 있다. 수익과 비용에 지나치게 신경 쓰는 반면 직원의 욕구에는 거의 관심을 기울이지 않으면 조직 내에는 불신이 점점 커진다. 조직 역동 내에서 공개적으로 언급되지 않는 문제를 해결하기 위해 일부 직원은 희생양이 되고 공격당하며 희생을 치러야 한다.

반면 열린 소통을 권장하는 기업 문화에서는 개인과 집단의 그림자 문제에서 견제와 균형이 성립되며, 이 결과는 다양한 형태로 나타난다. 건강한 조직은 공개적으로 의견을 개진하는 시스템을 세우고, 조직의 가치와 목적에 대해 조직원과 합의를 거치며, 직원의 심층적 능력을 개발하도록 지원함으로써 부정적 행동이 필요 이상으로 일어나지 않도록 만들 수 있다.

조직원의 동기부여 역시 그림자의 문제와 연결되어 있다. 출세 지향적인 사람들은 자신이 원래 지닌 배려심을 부정하며, 회사에서 출세 가도를 달리고 있다는 이미지를 얻기 위해 다른 경쟁자를 짓밟아야 한다고 생각한다. 그리고 정상에 오르고 나면 이런 사람들은 주로 자신의 그림자 속에서 움직이려 하며 가족과 집에 있을 때만 깊이 숨겨놓은 인간미를 보여준다. 현대판 지킬 박사와 하이드라 할 수 있겠다. 좀 더 극단적인 형태가 되면, 그림자에 완전히 잠식당한 나머지 집에 있을 때조차 일할 때와 같이 가족을 노골적으로 무시하게 될 수도 있다.

개인과 기업의 그림자에 관한 이들 문제를 인사 트레이너와 컨설턴트가 소홀히 할 때가 매우 많다. 개인과 기업이 지닌 어두운 측면을 과감하게 인정하고 개인, 기업, 그리고 사회를 회복하는 방향으로 나아가는 게 모두에게 이익이 될 것이다.

20. 성공의 이면

존 R. 오닐[John R. O'Neil]

우리는 모두 성공을 추구한다. 더 큰 성공일수록 좋다. 그러나 최근 들어 성공의 정의 자체가 심히 왜곡되는 모습이 보이고 있으며, 이러한 변화로 생기는 그림자의 결과는 우리의 몫으로 남는다. 개인과 조직 모두 잠깐 화려한 성공을 즐기는 듯하지만 오래가지 못하고 결국에는 오명을 맞이하는 경우가 많다. 성공이 다가올 때마저도 거기엔 필수적으로 불안감이 장착된 듯하다. 이 성공이 오래갈까? 더 크게 성공하려면 어떻게 해야 할까? 내게 이런 성공을 누릴 자격이 있나? 이게 사라지면 어떡하지? 이런 이유로 기쁨은 잠깐이고 곧 걱정이 찾아온다. 즐거움은 만성적인 피로와 우울, 또는 개인의 존재 의미 자체에 닥치는 위기로 바뀐다.

이런 부정적인 변화는 어떻게 벌어질까? 성공을 누리는 동안 우리는 지나치게 의기양양한 나머지 교만과 오만함에 시달려 자신의 그림자를 접하거나 받아들이지 못하게 된다. 자아가 부풀어 올라 활개를 치는 통에 자신 내면의 목소리를 듣지 못할 뿐 아니라 자신을 바라보지도 못한다. 깊은 배움이 필요한 과제를 수행하지 못하며 진짜 정체성은 왜곡되고 뒤틀려 전부 사라져버리기까지 한다.

제임스[James]의 경우를 보자. 제임스는 1980년대 월스트리트의 사랑을 한 몸에 받았지만 결국에는 잘나가던 자신의 사업을 혐오하게 된 인물이다. 결국 1억 3000만 달러에 사업을 처분했다. 그리고 석 달이 지나 내담자로 찾아왔다. 사무실에 들어서는 제임스는 검게 탄 피부에 여유 있어 보였다. 표백한 금발은 평소보다 좀 길었으며, 활발한 모습으로 내게 요트 항해니, 스키 여행이니, 새로 산 목장 등에 대해 이야기했다. 그가 왜 상담을 하러 왔는지 궁금해졌다.

상담 세션이 끝나갈 때쯤 그는 아무렇지 않게 말했다. "제 삶에 대해 이야기할 사람이 단 한 명도 없어요. 그래서 선생님께 이야기했죠." 제임스의 갑작스러운 고백에 당황하지 않으려 애쓰면서, 그에게 왜 그런지 물었다. 제임스의 대답에는 배신, 가족 간의 불화, 곧 다가올 이혼, 누군가에게 이런 말을 잘못했다가 공개적으로 앙갚음을 당할지 모른다는 공포, 그리고 자다 깨기를 되풀이하는 불면의 밤 같은 이야기가 포함되어 있었다.

제임스가 자기 안에 깊숙이 집어넣어 버린 내용물은 다른 여러 사람의 그림자와 비슷하다.

- 자신이 활동기에 생각하던 이상적 자아와 맞지 않는 자신 속 일부분. 한창 남성미를 내뿜던 시절에 그는 포용력 있으며 여성적인 측면을 내던졌고, 물질에 집착하던 시기에는 영적인 감정을 내팽개쳤다.
- 자신이 인정받고자 했던 부모나 타인이 가치 없다고 생각한 자신 속 일부분을 묻어버렸지만, 사실 이들은 여전히 살아 있었다.
- 어리석고 현실적이지 않다는 이유로 '아마 언젠가는'이라는 약속만 남기고 내던져버린 자신의 꿈과 야망.

제임스의 다양한 부분은 보이지 않은 채 그냥 숨겨졌다. 이처럼 삶에 필수적이면서도 부정당한 것들이 우리 삶의 방향과 에너지 수준, 그리고 생물학적 이력을 지배한다. 이처럼 자신의 자잘한 일부분을 계속 어둠 속으로 밀어 넣어버리면 결국 우리 자신의 영혼으로 그 대가를 치를 수밖에 없다.

반면 자신의 그림자 속 풍부한 잠재력을 이끌어내 이를 미래의 성공을 위해 쓸 줄 아는 사람은 일단 이룬 성공이 오래간다. '깊은 교훈을 얻은 이들deep learners'이라 불러도 될 것 같다. 윈스턴 처칠Winston Churchill, 엘리너 루스벨트Eleanor Roosevelt, 플로렌스 나이팅게일Florence Nightingale, 토머스 제퍼슨Thomas Jefferson, 에이브러햄 링컨Abraham Lincoln 같은 이들은 자신이 겪은 실망과 실패, 아픔에서 교훈을 얻어 새로운 성공을 일궈낸 역사적 인물이다. 자신의 교만함과 싸워 이기는 법을 알았던 사람들이다.

지도급 인사들에게서 자신의 조직을 계속 배우고 성장하도록 만들려면 어떻게 해야 하느냐는 질문을 자주 받는다. 그러면 개인이나 조직이 원하는 성공적 목표를 달성한 순간 학습곡선learning curve(특정한 기술이나 지식을 학습하는 데 투입된 시간 대비 학습의 성취도를 나타내는 그래프)을 변화시켜 지나친 자신감이 생기지 않도록 하는 게 첫 번째 과제라 답한다. 울창하고 달콤한 성공의 잔디 위에서는 자만심이 자라기 쉬우며, 거기에는 오만과 탐욕이라는 지뢰가 숨어 있기도 하다.

다음은 지나친 자신감을 향해 간다는 걸 발견할 수 있는 신호다.

· 자신이 특별한 능력을 지니고 있다고 여긴다. 우리가 타인을 무조건 올바로 평가할 수 있다거나 실수 따위는 절대 저지르지 않을 수 있다고 생각하는 등 헛바람이 들어가 우쭐대기 시작했다는 느낌이 들 때 우리는 그림자를 대면하고 있다.
· 듣고 싶은 것만 듣는다. 우리 생각과 반대의 정보를 전하는 사람을 괴팍하다, 우둔하다, 질투하는 거다, 또는 큰 그림을 볼 줄 모른다는 이유를 대며

깎아내린다면, 이는 미래의 고생길을 사서 걷고 있는 것과 마찬가지다. 우리가 리더의 위치에서 주변을 막고 믿을 수 있는 조언자의 범위를 줄이고 또 줄여간다면, 나쁜 소식을 전했다는 이유로 메신저를 죽여버리는 어리석은 짓을 저지르기 시작했다는 뜻이다.

- 하나하나 명령하려 한다. 교만한 상태에서 자아는 자신의 힘을 과시하려 든다. 사회적 위치를 쓸데없이 챙기고 자리 배치 등에 신경 쓰며 만나는 자리를 관리하려 한다. 자신이 중요한 존재라는 걸 타인에게 끊임없이 인정받으려 한다면, 이는 불안을 부정하고 있다는 신호다.
- 도덕적 기준이 필요 이상으로 높아진다. 개인이나 집단이 점점 독선에 빠져들면, 생각이 다른 사람을 틀리다거나, 악하다거나, 또는 적이라고 낙인찍는다. 이는 일시적으로 선과 악 사이의 긴장을 해소하는 효과가 있을지 모르나, 사실 선을 빙자한 오만방자함 때문에 저지르는 행위다.

지나친 자신감이 작용할 때 우리는 더 이상 배우지 않게 된다. 자아가 부풀어 올라 그림자를 가리고, 이는 몰래 숨은 어두운 분노를 향해 우리를 끌어내리려 위협을 가한다. 그러나 자신감 과다 상태라는 걸 일단 스스로 깨달을 수 있다면, 새로운 배움을 위한 교재는 그림자의 영역에서 찾을 수 있다는 사실을 기억하는 데 도움이 된다. 자아가 의기양양할 수 있는 것은 사실 그림자의 통제 아래 있기 때문이다. 자아의 욕구와 역할, 상징, 그리고 독선적 행동을 버리는 방법을 찾을 수 있다면, 새로운 배움의 혼돈으로 들어가 자신의 또 다른 일부분을 발견할 수 있다.

이렇듯 성공에는 모두 일종의 그림자가 있으며, 이 때문에 우리가 파괴적 영향을 입을 수 있다고 생각해도 된다. 미래에 거둘 성공을 발견하고 정의하려면 매일 조금씩 자신의 그림자를 먹어치워야 한다. 그러려면 우선 자신을 새롭게 하기 위해 한 걸음 물러설 줄 알아야 하며, 이를 위해 가이드, 멘토는 물론이고 때로는 정신 치료사의 도움을 얻어야 할 것이다.

계속 성공을 거두는 이들은 이런 일을 어떻게 해야 하는지 알고 있다. 몇 해 전 작가 존 가드너John Gardner가 내게 해준 이야기가 이를 잘 설명해준다. "산을 오르고 있다면, 지금 오르는 산 말고 다른 산도 있음을 기억하게. 다음 봉우리에서 눈을 떼면 안 돼. 자신을 새롭게 하려면 그 사이 골짜기를 이용할 줄 알아야 한다네."

21. 결점과 잘못을 활용하는 법

마샤 시네타르 Marsha Sinetar

효율적으로 일하는 이들은 자신의 한계를 안다. 이를 자신의 삶에도 적용해 그 한계를 고려한 상태에서 최선의 방안을 내놓을 수 있다. 이들은 자신의 육체적, 심리적 구조는 물론 감정적 경향과 집중하는 패턴에 주의해야 한다는 사실을, 그리고 어떤 일을 하든 이들이 좋은 조력자가 돼준다는 사실을 제대로 발견했다. 개인의 한계가 서로 연결되면 복잡한 특성이 생겨나며, 이는 개개인이 현재 이해하는 수준을 넘어서는 새로운 의미를 지니게 된다. 우리가 삶을 표현하는 데 이러한 복잡성은 필수다.

내 내담자 중 한 명은 쉴새 없이 방 안을 돌아다닌다. 원래 불안감을 쉽게 느끼는 이 사람은 돌아다닐 때 생각을 가장 제대로 할 수 있다고 생각한다. 그게 자기 모습이라고 스스로 받아들였기 때문에 다른 사람도 이를 인정할 수 있었다. 여러 해에 걸쳐 이 내담자와 함께 일한 동료들은 이제 그에게 알아서 돌아다니라고 한다. 그렇게 해서 떠올린 탁월한 아이디어 덕에 회사는 수백만 달러를 벌었고, 그는 원하는 대로 돌아다닐 수 있는 '권리'를 얻었다.

또 다른 예도 있다. 어떤 과학자는 회사에서 열린 문 정책$^{\text{open door policy}}$(직원이 직급에 상관없이 동일하게 회사 문제를 토론할 수 있게 하는 정책)을 선호하는 데 반해 고립된 상태로 일하는 걸 좋아한다. 일할 때는 정기적으로 문을 닫는다. 처음에는 그 이유로 비판받기도 했지만 그녀의 행동은 변하지 않았다. 제대로 된 결과물을 내려면 어떻게 일해야 하는지 고집스러울 정도로 잘 알고 있었던 그녀는 자신이 원하는 업무 스타일을 고집했다. 결국 주변 사람들도 이를 인정하게 되었다.

이들 모두는 반대되는 성향, 즉 집중하고픈 욕구와 걸어 다니고 싶은 욕구, 그리고 회사에 맞춰야 한다는 욕구와 개인의 근무 스타일을 밀고 나가고픈 욕구 사이에서 조화를 맞추는 근무 방식을 찾아냈다고 할 수 있다.

'잘못을 이용해라'는 프랑스의 전설적 가수 에디트 피아프$^{\text{Edith Piaf}}$의 좌우명이었다. 자신의 한계를 이해하고 건설적으로 이용하는 문제는 이 구호 한마디로 요약할 수 있을지도 모르겠다. 사실 여기서 이야기하는 성향이 '한계'가 맞는지도 확실하지는 않으나, 행동에 관련해 타인이 우리에게 가지는 고정관념과 비교해본다면 한계라고 보일 수도 있겠다.

내 친구 중에는 작가가 있는데, 종종 우리의 '게으름'에 대해 이야기를 나눈다. 둘 다 몇 년 전에 깨달은 사실이 있는데, 우리가 무언가를 창조하는 과정에는 휴식을 위해서든 아이디어를 이끌어내기 위해서든 어느 정도 '완벽한 휴면 상태'인 기간이 있어야 한다는 것이다. 늘 일해야만 한다고 교육받는 우리가 언뜻 보면 마음에 안 드는 건 물론이고 '나쁘게' 보이기까지 할 것이다. 내가 자라며 배운 청교도 직업윤리는 낮에 쉬는 것조차 극렬하게 반대한다. 그러나 창조성을 요구하는 프로젝트를 몇 번 겪고 나니, 다음 프로젝트를 진행하려면 그런 게으름의 시간이 꼭 필요했다.

내 친구는 웃으면서 내게 온종일 일일 드라마를 보며 침대에서 뒹굴뒹굴하는 동안 사실은 무의식적으로 다음 책을 쓰기 위한 새로운 이미지와 아이디어를 저장할 새로운 창고를 짓고 있는 것과 같다고 이야기하곤 한다. "예전에는 누워 있는 내가 싫었어. 지금 어떻게 하고 있어야 하는지, 어떻게 보여야 하는지 나 자신에 대해 생각하던 이미지와는 완전히 달랐으니까. 마음 같아서는 나는 내내 꼿꼿하고 티 한 점 없는 모습이어야 하고, 베티 크로커 Betty Crocker*가 타자기 앞에 앉아 있는 것처럼 온종일 깔끔하고 손볼 데 없는 문장을 오븐에서 쿠키 굽듯 쏟아내고 있어야 할 거야." 하지만 그녀는 점차 적당히 자신을 위해 시간을 할애하지 않는다면 다음 프로젝트는 진짜 자기 것이라 부르기 힘든 억지스럽고 부자연스러운 결과물에 불과할 것이라는 사실을 깨달았다.

내가 사는 시골까지는 차를 몰고 음악을 들으며 꽤 오래 달려야 한다. 농장과 교회 건물을 보는 게 언제나 좋았다. 낡고 빛바랜 건물들을 바라보며 서부 태평양 해안을 따라 먼지 날리는 캘리포니아 1번 도로(캘리포니아

---

* 미국 제너럴 밀스(General Mills) 광고에 등장하는 가상의 인물. 살림의 여왕 같은 아이콘이라고 생각하면 된다.

주 샌디에이고와 샌프란시스코를 잇는 도로)를 덜컹거리며 며칠을 달리는 일은, 내게 휴식이자 시각적 상징의 의미를 지닌 여행이다. 책의 다음 장이나 다른 글을 쓰기 위한 창조적 에너지를 채우기 위해 주관적이며 영적인 도로를 달리는 것과 같다.

자신의 기본적 기질과 업무 수행 방식을 가장 잘 보여주는 곳은 바로 성격 중 어두운 부분, 비논리성을 펼치는 곳이자 자신만의 욕구를 지닌 바로 그 부분이다. 통제할 수 없는 충동, 벗어나지 못하는 습관처럼 우리를 원래 의도와 정반대 방향으로 움직이게 만드는, 자신이 수용할 수 없는 모순적 경향 말이다. 하지만 반대 방향의 힘은 우리 삶을 윤택하고 신비롭게 만든다. 이런 충동, 습관과 모순은 삶에 특별함과 동력을 주는 역동적 에너지가 되기도 한다. 융은 이를 다음과 같이 설명한다.

의식과 무의식은 한쪽이 다른 쪽을 억압하고 상처 입히면 하나로 뭉쳐질 수 없다. 의식과 무의식이 다퉈야 한다면, 적어도 양쪽에 동등한 권리를 주어 공정한 싸움이 되도록 해야 한다. 둘 가지 다 삶의 측면이며, 무의식의 혼돈 속 삶에도 우리가 수용할 수 있는 범위 안에서 자기가 원하는 대로 할 수 있는 길을 터주어야 한다. 의식과 무의식이 공개된 장에서 갈등하고 협력할 수 있게 해야 한다는 뜻이다. 인간의 삶은 분명 그래야 한다. 망치와 모루를 들고 작업하는 것과 같다. 그 사이에서 강철은 깨지지 않는 온전한 전체, 다시 말해 '개인'으로 단련된다.

그렇다고 자신에게 계속 해를 가해야 한다거나, 자신에게 한계를 지우는 중독성 강한 행동을 무시하거나 부추겨야 한다는 뜻은 아니다. 자신에 대항해 싸우는 일을 멈춰야 한다는 뜻이다. 우리의 행동 하나하나가 자신에게 전하는 의미가 무엇인지, 자기의 여정이라는 큰 그림 안에서 이는 어떤 뜻인지 보다 객관적이고 높은 관점에서 조망하려 노력해야 한다는 뜻이다. 언뜻 '나쁜 버릇'처럼 보이는 행동의 숨은 가치를 찾으려면, 다음과 같은 질문이 도움이 될 것이다.

· 전체에 순응하며 다른 사람에 비해 이상하게 튀기 싫어서 엄격하게 억눌렀던 자신만의 일할 때 버릇이 있는가?
· 나와 내 작가 친구의 경우처럼, 잘못됐다는 생각으로 바꾸거나 숨기려 하며 맞서 싸운 경향이 있는가?
· 그런 일을 해봤자 아무도 신경 안 쓴다는 말을 듣고 나서 삶 속 '하잘것없는' 분야에서 뭔가 성취하려 노력하는 일을 중단한 적이 있는가?
· 일할 때 활력 충전에 도움이 되지만 하면 안 될 것 같은 '잠깐 멈추는' 행동 (잠, TV 시청, 낚시, 음악 듣기, 넋 놓고 있기 등)이 있는가?

자신이 사는 동안 완전히 창조적 분야에 역량을 발휘할 수 있다는 판단이 서면 습관이나 몽상, 공상, 가치, 그리고 성격 중 이중성까지, 그 역량에 맞추어 이해하고 사용해야 한다. 개인으로서의 우리가 어떤지 말해주는 건 우리가 하는 말이나 일, 우리가 맺는 인간관계뿐 아니라 '우리 자신의 모습' 그 자체다. 우리 성격 속에서 논란이 되는 측면은 오히려 우리에게 새로운 색채와 음색, 또는 자극을 주어 자기됨^{selfhood}을 이루기 위한 움직임에, 그리고 자신의 삶과 창조성에 관해 우리 내면의 자기가 들려주는 이야기에 힘을 보탠다.

22. 기술이 상처를 입을 때

첼리스 글렌디닝^{Chellis Glendinning}

우리가 사는 세계에는 건강을 위협하는 기술이 점점 늘어나고 있으며, 기술 때문에 병을 얻는 사람들 역시 점점 증가하는 추세다. 오늘날 기술의 발달과 활용으로 개인뿐 아니라 우리의 삶 자체가 위험하다. 마실 물에서 토양, 공기에 이르기까지, 우리 모두의 삶의 본질과 생존이 위기에 처했다.

역사학자 루이스 멈퍼드^{Lewis Mumford}는 지금을 진보의 시대, 다시 말해 '기계의 신화가 현대인의 마음을 심각하게 사로잡은 나머지 인간의 희생이 전혀 대단해 보이지 않는 시대'라 정의한다.[1] 전화와 텔레비전, 미사일, 핵무기, 슈퍼컴퓨터, 광섬유, 그리고 초전도체 등의 발명에서 알 수 있듯 우리의 사회체제는 수천 년간 인간 문화 속 삶과 상호 관계를 빛낸 전통적인 공동체와 자연 중심의 근본에서 점점 더 벗어나는 기술을 선호해왔다. 이러한 관점에서 오늘날에는 견제받지 않는 기술의 발달을 뜻하는 현대적 '진보' 개념을 가속하는 가치가 도덕적으로도 가장 큰 우위를 점했다. 하지만 이제는 가장 큰 저주가 되었다.

이렇게 역사적으로 보잘것없는 순간에, 기술로 생명을 위협받다 살아난 생존자들과 만나 교류해보면 현대의 기술 사회가 지금 어떤 처지에 놓여 있는지 총체적으로 검토하는 일이 시급한 과제라는 사실을 깨달을 것이다. 이 과제의 관점에서 보면, 이들의 투병 경험은 단순히 개인의 문제가 아니다. 이들의 이야기는 더 많은 이들에게 퍼짐으로써 이 세계를 안전하고 살기 좋은 곳으로 만들기 위해 필요한 열정과 지혜에 필요한 집단의식을 깨우는 촉매로 작용할 것이다. 기술로 인한 질병이라는 시련을 견뎌낸 이들이 기술과 인간관계, 그리고 삶의 의미에 대해 배운 것은 우리 모두에게도 중요한 교훈이 된다.

여기서 지식에 대한 결정적 질문 하나가 생긴다. 어떤 기술이 위험한지 어떤지 어떻게 알 수 있을까? 안다면 언제 알게 될까? 새로운 기술은 어떤 과정을 거쳐 대중이 사용하게 될까? 이들 기술이 미칠 수 있는 효과에 관해 얼마나 제대로 연구가 이루어질까? 새로운 기술은 얼마나 영향이 클까? 댈컨 실드$^{Dalkon\ Shield}$*나 포드 핀토^{Pinto} 자동차의 연료 탱크 결함 사례**에서처럼 처음에는 발명자도, 생산자도, 정부도, 심지어 소비자조차 얼마나 안전한지 또는 얼마나 위험한지 아무도 알지 못한다. 미래에 잘못된 결과를 초래할 것이라고 앞질러 예측한 사람은 아무도 없었다. 그러니 충분한 검사나 분석이 이뤄졌을 리도 없다. 이런 사례에서는 공급자도 소비자도 처음에는 해당 기술의 위험성을 인식하지 못하며, 이는 결국 어딘가에서 불행한 경험이 벌어져야 아는 사람이 생긴다. 이때 공급자는 방어적 태도로, 자신의 책임을 인정하거나 다른 기술을 개발하는 대신 피해를 보고 손해배상 또는 해당 기술의 사용 금지를 요구하는 소비자를 상대로 싸우려 드는 경우가 흔하다.

또는 정부나 학계, 기업 조직 내 최고위 의사 결정자가 해당 기술의 위험성을 인식하고도 사회에, 또는 자신의 경력 및 은행 계좌에 생기는 '이익'을

---

*   1970년대에 개발된 플라스틱 피임 기구. 심각한 부작용으로 여러 사망자와 피해자가 나오며 결국 해당 제품의 유통사 A. H. 로빈스(A. H. Robins)는 9000건 이상의 법정 소송을 당하며 파산했다.

**   핀토는 1970년 출시한 소형차로, 1978년 사망 사고로 포드가 이전부터 연료 탱크 문제를 알고 있으면서도 이를 고의로 은폐했다는 사실이 밝혀지며 미국에서 일본 소형차가 인기를 얻는 계기가 되었다.

고려하면 기술 때문에 소비자의 생명에 빚어지는 '위험' 정도는 감수할 만하다고 결정해버리기도 한다. 위험을 알고 있었다고 자백해봤자 돌아오는 이득이 없으니, 기술 주변은 항상 비밀투성이다. 노동자에게도 대중에게도 이 기술에 어떤 위험이 따를 수 있는지 이야기하지 않으며 그 결과, 사람들은 위험한 기술을 이용하면서도 그것에 어떤 위험이 따르는지는 전혀 알지 못한다.

석면이 폐 질환을 유발하는 것은 물론이고 생명을 앗아 갈 수 있다는 사실을 미국에서는 1918년에 발견했으나,[2] 석면 생산자들은 여전히 안전 장비 없이 근로자를 생산 현장에 투입하며 산업 재해 배상 관련 법규의 허점을 이용해 책임을 회피했다. 1950년대, 헤더 모러$^{Heather\ Maurer}$는 가족이 경영하는 배관 사업 때문에 아버지와 석면 파이프를 자르며 일했다. 그 결과, 아버지는 여러 가지 암을 동시에 앓고 사망했으며 어머니는 현재까지 흉막 섬유화$^{pleural\ fibrosis}$에 시달린다. "정말이에요!" 모러는 이렇게 주장한다. "석면이 위험하다는 사실을 진작 알았더라면 아버지는 그걸 가지고 집에서 일하지 않았을 거라고요!"

우리는 현대 과학기술이 건강에 어떤 영향을 미치는지 알지 못한다. 기술을 개발하고 공급하는 사람들이 거기에 신경 쓰지 않기 때문이다. 우리가 사용하는 기술을 창조하고 선택하는 방식은 민주적이지도, 사용자를 배려하지도, 열려 있지도 않다. 게다가 소비자가 그렇게 해야 한다고 요구하지도 않았다. 인간 공동체 속 기술의 존재란 무책임한 개발자에게나 순진한 소비자에게나 '선택하지 않은 운명'이다.

기술의 피해자가 겪는 건강 악화와 기술적 문제에 어떤 관계가 있는지 발견되는 건 무지와 순진함 속에서만 가능하다.

문제는 (일반인에서 과학자까지) 우리 중 대부분이 위험의 존재를 깨닫지 못한다는 것만이 아니다. 우리 이웃이, 가족이, 그리고 우리 자신까지도 기술이 일으키는 질병의 피해자가 될 수 있다는 사실을 우리가 인정하려 하지 않는 게 진짜 문제다. 우리에겐 이러한 인식이 생기지 않도록 막는 기술의 금기라는 게 있다. 상호 합의된 규칙이나 무의식적 규제를 통해 사회화 과정에서 특정한 경험에 대한 은밀한 욕구가 생기는 걸 막기 위한 장치가 금기taboo다. 그리고 현재 우리가 보유한 기술, 그리고 기술을 공급하는 사회제도에 의문을 제기하는 일은 금기로 취급된다. 기술이 해를 끼칠 수 있다고 고백하는 일 역시 이 시대의 금기다.

사회학자 자크 엘륄Jacques Ellul은 자신의 저서 《프로파간다: 인간 태도의 형성Propaganda: The Formation of Men's Attitudes》에서 이러한 금기 체제가 어떻게 작동하는지 설명한다. 엘륄은 대중의 인식은 단순히 이기적인 관료와 기업가가 작당해 대중에게 주입하고 세뇌해 결정되는 것이 아니라고 본다. 그보다는 사회 내 모든 부문이 연관된 체제와 협력이 더 결정적 역할을 한다고 주장한다.

현대사회에는 일련의 기술적 금기가 있으며, 이는 기술을 만들고 퍼뜨리는 이들에게 적어도 단기간에는 직접 이익을 안긴다. 또 이 금기는 기술로 더 '나은 삶'과 '진보'를 누릴 수 있다는 약속으로 대중의 정신적 욕구 역시 간접 충족한다.

6부

악마, 악령, 그리고 희생양
악의 심리학

"우리 인생의 거미줄은 선과 악이 함께 뒤얽힌 실타래로 이루어졌다. 결점이 채찍질하지 않는다면 미덕은 기고만장하고, 미덕이 아껴주지 않으면 범죄는 절망한다."
- 윌리엄 셰익스피어

"건강한 마음$^{healthy\text{-}mindedness}$이 철학적 원칙에 맞지 않는다는 사실은 의심할 여지가 없다. 적극적으로 설명을 거부하는 악한 부분 역시 현실에서 순수한 몫을 차지하기 때문이다. 사실 이것이야말로 삶의 중요성에서 최고 중요한 부분이자 심층의 진실을 향해 우리의 눈을 뜨게 만들어줄지 모른다."
- 윌리엄 제임스$^{William\ James}$

"인간의 현실 속 삶이 엄연한 정반대 사물이 복잡하게 얽힌 채 이루어졌다는 것은 서글프지만 진실이다. 낮과 밤, 탄생과 죽음, 행복과 비참, 선과 악처럼 말이다. 이 중 한쪽이 다른 쪽을 장래에 지배하게 될지 알 수 없다. 선이 악을 극복할지, 기쁨이 아픔을 물리칠지 모른다. 삶은 전쟁터다. 언제나 그랬고, 앞으로도 그럴 것이다. 그렇지 않다면 우리의 존재는 종말을 맞을 것이다."
- 카를 융

서문

개인의 그림자가 순전히 주관적으로 발달하는 반면, 집단의 그림자는 객관적 현실이며 우리는 보통 이를 '악'이라고 부른다. 개인의 그림자는 도덕적 노력과 연결되면 희망의 신호를 발산하지만, 집단의 그림자는 이성적 노력 따위로는 꿈쩍도 하지 않는다. 따라서 우리에게 완벽한 무력감을 안길 수 있다. 어떤 이들은 종교와 이데올로기라는 절대적 가치 체계를 순종하고 따름으로써 이러한 절망을 벗어나려 하는데, 이는 오랫동안 온 세상에 횡행하는 악의 위협으로부터 자신의 마음을 지키는 방법으로 쓰였다. 사회제도로 자리 잡은 이들 가치가 우리 자신의 가치를 지지해주는 동안 우리는 악이 내뿜는 부정적 효과에 휩쓸리지 않도록 예방접종을 받은 듯한 든든함을 느낄 수 있다.

악, 그리고 이것 때문에 일어나는 문제는 고대부터 영적, 지적 영역에 속했다. 어느 세대든 선과 악이라는 개념을 어떻게 구분할지는 그 시기의 시대정신^{zeitgeist}에 따라 결정된다. 석기시대부터 거의 변하지 않는 모습으로 살아가는 토착민의 경우, 악은 언제나 어둠, 그리고 밤과 이어진 개념이었다. 낮에는 악이 존재하지 않지만 해가 지고 나면 악은 어두운 그림자에 숨어 우리를 위협한다. 원주민의 일상에는 미신적 믿음이 스며들어 있으며 이는 말 뜻 그대로의 '그림자', 그리고 그림자의 상징적 의미와 모두 이어진다.

오토 랑크는 자신의 유명한 저서 《더블$^{The\ Double}$》에서 우리가 드리우는 (말 그대로의) 그림자가 상징적 의미로 내면에 자리 잡는 몇 가지 방식을 검토했다. 이는 우리 영혼이 선, 그리고 악과 연결되었다는 생생한 표현이다. 랑크는 원주민이 관습과 금기를 통해 제의와 율법 형태로 그림자와 관계 맺는 모습을 탐구했다.

고대 이집트에서 악은 신격화된 존재였다. 오시리스^{Osiris}(고대 이집트 신화에 나오는 풍요의 신)의 암흑의 형제인 세트^{Set}가 바로 악의 신이다. 세트는 비옥한 나일강 평야에서 꽃핀 인간 문화에 가뭄과 각종 재앙을 가져오는 불모의 이집트 사막을 인격화한 존재였다. 페르시아 신화에서 삶은 갈등 관계에 있는 2개의 힘, 아후라 마즈다$^{Ahura\ Mazda}$와 아흐리만^{Ahriman}이 벌이는 싸움으로 상징되었다. 아후라 마즈다는 삶의 동력으로 빛과 진실을 가져오는 신이지만, 아흐리만은 어둠과 거짓, 병환과 죽음의 신으로 집단적 악의 힘을 상징했다.

인도반도 전체에 걸쳐 힌두 전통문화에서는 개인 수준을 넘어서는 악을 신성한 삶의 에너지가 끊임없이 바뀌며 자신을 표현하는 모습 중 한 가지로 여긴다. 인도 학자 하인리히 치머에 따르면, 악은 인과관계로 이루어진 카르마(업)의 순환에서 없어서는 안 되는 부분이다. 인도인은 개인의 행복과 괴로움을 결정하는 것은 자신의 행동과 그 행동 뒤에 숨은 의도라고 생각한다. 힌두교의 한 신화에서는 이렇게 말한다. "선악은 교차하며 끊임없이 순환하기 때문에 현명한 사람은 악의 편에도, 선의 편에도 서지 않으며 어떤 것에도 집착하지 않는다."

악에 대한 서구의 사고방식은 유대교와 기독교, 그리스신화에 등장하는 도덕과 관련된 여러 이야기를 보면 분명하게 확인할 수 있다. 서구 문화에는 구약성경 속 드라마의 이미지가 깊이 스며들어 있다. 양심, 창조주와의 특별한 대화를 지침으로 삼는 이들의 이야기다. 예수가 설명했던 여러 비유와 사탄을 둘러싼 민간 신화는 인간의 악을 이해하는 데 가장 기본적인 상징에는 무엇이 있는지 설명해준다.

그리스신화에 따르면 집단의 악은 신들 때문에 생겨났다. 올림포스의 신들은 인간보다 훨씬 뛰어난 능력을 지녔으며, 수가 인간보다 훨씬 적지만 심리적으로는 교만함과 그림자로 얼룩진 인간세계와 놀랍도록 비슷하다. 그리스신화에 등장하는 신은 모두 실수투성이인 데다 선과 악을 오간다. 이들은 원형적 힘이며, 인간세계의 인과관계를 뛰어넘어 사람들 사이에 보이지는 않지만 실재하는 현상이다. 그리스신화에서 객관적인 악은 이미 존재하는 힘이며, 유한한 존재인 인간은 이를 스스로 깨달아야 한다.

그리스신화에서 악이 인간에게 전해진 것은 판도라^{Pandora}의 호기심 때문이다. 이에 관련한 이야기는 다시 한번 소개해도 좋을 것 같다.

천국의 강력한 군주이자 신의 왕 제우스^{Zeus}는 신들의 불을 훔쳐 간 사건에 분노해 프로메테우스^{Prometheus}에게 이렇게 말했다. "너는 우리 모두보다 현명해 불을 훔쳐내고 나를 속인 걸 기뻐했구나. 하지만 이는 너에게도, 그리고 인간에게도 결국 해가 될 것이다. 불을 훔쳐 간 대가로 인간에게 악한 존재를 한 가지 선사할 것이다. 인간은 이를 너무나 아끼는 나머지 그 아픔마저도 사랑으로 감쌀 것이다."

제우스는 대장장이의 신 헤파이스토스^{Hephaestos}에게 명령해 진흙으로 아름다운 사랑의 여신 아프로디테^{Aphrodite}의 모습을 본뜬 여인을 만들게 했다. 모든 인간 여성의 선조인 이 여인의 이름이 바로 판도라('모든 선물'이라는 뜻)다. 아테네^{Athene} 여신이 모습을 꾸며줘 매력이 충만한 판도라는 여신과 같은 여러 특징을 부여받았다. 프로메테우스의 속임수에 분노한 올림포스의 신들이 모두 판도라를 만드는 데 참여했다. 제우스도 직접 판도라에게 만족할 줄 오르는 호기심을 불어넣은 다음, 흙으로 만든 항아리를 하나 주며 절대 열어보지 말라고 경고했다.

신을 거부하는 존재였던 프로메테우스는 신들의 계획을 꿰뚫어 보고 그들이 주는 선물을 아무것도 받지 않았으며, 동생 에피메테우스^{Epimetheus}에게 선물을 든 신을 조심하라고 일러놓은 상태였다. 하지만 신의 사자인 헤르메스^{Hermes}가 판도라를 데리고 오자마자 에피메테우스는 판도라의 아름다움에 반하고 말았다. 이리하여 판도라는 인간들 사이에서 살아가게 되었다.

이윽고 판도라는 호기심에 휩싸여 항아리를 열었고, 그 안에 갇혀 있던 모든 종류의 악이 밖으로 튀어나왔다. 그전까지 인간은 악이라는 게 무엇인지 알지 못했다. 판도라는 겨우 뚜껑을 닫아 항아리 밑바닥에 있었던 '희망'만은 간직했지만, 인간 세상은 이미 슬픔을 가져오는 수많은 악으로 가득 차고 말았다. 그뿐만 아니라 인간에게는 질병과 죽음까지 닥쳤으며, 인간은 영생하는 신들의 세계로부터 완전히 갈라졌다.

우리는 이 세상에 존재하는 악을 무섭도록 뚜렷하게 목격할 때가 있는 반면, 전혀 보지 못할 때도 있다. 판도라의 이야기에 등장하는 에피메테우스에 대해 고전학자 칼 케레니$^{Karl\ Kerényi}$는 선물을 먼저 받아본 다음에야 악의 존재를 깨닫는 것이 인간의 본성이라고 지적한 바 있다. 기대하는 삶과 실제의 삶이 갈등을 일으킬 때가 되어야 우리는 악의 존재를 깨닫는다. 우리는 인간 세상을 긍정적으로 생각하고 아름다운 모습을 보고 싶어 하지만, 역사 속 악의 기억을 무시하면 크나큰 대가를 치르기 마련이다. 이와 같은 괴리 속에 실재하는 악은 묻히기 십상이며, 그런 순진함 때문에 우리는 선한 의도라는 구실로 갖가지 혐오를 저지르게 만들기도 한다.

집단의 그림자는 마치 나라 전체가, 그 안에 사는 모든 대중이 원형적 악의 힘에 씐 듯한 현상으로 나타날 수 있다. 이는 신비적 참여participation mystique라는 무의식 속 과정으로 설명할 수 있다. 신비적 참여란 개인과 집단이 특정한 대상, 인물, 사상 등과 감정적 정체성을 형성하며, 이 때문에 자기 내면에서 또는 다른 대상을 지각할 때 정신적 구별을 하지 못하는 과정을 가리킨다. 집단의 그림자라는 사례에서 보자면, 사회 전체가 지닌 공포나 열등감을 표현하는 이데올로기나 지도자에 대중이 자신을 동일시하는 모습이 여기에 해당한다. 이로 인해 종교적 박해, 인종 편협성, 신분제도, 희생양 찾기, 마녀사냥 또는 인종 말살적 증오 등의 행동에 집단 전체가 광적으로 열광하는 모습을 보이기도 한다. 사회가 거부하는 모습이 사회 내 소수집단에 투사되면 거대한 악이 깨어날 가능성이 있다. 이 같은 집단 현상의 예를 우리 시대에서 찾는다면 20세기 초 제정러시아에서 이루어진 유대인 학살, 제2차 세계대전 강제수용소에서 나치가 벌인 유대인, 집시, 동성애자 학살, 1950년대 미국을 휩쓴 반공주의와 매카시즘, 남아프리카공화국에서 헌법으로 정해져 있던 인종 분리apartheid 제도 등을 들 수 있다. 20세기 들어 인류는 집단적 정신증이 발현해 이전에는 상상할 수조차 없던 비중의 온갖 잔인한 행태로 나타나는 모습을 지켜봐야 했다.

집단적 악은 일반이 이해할 수 있는 수준을 넘어갈 때가 많다. 수많은 사람의 무의식에서 생기는 힘이기 때문이다. 이 같은 정신의 전염병이 발생하면, 이에 따라오는 사회악과 싸우느라 무력한 상태에 빠지기 쉽다. 신비적 참여에 빠지지 않는 소수는 희생자로 전락한다. 독일인이 나치 정권하 죽음의 수용소 존재를 부정했던 일을, 캄보디아 크메르루주 정권하에서 벌어진

대량 학살을 전 세계가 그간 알지 못했음을, 그리고 무자비한 중국 공산당 손에서 온갖 고난을 겪는 티베트인의 실상을 세계가 외면하고 있음을 생각해보라.

이와 같은 집단적 효과가 정치적 지도자라는 인간의 형태로 나타나는 경우도 흔하다. 예를 들어 나폴레옹, 스탈린, 히틀러, 폴 포트(캄보디아 크메르 루주의 지도자. 자국민 200만 명의 목숨을 앗아 갔다), 사담 후세인 등은 집단적 투사를 실행해 사회와 문화 전체를 억압했다. 스위스의 심리학자 릴리아네 프라이-론은 이렇게 말한다. "이들 지도자는 집단의 그림자가 발현한 모습일 뿐만 아니라 그 자체가 집단의 그림자, 악마, 그리고 악의 전형이다."

지난 몇십 년 동안 인간은 용감하게 악을 누그러뜨리려 시도해왔다. 현대 인도의 성자인 모한다스 간디$^{\text{Mohandas Gandhi}}$는 비폭력을 통해 인도의 존엄과 독립을 되찾았으며, 이로 인해 태어난 사회운동은 제3세계 국가들을 공공연한 제국주의 식민화에서 거의 완전히 해방했다. 마틴 루서 킹$^{\text{Martin Luther King}}$이 이끈 미국 흑인 운동은 인종 평등 실현을 촉진했으며, 민중과 국가가 억압적 악의 힘에 맞설 동력을 계속 제공해주었다. 오늘날 세계가 하나로 뭉쳐 남아프리카의 인종 분리 정책에 제재를 가한 건 이러한 업적이 이끈 직접적 결과라 할 수 있다. 여성과 아동, 장애인, 그리고 노인의 권리를 보장하려는 사회운동은 모두 미국인의 삶에 깃든 무의식적 악의 힘을 공개적으로 거부하고 있다. 그리고 우리는 폭압적인 공산주의 이데올로기를 떨쳐내려고 현재 러시아 전역에서 벌어지는 놀라운 결과를 목격하고 있다.* 러시아

---

* 이 책은 1991년 발매되었다. 이 책에서 설명하는 역사적 사실은 1980년대까지의 내용임을 고려해야 한다.

민중이 지난 50여 년간 자신들의 정치를 지배하던 어둠의 힘을 몰아내려 애쓰는 모습에서 우리는 희망과 용기를 얻는다.

의식하지 못한 채 악에 속아 순진한 무의식으로 전락하지 않으려면 악에 대해 생각하는 방법을 계속 새롭게 궁리해야 한다. 우리 대부분에게 악이란 삶의 어두운 모퉁이에서 잠자고 있다가 가끔 일어나 위협적으로 포효하는 호랑이와도 같다. 이때 어떤 끔찍한 일도 벌어지지 않는다면, 위험한 존재를 부정하려는 우리의 욕구로 호랑이는 다시 잠에 빠질 것이다.

악을 부정하는 일은 학습된 행동이다. 우리는 수많은 현실을 견뎌낼 수 있다. 어린 시절부터 우리는 타인의 이해 못할 행동을 통해 그리고 TV, 언론, 영화, 이야기, 동화 등에 등장하는 비인간적인 다양한 이미지를 통해 직접적으로든 대리 형태로든 악을 경험했다. 어렸을 때 이렇게 악을 접하면 악의 객관적 현실, 그리고 악이 가져올 소멸의 위협을 어떻게 설명할지 설명할 필요가 생긴다.

이런 끔찍한 경험을 어떤 도움의 손길도 없이 온전히 스스로 소화해야만 하는 사람도 있게 마련이다. 보기맨^{bogeyman}(미국 문화에서 아이들의 상상 속에 존재하는 공포의 존재. 일반적으로 벽장 속에 사는 괴물로 형체나 모양이 없이 아이들의 공포를 통해 형상화된다)처럼 아동기에 형성되는 그림자와 악은 위험이 다가온다는 즉시적 예감을 없애버리는 대신, 세월이 지나 빈약하게 각색되어 어둠을 무서워하거나 공포 반응으로 사람을 쇠약하게 만드는 등의 증상을 만든다. 우리 중에는 아동 폭력, 전쟁, 범죄 등의 희생자도 있게 마련이며, 이들은 너무나 일찍 비극적으로 무의미한 악의 심연과 맞닥뜨려 그 아픈 경험에서 회복하지 못한 상태다. 세상에 존재하는 악에 대해 극도로 독단적인 교리를 접한 사람도 있다. 이들은 천벌과 지옥, 그리고 저주 같은 고정관념이나 선악에 대한 미신적 사고방식을 안고 견디며 살아간다.

여기에 해당하지 않는 우리 대부분은 악을 언제나 피하고 부정해야 하는 대상으로 인식한다. 이는 우리가 외부에 대처하는 가장 흔한 기제이기도 하다. 악이 인류의 영원한 고뇌임을 부정하는 일은 가장 위험한 사고방식일지도 모른다. 문화인류학자 어니스트 베커$^{\text{Ernest Becker}}$는 저서 《악으로부터의 도피$^{\text{Escape from Evil}}$》에서 모든 악 중의 최악, 죽음을 온 세상에 저질렀음을 부정하는 일은 불가능한 희망이자 욕구일지도 모른다고 언급했다. "악을 회피하는 일에 대해서라면, 인간은 먹고 존재하는 것만으로도 다른 어떤 생물보다 훨씬 많은 악을 세상에 불러온 책임을 면할 수 없다. 인간은 동물적 본성이 아니라 자신의 독창성 때문에 다른 생명체의 삶을 힘들게 만들었다."

악이 인간의 영원한 일부라는 생각에 동의하지 않을 사람도 있을 것이다. 아우구스티누스$^{\text{St. Augustinus}}$(중세 교부철학을 완성한 기독교 신학자)는 '선의 결여$^{\text{privatio boni}}$' 원리를 내세웠는데, 이는 악이란 선이 부재한 상태에 불과하다는 사상이다. 이 사상에 따르면 악은 선을 작동시키면 없앨 수 있다. 융은 저서 《아이온^{Aion}》에서 이를 다음과 같이 비판했다.

애초부터 우리 힘으로 가능한 수단을 알맞든 아니든 모두 써서 '선'을 최우선으로 두려는, 언제나 선을 늘리고 악을 줄이려는 경향이 있다. 따라서 '선의 결여'는 형이상학적 진실일지도 모른다. 나는 이 문제는 판단하지 않으려 한다. 그저 이렇게 주장할 따름이다. 우리 경험에서 흑과 백, 빛과 어둠, 그리고 선과 악은 서로의 근거가 되며 서로 동등한 정반대의 존재라고 말이다.

왕성한 저술 활동을 하는 작가이자 정신분석학자 앨리스 밀러는 최근 저서 《사라진 지식$^{Banished\ Knowledge}$》에서 선의 결여라는 이 논쟁적 개념을 꺼내 들었다. 그리고 집단의 그림자란 존재하지 않으며 이는 악의 존재를 부정하는 것에 불과할 뿐이라고 과감하게 주장한다.

융 학파에서 '그림자'의 원리, 악은 선의 반대라는 개념의 목적은 악의 현실을 부정하는 데 있다. 그러나 악은 현실이다. 악은 타고나는 것이 아니라 습득하는 것이며, 선의 반대가 아니라 선을 파괴하는 존재다. … 악, 파괴성 그리고 타락은 필연적으로 인간 존재의 일부가 된다는 주장은 자주 제기되기는 하나 사실이 아니다. 하지만 악은 언제나 더 많은 악을 만들어내려, 이로 인해 수많은 이들에게 고통을 지우려 하지만, 이를 피할 수 있다는 주장은 사실이다. 아동기의 억압으로 생겨나는 무지함이 사라지고 인간성이 깨어나면 악의 형성 역시 끝날 수 있다.

하지만 본 책에서 우리가 채택한 임시 가설$^{working\ hypothesis}$은 악이란 삶에 영원히 고정된 존재이며 인간성 속 최고의 부분과 밀접하게 얽혀 있다는 것이다. 판도라의 유산을 거부하려면 떠돌아다니는 악을 원래 있던 항아리 속에 전부 집어넣어야 한다. 이는 흔히 하는 말로도, 현실적으로도 불가능하다. 역사에서 최악의 불운은 인간이 본의는 아닐지언정 악의 온전한 현실을 보지 못하고, 자신이 없애려 애쓰던 악보다 더 심한 고통을 퍼뜨렸을 때 벌어졌다. 중세 십자군이 비기독교인에게 어떤 만행을 저질렀는지, 현대라면 베트남전에서 어떤 일이 일어났는지 생각해볼 일이다.

세상에 존재하는 악과 맞서는 데 실제 힘을 가지려면 우리 모두 개인으로서 책임을 져야 한다. "우리는 모두 인간이고 자아가 발전했기 때문에 그 결과로 악과 더러움 역시 우리 자신의 일부가 되었다는 사실을 깨닫고 받아들일 필요가 있다"라고 융 정신분석학자인 에드워드 C. 휘트먼트는 말한다. "성스러운 힘에는 끔찍한 요소로서 악이라는 원형이 객관적으로 존재한다는 사실을, 그 안에는 성장과 성숙뿐만 아니라 파괴성과 부패도 있다는 사실을 인정해야 한다. 그래야 나 아닌 다른 존재를 희생양이 아닌 동료 희생자로 생각하고 이어질 수 있다."

오류 없는 원리는 없다. 우리 삶 속 악에 대한 진실을 발견하려 아무리 시도한다 해도 우리 인식이 더욱 넓어질 것이라는 가능성만 열어줄 따름이다. 모든 세대가 점점 무서워지는 유령 같은 악과 맞닥뜨리고 있다. 전례 없는 인간의 파괴적 가능성과 단순한 교조주의의 시대에 태어난 우리 자손들은 악에 대해 균형 잡히고도 폭넓은 지식을 갖춰야 하며 그럴 자격이 있다.

6부에서는 악이라는 주제를 심리학적 관점에서 탁월하게 바라본 사상 몇 가지를 정리·비교하고자 한다. 악에 대해서는 다양한 심리학적 관점이 존재한다. 여기에 등장하는 글은 독자가 악에 대해 가지고 있는 불완전한 생각을 자극할 목적으로 새롭게 실었다.

23장은 융의 자서전 《기억, 꿈, 사상 Memories, Dreams, Reflections》에서 발췌했으며, 융이 말년에 쓴 글이다. 악이라는 문제에 대해 융이 말년에 지녔던 사상과 심리학, 개인의 자기 지식 self-knowledge 증진의 필요성에 대한 내용이 들어 있다.

두 번째 글은 심리학자 롤로 메이 Rollo May 의 저서 《권력과 거짓 순수 Power and Innocence》에서 발췌했다. 메이는 순수(실제 저서에서는 '거짓 순수 pseudoinnocence'라고 표현했다)가 악을 결정적으로 인식하지 못하게 막는 미성숙한 방어물로 작용할 수 있다고 본다.

25장의 원본은 정신의학자이자 베스트셀러 작가 M. 스콧 펙^{M. Scott Peck}의 저서 《거짓의 사람들^{People of the Lie}》로, 이 책에서 펙은 악한 자들의 특징을 기독교의 영향을 빌려 정의하는 심리학적 내용을 소개한다. 펙은 이렇게 말한다. "이상한 일이지만 악한 사람은 악을 무찌르려다 파괴적으로 변할 때가 많다. 문제는 이들이 악이 어디 있는지를 잘못 파악한다는 데 있다. 타인이 아니라 자기 내면의 악한 모습을 먼저 파괴해야 한다."

메이와 펙의 글에 이어 스티븐 A. 다이아몬드^{Stephen A. Diamond}는 이들의 사상을 비판적으로 비교하는 한편 악에 대한 몇 가지 심리학적 관점을 고찰한다. 다이아몬드의 악마와 악마성에 대한 논의는, 우리가 악에 대해 단편적으로 지닌 이해에 깊이를 더하고 악의 심리학에 한 발짝 더 가까이 다가서게 한다.

27장 〈인간이 지닌 악의 기본 역학〉에서는 고(故) 어니스트 베커의 마지막 연구 내용을 소개한다. 저서인 《악으로부터의 도피》에서 발췌했으며 오토 랑크, 프로이트, 융의 심리학 사상을 비교하면서 특히 빌헬름 라이히의 연구에 초점을 맞춘다. 베커는 정신분석이 오랫동안 지닌 장점은 인간의 고통과 불행의 역학에 대한 이해를 제공한다는 데 있다고 말한다.

작가 앤드루 바드 슈무클러^{Andrew Bard Schmookler}는 자신의 저서 《내면의 분열을 받아들이자^{Acknowledging Our Inner Split}》에서 우리는 내면에서 악과 싸워야 그림자와 화해할 수 있다고 말한다. 마하트마 간디의 그림자 문제에 대한 에릭 에릭슨^{Erik Erikson}(인간의 심리 사회적 발달단계 이론으로 유명한 미국 심리학자)의 연구에 대한 슈무클러의 말은 이 섹션에서 진행되는 대화에 중요성을 보탠다. 이 책에 소개한 슈무클러의 글은 저서 《약하기 때문에^{Out of}

Weakness》에서 따왔다.

이들 에세이는 악이라는 주제를 온전하게 파고들지 않았지만 도발적인 사상이 모인 원탁회의와도 같은 구성이며, 여기에는 우리 생각이 들어갈 여지가 충분히 남아 있다. 의자를 당기고 집중하시라. 대화는 계속된다.

23. 오늘날 악의 문제

카를 융 Carl G. Jung

기독교 신화는 1000년 동안 난공불락의 중요한 위치를 차지했다. 그러다 11세기 들어 의식의 중요한 전환을 알리는 신호가 처음 등장했다.[1] 이후 불안과 의심의 징후가 늘어갔으며, 20세기 말에 들어 전반적인 대재앙의 윤곽이 명백해졌다. 먼저 의식에 대한 위협이 형성되었다는 점을 들 수 있다. 이 위협은 거대화라는 요소(다른 말로 하면 '의식의 오만함'이다)로 이루어졌으며, 다음과 같은 주장에서 찾아볼 수 있다. "인간과 인간이 행한 업적만큼 위대한 것은 없다." 기독교 신화에서 보이는 내세성과 초월성, 그와 더불어 전일성은 내세에서 이룰 수 있다는 관점은 사라지고 말았다.

빛에는 창조주의 다른 면인 그림자가 따르며, 이 단계는 20세기 들어 극에 달했다. 기독교적 세계는 진실로 이제 악의 원리, 날것 그대로의 불의, 압제, 거짓, 노예제도, 의식의 강요에 직면하고 있다. 최초의 폭력적 분출은 독일에서 일어났다. 악이 쏟아져 나오며 20세기에 기독교는 허물어졌다. 이런 상황에서 악은 더 이상 '선의 결여'같이 완곡한 말로 축소할 수 없었으며, 결정력을 지닌 현실이 되었다. 돌려 표현하는 것만으로 세상에서 악을 없애는 건 이제 불가능해졌다. 악이 세상에 엄연히 존재하기 때문에 우리는 악에 어떻게 대처해야 하는지 배워야 한다. 현재로서는 끔찍한 결과를 초래하지 않고 악과 더불어 살아가는 방법을 생각할 수 없다.

어쨌든 우리에게는 참회를 통한 새로운 방향 설정이 필요하다. 악을 건드렸다가는 거기에 굴복하게 될 엄청난 위험이 따른다. 따라서 우리는 어떤 것에도, 심지어 선에도 더는 굴복하지 말아야 한다. 우리가 말하는 선에 굴복한다면 윤리적 성격은 사라진다. 선에 굴복한다는 점에는 나쁜 게 없지만 그럴 경우 문제가 생겨날 수 있다. 약물이든, 술이든, 모르핀이든, 이상주의든, 어떤 형태든 중독은 나쁜 것이다. 선만 생각하며 악은 그와 완전히 정반대라고 여기지 않도록 조심해야 한다. 이제는 선은 반드시 절대적으로 해야 하는 강제력을 띠며, 악은 무조건 단호하게 피해야 한다는 단순한 관점으로 윤리적 행동의 기준을 정해서는 안 된다. 악이 존재하는 현실을 인식해야만 필연적으로 선을 되살릴 수 있다. 물론 악도 역시 살아나겠지만, 이렇게 되면 두 부분 다 모순적인 전체에서 반으로 줄어드는 결과를 낳는다.

현실적으로 이는 선과 악이 이제는 자명한 개념이 아니라는 뜻이다. 선이든 악이든 '판단'을 나타낸다는 사실을 깨달아야 한다. 인간의 판단이란 모두 불완전하다는 관점에서 보면, 우리는 언제나 바른 판단만 내린다고 할 수 없으며, 너무나 쉽게 잘못된 판단의 희생자가 될 수 있다. 이 원리로 윤리적 문제는 영향을 받겠지만 그래 봤자 도덕적 평가에 대한 확신이 옅어진다는 정도일 뿐이다. 하지만 우리는 여전히 윤리적 결정을 내려야 한다. '선'과 '악'이 상대적이라고 해서 선악의 범주가 불확실하다거나 아예 존재하지 않는다는 뜻은 절대 아니다. 도덕적 판단은 언제나 존재하며, 여기에는 심리적

귀결 시의 특징이 동반된다. 우리가 저지르거나 생각하거나 의도했던 잘못은, 과거에 그랬듯 미래에도 우리 영혼에 복수의 칼날을 휘두를 것이라고 여러 번 지적한 바 있다. 시간과 장소에 따라 달라지는 상황의 영향을 받아 그 결과로 다양한 형태를 띠는 건 판단의 내용뿐이다. 도덕적 평가는 언제나 도덕적 규정의 명백한 확실성을 기초로 이루어지며, 도덕적 규정은 무엇이 선하고 악한지 정확히 아는 척만 할 수 있을 뿐이기 때문이다. 하지만 이 토대가 얼마나 불확실한지 깨닫고 나면 도덕적 결정은 주관적, 창조적 행동이 된다.

도덕적 결정의 고통에서 우리를 벗어나게 만들 수 있는 건 어디에도 없다. 그러나 잔인하게 들릴지도 모르겠지만, 어떤 상황에서는 우리의 도덕적 결정에 필요할 경우 익히 알려진 도덕적 재화를 피하고 악으로 여기는 일도 할 자유가 있어야 한다. 다른 말로 하면 우리는 반대되는 개념인 선과 악 중 그 어느 쪽에도 굴복하지 말아야 한다. 이에 대해 유용한 유형을 알려주는 예가 인도 철학에서 말하는 '네티-네티$^{neti\text{-}neti}$(양비兩非), 이것도 아니고 저것도 아니라는 의미)다. 이 경우 도덕적 규정은 분명히 폐기되고 윤리적 선택은 개인의 몫으로 남는다. 이 사상 자체에는 특별할 게 없다. 심리학이 등장하기 이전에도 사람들은 이것이 어려운 선택임을 알고 있었으며 '의무의 충돌' 같은 말로 표현했다.

하지만 일반적으로 개인은 이를 의식하지 못하기 때문에 자신의 결정 능력이 어느 정도인지 제대로 보지 못한 채 계속 불안하게 외부에서 규칙과 규율을 찾아 복잡한 자신 내면의 지침으로 삼으려 한다. 일반적인 인간의 불완전성과는 별개로, 이는 상당 부분 낡은 일반론만 되풀이할 뿐 개인의 경험에는 어떤 비밀이 있는지는 한마디도 가르쳐주지 않는 교육의 문제이기도 하다. 이상적 믿음이나 행동을 가르치는 데만 노력을 기울이며, 이는 절대 실제로 성취할 수 없으리라는 것을 우리는 알고 있다. 또 우리에게 이런 이상적 내용을 설교하는 이들은 절대로 그렇게 높은 기준에 맞춰 살아본 적이 없으며, 앞으로 그럴 생각도 없다. 게다가 이런 교육 방식에 의문을 제기하는 사람도 없다.

따라서 현재 제기되는 악이라는 문제의 해답을 얻고 싶어 하는 개인에게는 무엇보다 자기 지식이 필요하다. 자기 지식이란 자신의 전일성에 대해 얻을 수 있는 최선의 지식을 말한다. 자신이 얼마나 선할 수 있는지, 실제로 어떤 죄를 저지를 수 있는지 가차 없을 정도로 정확히 인식해야 하며, 동시에 한쪽을 실제로, 다른 한쪽을 허상으로 간주하지 않도록 조심해야 한다. 두 가지 다 우리의 본성을 구성하는 요소이며, 우리가 자기기만에 빠지지 않고 살려고 한다면 (자기기만에 빠지지 않고 살아야 하기 때문에) 양쪽 모두 자신 속에서 드러날 수밖에 없다.

하지만 우리는 대체로 이 정도의 수준을 갖추기에는 턱없이 부족하다. 자신의 내면을 심오하게 성찰할 능력을 갖춘 사람이 많은데도 말이다. 이러한 자기 지식은 대단히 중요하다. 우리의 본능이 자리 잡고 있는 인간 본성의 본질적 층위 또는 핵심에 접근하려면 자기 지식을 거쳐야 하기 때문이다. 이곳에는 역동적 요소가 존재하며, 의식이 내리는 윤리적 결정을 이들이 최종 관장한다. 이 핵심에 자리 잡은 것은 무의식과 그 내용이며, 여기에 대해서는 어떠한 최종 판단도 전달할 수 없다. 무의식에 대한 우리의 생각은 정확할 수 없다. 우리는 무의식의 본질을 인지적으로 파악해 이성적 한계를 정할 수 없기 때문이다. 세계에 대한 지식은 과학을 통해서만 얻을 수 있으며, 과학은 의식을 넓힌다. 그러므로 자기 지식이 깊어지려면 과학, 즉 여기서는 심리학이 필요하다. 광학적 지식 없이 선의만으로 망원경이나 현미경을 뚝딱 만들어낼 수는 없지 않겠는가.

오늘날 심리학이 필요한 이유에는 우리의 존재 자체도 포함된다. 우리는 나치와 볼셰비즘 등의 사회현상을 목도한 뒤 복잡하고 멍해진 상태다. 우리가 지금껏 인간에 대해 전혀 알지 못했거나 기껏해야 피상적이고 왜곡된 모습만 보고 있었다는 뜻이기 때문이다. 우리에게 자기 지식이 있었다면 사정은 달라졌을 것이다. 우리는 악이라는 끔찍한 질문에 대면하고 있으면서도 어떻게 맞서 싸울지 생각하기는커녕 앞에 있는 것의 정체조차 파악하지 못하고 있다. 설령 우리 앞에 있는 것의 정체를 안다 해도 '대체 어떻게 여기서 일어났는지'는 알지 못한다. 대단히 순진하게도 정치가는 자신은 '악은 상상조차 하지 않는다'고 자랑스럽게 선언한다. 사실 맞는 말이다. 우리는 악이라고는 상상조차 하지 않는다. 그러나 악은 우리를 어느새 장악하고 말았다. 이 사실을 아예 알고 싶어 하지 않는 사람도 있고, 악과 자신을 동일시하는 사람도 있다. 오늘날 세계의 심리적 상황이 그렇다. 자신을 기독교인이라 부르며 원하기만 하면 악 따위는 언제든 짓밟아버릴 수 있다고 생각하는 사람이 있지만, 이미 악에 굴복해 더는 선함을 볼 수 없는 사람도 있다. 오늘날 악은 눈에 보이는 거대한 힘으로 변했다. 인간성이라는 것의 절반 정도는 인간의 추론으로 구성한 원리에 기대 살며 성장한다. 그리고 나머지 절반은 인간이 처한 상황에 알맞은 신화가 뒷받침해주지 못하면 쇠약해진다. 기독교가 작동을 멈춘 채 수백 년간 자신의 신화를 계속 가꾸는 일을 등한시한 탓에 기독교 국가들은 현재 심각한 상황에 이르고 말았다.

우리의 신화는 목소리를 잃고 이제 우리에게 답해주지 않는다. 잘못은 성경에 적힌 내용이 아니라 온전히 우리에게, 그 내용을 더욱 발전시키지 못한 건 물론이고 발전시키려는 시도조차 억누른 우리에게 있다. 신화는 원래 우리에게 다양한 출발점과 더불어 발전의 가능성을 제공한다. 예를 들어 그리스도는 "뱀같이 지혜롭고 비둘기같이 순결하라"고 이야기한 바 있다. 인간이 무슨 이유로 뱀 같은 교활함을 지녀야 하는가? 그리고 교활함과 비둘기 같은 순결함은 대체 어떻게 연결되는가?

영지주의자들이 제기한 오래된 질문 "악은 어디에서 오는가?"에 대해 기독교 세계는 해답을 내놓지 못했으며, 오리게네스^{Origenes}(알렉산드리아 학파를 대표하는 고대 교부 신학자)가 조심스럽게 내놓은 악마의 구원 가능성은 이단으로 규정당했다. 이제 이들 질문을 다시 직면해야 하나, 지금 우리는 빈손인 채 당황해서 어찌할 바를 몰라 머릿속에 질문을 집어넣지도 못하고 있다. 신화의 도움이 너무나 절실한 상황임에도 어떤 도움도 받지 못하는 상태다. 정치적 상황, 과학의 무시무시하고 사악하기까지 한 승리 때문에 우리는 어두운 전조와 비밀스러운 전율로 떨고 있다. 하지만 비상구가 어디 있는지 모를뿐더러 현재의 화두가 다름 아닌 '인간의 영혼'이라는 결론에 다다른 사람도 거의 없다.

신은 온전한 존재이므로 신이 창조한 후손인 인간 역시 온전해야 마땅하다. 신성한 전일성이라는 개념은 그 무엇도 인간에게서 빼앗아 갈 수 없다. 그러나 우리 모두에게 생소한 말일 테지만, 그 전일성에 분열이 일어나 빛의 영역과 어둠의 영역이 생겼다. 그리스도의 출현 이전부터 이러한 결과는 욥의 경험에서, 또는 널리 퍼진 《에녹서$^{Book\ of\ Enoch}$》*에서 뚜렷하게 형상

---

* 성경의 제2 경전 중 하나. 노아의 조상인 에녹이 승천해서 본 환상을 기록한 것이다.

화되었다. 기독교 내에서도 이러한 형이상학적 분열은 계속되었다. 구약성경에서는 아직 야훼^{Yahweh}*의 측근으로 등장했던 사탄은 이제 신계와는 완전히 정반대인 존재가 되었다. 박멸에 실패한 것이다. 따라서 11세기 무렵에 신이 아닌 악마가 세상을 창조했다는 믿음이 등장했다는 건 놀랄 일이 아니다. 천사들이 타락한 이후, 즉 기독교에서 영겁^{aeon}의 후반에 해당하는 시기에 이들 타락 천사가 인간에게 과학과 예술이라는 위험한 지식을 알려주었다는 것이다. 고대 이야기꾼들이 히로시마 원폭 투하 같은 사건을 접하면 과연 어떻게 이야기할까?

24. 순수의 위험성

롤로 메이$^{Rollo\ May}$

인간의 의도가 가져오는 결과에 책임지려면 먼저 인간의 존재란 기쁨과 동시에 두려움임을 인식하는 일이 필수다. 내 의도가 때로는 악할 수 있다. 내 안에 도사린 사악한 용이, 스핑크스가 아우성치며 존재를 드러낼 때도 있을 것이다. 그러나 이를 자신에게 투사하기보다 자신의 일부로 받아들이도록 최선을 다해야 한다.

---

*   성경에서 하느님이 사람들에게 밝힌 자신의 이름

성장이 윤리의 근본이 될 수는 없다. 성장 자체는 선하기도 하고, 악하기도 하기 때문이다. 우리는 매일 조금씩 허약해지며 죽음을 향한다. 신경증 환자들은 이 사실을 우리 대부분보다 분명하게 인식한다. 이들은 나이 먹는 걸 두려워한다. 자신들만의 신경증적 방식이긴 하지만, 나이를 먹어 성숙해지는 길은 죽음으로 가는 길과 같다는 사실을 깨달았기 때문이다. 암도 일종의 성장이다. 세포 중 일부가 성장 과잉으로 치달아 신체가 불균형 성장한 상태가 암이다. 태양은 보통 몸에 좋지만 결핵균을 과잉 성장시키기 때문에 결핵 환자의 경우 해당 부위를 가려야 한다. 요소 간의 균형이 필요한 상황에서 우리는 일차원적 성장이 아닌, 더욱 심도 있는 성장 윤리의 기준이 필요하다는 것을 깨닫게 된다.

그러면 이런 질문이 따른다. 여기서 제시하는 윤리는 과연 현재 우리의 기독교 윤리 시스템과 어떤 관계인가? 우리는 기독교를 현실적으로 받아들여야 한다. 예수가 설파한 이상적 모습이 아니라 실제로 세상에 구현된 모습을 봐야 한다는 뜻이다. 기독교 윤리는 구약이 시작되는 시기에 존재하던 '눈에는 눈, 이에는 이'식 윤리관에서 시작해 악과의 균형을 이루기 위해 정의라는 개념을 얻으며 점차 발전했다. 이후 기독교와 유대교 윤리의 중심은 인간 내면의 태도로 이동했다. '대저 그 마음의 생각이 어떠하면 그 위인도 그러한즉'* 사랑의 윤리는 결국 기준점이 되어 이상적으로 지켜야 할 계명 '원수를 사랑하라'로 이어졌다.

---

*　성서 잠언에 나오는 말로, 사람의 성품과 기질은 마음속에 품고 있는 생각에 따라 결정된다는 뜻이다.

그러나 이렇게 발전하는 중에 적을 사랑하는 일은 은혜의 문제라는 사실은 잊히고 말았다. 라인홀드 니부어$^{Reinhold\ Niebuhr}$(미국 개신교 신학자이자 윤리학자)의 표현을 빌리면 이는 '가능한 불가능'이다. 실제로는 은혜를 베푸는 행동이 아니고서는 절대로 이뤄질 수 없다는 의미다. 히틀러 같은 인물을 사랑하려면 은혜가 있어야 할 것이지만 현재 나는 그런 은혜를 베풀 생각이 없다. 은혜라는 요소가 빠져 있는 상황에서 원수를 사랑하라는 계율은 도덕 문제로 변하며, 개인이 인격을 수양하기만 하면 이룰 수 있는 행동, 도덕적 노력의 결과인 것처럼 주장된다. 그러면 우리에게 남는 건 원래 의도와는 완전히 달라진다. 지나치게 단순화된, 윤리를 빙자한 위선만 남는다. 이렇게 되면 이는 개인의 현실 자각 의식이 막힌 가운데 행하는 도덕의 근력 트레이닝에 지나지 않으며, 실제 가치 있는 행동에 옮김으로써 사회의 개선으로 이어지는 일은 불가능하다. 종교 안에서 순수한 사람, 그러니까 '뱀 같은 현명함'이 없는 사람은 의식하지도 못한 채 크나큰 해를 끼칠 수 있다.

문화적 진화 과정에서 일어난 또 한 가지 일이 있다. 우리 시대 기독교 윤리가 특히 지난 5세기 동안 르네상스와 함께 출현한 개인주의와 결합한 것이다. 닫혀 있는 혼자만의 완전성 안에 용감하게 서 있는 고립된 개인의 윤리로 변해가며, 자신의 확신에 충실해야 한다는 점에 초점을 맞추었다. 개척 시대를 거치며 발전한 개인주의의 덕을 대단히 많이 본 미국의 분파주의 개신교가 특히 그렇다. 그리하여 미국에서는 자신의 믿음에 따라 성실하게 사는 일이 대단히 중요해졌다. 실제로 그렇게 살았다고 생각되는 헨리 데이비드 소로$^{Henry\ David\ Thoreau}$(미국의 철학자, 수필가) 같은 이를 이상적인 인물상으로 여겼다. 인격 발달 또한 중요한 요소로 떠올랐다. 미국에서 인격 발달이라는 말은 항상 도덕적 함의를 포함하는 것 같다. 우드로 윌슨^{Woodrow Wilson}(미국 제28대 대통령)의 말에 따르면 이는 '우리가 타인을 참고 견딜 수 있게 만들어주는 성격'이다. 윤리와 종교는 대체로 일요일 교회에 나갈 때만 중요한 문제가 되었으며, 주중은 돈 버느라 바쁜 시간으로 전락했다. 이런 식으로 우리는 자신의 인격을 흠잡을 데 없게 만들 수 있었다. 그러자 분명 흠잡을 곳 없는 이상적 인격을 지녔어야 할 사람들이 공장을 운영하면서 아무 생각 없이 수천 명에 달하는 노동자를 착취하는 흥미로운 상황이 벌어졌다. 개신교에서 보면 개인의 습관이 중요하다고 강조하는 '근본주의'가 실제로는 가장 국수주의적이며 호전적일 뿐만 아니라 러시아나 중국 같은 나라를 국제적으로 이해하려는 어떤 시도조차 격렬하게 반대하는 일파이기도 하다는 사실은 흥미롭다.

온전함과 개인으로서의 가치에 대한 관심을 포기할 이유는 없으며, 그래서도 안 된다. 단지 르네상스 이후 우리가 개인이라는 이름으로 일궈낸 성과는 이제 새로운 연대, 그러니까 우리가 다른 사람들을 위해 기꺼이 짊어지는 책임과 균형을 맞출 필요가 있지 않나 하고 제안하는 것이다. 매스컴 시대에 우리는 다른 이들에게 무엇이 필요한지 모를 수 없으며, 이를 무시하는 건 자신의 증오를 표출하는 것과 같다. 이상적인 사랑과 달리 이해는, 그러니까 친구뿐만 아니라 적을 이해하는 일은 인간의 가능성이다. 측은지심, 동정, 자선 같은 감정은 모두 이해에서 시작한다.

인간의 가능성을 실현하려면 위를 향해 나아가는 것만이 아니라 아래를 바라보는 시야도 넓어져야 한다는 사실을 인정해보자. 대니얼 베리건^{Daniel Berrigan}(미국 예수교 사제이자 반전운동가)은 이렇게 말했다. "앞을 향해서만 걸으면 걸음이 깊이 파여 그 안으로 들어가게 된다." 악덕을 버리는 것만으로 미덕을 얻을 수 있다고 생각해선 안 될 것이다. 윤리의 사다리를 얼마나 높이 올라갔는지는 사다리 아래 무엇을 내려놓았는지로 결정되는 게 아니다. 악도 마찬가지로, 선한 능력으로 균형을 맞추지 않으면 악은 무미건조하고 진부하고 무기력하며 냉담해진다. 사실 우리는 매일매일 선과 악 모두에 민감해진다. 그리고 이러한 변증법은 창조성에 필수 요소다.

솔직히 인정하자면 우리가 악해질 수 있는 능력은 거짓 순수를 얼마나 밀고 나갈지에 달려 있다. 일차원적 사고가 남아 있는 한, 우리는 자신의 행동을 순수함으로 돌리며 감출 수 있다. 이제는 이런 식으로 양심으로부터 구시대적 방식으로 도피할 수 없다. 우리의 행동으로 일어나는 결과는 우리의 책임이며, 이런 결과를 가능한 한 제대로 인식하는 일 역시 우리의 책임이다.

정신 치료를 받는 사람이라면 자신의 악한 가능성이 늘어났음을, 이것이 사실은 자신의 선한 능력과 함께한다는 사실을 받아들이기가 특히 어려울 것이다. 이들은 자신이 무력하다고 여기는 데 너무나 익숙해졌기 때문이다. 자신에게 힘이 있다고 직접적으로 깨달으면 삶의 방향을 잡는 데 균형이 무너지며, 자신의 악함을 인정한다면 과연 어떻게 해야 할지 알지 못한다.

다른 사람들과 마찬가지로 자신에게도 부정적 측면이 있음을, 악마는 사실 선과 악, 양쪽으로 작용할 가능성이 있다는 사실을, 그리고 자신이 악마를 완전히 버리거나 악 없이 살 수 없다는 사실을 깨닫는 일은 꽤 도움이 된다. 마찬가지로 자신이 이뤄낸 업적은 대부분 이러한 악마적 충동이 빚어내는 갈등 때문에 가능했다는 사실을 인식하는 것 역시 도움이 된다. 이를 통해 삶에는 선과 악이 뒤섞여 있음을, 순수한 선 같은 건 사실 없으며 악이 가능성 형태로 존재하지 않는다면 선 역시 존재하지 않을 것을 깨달을 수 있다. 삶은 악에서 벗어나 선을 행하는 것이 아니라, 악이 있지만 여전히 선을 행하는 것이다.

25. 인간의 악을 치유하는 방법

M. 스콧 펙[M. Scott Peck]

악이라는 문제는 사실 매우 거대한 수수께끼라서 한두 가지 근원적 요소로 쉽게 축소할 수 없다. 하지만 이 글에서 우리는 인간의 악에 대한 몇 가지 질문은 적절한 과학적 조사를 할 수 있는 크기로 줄일 수 있음을 확인할 것이다. 그런데도 이 퍼즐 조각은 서로 꼭 맞물려 있어 억지로 떼어내기 어려울 뿐더러, 그렇게 했다간 퍼즐이 왜곡될 수 있다. 게다가 퍼즐 조각 하나하나가 매우 거대하기 때문에 전체 그림을 아주 어렴풋하게 판별할 수 있을 뿐이다. 과학적 조사가 초기 단계에서 대부분 그렇듯, 대답보다 오히려 질문이 더 많이 남을 것이다.

예를 들어 악이라는 문제는 선이라는 문제에서 떼놓는 것이 거의 불가능하다. 이 세상에 선이 없다면 우리는 악이라는 문제를 생각조차 해보지 않을 것이다.

이상하지 않은가. 나는 내담자와 지인에게 이런 질문을 수십 번은 받았다. "박사님, 대체 이 세상에는 왜 악이 존재하는 걸까요?" 그러나 이렇게 질문한 사람은 없었다. "대체 왜 이 세상에는 선이 존재하는 걸까요?" 우리는 세상은 원래 선한 곳이며 악으로 오염되었을 뿐이라고 자동으로 가정하는 것 같다. 그러나 과학이 밝혀낸 바에 따르면 사실은 악을 설명하는 게 더 쉽다. 사물이 부패하거나 쇠퇴하는 것은 물리법칙으로 충분히 설명할 수 있다. 하지만 삶이 점점 더 복잡한 모습으로 발전하는 것은 이해하기가 쉽지 않다. 아이가 거짓말을 하고 물건을 훔치는 것은 보통 일상적으로 일어나는 일이다. 이런 아이들이 커서 대체로 정직한 어른이 된다는 게 더 놀랍게 느껴진다. 부지런한 것보다는 게으른 게 오히려 일반적이다. 진지하게 생각해 보면 원래 세상은 악한 것인데 수수께끼 같은 이유로 선에 의해 '오염당했다'고 생각하는 게 더 설득력 있을지도 모른다. 선의 수수께끼는 악의 수수께끼보다 더 거대하다.

무언가에 제대로 이름을 붙이면, 우리에게는 이 대상을 어느 정도 통제할 힘이 생긴다. 대상의 이름을 알고 있다면, 그 힘의 크기와 차원에 대해서도 어느 정도 알고 있다는 뜻이다. 내가 서 있을 발판이 충분하기 때문에 이제 나는 대상의 본질을 궁금해할, 그리고 이 궁금증을 해결하기 위해 대상에 다가갈 여력이 있다.

먼저 악과 일상 속 죄를 구분해야 한다. 악한 사람을 규정하는 건 죄가 아니다. 그 죄가 얼마나 교묘하고 일관성 있게 지속되는지다. 악이 끼치는 중요한 해악은 죄가 아니다. 죄를 지었음을 인정하지 않으려 하는 것이다.

'악한 이들'은 부자일 수도 가난할 수도 있으며, 교육 수준이 높을 수도 낮을 수도 있다. 악한 사람에게 드라마 같은 부분은 사실 거의 없다. 애초부터 범죄자라고 정해진 것도 아니다. 교회 주일학교 교사, 경찰관, 은행 직원 또는 학부모회 임원 등 '훌륭한 시민'인 경우가 대부분이다.

어떻게 이런 일이 가능한 것일까? 어째서 악하면서도 범죄자가 되지 않는 것일까? 비밀은 '정해지다'라는 말*에 있다. 이들은 삶과 그 에너지를 거

---

* 원문에는 'world'라고 되어 있으나 'word'의 오타로 보인다.

스르는 '죄'를 저지른다는 의미에서 범죄자다. 그러나 히틀러의 경우처럼 일반적 수준 이상의 정치적 권력을 차지해 보통 사람들이라면 겪을 장애물이 사라지는 아주 드문 예외를 제외하면, 이들이 저지르는 '죄'는 보잘것없고 은연중에 일어나기 때문에 죄라고 분명하게 정해지지 않는다.

나는 적잖은 시간을 감옥에서 범죄자로 정해진 사람들과 일하며 보냈다. 그리고 이들이 정말로 악한 사람이라는 생각을 한 적은 거의 없다. 이들은 분명 파괴적 성향을 지녔으며 이를 여러 번 되풀이해서 드러냈다. 그러나 이들 죄수가 표출하는 파괴성은 딱히 규칙 같은 게 없이 무작위적이다. 게다가 이들 대부분은 사법기관을 상대할 때는 자신의 악한 행동에 대한 책임감을 인정하길 거부했지만, 자신에게 사악한 면이 있다는 점에는 상당 부분 수긍했다. 스스로 이를 재빨리 지적한 건 물론이고, 정확하게는 자신이 '정직한 범죄자'였기 때문에 체포되었다고 주장했다. 이들의 말에 따르면 진짜 악한 사람은 감옥에 들어오지 않는다. 이들의 주장은 자기를 정당화하는 내용이긴 하지만, 전반적으로 꽤 정확하다는 게 내 생각이다.

재소자들은 한 가지 이상의 일반적인 정신 질환 진단을 받는 게 대부분이다. 진단 내용은 아주 다양해서 비전문용어를 쓰자면 진짜로 미친 사람도 있고, 충동이나 공격성을 조절하지 못하거나 양심이 부족한 사람도 있다. 이 글의 주제에 해당하는 이들은 그렇게 대놓고 눈에 보이는 흠이 없으며 일상적인 정신의학 분류 기준에 딱 맞아떨어지지도 않는다. 이는 악이 사실은 건강한 존재라는 뜻이 아니다. 이런 사람들이 가지고 있는 질환에 대해 올바른 정의를 아직 내리지 못했을 뿐이다.

나는 악한 사람이란 여느 범죄자와 다르다고 보기 때문에 성격적 특징으로서의 악함과 악한 행동 역시 분명하게 구분한다. 달리 말하자면 악한 행동을 한다고 해서 다 악한 사람은 아니다. 만약 그렇다면 우리는 모두 악한 존재일 것이다. 우리는 모두 악하게 행동할 때가 있기 때문이다.

가장 넓은 의미로 보자면 죄를 짓는 일은 '빗나가는' 행동으로 정의된다. 목표한 대로 정확하게 이루지 못했다면 그게 바로 죄라는 뜻이다. 완벽을 계속 유지하지 못하는 것이 죄다. 항상 완벽할 수 없기 때문에 우리는 모두 죄인이다. 일상적으로 우리는 자신의 최대치를 해내지 못하며 실패할 때마다 위법은 아닐지 몰라도 신에게, 이웃에게, 자신에게 죄를 짓게 된다.

물론 죄라고 해도 중대성에는 차이가 있다. 하지만 죄나 악을 정도의 차이로 생각하는 건 실수다. 부자를 속이는 게 가난한 이를 속이는 것보다 덜 미워 보일 수 있지만 그래도 속이는 건 마찬가지다. 기업체에 사기를 칠 때, 소득공제를 잘못 신고할 때, 시험에서 커닝 페이퍼를 썼을 때, 아내에게 야근이 있다고 말해놓고 간통을 저지를 때, 아니면 이웃이랑 한 시간 동안 전화 통화를 한 후 남편에게(또는 자신에게) 세탁소에서 옷을 찾아올 시간이 없었다고 말할 때 같은 경우 법적으로는 차이가 있을 것이다. 분명 용납할 수 있는 상황이 있고 그렇지 않은 상황이 있다. 상황에 따른 차이도 있을 것이다. 하지만 이 모두가 거짓말이자 배신행위라는 사실은 변함이 없다. 최근 이런 행동을 양심적으로 단 한번도 저지르지 않았다면, 자신에게 거짓말을 한 일이 단 한번도 없는지, 자만하거나 자신에게 할 수 있는 만큼을 다하지 않았던 경우는 없었는지 되새겨볼 일이다. 이 역시 자신을 배신하는 일이기 때문이다. 완전히 솔직하게 생각해보면 자신이 어떤 식이든 죄를 짓고 있음을 깨달을 것이다. 이를 깨닫지 못한다면 자신에게 완전히 솔직하지 않은 것이므로 이 역시 죄다. 누구든 피할 수 없다. 우리는 모두 죄인이다.[1]

행위의 불법성 또는 죄가 중한 정도로 악한 사람을 정의할 수 없다면, 대체 어떻게 악한 사람을 정의해야 할까? 답은 얼마나 일관성 있게 죄를 저지르냐다. 악한 사람은 보통은 안정을 유지하지만 놀랍도록 지속해서 파괴성을 보인다. 그렇기 때문에 '선을 넘은' 사람들은 자신이 큰 죄인이라는 생각을 절대 감내하려 하지 않는 특징을 지닌다. 무엇보다도 자신이 부도덕하다는 느낌이야말로 우리가 그 비슷한 타락에 빠지지 않도록 막아주는 역할을 한다.

인간의 사악함은 다양한 모습을 갖고 있다. 자신이 부도덕하다는 느낌을 감내하지 않으려 하다 보면, 악한 자는 바로잡을 수 없는 죄의 덩어리가 되고 만다. 내 경험에 비춰보면, 이들은 놀랍도록 탐욕스럽고, 그 때문에 천박하다. 너무나 천박해 자신의 '능력'까지 흉악해진다. 나는 이전 저서인 《아직도 가야 할 길$^{\text{The Road Less Traveled}}$》에서 가장 근본적인 죄는 게으름이라고 이야기한 바 있다. 그다음 부분에서는 가장 근본적인 죄는 자만심일지 모른다고 언급했다. 자신에게 죄가 없다고 믿는 죄를 빼면 모든 죄는 바로잡을 수 있기 때문이다. 하지만 가장 커다란 죄가 무엇이냐는 질문은 조금은 논의의 여지가 있을 것 같다. 어떤 죄든 신과 다른 인간에 대한 배신이며 이들로부터 자신을 소외시키기 때문이다. 한 종교 사상가가 말했듯, 어떤 죄도 "지옥에 갈 만큼 심해질 수 있다."[2]

하지만 내가 악이라고 부르는 행동의 지배적 특징은 '희생양을 만드는 일'이다. 악한 자는 마음속으로 자신을 비난받지 않을 존재로 여기기 때문에 자신을 비난하는 사람은 누구든 공격해야 한다. 이들은 자신의 완벽한 이미지를 지키기 위해 타인을 희생양으로 삼는다. 아버지에게 "아빠, 왜 할머니를 망할 여자라고 부른 거야?"라고 질문한 여섯 살 먹은 소년을 예로 들어보자. 아버지는 "아빠 짜증 나게 하지 말라고 그랬지!"라며 소리를 지른다.

"이제 아빠가 쓴맛을 보여주마. 그따위 더러운 말은 쓰지 않도록 교육시켜주마. 네놈 입을 비누로 싹 씻어주지. 그러면 아빠가 말할 때 더러운 소리로 대꾸하지 않고 입 닥치고 조용할 수 있을 거다." 아버지는 아이를 비누 그릇이 있는 위층으로 끌고 가서는 말한 그대로 벌을 준다. '제대로 된 훈육'이라는 명분으로 악을 저지른 것이다.

희생양을 만드는 기제를 정신의학자들은 투사라고 부른다. 악은 내면 깊숙한 곳에서 자신을 결점 없는 존재라고 생각하기 때문에 외부 세상과 갈등하는 상황이 되면 필연적으로 이를 자신이 아닌 세상의 잘못이라고 지각한다. 자신이 나쁘다는 사실을 부정해야 하므로 타인이 나쁘다고 여긴다. 자신의 악을 세상에 '투사'하는 것이다. 악은 절대 자신이 악하다고 생각하지 않기 때문에 그만큼 타인이 악하다고 여긴다. 예에서 설명한 아버지의 경우 모독적 발언과 더러움이 아들의 몫이라 생각하고 아들의 '불결함'을 깨끗이 씻어내려 했다. 그러나 우리는 실제로 더러운 언행을 저지른 게 아버지라는 사실을 알고 있다. 아버지는 자신의 더러운 행동을 아들에게 투사해 훈육이라는 명목으로 공격한 것이다.

따라서 악이 가장 빈번하게 나타나는 건 희생양을 만들기 위함이며, 이런 희생양 만들기를 상습적으로 저지르는 자를 나는 악하다고 부른다. 《아직도 가야 할 길》에서 나는 악을 '정치권력을 행사하는 것, 즉 자신의 의지를 타인에게 공개적으로 또는 비밀리에 강요함으로써 영적 성장을 회피하는 것'이라고 정의했다. 달리 말하면 악은 자신의 실패를 솔직하게 직면하는 대신 타인을 공격한다. 영적으로 성장하려면 자신이 성장해야 한다는 사실을 인정해야 한다. 이를 인정하지 못한다면 우리 자신이 완벽하지 않다는 증거를 깡그리 없애려 들 수밖에 없다.[3]

이상한 일이지만, 악한 사람은 악을 무찌르려다 파괴적으로 변할 때가 많다. 문제는 이들이 악이 어디 있는지 잘못 파악한다는 데 있다. 타인이 아니라 자기 내면의 약한 모습을 먼저 파괴해야 한다. 삶에서는 자신의 완벽한 이미지를 위협하는 일이 자주 일어나기 때문에 악한 자는 보통 정의의 행위라는 이름으로 삶을 증오하고 파괴하느라 분주할 때가 많다. 하지만 자신의 죄 많은 부분을 증오하는 대신 삶 자체를 증오하는 것이야말로 진정한 잘못이다.

자기를 싫어하지 못하는, 자신을 불편하게 만들지 못하는 이유는 무엇일까? 내가 악이라고 부르는 희생양 만들기의 근원에 자리 잡은 이 핵심적 죄의 원인은 과연 무엇일까? 내 생각에 양심의 실종은 원인이 아닌 것 같다. 양심 또는 초자아가 부족한 듯 보이는 사람은 감옥 안에도, 감옥 밖에도 있다. 정신의학자들은 이런 사람을 사이코패스^{psychopath} 또는 소시오패스^{sociopath}라고 부른다. 죄책감이 없으며 거리낌 없이 무자비하게 범죄를 저지른다. 이들의 범죄행위에는 유형도 의미도 거의 없다. 딱히 남을 희생양으로 만들려는 의도도 없다. 이들은 양심이라는 게 없고, 웬만해선 짜증도 내지 않으며 걱정도 하지 않는다. 자신의 범죄행위에조차 거리낌이 없다. 감옥에서도 감옥 밖에 있을 때처럼 행복해 보인다. 자신의 범죄를 숨기려고는 하지만, 이마저 어설프고 부주의하며 꼼꼼하게 계획하지도 않는다. '도덕적 무능력자'라고 불리기도 하며 걱정 근심이 없다는 점에서는 순수해 보이기까지 한다.

이는 내가 악이라 부르는 것과는 대단히 다르다. 악한 사람은 자신의 완벽한 이미지를 지키는 데만 몰두한 나머지 도덕적으로 순수해 보이려 끊임없이 노력하며, 여기에 대단히 신경 쓴다. 또 사회적 규준에, 그리고 타인이 자신을 어떻게 볼지에 대단히 예민하다. 옷차림도 신경 쓰고 정시에 출근하는 것은 물론 세금도 잘 내며, 겉으로는 욕먹을 일 없는 삶을 사는 것처럼 보인다.

악의 도덕성을 이해하는 데는 '이미지', '보이기', '겉으로는'이라는 말이 중요하다. 악한 자는 실제로 선해지려는 욕구는 부족해 보이지만 선하게 보이려는 욕구는 대단히 강하다. 이들에게 '선'은 가식의 수준이며 실제는 거짓이다. 그래서 이들은 '거짓을 말하는 자들'이다.

사실 악인이 거짓말하는 것은 타인을 속이기보다 자신을 속이기 위해서다. 이들은 자신을 비난해야 하는 아픔을 감내하지 못하며 그럴 생각도 없다. 이들이 살면서 지키는 예절은 남에게 보이는 자신을 제대로 비춰보기 위한 거울 역할이다. 그러나 악이 스스로 옳고 그름을 구분하지 못한다면 자기기만도 필요 없을 것이다. 우리는 옳지 않다고 스스로도 잘 알고 있는 무언가를 감추려 할 때만 거짓말을 한다. 거짓말이라는 행동을 하기 전에는 먼저 초보적 형태의 양심이 있어야 한다. 무언가를 굳이 숨겨야 할 필요성을 느끼지 못한다면 실제로 숨길 일도 없지 않겠는가.

여기서 우리는 일종의 역설에 도달한다. 나는 앞에서 악한 자들은 자신이 완벽하다 여긴다고 말한 바 있다. 그러나 이와 동시에 나는 이들이 자신의 악한 본성을 인식하고 있지만 이를 털어놓지 못하는 것이라고 생각한다. 사실 이는 악한 자들이 미친 듯이 벗어나려 몸부림치는 바로 그 느낌이기도 하다. 악에서 필수 요소는 죄책감이나 불완전한 느낌의 부재가 아니라 그런 느낌을 견디려는 의지가 없다는 것이다. 악은 자신의 악함을 알고 있으며, 동시에 그 인식을 필사적으로 피하려 한다. 사이코패스처럼 도덕성 부족으로 행복해하는 게 아니라, 자신이 악하다는 증거를 끊임없이 양심의 카펫 아래 쓸어 넣어 치우는 데 골몰한다. 양심의 결함이 아니라 당연한 양심을 부정하려는 게 문제다. 우리는 자신에게서 숨으려 하면서 악해진다. 악은 사악함을 직접 행하지 않는다. 이렇게 은폐하는 과정을 통해 우회적으로 저지른다. 악은 죄책감이 없어서 생기는 것이 아니다. 죄책감을 회피하려고 애쓰는 중에 생긴다.

바로 그 위장술 때문에 악이 눈에 띄는 일이 많다. 숨기려고 했던 잘못에 앞서 거짓말, 즉 사실을 가린 장막이 먼저 밝혀진다. 우리에게는 증오를 숨긴 미소, 매끈하고 번듯하나 그 안에 분노를 감춘 예의범절, 꼭 쥔 주먹을 가린 벨벳 장갑이 보인다. 악한 자는 가장하고 숨기는 데 전문가이기 때문에 악의가 어떤 것인지 꼭 집어 밝혀내는 건 불가능에 가깝다. 악의 위장술은 보통은 뚫고 들어갈 수 없기 때문이다. 그러나 '영혼의 어둠 속에서 벌어지는, 인간의 영혼이 스스로 술래가 되어 자신을 피하고 빠져나가며 숨는 무시무시한 숨바꼭질 놀이'가 던지는 눈길을 우리는 포착할 수 있다.[4]

《아직도 가야 할 길》에서 나는 모든 정신 질환의 바탕에는 게으름 또는 '정당한 고통'을 피하려는 욕구가 자리 잡고 있다고 말한 바 있다. 고통의 회피와 외면이라는 화제는 여기서도 등장한다. 그러나 악인을 단지 정신이 아픈 죄인에 불과한 우리 모두와 구별 짓는 것은, 스스로 피해 도망가려 하는 악인의 특정 유형의 고통이다. 보통 고통을 회피하거나 게으르다고 해서 악인인 것은 아니다. 그 반대로 악인은 우리 대부분보다 과시욕이 강하다. 널리 존경받는 이미지를 획득하고 유지하기 위해서다. 악인은 자신의 지위를 지키기 위해서라면 힘든 일도 기꺼이 겪으려고 할지 모른다. 이들이 견뎌내지 못하는 고통은 딱 한 가지다. 자신의 양심으로 인한 고통, 다시 말해 자신이 큰 죄를 지었으며 불완전한 존재임을 깨닫는 고통이다.

악한 자는 자신을 분석하는 데서 오는 고통을 피할 수만 있다면 무슨 짓이든 하려 하므로, 보통의 상황에서라면 심리 치료 같은 건 절대 받지 않으려 할 것이다. 악은 빛을 혐오한다. 자신을 비추는 선의 빛을, 자신을 내보이고 분석하는 빛을, 자신의 기만을 꿰뚫고 들어오는 진실의 빛을 혐오한다. 심리 치료 과정은 이러한 빛을 비추는 데 탁월하다. 무언가 왜곡된 이유가 있는 게 아니라면 악한 자는 정신 치료실 소파에 눕는 것 말고는 뭐든 하려고 할 것이다. 사실 정신분석에 필요한 자기 관찰의 원칙에 굴복하는 일은 악인에게는 자살이나 다름없을 것이다. 인간의 악에 대해 과학적으로 밝히지 못하는 가장 큰 이유는 간단하다. 악은 자신이 연구 대상이 되는 일을 극히 꺼리기 때문이다.

26. 악마, 그리고 악마성을 되찾는 일

스티븐 A. 다이아몬드^{Stephen A. Diamond}

분명 시의적절하지 않았을지 모르지만 심리학에서는 악이라는 복잡한 문제에 일찍부터 관심을 가졌다. 20세기 들어 프로이트뿐만 아니라 융, 에리히 프롬[Erich Fromm], 칼 메닝거[Karl Menninger], 로버트 리프턴[Robert Lifton], 최근 들어 M. 스콧 펙까지 여러 심리학자와 정신의학자가 이 힘든 문제와 씨름했다.

프로이트가 내놓은 해결책은 악한 '죽음의 본능(타나토스[Thanatos])'이 선한 '삶의 본능(에로스[Eros*])'과 끝없이 싸우고 있으며, 이 비극적 결투에서는

---

* 타나토스의 반대 개념으로, 생의 본능이며 심리-성적 에너지인 리비도가 관여한다.

악이 항상 우세할 수밖에 없다는 형태였다. 융은 니체 철학에 기반해 개인의 악과 집단의 도덕 속에 있는 악을 구분하기 위해 '악'보다 '그림자'라는 용어를 선호했다.[1] 개인의 양심을 중시하는 스위스 개신교 전통이 깊이 뿌리박힌 그의 입장은 사회적 도덕은 악의 원인이 기원하는 곳으로 생각해서는 안 되며, 개인이 그 계율과 금기 사항을 절대적인 것으로 받아들이고 자신의 다른 충동을 무시할 때 부정적으로 변한다는 (예를 들어 악해진다는) 것이었다. 따라서 병리학적이고 부정적이며 악한 것에 대해 우리가 책임져야 할 부분은 문화적 규범 그 자체가 아니라 개인의 도덕적 태도라고 보았다.[2]

한편 롤로 메이는 펙의 이론을 예상이라도 한 듯 미국은 악의 진짜 본성을 이해하지 못하고 있으며, 그 때문에 가련하게도 어떻게 악에 대처해야 하는지에 대한 준비조차 제대로 되어 있지 않다는 확고부동한 입장을 견지했다. 메이는 융이 유럽에 던진 경고에 크게 공감했다. 그에 의하면 악은 이제 결정력을 지닌 현실이 되었다. 돌려 표현하는 것만으로 세상에서 악을 없애는 건 이제 불가능해졌다. 악은 세상에 엄연히 존재하므로 우리는 악에 어떻게 대처해야 하는지 배워야 한다. 현재로서는 끔찍한 결과를 초래하지 않고 악과 더불어 살아가는 방법을 생각할 수 없다.[3]

메이는 평생의 스승이자 벗이었던 신학자 파울 틸리히$^{Paul\ Tillich}$의 지도 아래, 전통적 유대교-기독교에서 악의 보편 형상으로 나타나는 '악마'의 대안으로 악마성$^{the\ daimonic}$이라는 개념을 도입했다. 메이의 주장에 따르면 악마라는 용어는 자기 밖에 있는 힘을 투사한 결과이며, 따라서 악마라는 이름으로 온갖 심리적 투사를 가능하게 하므로 올바른 용어라 하기 힘들다.[4]

펙의 연구가 메이의 연구와 비교되는 경우가 종종 있는데, 그의 믿음 체계가 기독교 관습인 탓에 영적, 신학적 영역에 주로 초점을 맞춘다. 펙은 인간의 악과 악마의^{demonic} 악을 뚜렷하게 구분한다. 그에 따르면 인간의 악은 '정신 질환의 특정한 형태'로, 만성적으로 모르는 사이에 작용하는 '악성의 자아도취'다. 하지만 악마의 악이란 원래 초자연적이며 '별 볼일 없는 악마에 씌어' 생기는 직접적 결과물이다. 사탄에 씌어 생길 수도 있는데, 이 경우에는 엑소시즘^{exorcism}만이 유일한 치료 방법이다.[5]

내 평가로는, 메이가 내놓은 악마성 개념은 일반에게 좀 덜 알려졌으나 융의 그림자 개념과 더불어 악을 다루는 심리학이 더욱 진보하도록 길을 닦았다. '악마성' 개념은 펙의 이론에서 전제 조건인 '악마'와 대립되는 형태이기 때문에 메이의 이론 모형을 좀 더 자세히 알아보는 게 좋을 것 같다.

악마, 악령, 그리고 악마성

악마와 악령은 오랫동안 악의 원천이자 악이 의인화된 개념이었다. 프로이트는 옛날 토착민은 자신의 적개심을 상상의 악령에게 투사했다고 말한다. 게다가 악령이라는 개념 자체가 토착민에게는 대단히 중요했던 '죽은 사람과의 관계'에서 파생되었을 가능성도 있다고 보며 다음과 같이 덧붙인다.

> 애도라는 행위가 악령에 대한 믿음이 생기는 데 영향을 주었음을 가장 잘 보여주는 증거는, 악령은 세상을 떠난 지 얼마 안 된 사람의 영혼이라고 여겨졌다는 사실이다.[6]

역사적으로 악령은 용납할 수 없고 위협이 되는 인간의 충동과 감정의 희생양이자 창고 같은 역할을 했다. 이는 죽음은 누구든 피할 수 없다는 점에서 더욱 두드러졌다. 그러나 악령을 보는 일반적 관점은 부정적으로만 치우쳤으며, 이는 지나치게 단순하며 심리학적으로 볼 때 순진하다. 프로이트의 말에 따르면 우리 조상은 악령을 두려워했으나 죽은 사람을 애도하는 절차에서는 악령이 필수적인 부분이기도 했다. 애도하는 사람이 악령을 접하고 자신 속으로 통합하는 과정을 통해 악한 귀신은 조상으로 공경받았을 뿐만 아니라 괴로운 순간에는 의지할 대상이 되기도 했다.[7]

중세의 '악마적^{demonic}'이라는 사상에 대해 융은 이렇게 설명한다.

악마는 무의식으로부터의 침입자, 그러니까 무의식의 콤플렉스가 의식 과정에 자연스럽게 난입하는 것에 불과하다. 콤플렉스는 우리의 생각과 행동을 변덕스럽게 괴롭힌다는 점에서 악마와 비교할 수 있다. 따라서 태고 시대와 중세에는 심한 신경증장애를 악령에 씐 것으로 여겼다.[8]

사실 17세기 르네 데카르트$^{René\ Descartes}$의 철학적 발견을 필두로 과학적 객관주의가 탄생하기 이전에는 감정적 문제나 광기는 말 그대로 악령이 세상을 돌아다니다 전혀 뜬금없는 누군가의 육체(또는 뇌)에 깃들어 희생자로 만들고 말았다고 믿는 게 일반적이었다. 날개를 달고 초자연적 힘을 지닌 존재에게 침입당한다는 상상은 오늘날에도 정신 이상을 '종탑에 박쥐가 들었다$^{having\ bats\ in\ the\ belfry}$'라고 완곡하게 표현하는 모습에서, 그리고 강박증 환자가 자신이 비행접시 속 외계인에게 조종당하고 있다고 철석같이 믿는 모습에서 찾아볼 수 있다.

정신과 육체, 그리고 주관과 객관을 분리한 데카르트의 접근법은 객관적으로 측정·정량화할 수 있는 인간 경험만을 '진짜'로 보았다. 이는 분명 발전이었지만 '비이성적인' 주관적 현상을 비참할 정도로 무시하는 악명 높은 결과로 이어졌다. 데카르트가 일군 획기적 발전은 인간의 생각이라는 면에서는 불안한 발전이었던 셈이다. 후기 르네상스 시대 사람들은 이로 인해 미신과 마법, 마술의 세계는 물론, 신화에 등장하는 선하고 악한 모든 존재를 한번에 과학적으로 깨끗하게 쓸어 없애버릴 수 있었다. 그러나 메이는 이 점을 아쉬워하며 이렇게 말한다.

요정과 엘프 같은 존재를 몰아내느라 우리 삶은 빈곤해졌다. 그리고 이러한 빈곤 상태에서는 인간의 마음에서 미신을 영원히 떨쳐낼 수 없다. … 인간 세상에서는 매혹이 사라졌으며, 대자연과의 조화가 사라졌음은 물론 인간 자신과의 조화마저도 잃어버렸다.[9]

융이 평생 무의식의 강력하고도 원형적인 힘을 탐구하고 나서 내린 결론은 무의식의 힘은 정해진 양식의 행동이나 충동을 일으키거나 강제하는 특정한 에너지를 지니고 있는 것이었다. 다시 말해 어떤 상황에서는 홀리거나 사로잡는 힘(초자연성)을 가질 수 있다는 뜻이다. 따라서 이를 악마성 현상 daimonia으로 보는 개념은 이들 힘의 본질과도 잘 들어맞는다는 것이 융의 설명이다.[10]

비슷한 방향으로 메이는 현재 우리가 쓰는 악령demon이라는 말은 원래 고대 그리스어 '데몬daimon'에서 왔으며, 악마성에 대한 자신의 신화적 모형 역시 여기에 기반을 두고 있음을 상기시킨다. 그에 의하면 악마성이란 어떤 사람을 통체로 휘어잡을 수 있는 자연적 작용 모두를 가리킨다. 섹스와 성욕, 화와 분노, 그리고 권력을 향한 욕구 등을 예로 들 수 있다. 악마성은 창조도 파괴도 가져올 수 있으며 보통은 두 가지 면모를 모두 지니고 있다. 이 힘이 비뚤어져 한 가지 요소가 성격 전체를 지배하면 우리는 '악마성에 사로잡힌 상태'가 된다. 역사적으로는 이 말을 정신증을 가리키는 데 썼다. 악마성은 어떤 존재가 아니라 인간 경험의 근본적이며 원형적인 작용, 실존하는 현실을 가리킨다는 것이 그의 설명이다.[11]

융의 제자 마리-루이제 폰 프란츠는 헬레니즘 이전의 그리스 문화에서 악마란 이집트 문명에서와 마찬가지로 익명의 무리 속 일부일 뿐이었다고 말한다.[12] 메이 역시 악마성에 대해 똑같이 인식했다. 악마성은 근본적으로 분화되지 않은 상태의, 특정한 개인과 관계없는 자연 속의 원시적 힘이라는 것이다. 초기 그리스 문명에서 악마는 악하면서도 창조적인 존재였다. 파괴의 원천일 뿐만 아니라 영혼을 인도하는 역할도 했다. 프로이트 역시 원시 악마에 대해 같은 이야기를 한 바 있다. 플라톤^{Platon}은 종종 '데몬'이라는 말을 '테오스^{theos}', 즉 '신'과 같은 뜻으로 썼으며 강력한 힘을 지닌 에로스^{Eros} 역시 데몬 중 하나였다.

데몬이라는 존재는 어떤 사람과 이어지느냐에 따라 선할 수도 악할 수도 있었으며, 창조적으로도 파괴적으로도 변할 수 있었다. 그러나 이후 헬레니즘과 기독교 시대를 거치면서 데몬이 지녔던 선한 면과 악한 면의 분열이 두드러졌다. 이제 천상의 존재들은 사탄이 이끄는 악마와 신 편에 있는 천사, 두 진영으로 갈라진 것이다. 이 같은 전개 과정을 완전히 이성적으로 설명할 수 없지만, 이 시기에는 데몬이 이렇게 분열하면 인간이 데몬을 직면하기도, 그리고 악마를 물리치는 데도 쉬울 것이라는 기대가 있었음이 틀림없다.[13]

현대에 들어와서까지 이 같은 인위적 이분법을 적용한다면, 우리는 자신 속의 악마와 악령이라는 것을 파괴할 수는 있을지 몰라도 절대 완전히 물리치지 못할 것이다. 그보다는 악마와 악령을 인정하고 우리 자신에, 일상적 삶에 동화시키는 법을 배워야 한다. 예전 원주민들은 그런 일이 가능했다. 하지만 과학과 기술이 우리의 '신'이자 새로운 종교가 되어버린 현대의 포스트 기독교인에게 이는 커다란 숙제가 되었다. 그리고 우리는 이 숙제를 해결할 준비가 대단히 부족하다.

악마성 대 악마

오늘날 악마는 이전에 누리던 만큼의 권위를 잃어버린 채 무생물 개념으로 의미가 쪼그라들었다. 이제 사탄이라는 존재는 대중에게 거부당한 비과학적이며 미신적인 종교 체계를 가리키는 신호(심지어 진짜 상징도 아니다) 수준이 되고 만 게 사실이다.

그러나 우리는 지금 개인과 집단의 악이라는 문제가 아침에는 신문 헤드라인을, 저녁에는 TV 뉴스를 아무렇지 않게 장식하는 시대에 살고 있다. 악은 어디에나 존재하며, 가장 흔히 보이는 모습은 병적 수준의 분노와 화, 적개심, 개인 사이에 벌어지는 만행의 악순환, 그리고 흔히 말하는 몰지각한 폭력 등이다.

메이의 말에 따르면 폭력은 악마성이 비뚤어진 모습이다. 가장 강력하게 '악마에 쐰' 상태다. 우리 시대는 현재 과도기로 악마성을 생산적으로 이용하는 일반적 통로를 부정당한 상황이다. 따라서 메이는 이런 시대에 악마성이 가장 파괴적인 형태로 표현되기 쉽다고 생각했다.[14]

이같이 격변하는 시대에 우리는 추악한 악의 현실을 적나라하게 접할 수밖에 없다. 심리학적으로 더욱 정확하고 통합적이며 의미 있는 신화가 없기 때문에, 악마성이 지닌 파괴적 측면과 불쾌하게 조우한 사람은 이 경험을 표현하는 데 '악마'라는 케케묵은 상징을 쓸 수밖에 없다. 이러한 고대의 상징이 갑작스럽게 부활하면서 악마와 악마 연구에 병적으로 매혹되는 현상이 벌어진다. 이는 사탄을 숭배하는 사이비 종교가 번창하는 모습에서 확인할 수 있다. 내가 보기에 현재의 사탄 숭배 경향은 개인의 중요성과 소속감을 느끼고 개인적 영역을 넘어선 관계를 맺으려는 필사적인 노력이 비극적 수준으로 잘못 이끌린 결과다. 지극히 정당한 목표를 뒤틀리고 때로는 치명적으로 위험한 행동을 통해 추구하려는 것은 현재 우리를 괴롭히는 딜레마를 드러낸다. 문제는 서구의 종교적 전통이 퍼뜨린, 악마성을 무조건 악한 것으로 비난하며 선과 악을 딱 갈라버린 경직된 이원론에 있다. 펙의 사상에서도 이와 똑같은 개념 오류를 발견할 수 있다.

우리는 악마가 상징하는 현실의 영역에 대해 완전히 새로운 개념을 내놓거나, 아니면 현재의 개념을 새롭게 바꿀 필요가 있다. 악마성이라는 요소가 지닌 창조적 측면이 들어가야 하기 때문이다. 악마에는 융이 말하는 '반대의 통일성$^{coincidentia\ oppositorum}$(물체의 존재 또는 정체성이 서로 반대라 긴장을 형성하지만, 그와 동시에 서로 의존하며 서로가 있어야 존재 가능한 상황을 뜻한다)'이라는 개념이 담겨 있다. 메이에 따르면 악마^{devil}라는 말의 근원은 다음과 같다.

그리스어 디아볼로스^{diabolos}가 어원이며, 현대 영어로 옮기면 '악마적인^{diabolic}'이다. 흥미롭게도 디아볼로스는 말 그대로 해석하면 '갈라놓다$^{dia-bollen}$'라는 뜻이다. 악마적이라는 단어의 반대말이 '상징적^{symbolic}'이라는 점은 대단히 주목할 만하다. 상징적이라는 말의 어원은 '함께 던지다$^{sym-bollein}$', 즉 뭉친다는 의미다. 이들 단어에는 선과 악의 존재론에 대한 거대한 속뜻이 숨어 있는 것이다. 상징적이란 함께 모여 뭉치는 것이며, 개인을 소속집단에 통합하는 것이다. 반면 악마적이란 해체해 갈라놓는 것이다. 악마성에는 두 가지 측면이 모두 존재한다.[15]

그림자와 악마성

그림자와 악마성은 개념이 비슷한 면이 있지만 눈에 띄는 차이도 있다. 악마성을 되살린 메이의 모형은 현대 심층 심리학이 교조화해 인간에게서 멀어지며 기계화하는 경향 혹은 융이 원래 내놓은 그림자라는 개념을 남용하는 일을 반대하며 이를 바로잡으려는 노력이기도 하다. 그림자 개념은 심리학적으로 대단히 중요하며, 인간이 지닌 악의 본성이라는 문제를 다룰 때 중요성이 특히 두드러진다.

융 학파에서 그림자에 대해 설명하는 원리에는 함정이 숨어 있다. 악마 등과 같이 외부에 있는 존재가 아니라 우리 내면 깊숙한 곳에 살며 '비교적 자율성'을 갖춘 '분열된 인격',[16] 즉 보상적 의미의 '그림자', '외부인' 또는 '타자他者'에 악을 투사하려는 유혹이 바로 그것이다. 그러므로 "악마가 내게 그러라고 시켰다"라고 말하는 대신 "그림자(또는 악마성)가 내게 그러라고 시켰다"라고 주장하는 게 좀 더 편리한 방식일지도 모른다. 메이는 자신의 악마성 모형 안에 '자기self를 통합하는 쪽으로 움직일지, 그 반대로 움직일지를 스스로 주장해 선택하는 결정 요소'를 유지함으로써 개인이 전일성과 자유, 책임을 잃고 파편화하는 일을 최소화하려 한다.[17] 악마성이 악령화하는, 즉 악으로 변하는 일은 우리가 악마성을 자각하기 시작할 때, 그리하여 이를 의식에서 억압하고 부정하며 잠재우거나 다른 방식으로 배제하려 할 때 벌어진다. 이런 식으로 우리는 악의 과정process of evil을 거치며 분노, 화, 사회적 파괴성, 그리고 악마성이 가장 부정적 형태로 (복수의 수단으로) 자신을 재확인함으로써 생기는 온갖 정신 병리적 증상을 더욱 과격하게 분출한다. 하지만 그러는 대신 우리가 악마성을 자신의 개성에 건설적으로 통합하는 쪽을 택하면, 창조성의 과정$^{process\ of\ creativity}$을 거쳐 긍정적 변신이 가능해진다.

제임스 힐먼$^{James\ Hillman}$(미국 심리학자)은 융이 악마성이라는 개념을 만나면서 '크나큰 책임$^{great\ responsibility}$'이 다양한 방식으로 등장해 우리 몫으로 지워진다는 사실을 확신하게 되었다고 알려준다. 융과 마찬가지로 메이 역시 악마성이 우리에게 때로 맹목적이고 의무적이며 심리적인 요구를 할 경우 여기에 어떻게 대응할지 정할 때는 극도로 조심해야 하며, 건설적 대응 방식을 선택해 이를 용기 있게 밀고 나가야 한다는 윤리적, 도덕적 의무가 있음을 분명히 인식한다. 융은 무의식이 넘쳐흘러 거의 압도당하던 시기에 종교의 '적극적 상상'에 몰입하며 자신의 주관적 경험을 억누르지 않고 성실히 관찰·기록해 그대로 실행함으로써 자신을 구원할 수 있었다는 사실이 널리 알려져 있다. 자기 존재가 의식적으로 결정한 내용을 시간을 두고 꾸준히 재확인해 융은 마침내 '악마성을 지닌 사람$^{daimonic\ man}$'이 될 수 있었다고 힐먼은 말한다.[18]

메이가 상상한 바와 같이 악마성에는 아니마^{anima} 및 아니무스^{animus}라는 원형뿐만 아니라 융이 내놓은 그림자와 자기^{self} 개념까지 들어 있다. 융이 그림자와 자기를 구분하며 개인의 그림자와 집단의 그림자, 원형적 그림자를 구분하는 데 반해 메이는 딱히 그런 구별을 짓지 않는다. 이 부분에서 마리-루이제 폰 프란츠가 최근에 우리에게 던진 경고를 돌이켜 보자.

우리는 이들 '영혼' 또는 '데몬'을 그림자, 아니마, 아니무스, 그리고 자기 같은 융의 개념과 연결하려는 시도를 회의적으로 볼 필요가 있다. 융 자신이 종종 강조한 것처럼 그림자, 아니마(또는 아니무스), 그리고 자기가 적절한 타이밍과 정의 가능한 순서로 개인의 무의식에 전부 따로따로 등장한다고 가정하는 일은 치명적 실수일 것이다. … 아득한 옛날부터 존재하던 데몬들 사이에서 자기를 개인화하려 한다면, 그때 우리는 데몬 중에는 그림자와 자기가 섞여 있거나 아니무스-아니마와 자기가 섞여 있는 형태에 더 가까운 것들이 있음을 깨달을 것이다. 실제로 이들은 그런 형태다. 달리 설명하자면 이들은 갈라지지 않은 상태로 개인에 조용히 존재하는 '또 다른' 무의식의 개성이다.[19]

이러한 차이는 있지만 융이 내놓은 그림자라는 통합적 개념은 우리가 짊어진, 반대성으로 인한 갈등으로 빚어진 분열을 해결해주는 역할을 한다. 우리 자신의 그림자를 대면해 자신과 동화 하려면 선과 악, 이성과 비이성, 남성성과 여성성, 의식과 무의식 같은 양극단이 모두 전체 속 일부로 함께 존재한다는 사실을 깨달아야 한다. 그림자와 악마성이라는 심리적 개념을 나란히 두고 보면, 융과 메이 둘 다 인간 존재에 대해 동일한 기본적 진실을 전달하려 한다는 사실을 뚜렷하게 느낄 수 있다. 반면 펙의 관점에서 '악령'이란 순전히 부정적 존재로 비열하며 악하기 때문에 무조건 퇴치해 쫓아내야 할, 의식에서 배제해야만 하는 힘이다. 이를 보상할 만한 긍정적 특성이라고는 전혀 없으므로 구제할 가치 또한 없다. 분명 융이 말하는 그림자나 악마성의 관점에서 보자면 사실과 다르다.

정신 치료는 자신의 악마성을 받아들이는 한 가지 방법이다. 자신 내면에 존재하는 '악마'에게 용감하게 목소리를 실어줌으로써 — 우리가 가장 두려워하며 도망치려 하는, 그 결과 우리를 사로잡아 괴롭히기도 하는 우리 내면의 성향을 상징화함으로써 — 우리와 함께하며 건설적 행동에 쓸 수 있는 새롭고도 자유로우며 생기를 주는 정신의 에너지로 바꿀 수 있다. 여러 예술가가 일찍이 발견한 역설을 이 과정에서 발견할 수 있다. 예전에 우리가 도망치며 부정했던 것들은, 알고 보니 실은 되찾아야 할 생명과 창조성, 진실한 영성의 근원이었다는 사실을 말이다.

27. 인간이 지닌 악의 기본 역학

어니스트 베커 Ernest Becker

사상가인 오토 랑크, 빌헬름 라이히, 카를 융을 떠올려보자. 프로이트와 의견을 달리하며 갈라져 나왔다는 점을 빼면 이들을 똑같이 볼 구석은 어디에도 없다. 각자 연구 내용과 스타일도 차이가 있으며, 때로는 서로가 양극단에 서 있을 정도로 완전히 다르다. 라이히와 융만큼 서로 다른 사람이 과연 있을까? 그러나 언뜻 달라 보이지만 이들은 사실 인간사에서 악이 생겨나는 이유에 대해 근본적으로 의견을 같이한다. 놀라운 우연의 일치 같은 게 아니며 프로이트에 반대한 이들 사상가가 발견한 근본적 진실을 옹호하는 분명한 과학적 성취다.

우리는 앞에서 랑크의 사상으로 역사를 돌이켜 보는 과정에서 이를 간략하게 살펴본 바 있다. 인간은 무엇보다도 인내하고 번영하며 어떤 식으로든 영생을 얻으려 한다는 게 그 내용이다. 인간이 가장 부정하고자 하는 대상은 유한성^{mortality}이다. 자신이 언젠가 죽을 수밖에 없는 존재임을 알기 때문이다. 유한성은 인간 존재의 자연스럽고도 동물적 측면과 이어져 있어서, 인간이 이를 넘어서고 벗어나려 하다 보니 유한성을 완전히 부정하려 한다. 역사 속에서 인간이라는 종족이 힘을 얻자마자 가장 먼저 한 일은 과거 인간이 동일시한 모든 동물종을 적으로 돌리며 복수하는 것이었다. 동물은 인간이 가장 두려워한 것, 그러니까 익명의, 정체불명의 죽음을 구체화한 존재이기 때문이다.

이 책 다른 부분에서 나는 랑크가 설파한 걸출한 사상의 전체 구조가 '삶과 죽음에 대해 인간이 느끼는 두려움'이라는 단일한 주춧돌 위에 형성되어 있음을 이야기한 바 있다. 여기서 이 내용을 되풀이하는 건 우리가 이 근원적 동기를 자신 속에 꼭꼭 숨겨놓는 이유가 무엇인지 상기시키려는 딱 한 가지 이유뿐이다. 천재 학자 프로이트의 등장과 정신분석 운동으로 우리는 삶과 죽음이라는 한 쌍의 공포를 탐구해 문헌으로 만들 수 있었다. 인간은 사실 겁먹고 공포에 질려 괴로워하며 살고 싶어 하지 않는다는 데 해답이 있다. 이런 상황에서 인간은 체념한 채 무심하게 삶을 계속할 수 없을 것이다. 인간의 공포는 깊이 억압되어 있으며, 그 때문에 일상생활이 표면적으로는 평온해 보인다. 그러나 때로 절망이 표출될 때가 있으며 이를 알아볼 수 있는 사람은 그리 많지 않다. 억압이란 정신분석의 중대한 발견이며, 인간이 자신의 기본 동기를 어떻게 자신에게조차 숨길 수 있는지 설명해준다. 그러나 인간은 근심 걱정 없이 신뢰, 희망, 즐거움 속에 살며 억압을 넘어 떠오르는 데 필요한 부력을 얻을 수도 있다. 랑크의 이론에서 보았듯 이는 문화의 상징 공학$^{\text{symbolic engineering}}$을 통해 어디서든 인간이 느끼는 공포에 대한 해독제로 육신의 삶을 넘어선 새롭고도 오래가는 삶을 제공함으로써 성취할 수 있다.

랑크와 동일한 시기에 빌헬름 라이히도 동일한 기본 명제에 근거해 자신의 연구를 수행했다. 저서 《파시즘의 대중심리》에서 라이히는 파시즘이라는 인류의 비극이 어떤 역학으로 작용하는지 몇 페이지에 걸쳐 놀랍게 낱낱이 파헤친다. 라이히에 따르면 이는 모두 인간이 자신의 동물적 본성을 부정하고 현재와 달라지려 애쓰는 데서 비롯한다. 이는 모든 정신 질환, 가학 성향은 물론 전쟁을 일으키는 원인이 된다고 라이히는 말한다. 모든 인간의 이데올로기가 형성되는 지도적 원리는 '우리는 동물이 아니야…'라는 똑같고 단조로운 소리만 계속 낸다.[1]

라이히는 자신의 저서에서 파시즘에 대해, 왜 인간이 기꺼이 자신의 존엄성을 국가나 위대한 수령에게 내놓는지 설명한다. 이 설명은 대단히 직설적이다. 전 세계를 개량하겠노라, 그리고 자연이 부여한 운명을 극복하도록 인간을 인도하겠노라 약속한 정치가가 그 원인이며, 그리하여 대중은 이 사람에게 전적으로 신뢰를 바친 것이다. 우리는 인류가 평등 사회에서 왕권 사회로 너무나도 쉽게 옮겨 가는 걸 보았으며, 그 원인은 바로 사회 중심에 있는 권력이 이들에게 수많은 면제적 특권과 번영을 약속했기 때문이다.

이렇게 새로운 배경 속에서 인류는 원시사회라면 아주 어쩌다 벌어질, 그리고 실제로 벌어진다 해도 규모가 훨씬 작을 재앙을 일상적으로, 게다가 대규모로 겪었다. 인간은 구조^{structures}에 들어감으로써 면역력을 얻어 자연이 인간에게 주는 재난을 벗어나려 했으나 결국은 잘못된 정치가에 복종해 새로운 재앙의 폐기물 속에 빠지고 말았을 뿐이다. 라이히는 정치인 전체를 가리켜 '재앙을 퍼뜨리는 정치꾼$^{political\ plague-monger}$'이라는 용어로 적절하게 묘사했다. 이들은 현실과 가능한 상상의 세계에 대해 대중에게 거짓말을 했으며, 그로 인해 인류를 불가능한 꿈속으로 몰아넣어 생명이라는 말도 안 되는 대가를 치르게 만들었다. 절망적 수준의 거짓말을 놓고 평생을 노력한다면, 게다가 그 거짓말을 실현해 세상을 정반대로 바꾸려 한다면 자신을 파멸의 도구로 전락시킬 뿐이다. 독일의 우월성에 대한 이론 — 또는 특정 집단이나 인종이 우월성을 지녔다는 어떤 이론 — 은 인간이 동물에서 벗어나려는 노력이 그 기원이다. 그러므로 자신의 집단이 순수하고 선하며, 따라서 충만한 삶과 일종의 영원성을 누릴 권리가 있다고 말하기만 하면 된다. 그러나 금수에 불과한 유대인이나 집시 등이 주변의 모든 것을 망가뜨리고 우리의 순수함을 오염시키며 생기 넘치는 삶에 질병과 허약함을 몰고 온다. 그러면 온 세상을 순수하게 만들겠다는 명목하에 정치적 역병이 퍼질 수밖에 없다. 이러한 내용은 히틀러의 저서 《나의 투쟁$^{\text{Mein Kampf}}$》 속, 유대인들이 어두운 골목길에서 젊은 독일 여인들을 매독에 감염시키려 기다리고 있다고 몇 페이지에 걸쳐 말하는 부분에 등장한다. 사회에서 희생양을 만드는 일반 이론에 대해 이보다 더 이론적으로 기본적인 것이 어디 있겠는가.

라이히는 어째서 인류의 진정한 은인이 누구인지 알고 있는 사람이 거의 없는지, 반면 '모든 아이들이 정치적 역병을 일으킨 우두머리 인물들의 이름을 알고 있는 이유는 대체 무엇인지'에 대해 질문을 던진다. 그 답은 다음과 같다.

자연과학은 인간이란 우주 가운데 벌레 같은 미물에 불과하다는 근본 의식을 끊임없이 파고든다. 반면 재앙을 퍼뜨리는 정치꾼은 인간은 동물이 아니라 '정치적 동물$^{\text{zoon politikon}}$', 즉 동물과는 다른 존재로 가치를 수호하는

'도덕적 존재'라고 끊임없이 강조한다. 플라톤의 국가철학이 대체 얼마나 큰 악영향을 끼친 것인가! 인간이 자연과학자보다 정치꾼을 더 잘 아는 이유는 분명하다. 자신이 근본적으로 성적 동물이라는 사실을 떠올리고 싶지 않기 때문이다. 동물이 되고 싶지 않기 때문이다.[2]

나는 여기서 악의 역학에 대한 라이히의 견해를 기술적 꾸밈 없이 소개하고 있는데, 그 이유는 간단하다. 그럴 필요 없을 것 같아서다. 그러나 정신분석 관련 문헌에는 기술적 장식이 엄청 달려 있으니 정신의 복잡 미묘한 이론적 작용을 추적해보고 싶은 사람은 이를 참고하면 된다. 정신분석 이론의 놀라운 점은 인간의 조건을 '자신의 동물스러움에 대한 부정' 등으로 간단하게 설명하는 동시에 이러한 부정이 아동기 초기에 기반을 두고 있음을 보여주는 데 있다. 그렇기 때문에 정신분석가는 '선한' 대상과 '악한' 대상에 대해, 인간 발달단계 중 '편집증^{paranoid}' 단계에 대해, '부정'에 대해, 그리고 정신 속 '죽음이라는 고립된 지역'까지 포함하는 정신 속 '분열$^{split-off}$'된 부분 등에 대해 이야기한다.

내가 보기에 이렇게 복잡한 정신 작용을 융보다 더 제대로 요약해낸 학자는 없는 것 같다. 융은 자신만의 시적이면서도 과학적인 방식으로 모든 인간의 정신에 들어 있는 '그림자'에 대해 설명한다. 그림자에 대해 이야기하는 일은, 자신이 열등한 동물이라는 개인의 생각에 대해 이야기하는 또 다른 방식이다. 이는 우리가 가장 부정하고픈 측면이기도 하다. 에리히 노이만은 융 학파의 관점을 간단명료하게 이렇게 요약해서 설명했다.

그림자는 반대쪽 측면이다. 불완전하며 세속적인 우리의 모습, 절대적

가치(즉 흘러가는 인생에 대한 공포와 죽음에 대한 지식 등)와 모순되는 부정적인 모습이다.[3]

융이 이야기한 대로 그림자는 자신의 정신 중 어두운 부분, '막연하게 의심할 수밖에 없지만 분명 존재하는 열등감'이 된다.[4] 자연히 우리는 이러한 열등감에서 벗어나려 한다. '자신의 그림자를 뛰어넘고 싶어' 한다. 그렇게 할 수 있는 가장 직접적인 방법은 '어둡고 열등하며 비난받을 만한 모든 것을 타인에게서 찾아내려 하는' 것이다.[5]

인간은 죄책감이 있으면 편안할 수 없다. 숨이 막힐 수밖에 없다. 말 그대로 자신의 존재를 뒤덮는 그림자와도 같다. 노이만은 이를 다음과 같이 멋지게 정리한다.

죄책감을 느끼는 일은 그림자를 의식하며 지각하기 때문에 생긴다. … 그림자의 존재에 근거해 생기는 이 죄책감은 개인과 집단에 의해 똑같은 방식으로, 즉 그림자의 투사라는 현상을 통해 체제에서 퇴출당한다. 그림자는 인정받은 가치(동물다움보다 문화적 외관을 중시하는 등)와의 갈등 속에서 자신의 정신 속 부정적인 부분으로 인식되므로 받아들여지지 못하기 때문에 투사된다. 다시 말해 외부 세계로 내보내 외부에 있는 대상으로 경험하게 된다. 우리 자신의 내면에 있는 문제가 아니라 '저기 다른 곳에 있는 외계인' 같은 존재로 싸우고 징벌하며 없애버려야 하는 대상이 된다.[6]

따라서 노이만은 우리가 정신 가운데 부정적 힘과 죄책감을 고전적인 해묵은 방식으로 내쫓는 데 쓰는 역학 방식은 다름 아닌 희생양 만들기라고 결론 내린다. 정확하게는 열등감과 동물다움이라는 분열된 감정이 투사된 대상이 우리의 희생양이 되어 이 감정과 함께 상징적으로 파괴된다. 유대인, 집시, 폴란드인 등을 대상으로 저질러진 나치의 학살을 설명하는 이론을 전부 비교해 여기에 제기되는 이유를 인증해보면 우리 모두의 마음에 파고드는 이유는 딱 하나, 바로 그림자의 투사다. 융이 랑크나 라이히보다 더욱 비판적 방식으로 '이 세계 속의 잘못된 원리일 뿐만 아니라 실은 유일하게 잘못된 대상은 다름 아닌 인간이다'라는 관찰을 내놓은 사실도 놀랄 일이 아니다.[7]

28. 내면의 분열을 받아들이자

앤드루 바드 슈무클러 Andrew Bard Schmookler

M. 스콧 펙에 따르면 '악의 핵심적 결함'은 '죄가 아니라 악을 인정하려 하지 않는 것'이다.[1] 우리가 무언가를 직면하지 못한다면 그것이 우리의 뒷덜미를 낚아챌 것이다. 도덕적으로 불완전한 존재임을 스스로 받아들일 때 우리는 악마에게 더는 홀리지 않을 것이다.

소설 《모비 딕 Moby Dick》*으로 한번 비교해보자. 에이헤브 선장이 거대한 흰고래를 쫓는 여정은 전쟁을 통한 방식을 상징하며, 평화를 통한 방식을

---

* 작가는 허먼 멜빌이다.

상징하는 조지프 콘래드의 작품 《비밀 공유자$^{Secret Sharer}$》와 대조된다. 이 작품에도 선장이 등장하며 그가 어떻게 자신 내면의 어두운 부분에 대응하는지가 소설 내용이다.

분석심리학자 에스더 하딩$^{Esther Harding}$은 콘래드의 이야기를 그림자에 대한 담화로 해석한다. 이 이야기 속 '비밀 공유자'는 선장이 당직 경계를 서는 동안 벌거벗은 채 배 위로 기어 올라온 낯선 사람이다. 이 사람은 사실 다른 선박에서 항해하던 장교로 근무를 게을리한 부하 한 명을 살해했다. 선장은 그를 숨겨주지만 바람이 멎어 멈춰 선 배 위로 왠지 모를 불편하고 위험한 분위기가 서서히 드리운다. 결정적 순간 선장은 자신이 숨겨준 이방인이 저지른 것과 똑같은 폭력적 행위를 저지를 뻔하지만, 살인을 저지를 수 있다는 사실을 선장이 스스로 인식하는 순간 긴장이 해소되었다고 하딩은 말한다. "그 순간, 바로 그 순간 그림자 인간은 수수께끼처럼 배 위에 등장했던 그대로 바닷속으로 자취를 감춘다. 우리는 배 전체를, 그리고 풋내기 선장을 둘러싸고 있던 정체 모를 긴장감이 해결되었으며, 이제 배는 순풍을 받으며 고향으로 돌아가게 되었음을 깨닫는다."[2]

악은 단지 우리 외부에 존재할 뿐이라고 주장한다면, 우리가 탄 배는 에이헤브 선장의 배처럼 결국 부서질 수밖에 없을 것이다. 내면에도 악의 가능성이 존재한다는 사실을 인정하고 받아들일 때 우리는 자신의 그림자와 화해할 수 있으며, 우리가 탄 배 역시 안전하게 항해할 수 있다.

물론 우리 외부에도 악은 존재한다. 우리에게는 적이 있으며 이들은 우리를 위협한다. 그러나 인간 세상에서 전쟁이 일어나는 주기가 있듯 평화도 마찬가지로 그 주기 속 어디서든 시작될 수 있다. '닭이 먼저냐, 달걀이 먼저냐'라는 문제를 벗어날 때 새는 새로운 종으로 진화를 시작할 것이다. 우리가 조각조각 갈라진 세계 체제 아래 살며 벗어날 수 없는 트라우마로 괴로워하는 것과 마찬가지로, 온전한 정신을 향한 자신의 움직임은 우리에게 새로운 세계 질서를 창조해줄 수 있다. 인간 정신에 생긴 균열을 극복하는 일은 위험에 처한 세계에서 서로를 갈라놓은 경계선을 넘어서기 위한 중요한 한 걸음이 될 것이다.

하시드[Hasid](정통 유대교인)에 전해지는 이야기를 소개할까 한다.

한 랍비[Rabbi](유대교의 율법 학자)의 아들이 안식일 이웃 마을에 예배를 갔다 돌아오자 가족이 그에게 물었다. "음, 그 마을에서 하는 예배가 우리랑 다른 게 있었니?" 아들은 "물론이죠"라고 대답했다. "어떤 내용이었니?" "원수를 사랑하라더군요." "그럼 우리랑 다를 게 없잖니. 대체 무슨 새로운 걸 배웠다는 거냐?" "내 안에 있는 원수를 사랑하라고 하던데요."[3]

우리 안의 원수를 사랑한다고 외부의 적을 무찌를 수 있는 건 아니지만, 그 관계를 변화시킬 수는 있다. 악이 악마의 전유물로 취급받지 않게 되면 우리는 이를 인간의 언어로 다뤄야 한다. 이는 영적 고통이 따르는 과제이며, 동시에 영적 평화를 얻을 기회이기도 하다. 자신을 낮출 때 늘 따르는 일이기도 하다.

어둠 한복판에는 우리 자신의 마음이 있다. 인간 속에서 일어나는 가장 끔찍하고 파괴적인 것을 악마의 짓으로, 즉 우리와는 다른 존재가 저지른 행위인 것처럼 돌리면 일단은 편안할 것이다. 그래서 한 독일 사람은 나치의 주요 인물이던 힘러[Himmler]*를 이해하려고 아무리 노력해봤자 소용없을 것

---

* 유대인 학살을 총지휘한 최고 책임자이다.

이며, 그 이유는 '완전한 광인의 소행을 인간의 경험으로 이해하려 하기 때문'이라고 서술한 바 있다.[4] 한 독일 언론인이 자국민을 상기시키기 위해 쓴 글 내용은 이보다 좀 더 현명하다. '히틀러는 우리 중 하나라는 사실을 우리는 처음부터 알고 있었다. 이제는 그 사실을 잊지 말아야 한다.'[5] 히틀러 역시 우리 중 하나, 한 인간이었다. 우리는 거울 앞에서 춤을 추며 원수를 악마 같은 존재로 여김으로써 그릇된 마음의 평화를 얻는다. 그러나 진정 악마 같은 원수라 해도 사실은 우리와 같은 존재라는 사실을 깨달으면 진정한 마음의 평화에 한 걸음 더 가까워진다.

자신의 내부에서 분열이 일어나면 우리는 선과 악 사이에 벌어지는 전쟁에 집착한다. 그러나 전쟁 상태 그 자체가 악이라고 간주한다면, 우리가 추구하는 평화를 현실화하는 데 새로운 도덕적 역학을 찾아내야 하는 과제가 생긴다. 이런 상황에서는 도덕성이 전쟁의 자리를 대신할 때까지 나는 어느 쪽에 설지 선택해야 하며, 내 쪽과는 동일시하는 반면 다른 쪽은 거부할 수밖에 없게 된다. 자신을 또 다른 자신 위로 끌어올리는 일일 뿐이며, 결국은 공허한 토대 위에 불안하게 자리 잡는 것에 불과하다.

우리가 사는 세계에서는 '평화 중재자'가 전쟁 유발자와 이러한 근본적 도덕 패러다임을 공유하는 일이 너무나 흔하다. 평화운동이 일어나는 동안에는 평화를 원하는 선한 '우리'와 달리 전장에 있는 사람들은 마치 폭탄에 미친 악마처럼 취급한다. 지금 전쟁 중인 이들은 우리를 실제 위험에서 지켜주고 있는 게 아닌 것처럼, 우리는 '평화를 사랑하기 때문에' 스스로가 선택한 '적'보다 우월하다고 강조할 필요 없는 것처럼 행동한다. 평화의 깃발을 내걸고서도 전쟁 상태는 이렇게 우리를 지배한다.

심리학자 에릭 에릭슨은 자신의 저서 《간디의 진실$^{Gandhi's\ Truth}$》에서 평화로 향하는 길에 깔린 도덕적 함정이라는 측면을 조명한다. 물론 간디는 폭력 체제를 초월한 20세기 이데올로기 운동의 영웅이며, 이는 지극히 온당한 행동이었고, 그로 인해 추앙받을 자격이 충분하다. 에릭슨의 저서는 간디에게 바치는 헌정 그 자체다. 허리에 천을 두른 간디의 모습은 단순한 마음simplicity of spirit의 상징이다. 그는 우리가 겪는 역경을 악마의 짓으로 치부하지 말고 역경의 긍정적 측면을 바라보라고 가르친다. 또 용감하게 나서 상대의 공격을 받아들이되 되받아치지 않는 방식으로 폭력의 순환을 멈추는 모습을 보여준다.

그러나 간디에게도 문제가 되는 부분이 있으며 에릭슨은 간디에게 보내는 공개서한 형식으로 이 문제를 다뤘다. 지나칠 정도로 도덕적 무결함을 추구함으로써 생겨난 어두운 측면이다. 에릭슨은 간디가 자기 자신과 형성한 관계가 일종의 폭력이라고 본다. 또 자신과의 전쟁을 승리로 이끈 노력의 역학 과정에서 간디와 주변 사람들, 즉 간디와 가장 가까우면서 그에게 가장 약한 모습을 보인 사람들 사이에 전제군주 같은 착취적 관계가 성립하기도 했다.[6] 에릭슨에 따르면 간디가 성자가 되려 노력하는 과정에서는 우리가 자신을 폭력의 순환에 옭아매는 것과 같은 노력의 형태가 보인다.

비폭력(사탸그라하satyagraha)주의에 대해 에릭슨은 간디에게 보내는 공개서한에서 이렇게 밝혔다. '우리가 자신의 내면에서 악하다고 느끼는 것들, 우리가 본능적 만족을 두려워하게 하는 것들에 대해 똑같은 행동을 적용하는 방법을 배우지 않는다면 비폭력은 인간세계에서 보편성을 얻을 수 없을 것이다. 본능적 만족이 없다면 인간은 관능적 존재로서의 활기를 잃고 시들 뿐 아니라 두 배는 더 파괴적인 생물이 되고 말 것이다.'[7] 에릭슨의 이 같은 주장에서 확연하게 고려해야 할 부분은 간디가 자신의 성 욕구와 전쟁 같은 싸움을 벌였으며, 여기서 투사가 상당 부분 역할을 했음은 물론 다른 사람들에게 상처를 입히는 결과까지 이어졌다는 사실이다. 여기서 소설가 조지 오웰$^{George\ Orwell}$(《1984》를 쓴 영국 소설가)이 간디에게 의구심을 품었다는 사실이 생각나는 사람도 있을 것이다. '물론 성자라면 술, 담배 같은 것은 피해야겠지만 성자가 된다는 것 역시 인간이라면 피해야 할 일이기도 하다.'[8] 성자가 되려면 자신을 '선한' 부분과 지나치게 동일시하며 나쁜 부분과는 용납할 수 없을 정도로 척지는 일을 감수해야 한다. 이렇게 되면 자연히 전쟁 상태로 이어진다. 에릭슨은 간디에 대해 "인간이 동물과 다른 점 중 하나인 과도한 폭력이 간디의 내면에도 상당 수준 형성되었다. 어린이를 훈련할 때와 같은 방법으로 자신의 일부분을 다른 부분과 강제로 떼어놓았기 때문이다"라고 이야기했다.[9]

전쟁 말고 다른 상태도 있을 것이다. 예를 들어 건강이 선함으로 인식될 수도 있다. 언어학적으로 '건강^{health}'이라는 말의 어원은 '전체^{whole}'라는 뜻과 이어진다. 그렇다면 악은 아프다는 의미와 연결되어 전쟁 유발자들이 하듯 쳐부수는 게 아니라 치료해 온전하게 만들어줘야 할 대상이 된다. 우리는 자신을 온전하게 만드는 과정에서 평화의 미덕으로 이르는 '샬롬^{shalom}'이라는 말에 딱 어울리는 길을 발견한다.* 그리고 거기에 이르는 핵심은 우리가 불완전하며 죄 많은 존재라는 사실을 평온하게 받아들이는 것이다. 에리히 노이만은 '(자신의) 실제 모습보다 더 낫거나 못하게 변하는 쪽을 선택하지 않을 도덕적 용기'에 대해 이야기하며,[10] 이것은 심층심리학을 치료라는 목

---

* 히브리어인 '샬롬'은 '평화'라고 옮기는 게 일반적이나 원래는 '온전하다', '완전하다'는 뜻으로 신체와 관련해 쓸 때는 '건강'이라는 의미가 있다.

적으로 사용할 때 주요한 부분이라고 말한다. 에릭슨 역시 간디에게 보내는 서한에서, 간디가 걸었던 비폭력이라는 길에는 정신분석학 기법에서 가르치는 대로 '자신 만나기'라는 치료적 부분을 추가해야 한다고 언급했다. 에릭슨에 따르면 비폭력과 자신과의 만남은 같은 종류의 일이다. 자신과의 만남은 '내면의 적과 비폭력적으로 맞서는' 법을 가르쳐주기 때문이다.[11] 전쟁 상태로 일어난 분열을 화해 상태가 보충함으로써 온전하게 만들어준다.

선함이 이 세상을 다스리는 건 선이 악에 대항해 승리할 때가 아니라, 선을 사랑하는 마음이 '악을 누르고 승리한다'라는 형태로 표현되지 않게 될 때일 것이다. 자신을 성자로 부르는 이들이 아니라 자신이 죄인이라는 사실을 겸허하게 받아들인 이들이 이 땅에 평화를 내릴 것이다. 사실, 평화의 정신을 우리 마음속에 살아 숨 쉬게 하려면 어떻게 해야 하는지 표현한 이는 리지외의 테레사$^{\text{Saint Theresa of Lisieux}}$*라는 성자였다. '자신에게 불쾌한 시련을 기꺼이 평온하게 감내하려 할 때 우리는 예수께 기쁜 안식처가 될 것이다.'[12]

---

*   19세기 말 프랑스의 가톨릭 수녀. 우리나라 신자에게는 '소화 데레사'라는 호칭으로 알려져 있다.

...

'예'와 '아니요'는 얼마나 차이가 나겠는가?
선한 것과 악한 것은 얼마나 차이가 나겠는가?
사람들이 두려워하는 것을 나도 두려워하지 않을 수 없다니,
얼마나 허황한 이야기인가!
있음과 없음은 서로의 관계에서 생기며
어려움과 쉬움은 서로의 관계에서 성립하며
길고 짧음도 서로의 관계에서 비롯하며
높고 낮은 소리 역시 서로의 관계에 의지하며
앞과 뒤도 서로를 뒤따르고 있나니.

- 노자^{老子} -

7부

적의 탄생

정치적 통일체에서 말하는
'우리'와 '그들'

"우리는 산 너머 다른 쪽에 사는 사람들이 전부 붉은 머리 악마가 아니며 우리가 사는 산 이쪽의 문제 또한 이들의 책임이 아니라는 깨달음이 다가오는 시대에 산다."
- 카를 융

"친구는 우리가 할 수 있는 일이 무엇인지 알려주며 적은 우리가 해야 하는 일이 무엇인지 알려준다."
- 요한 폰 괴테 Johann von Goethe

"적이란 내가 일하지 않고 집에서 발견해낸 보물과 같아 소중히 여겨야 한다. 내가 깨달음을 얻을 수 있게 돕는 존재이기 때문이다."
- 샨티데바 Shantideva (적천, 8세기 무렵 인도의 승려이자 학자)

"우리가 적의 내밀한 이야기를 읽을 수 있다면, 서로가 살면서 슬픔과 고통을 겪었음을 깨닫고 모든 무기를 내려놓을 것이다."
- 헨리 워즈워스 롱펠로 Henry Wadsworth Longfellow (19세기 미국 시인)

서문

불쾌한 생각처럼 여겨질지도 모르겠지만 우리에겐 적이 필요하다. 인간의 삶은 적이 있어 번창하며 그에 의존한다. 7부에서는 적이라는 존재의 도덕적, 실제적, 철학적 문제를 다룬 에세이를 통해 개인과 집단이 어떻게 적을 만들며 적은 어떤 기능을 하는지 탐구한다.

적을 만드는 일에는 주요한 목적이 있는 것으로 보인다. 우리 내면에서 스스로 감당할 수 없는 부분을 무의식적으로, 그리고 손쉽게 적의 탓으로 돌릴 수 있다. 심리학이라는 렌즈를 통해 관찰해보면 적을 만드는 일은 우리가 생각하는 열등감의 이미지에 맞는 타인에게 그림자를 치환하는 행위이며, 그 이유는 복잡할 때가 많다. 우리가 자신의 어두운 본성에 지배받는다는 사실을 깨달으려면, 우리가 좋지 않게 판단하거나 싫어하는 사람 또는 은밀하게 편견을 지닌 대상이 누구인지 생각해보기만 하면 된다.

국적과 인종, 종교 또는 집단 정체성 수준에서 보면 우리는 신화, 드라마 속 비극적 부분에 맞춰 적을 만들어낼 때가 많다. 전쟁, 성전, 박해 등이 인간의 그림자라는 형태로 이 끔찍한 영역을 차지하는데, 이들에게는 부족 시절의 무의식적 유산이라고 할 만한 측면이 있다. 인간 역사에서 정의를 구현한다는 명목하에 최악의 잔인한 사건들이 저질러졌다. 나라 전체의 그림자를 적이라는 대상에 투사한 결과 외부인 집단이 적이자 희생양 또는 이교도가 되었다.

적과 싸우는 행위의 궁극적 기능은 '구원'이다. 사회 평론가 어니스트 베커에 따르면 "우리 시대 비극적인 전쟁으로 배운 사실이 하나 있다면, 적이라는 존재가 악에서 우리를 구하는 제의적 역할을 수행한다는 점이다. 모든 전쟁은 '성전'이다. 신의 뜻을 시험한다는 운명을 드러내는 계시의 의미이자 세상에서 악을 정화하는 수단이기 때문이다." 우리 시대는 이어지는 냉전 속에서 적을 만드는 게임을 계속하느라 인적, 물적 자원을 놀라운 정도로 낭비했다. 군비와 전쟁 관련 기술 개발에 아이들의 미래는 담보로 잡혔다. 우리가 배운 이들 헛된 교훈은 쓸모없어진 무기를 해체할 때라도 쓸 수 있었으면 하는 바람이다.

세계는 이제 2000년대가 건설적 협력의 새로운 시대가 되기를, 적을 만드느라 소모했던 에너지를 진정한 문제 해결에 사용할 수 있기를 바라는 것 같다. 이제 우리의 새로운 적은 투사를 필요로 하지 않는다. 우리가 지닌 집단의 그림자를 간직하며 그 책임을 지기만 하면 만날 수 있다. 환경에 닥친 재앙, 지구온난화, 수없이 많은 생물종의 죽음, 경제적 결핍과 영양부족에 시달리는 사람들의 모습으로 등장했기 때문이다.

그러나 이 글을 쓰는 중에도 우리 앞에 새로운 전쟁, 그리고 새로운 적이 등장했다. 구소련이라는 대상에서 벗어난 그림자의 투사가 이제는 새로운 목표, 이라크와 파렴치한 지도자 사담 후세인으로 옮겨 갔다. 우리나라는 또다시 전쟁이라는 죽음의 무도에 빠져 원형적 그림자의 지배하에 들어갔다.

7부에 등장하는 에세이는 집단의 정신 속에 도사린 악의 문제, 특히 인간의 사회, 정치적 구조 속에 드리운 그림자라는 주제를 탐구한다. 작가이자 철학자 샘 킨$^{Sam\ Keen}$이 자신의 저서 《적의 얼굴$^{Faces\ of\ the\ Enemy}$》에서 인용한 에세이 〈적을 만드는 사람〉으로 이 섹션의 기조를 잡는다. 킨은 우리가 적을 창조하는 과정을 서술하며 자신이 호모 호스틸리스$^{Homo\ Hostilis}$, 다시 말해 '적대적 인간'이라고 칭한 정신 구조를 탐구한다. 그와 동시에 인간은 적과 전쟁에 대한 관점을 바꿔야만 진정한 생존이 가능하다는 견해를 표한다.

페미니스트 작가 수전 그리핀$^{Susan\ Griffin}$은 자신의 저서 《포르노와 침묵$^{Pornography\ and\ Silence}$》에서 발췌한 글 〈광신적 차별주의 사고〉를 통해 그림자에 대해 생각하는 새로운 언어를 제시한다. 그리핀은 포르노를 '광신적 차별주의 사고의 신화'라 부르며 인종주의자, 여성 혐오자 및 반유대주의자들의 목표는 사실 자신의 잃어버린 영혼을 찾는 데 있음을 제시한다. 우리가 사는 문화 속에서는 그 누구도 이러한 광신적 차별주의 사고에 관여하는 일을 피할 수 없다고 말한다.

저명한 작가이자 심리학자 로버트 제이 리프턴$^{Robert\ Jay\ Lifton}$은 우리에게 나치가 세계대전 중에 저지른 만행의 이면을 분석하며 대량 살인과 집단 학살에 대해 묘사한다. 자신의 저서 《나치의 의사들: 의학적 살인과 집단 학살의 심리학$^{The\ Nazi\ Doctors:\ Medical\ Killing\ and\ the\ Psychology\ of\ Genocide}$》에서 발췌한 에세이 〈더블링과 나치의 의사들〉에서 리프턴은 더블, 그리고 심리적 분열이라는 개념을 사용해 윤리적이어야 할 전문인들이 아우슈비츠 등 죽음의 수용소에 갇힌 '적들'을 상대로 상상할 수도 없는 의학적 반인륜을 저지르고도 어떻게 아무 일 없었다는 듯 지금껏 활동할 수 있는지 설명한다.

스위스의 분석심리학자인 아돌프 구겐뷜-크라이히는 광기와 그림자를 연결하며, 비양심적인 인간이 권력을 잡지 못하게 예방하는 일은 어느 사회든 간에 가장 중요한 문제 중 하나라고 지적한다. 이 책에 수록한 〈사이코패스가 세상을 지배하지 않는 이유〉는 구겐뷜-크라이히의 저서 《목발 짚은 에로스$^{Eros\ on\ Crutches}$》에서 발췌했다.

마무리는 유머 넘치는 일화 '고속도로 위의 악마'로, 분석심리학자 제임스 앤들[James Yandell]은 이 글에서 고속도로 운전을 반대 차선을 달리는 악마를 상대해야 하는 윤리적 투쟁의 행위로 뒤바꾼다.

이 장에서 폭넓게 살펴본 대로 우리는 친구도 적도 될 수 있으며, 우방이 될 수도, 적대하는 상대가 될 수도 있다. 선택은 우리의 몫이다.

29. 적을 만드는 사람

샘 킨[Sam Keen]

적 만들기

- 빈 캔버스에 남자, 여자, 그리고 아이들의 모습을 대강을 스케치할 것.
- 그대 속 버려진 어둠, 무의식의 샘으로 커다란 붓을 들고 뛰어들어 그림자의 불길한 색채로 이방인을 칠할 것.
- 그대의 것이라 감히 말하지 못할 탐욕, 증오, 경망을 적의 얼굴로 그려 넣을 것.
- 감상적인 개별성 따위는 얼굴에서 가려버릴 것.
- 인간 하나하나의 마음속 만화경 안에서 수없이 많이 돌아다니는 사랑과 희망, 두려움은 흔적도 없이 지워버릴 것.
- 미소 짓는 입꼬리는 잔인한 모습이 될 때까지 아래로 늘어뜨려 뒤틀 것.
- 추상적 죽음의 골격만 남을 때까지 뼈에서 살을 벗겨낼 것.
- 인간이 야수로, 해충으로, 벌레로 변할 때까지 각 부분을 과장할 것.

- 고대 악몽에 등장하던 악의 가득한 형상 - 악마, 악령, 각종 악의 하수인들로 배경을 채울 것.
- 적의 그림이 완성되면 그대는 이제 죄책감 없이 죽이고 부끄러움 없이 학살할 수 있을 테니.
- 그대가 파괴하는 모든 것은 신에 거역하는 적, 신성한 역사의 변증법을 가로막는 방해물에 불과할 테니.

우리는 처음에 적을 만든다. 무기라는 이미지를 떠올리기도 전에 말이다. 우리는 다른 사람을 죽여야겠다고 먼저 생각한 다음에야 실제 살상에 사용할 전투 도끼니 탄도미사일 같은 걸 발명한다. 선전^{propaganda}은 기술을 앞서간다.

좌파나 우파나 정치가들은 모든 것을 퇴보시킨다. 무기를 다르게 만들기만 하면 적은 사라지리라 생각한다. 보수주의자는 우리 편이 더 크고 나은 무기를 만들면 적이 정중한 모습으로 공포에 질릴 것이라 믿는다. 자유주의자는 우리 편의 무기가 줄어들면 적이 친구로 변할 것이라 믿는다. 각자 나름의 논리와 긍정적 가정이 있다. 우리 인간은 이성이 있고 실용적이며 도구를 만들 줄 아는 동물이다. 인간의 역사가 지금껏 발전한 것은 인간이 호모사피엔스$^{Homo\ Sapiens}$(이성적 존재)이자 호모파베르$^{Homo\ Faber}$(도구적 존재)가 되었기 때문이다. 따라서 이성적으로 협상하거나 무기를 통제함으로써 우리는 평화를 얻을 수 있다.

그러나 현실은 그렇지 않다. 우리의 이성이나 기술이 아니라 굳어버린 마음이 문제인 듯하다. 세대가 거듭될수록 우리는 서로를 증오하고 비인간화할 핑계를 찾으며 가장 성숙한 듯 들리는 정치적 수사를 동원해 자신을 정당화하려 한다. 그러면서 명백한 사실조차 인정하려 들지 않는다. 우리 인간은 호모 호스틸리스, 즉 적대하는 존재요 적을 만드는 동물이다. 날조해서라도 적을 만들어 우리가 부정하는 증오심의 짐을 대신 짊어질 희생양으로 삼는다. 우리는 내면에 지닌 적개심의 무의식적 찌꺼기로 목표물을 만들어낸다. 그리고 개인 속에 도사린 악마로부터 공공의 적을 생각해낸다. 그리고 무엇보다도 우리가 개입하는 전쟁은 강박적 의식^{ritual}이며 그림자들이 만드는 드라마다. 여기서 우리는 자신이 부정하고 경멸하는 자신의 일부분을 끊임없이 없애려 한다.

우리가 살아남기 위한 최선의 희망은 적과 전쟁을 보는 관점을 바꾸는 것이다. 적이라는 대상에 사로잡히는 대신, 적을 보는 눈을 스스로 살피기 시작해야 한다. 지금은 호모 호스틸리스의 마음을 탐구해야 할 때이며, 우리가 적이라는 이미지를 어떻게 만들어내고, 어떻게 필요 이상의 악을 형성하며, 어떻게 세계를 살육의 전장으로 바꾸는지 자세히 조사해야 한다. 정치적 편집증 뒤에 숨은 논리를, 우리의 적대성을 정당화할 프로파간다를 만들어내는 과정을 이해하지 못한다면 전쟁 자체를 통제하는 데 의미 있는 성공을 거둘 확률은 없어 보인다. 카를 융이 말한 '그림자'라는 대상을 더욱 자각해야 한다. 개인과 기업의 정신 가장 깊숙한 밑바닥까지 들어가 내면의 적과 용감하게 맞설 수 있는 이들이 우리 시대 평화에 기여하는 영웅이자 지도자가 될 것이다. 심층심리학은 우리에게 적이란 자기^{self} 내부에서 부정당한 측면이 모여 만들어진다는 부정할 수 없는 지혜를 전해주었다. 그러므로 '적을 너 자신처럼 사랑하라'는 과격한 계율은 사실 자기 지식과 평화에 다다르는 방식을 알려주는 것이다. 우리가 적을 증오하거나 사랑하는 정도는 사실 자신을 증오하거나 사랑하는 정도와 동일하다. 적이라는 이미지에서는 우리 자신의 얼굴을 가장 뚜렷하게 바라볼 수 있는 거울이 들어 있다.

하지만 잠깐, 서둘러서는 곤란하다! 현실 권력정치를 실행하는 자들이 한목소리로 반대할 것이다. "적을 '창조'한다는 게 대체 무슨 뜻인가? 우리는 없는 적을 만들어내지 않는다. 침략자, 악의 제국, 부도덕하고 사악한 인간이 분명 우리가 사는 세상에 존재하지 않나. 우리가 선제공격으로 무찌르지 않으면 그쪽이 우리를 무찌를 것이다. 히틀러, 스탈린, 폴 포트처럼 진정한 악당은 분명히 있다. 정치적 사건은 심리학으로 접근할 수 없으며 적을 어떻게 지각해야 할지 연구한다고 전쟁 문제가 해결되는 것도 아니다."

부분적으로 반대하는 목소리도 계속 있었다. 심리학적 또는 정치적으로 보이는 절반의 진실만으로는 평화를 끌어낼 수 없다는 것이다. 분명 정치적 사건을 심리학적으로 해석할 땐 심리학적 사건을 정치적으로 해석할 때와 마찬가지로 신중해야 한다. 전쟁은 복잡한 문제이며 한 가지 접근법이나 원리로는 이 문제를 해결할 수 없다. 이 문제를 해결하려면 적어도 단일 요인 전쟁 이론이 아닌 전쟁의 양자 이론이 있어야 할 것이다. 빛을 물리학적으로 이해하려면 빛이 파동인 동시에 입자라고 간주해야 하는 것과 마찬가지로, 전쟁을 다음과 같은 양쪽 요소가 모두 지탱함으로써 존재하는 시스템으로 볼 때 우리는 전쟁이라는 문제를 더욱 제대로 이해할 수 있을 것이다.

전사의 정신	그리고	폭력적인 폴리스^{polis}
편집증	그리고	프로파간다
적대적 상상	그리고	나라들 사이에 일어나는 가치 및 지정학의 갈등

전쟁을 창조적으로 보려면 언제나 개인의 정신과 사회제도를 동시에 고려해야 한다. 사회는 개인의 정신을 형성하며 개인의 정신이 모여 사회를 형성한다. 따라서 우리는 심리학적, 정치적으로 전쟁의 대체물이 될 수 있는 무언가를 만드는 동시에 호모 호스틸리스의 정신 및 국제 관계 구조를 바꾸는 과제를 해결해야 한다. 이는 자기로 향하는 영웅의 여정인 동시에 더욱 인정 넘치는 정치 형태이기도 하다. 편집증, 투사, 그리고 프로파간다의 심리학적 뿌리를 먼저 살펴보지 않는다면 전쟁이 줄어들 기회는 없을 것이다. 또 전쟁 시스템을 떠받치는 가혹한 양육 습관, 부정, 파워 엘리트를 향한 과도한 관심, 이와 더불어 역사 속 인종, 정치, 종교 갈등 및 인구의 압박 등을 무시하는 경우도 그 결과는 똑같을 것이다.

군대를 둘러싼 심리학의 문제는 살인이라는 행위를 어떻게 애국심으로 전환하느냐에 있다. 적을 비인간화하는 이 과정은 대부분 제대로 연구된 적이 없다. 우리는 그림자를 투사할 때 자신의 행위를 체계적으로 맹목화한다. 집단적 증오를 형성하기 위해서는 정치적 통일체(국가, 국민 등)가 편집증, 투사, 그리고 프로파간다를 인지하지 못해야만 한다. 따라서 '적'을 마치 길가의 돌부리나 미친개처럼 실재하는 객관적 대상으로 여겨야 한다. 이러한 금기를 깨는 것이 우리의 첫 번째 과제다. 정치적 통일체의 무의식을 의식으로 전환하는 일, 우리는 어떻게 적을 만들어내는지 그 방식을 탐구하는 일이 바로 그것이다.

합의된 편집증$^{\text{consensual paranoia}}$, 즉 전쟁을 정당화하는 사회의 일부인 보통의 개인이 겪는 정신 질환으로부터 모든 적의 이미지가 형성되는 원판이 생긴다. 우리는 편집증의 논리를 연구함으로써 어째서 어떤 역사적 상황에서도 적의 원형 중 일부가 끊임없이 재생성되는지 파악할 수 있다.

편집증에는 개인이나 집단이 정의와 고결을 주장하며 적개심과 악을 적의 탓으로 돌리게 만드는 정신적, 감정적, 사회적 기제가 복합적으로 존재한다. 이 과정은 우리가 자신을 동일시하며 신화와 언론을 통해 찬양하는 '선한' 자기가 오랫동안 무의식에 머물러 적에게 투사될 가능성이 있는 '나쁜' 자기에서 분열되면서 시작된다. 이를 통해 자기 속에서 용납할 수 없는 부분 — 탐욕, 잔인성, 가학성, 적개심, 그리고 융이 말한 '그림자' — 은 적만이 지닌 특징으로 인식되며 사라진다. 편집증은 자신에게 있다고 여기기 싫은 특성을 상대에게 떠넘김으로써 불안과 죄책감을 감소시키며, 선택적 지각과 회상을 통해 유지된다. 우리는 적에게서 부정적 측면만 보고 인식하며, 이는 우리가 만들어낸 고정관념을 뒷받침하는 역할을 한다. 따라서 미국의 TV에서는 러시아의 나쁜 소식만 보도하며 러시아는 미국의 나쁜 소식만 보도한다. 우리는 자신의 편견을 확인하는 증거만 기억하게 된다.

이러한 편집증 상태를 가장 잘 보여주는 것이 반유대주의 선전이다. 반유대주의자에게 유대인이란 악의 근원 그 자체다. 독일 역사에서 적국이 되었던 영국, 미국, 러시아 등의 국가 뒤에는 유대인의 공모가 숨어 있었다. 이 유일한 위협은 보통 사람 눈에는 보이지 않으나 아리안족의 우월성을 진심으로 믿는 이들에게는 뚜렷하게 보였다. 이렇게 왜곡된 논리 구조에서는 나치가 군대를 전선으로 수송하는 일이, 그리고 '최후의 해결책'을 위해 유대인을 강제수용소로 보내는 일이 완벽하게 이치에 맞게 되었다.

이와 똑같은 편집증적이고 그늘진 시각이 미국의 우익 반공산주의자와 반자본주의에 사로잡힌 러시아인에게도 똑같은 특징으로 나타난다. 두 집단 모두 상대에게 더 큰 권력과 단결력이 있다고 말하며 상대가 이룬 성공에 대해서는 음모론을 내놓는다. 양쪽 진영의 충실한 추종자들은 세계를 전쟁

터라고 여기며 모든 국가가 결국에는 자본주의 또는 공산주의의 세력권으로 들어가야 한다고 생각한다.

죄책감과 책임감에서 벗어나 외부에 비난을 돌리는 것이 편집증적 사고의 주요 기능이다. 이러한 역전 현상은 때로 끔찍하게 극단적으로 흐를 수도 있다.

비난은 또 다른 비난을 낳는다. 따라서 편집증이 있는 개인이나 국가에는 망상 체계의 공유$^{paranoia\ à\ deux}$가 일어난다. 적을 만드는 시스템에는 둘 또는 그 이상의 적대하는 대상이 자신의 (무의식 속) 심리적 폐기물을 서로의 뒷마당에 투척한다. 우리는 내면에서 경멸하는 모든 것을 적의 탓으로 돌리며, 적은 자신이 경멸하는 모든 것을 우리 탓으로 돌린다. 이러한 그림자의 무의식적 투사 과정은 공통으로 이루어지므로 적들은 서로를 '필요로 한다.' 자신 속에 쌓여 버림받은 심리적 독성을 처리할 대상이 되기 때문이다. 우리는 증오의 연대, 다시 말해 서로가 자신의 그림자를 직접 대면하지 않아도 되는 '적대적 공생' 관계를 만든다.

현재 미-소 갈등에서는 집단 전이$^{group\text{-}transference}$의 대상으로 서로가 필요하다. 소련의 프로파간다에서는 미국을 시민권을 남용하는 집단으로 그리고 있는데, 이는 분명 똥 묻은 개가 겨 묻은 개 나무라는 격이다. 마찬가지로 소련은 통제 국가이며 개인의 소유권이 없다고 열변을 토하는 미국의 모습은 기업 자본주의하에서 정작 개인의 자유가 사라지는 상황, 요람에서 무덤까지 정부의 보호에 의지해야 하는 상황에 대한 무의식적 분노를 반영한다. 어느 쪽도 우리가 일찍이 가졌던 튼튼한 개인의 이미지와는 맞지 않기 때문이다. 국가에 의존하는 러시아인의 모습은 노예제와 다를 바 없다는 것이 우리의 공식적 관점이다. 하지만 우리는 큰 정부, 그리고 사회주의 방식의 가속화$^{galloping\ socialism}$라는 개념을 받아들였을 뿐만 아니라, 의식적으로 자신을 '말보로 맨$^{Marlboro\ man}$*'으로 생각하는 것과는 달리 깊은 의존 욕구를 지니고 있다. 그리고 미국이 지닌 이익 추구 및 소비의 자유를 돈 있는 자들의 면허로 취급하는 러시아인은 분명 더 큰 개인의 권리를 갈망하고 있다. 우리는 러시아에서 개인은 국가의 목적을 위한 수단에 불과하다고 생각한다. 반면 러시아인은 미국이 힘센 개인을 신성시하느라 공동체를 버리고 극소수의 이익을 위해 다수를 희생시킨다고 생각한다. 서로 이렇게 욕설을 주고받는 동안 우리는 자신의 체제가 지닌 치명적 잘못과 잔인함을 직면해야 하는 곤란한 숙제를 피할 수 있다.

분명 편집증적, 유아적 정신으로 볼 때 적에게는 나쁜 부모의 모순적 특성이 있다. 언제나 적에게는 전지전능한 권력과 더불어 도덕적 흠결이 있다고 덮어씌우는 일은 도덕적으로 타격을 입지 않고 적을 쳐부수는 데 필요한 공식과도 같다. 편집증적 형태가 특징인 미국 국방성에서는 주기적으로 미소 간 격차 ─ 폭탄 수, 탱크 수, 미사일 수, 군비 지출 등 ─ 를 수치로 발표하며 러시아가 미국보다 더 강한 무력을 보유하고 있음을 보임으로써 무신론적 공산주의가 이룬 무자비한 발전의 표상을 연출한다. 물론 크렘린에서도 똑같은 게임이 펼쳐진다.

편집증적 사고로는 평등이라는 개념이 생길 수 없다. 편집증 환자는 가

---

* 20세기 말보로 담배 광고에 등장한, 빨간 셔츠와 흰 카우보이모자 차림의 인물. 자유로움, 그리고 강한 남자의 이미지를 지니고 있다.

학적 우위에 서서 다른 모두를 지배하거나 피학적 열등함 때문에 위협을 받을 따름이다. 모든 성인은 다른 이들과 평등하며 선과 악에 대한 책임을 공유할 수 있어야 하지만, 유아적 편집증의 세계에서는 (부모, 적 등의) 거인이 힘을 지니며 그로 인해 스스로 책임져야 할 고통과 악을 제거하지 않는 도덕적 비열함을 갖게 된다.

호모 호스틸리스는 교정할 수 없는 이원론적 사고를 지닌 도덕주의적인 마니교 신자와 같다.*

우리는 순수하다.	그들은 죄인이다.
우리는 진실을 알린다.	그들은 거짓말을 선전한다.
우리는 자신만을 지킨다.	그들은 침략자다.
우리는 국방부가 있다.	그들에겐 전쟁부가 있다.
우리가 가진 무기와 미사일은 억제용이다.	그들이 가진 무기는 선제공격용이다.

역사가 이어지려면 풀어야 할 여러 도덕적 모순을 통틀어 가장 끔찍한 부분은, 우리가 지닌 가장 고결한 이상과 고상한 야망 속에서 악이 태어난다는 데 있다. 우리는 영웅이 되어 신의 편에서 악을 물리치며 세계를 정화

---

* 마니교는 조로아스터교에서 파생된 종파로, 조로아스터교 때부터 강조되던 선악의 대립을 넘어 육체와 영혼의 대립까지 교리에 포함하는 극한의 이원성이 특징이다.

하고 죽음에 맞서 승리해야 한다는 목적하에 이러한 역사적 사명을 방해하는 대상을 파괴하고 죽인다. 완전한 적의 존재를 창조하고 희생양으로 삼는다. 우리가 본래 잔인한 존재라서가 아니다. 분노를 외부 대상에 맞추고 이방인을 공격함으로써 부족이나 국가가 단결함은 물론 친밀한 내집단의 일원이 될 수 있기 때문이다. 우리는 자신의 소속감을 위해 필요 없는 여분의 악을 만들어내는 것이다.

평화를 원한다면 적을 신화화하는 일을 그만두어야 한다. 심리적 사건을 더는 정치로 만들지 말아야 한다. 그림자를 자신에게로 되돌려야 한다. 우리가 이기심과 잔인성, 탐욕 등을 버리고 부정하며 타인에게 투사하는 수많은 방식에 대한 어려운 연구를 수행해야 한다. 우리가 무의식적으로 정신 속에서 싸우는 전사를 만들어냈으며 이로 인해 정신의 여러 상태를 전쟁과 같은 상황으로 만들어버렸음을 인식해야 한다.

30. 광신적 차별주의 사고

수전 그리핀 Susan Griffin

여기서 탐구해봐야 할 마음가짐, 그러니까 '인간'이라는 말에서 여성을 배제하는 사고방식을 나는 '광신적 차별주의 사고 chauvinist mind'라고 부르려 한다. 이런 사고방식 안에서 여성이나 '흑인', '유대인' 등의 이미지가 어떤 의미가 있는지 해석해볼 것이다. 그런 이유로 이 글에는 포르노그래피라는 소재가 등장한다. 이런 사고 속에서 신화의 역할을 하는 것이 포르노이기 때문이다. 시인 주디 그랜$^{Judy\ Grahn}$의 어구를 빌리면 '억압의 시'다. 포르노의 이미지를 통해 우리는 광신적 사고의 지형도를 그리고, 더 나아가 이러한 사고가 우리를 어디로 이끌지 예측하려 한다.

    이는 우리에게 지금 가장 중요한 일이기도 하다. 우리 모두 어느 정도 광신적 사고의 마법에 걸린 나머지 광신적 사고가 이끄는 대로 따라가는 것이 운명이라고 상상하게 되었기 때문이다. 그리하여 우리의 문명 안에서 일어난 강간이나 홀로코스트 같은 행위, 사건까지도 어쩔 수 없는 운명이라고 여기게 되었다. 인간의 영혼에 어둡고 불길한 무언가가 존재해 우리와 타인에게 폭력을 행사하도록 부추기는 게 아닌가 하는 의심까지 들 정도다. 지금까지는 이들이 인간의 문화 속에서 이루어진 결정이며 문화는 우리의 본성에 기반한다는 이유로 본성과 자연을 탓했다. 그러나 포르노그래피의 의미를 자세히 분석한 결과 문화가 실은 자연의 섭리에 반대해 폭력을 통해 자연에 복수하는 것임을 발견했다.

    우리는 포르노그래피를 탐닉하는 마음속에 있는 이미지를 탐구함으로써 이들 마음의 도상학^{iconography} 분석을 시작한다. 포르노 속 여성의 육체, 지배당하고 결박되고 침묵을 강요당하고 얻어맞고, 심지어 살해당하기도 하는 여성의 몸은 자연스러운 감정 및 자연의 힘을 상징하며, 이는 포르노그래피의 사고가 증오하는 동시에 두려워하는 대상임을 확인할 것이다. 그리고 무엇보다도 포르노그래피 속 '여성'은 반유대주의의 '유대인'이나 인종주의의 '흑인'과 마찬가지로 포르노나 인종주의적 사고에서는 잊어버리고 부정하려 하는 영혼 속 잃어버린 한 부분이라는 사실을 보게 될 것이다. 마지막으로 에로스를 갖추는 일이란 영혼 속 잃어버린 부분에 대한 지식을 갖추는 일이라는 사실을 깨달을 것이다.

교회나 포르노 양쪽 모두 이들 부정당한 지식을 떠안길 희생자로 동일한 대상을 선택했다. 이들 문화에서 여성이란 텅 빈 화면과 같다. 다른 사람의 투사만 기다리고 있었던 것처럼 이미지가 꾸며지면서 여성은 실존하는 본질이 지워지며, 남성이 자신 내면에서 부정하고자 하는 모든 것을 상징하는 존재가 되어버린다. 그러나 나중에 살펴볼 내용과 같이, 여성이 희생자가 되는 것은 우연이 아니다. 남성은 여성의 육체를 두려워한다. 남성이 잊어버리고자 하는 자기 지식을 상기시키기 때문이다. 하지만 자신이 그러한 공포를 느낀다는 것을, 이는 사실 여성의 육체가 자신 속 무언가를 불러내기 때문에 생긴다는 것을 이해하지 못한다. 오히려 그들의 의식은 여성이 악한 존재라고 믿어버린다. 카렌 호나이$^{Karen\ Horney}$(독일 출신의 정신분석학자)는 이렇게 지적한다. "남성은 어디서든 여성에 대한 공포를 대상화함으로써 자신에게서 제거하려 한다." 포르노그래피는 우리에게 이러한 '대상화'의 뚜렷한 예를 제시한다. 사드 후작은 여성을 "비참한 생물이며 언제나 열등하고 남성보다 외모도 독창성도 떨어질뿐더러 현명하지도 않다. 외양은 혐오스럽고 남성을 즐겁거나 기쁘게 하기는커녕 그와는 정반대로 폭군이자 늘 음탕하며 언제나 위험하다"라고 묘사했다.

포르노를 만드는 사람은 교회 목사와 마찬가지로 자신의 일부를 증오하며 거부한다. 물질세계에 대한 자신의 지식을, 그리고 물질 지향적 성격을 거부한다. 하지만 완전히 거부하지는 못하며 이는 자신의 몸을 통해 되돌아온다. 욕구를 통해서 말이다. 자신의 일부를 거부해 밀어낼 때는 그것을 욕망하기 때문이다. 자신이 증오하고 거부하며 질색해야 할 대상을 실은 욕망하는 것이다. 이는 자신과 끔찍한 갈등을 겪고 있다는 뜻이다. 그래서 대신 자신이 여성과의 갈등을 겪고 있다고 상상하며 여성의 몸에 자신의 공포와 욕망을 투사한다. 따라서 여성의 몸은 마치 교회 관련 그림에서 등장하는 바빌론의 창녀처럼 포르노 제작자를 유혹하는 동시에 분노를 불러일으킨다.

팸플릿에는 친근한 두 사람의 형상이 보인다. 거대한 흑인 남성이 육감적인 백인 여성을 협박하고 있다. 여성이 입은 옷은 아랫단이 잘려 있고 치마는 찢겨 허벅지가 드러나 보이며 소매는 어깨까지 흘러내렸다. 여성은 공포에 질려 어깨 너머로 돌아보고는 도망친다. 남성의 몸은 육중하며 유인원을 연상시킨다. 표정은 야수성과 탐욕, 욕망을 형상화한 듯하다. '정복과 번식'이라고 쓰인 말 아래, 그리고 인종 간 결혼에 반대하는 독자를 위한 경고 문구 위에 있는 이 두 사람의 형상은 해묵은 드라마를 재현한다고 할 수 있다.

인종주의적 상상의 핵심에는 포르노적 환상이 자리 잡고 있다. 인종 간 결합^{miscegenation}이라는 이름의 유령이다. 백인 여성을 겁탈하는 흑인 남성의 이미지는 인종주의자의 공포를 형상화한 것이다. 이러한 환상이 마음을 점령한다. 인종주의자는 단순히 포르노의 이미지로 자신의 마음을 조작할 뿐이라는 이성적 주장도 물론 있다. 그러나 이들 이미지는 인종주의자 자신의 것이며, 인종주의 이데올로기 탄생에서 더욱 본질적인 부분을 암시해 예측할 수 있게 한다.

우리는 포르노적 문화에서 여성이 경험하는 고통의 종류와 성질이 인종주의 사회에서 흑인이 겪는 고통 또는 반유대주의하에서 유대인이 겪는 고통과 다르다는 사실을 알고 있다(동성애에 대한 증오가 전통적 성 역할을 벗어난 여성과 남성 모두의 삶에 또 다른 영향을 미친다는 사실도 알고 있다). 그러나 인종주의자가 남녀를 불문하고 유색인종을 어떻게 그리는지, 반유대주의자가 유대인을 어떻게 그리는지, 포르노 제작자가 여성을 어떻게 그리는지 자세히 들여다본다면 상상으로 그려낸 인물들은 서로 닮았다는 사실을 깨달을 것이다. 이들은 모두 한 가지 사고에서 나온 창작물이기 때문이다. 이것이 바로 광신적 차별주의 사고다. 자신이 두려워하는 모든 것을 다른 대상에게 투사하며 자신이 증오하는 것으로 자신을 정의하는 사고다.

흑인은 어리석고 수동적이며 짐승으로 묘사된다. 여성은 극도로 감정적이고 생각할 줄 모르며 속물적인 존재로 비친다. 유대인은 음습하고 탐욕 가득한 족속으로 불릴 뿐이다. 창녀, 색정광, 만족을 모르는 여성의 육체적 욕구, 처녀, 다소곳한 노예, 계집애 같은 유대인, 고리대금업자 유대인, 아프리카인, '게걸스레 먹는 자들', 호색가, 불결함에 중독된 자들. 심지어 흑인 여성은 욕망 덩어리로 줄곧 묘사돼왔다. 18세기 한 시인은 그녀들을 이렇게 그렸다. '거무스름한 이 여인들, 비너스의 학교에서 가르침을 받아/사랑은 예술이 되고, 키스는 규칙이라 자랑하네.'* 이 밖에도 대중이 이들을 묘사하는 방법은 아주 간단했다. 난교 파티와 더불어 식인 풍습을 행하는 유대인, 그리고 잠자리에서 끝내주는 유대인과 흑인.

유대인, 흑인, 그리고 여성의 물질주의는 익히 알려진 이미지다. 남편이 벌어다 주는 돈을 자기 모자 사는 데 써버리는 여성들, 아이들은 굶어 죽어 가는데 캐딜락을 모는 흑인 남자. 자신의 딸까지도 팔아치우는 유대인 사채

---

* 작가 미상의 18세기 시 '검은 비너스에게 바치는 송시(The Sable Venus Ode)' 중 일부

업자. '돈 많은 여자만큼 견딜 수 없는 것도 없다.' 로마의 시인 유베날리스 Juvenal는 이렇게 읊었다(그리고 18세기 포르노그래피 작품 하나에서는 작가가 여자 주인공을 가리켜 '말쑥하고 조그만 부르주아의 두뇌'를 지녔다고 묘사했다. 그리고 요즘 시대에 등장한 포르노 소설 한 편에서는 주인공이 한 여자를 살해하는데, 그 이유는 그녀가 '캐딜락을 모는 남자들'을 더 좋아했기 때문이다). 감당하기 어려운 욕구가 투사되는 경우도 있다. 백인 남성의 일을 빼앗아 가는 흑인 남성 또는 남성의 일을 빼앗아 가는 여성.

광신적 차별주의자는 계속해서 타자the other(他者)의 초상을 그린다. 이는 우리에게 자신이 부정하는, 마음속에서 자신이 어둡게 칠해버린 부분이 어디인지 알려준다. 타자는 욕구와 본능을 지녔으며 육신이 있음과 동시에 통제 불가능한 감정적 삶을 산다. 그리고 부정당한 자기를 접한 광신적 차별주의자는 잘못된 자기를 구성해 여기에 자신을 동일시한다.

다른 사람들이 악하고 열등하다는 인종주의적 사고 속에서 우리는 인종주의의 이상, 즉 자기가 우월하며 선하고 정의롭다는 태도를 볼 수 있다. 노예를 소유한 남부의 백인을 보면 이는 분명히 사실이다. 미국 남부 백인은 문명이 남긴 최고의 전통을 계승한 이가 바로 자신이라고 여겼다. 마지막으로 남은 문화의 보고가 자신이라고 생각했다. 자신이 생각하기에는 귀족이었다. 따라서 남부의 삶은 자신의 위선과 예의범절, 그리고 자신의 사회적 상승을 확인하는 의례로 채워졌다.

노예로 부리던 흑인에게 열등한 성질을 부여하는 동시에 자신은 우월한 존재로 축복했다. '기사도와 관대함'을 지녔으며 '강하고 견실한 눈동자가 뿜어내는 불꽃'에서 생기는 '정직함'으로 가득 찬 존재였다. 명예와 책임감, 그리고 무엇보다 고귀함을 지녔다.

반유대주의자 역시 자신을 똑같은 양극단의 관점에서 보았다. 자신이 보는 유대인에 비해 자신은 아리안의 이상을 지닌, 공정하고 정의로우며 정직하고 강인한 몸과 마음을 지닌 존재였다.

그러나 이런 양극단은 우리에게도 친숙하다. 우리는 이를 태어날 때부터 부모에게서 배운다. 어린 시절부터 이상적 남성성은 여성성과 반대 의미다. 남자는 여자보다 더 똑똑하고 힘도 세다고 배운다. 그리고 포르노그래피에서 남자 주인공은 타고난 도덕적 올바름을 지니고 있다. 이 때문에 히틀러가 내세운 아리안족의 개념과 마찬가지 방식으로, 남자는 여자를 상대할 때 비도덕적으로 행동해도 상관없다. 이들 이데올로기에 따르면 남자는 인간 안에서도 더 가치 있는 존재이기 때문이다. 사드 후작의 말을 빌리면 '여자의 육신'은 '모든 암컷의 육신'과 마찬가지로 열등하다.

광신적 차별주의자는 열등한 타자를 노예로 착취하는 일을 정당화하는 데 자신이 우월하다는 사상을 이용했기 때문에, 문화사학자 중에는 광신적 차별주의가 착취를 정당화하기 위해서만 존재한 이데올로기라고 생각한 사람도 있었다. 그러나 이 이데올로기는 본질적으로 마음 자체에 존재할 이유를 지닌다. 이러한 사고를 탐구하다 보면 이들 차별주의자는 자신의 망상을 그 자체로 가치 있다고 여기며, 자신이 만들어낸 망상임에도 이를 믿어야 한다고 생각한다는 사실을 발견한다. 이 망상에는 사회적 착취 말고도 또 다른 목적이 있기 때문이다. 실제로 차별주의 사고의 망상도 다른 망상과 동일한 조건, 즉 '마음이 진실로부터 벗어나려는 욕구'에서 생겨난다. 광신적 차별주의자는 자신이 경멸하는 타자가 다름 아닌 자기 자신이라는 진실을 용감하게 대면하지 못한다.

타자도 자기와 똑같을지 모른다는 사실을 히스테리에 가깝게 부정하는 경우를 차별주의 사고에서 흔히 발견할 수 있는 이유 또한 여기에 있다. 차별주의자는 자신과 타자 사이에 근본적인 뚜렷한 차이가 있다고 주장하며, 이는 차별주의자적 사고 전체의 출발점이자 본질이기도 하다. 따라서 히틀러는 자신의 반유대주의가 어떻게 시작되었는지를 다음과 같이 서술한다.

어느 날 시내를 지나가던 중, 나는 갑자기 긴 카프탄^{caftan}(소매와 길이가 긴 터키 전통 의상)을 입고 옆머리를 길게 늘어뜨린 괴상한 얼굴을 한 사람과 마주쳤다. 처음 든 생각은 이것이었다. '이 사람은 유대인인가?' 하지만 이 괴이한 용모를 구석구석 살펴보면서 앞서 의문이 바뀌었다. '이 사람은 독일인인가?' 생전 처음으로 나는 동전 몇 푼을 내고 반유대주의 팸플릿을 샀다.

이런 식으로 극단적 차별주의자의 사고는 자신과 다른 모습을 만들어냄으로써 자기라는 상징을 만든다. 이 알레고리에서는 차별주의자 자신이 영혼과 문화의 지식을 대표한다. 그리고 그 증오의 대상은 실은 내면에서 부정당한 자연스러운 자기로, 육체의 지식을 담고 있다. 그러므로 차별의 대상이 되는 타자에는 영혼이 들어 있지 않다.

31. 더블링과 나치의 의사들

로버트 제이 리프턴^{Robert Jay Lifton}

나치에 부역한 의사들의 행동은 인종 대량 학살^{genocide}의 심리학이라는 새로운 시작을 알린다. 여기에 개입한 원리를 설명하기 위해 나는 우선 더블링^{doubling}이라는 심리적 유형, 즉 의사들이 나치라는 악의 집단에 가입, 협력하는 데 전반적으로 작용한 기제에 체계적으로 초점을 맞출 것이다. 그다음으로 이들의 행동에서 보이는 몇 가지 경향을 확인할 필요가 있다. 이들 경향은 아우슈비츠에서 퍼지고 강요되어 더블링 현상을 심하게 가속했다. 이러한 설명에는 두 가지 목적이 있다. 첫 번째, 나치 및 나치에 부역한 의사들의 행동과 그 동기에 대해 새로운 통찰을 선사한다. 두 번째, 인간의 행동에 대해 개인과 집단이 의식하든 의식하지 못하든 간에 다양한 형태의 파괴성 및 악을 포용하는 방식에 대해 폭넓은 질문을 던질 수 있다. 이 두 가지 목적은 실제로는 하나다. 나치가 저지른 대량 학살에서 보이는 고유한 특징에 대해 우리가 심리적, 도덕적으로 내리는 판단이 진실이라면, 이를 바탕으로 더욱더 폭넓게 적용할 수 있는 원칙을, 즉 일상적 상황에서 벗어난 위협과 더불어 현재 인류에게 드리운 자기 멸망의 가능성에 대해 논하는 원칙을 도출할 수 있다.

나치 정권하의 의사들이 어떻게 아우슈비츠 임무를 수행하게 되었는지 이해하는 데 핵심이 되는 심리학적 원리를 '더블링'이라고 부르겠다. 자기가 둘로 분열해 각 부분이 모두 온전한 자기로서 기능하는 현상을 가리킨다. 아우슈비츠의 의사는 더블링을 통해 직접 살인을 저지르거나 살인 행위를 도왔을 뿐만 아니라, 이 사악한 프로젝트를 위해 스스로 자신의 행동 전반을 둘러싼 자기 구조$^{\text{self-structure}}$(또는 자기 과정$^{\text{self-process}}$)를 만들어냈다.

더블링은 의사가 나치의 살인 행위에 협력하기로 하는 파우스트의 거래*를 성사시킬 때 심리적 도구가 되었으며, 의사는 협력의 대가로 다양한 심적, 물적 혜택을 얻었다. 아우슈비츠 밖에서는 독일 의사들에게 더 큰 악마의 유혹이 다가왔다. 유대인을 대량 학살의 희생자로 만듦으로써 인종 정화라는 장대한 계획의 이론가이자 실행가로 만들어주겠다는 유혹 말이다.

파우스트의 거래는 항상 윤리적 책임이 따른다. 더블링이 대부분 스스로 인식하지 못한 상황에서 일어난다고 해서 이 책임이 사라지는 건 절대 아니다. 더블링 현상을 설명하려면 악이라는 것을 밝히기 위한 심리학적 탐구를 수행해야 한다. 아우슈비츠의 나치 의사 개인에게 더블링은 자신이 악의 편을 선택했다는 의미가 될 것이기 때문이다.

일반적으로 더블링에는 다섯 가지 특징이 있다. 우선 분열한 두 자기^{self} 사이에 벌어지는 자율성과 상호 연결의 변증법적 측면이 있다. 나치 의사 개인에게 아우슈비츠의 자기는 그때까지 자신이 갖고 있던 윤리적 기준과는 완전히 반대인 심리적 환경에서 움직여야 했다. 하지만 이와 동시에 자신을 여전히 인간성을 지킨 의사이자 남편, 아버지로 인식하려면 이전의 자기가 여전히 있어야 했다. 아우슈비츠의 자기는 독립적 자기로 작동하는 동시에 아우슈비츠의 자기를 만들어낸 이전의 자기와도 여전히 이어져 있어야 했다는 말이다. 두 번째, 더블링은 전체론의 원리를 따른다. 아우슈비츠의 자기는 '성공적'이었다. 포괄성 있게 아우슈비츠의 환경과 이어질 수 있었기 때

---

* 괴테의 소설 《파우스트》에서 유래했으며 권력, 지식, 부 등을 얻기 위해 영혼을 파는 거래를 뜻한다.

문이다. 논리적 일관성을 갖추었을 뿐 아니라 다양한 주제와 체계를 형성해내기도 했다. 이에 대해서는 잠시 후에 설명하겠다. 세 번째, 더블링은 삶과 죽음의 차원을 지닌다. 대량 학살에 가담한 이에게 아우슈비츠의 자아는 죽음이 지배하는 환경에서 일종의 심리적 생존으로 인식되었다. 달리 설명하자면, 자신이 치유나 생존으로 인식하는 결과를 얻기 위해 '자기를 죽이는killing self' 역설적 상황이 일어나고 있었다는 뜻이다. 네 번째, 아우슈비츠 같은 곳에서 더블링의 주요 기능은 아마 죄책감을 회피하는 데 있을 것이다. 두 번째 자기가 '더러운 일'을 맡아 하도록 말이다. 그리고 마지막으로 더블링에는 무의식적 차원, 그러니까 앞에서 설명한 대로 의식 외부에서 발생하는 측면과 더불어 도덕적 의식에서의 중요한 변화가 둘 다 포함된다. 이렇게 다섯 가지 특징이 모여 더블링의 심리학적 부분을 형성하고 퍼뜨린다.

예를 들어 전체론적 원리라는 부분 때문에 더블링은 전통적인 정신분석학에서 말하는 '분열splitting'이라는 개념과 차이가 있다. 분열이라는 용어에는 몇 가지 의미가 있으나 자기 내부의 한 부분이 격리된다는 의미가, 그리하여 이 '떨어져 나온' 요소는 환경에 반응하지 않거나(나는 이를 '정신의 마비psychic numbing'라고 표현한다) 남아 있는 자기의 부분과 여러 가지로 불화 상태에 놓인다는 의미가 담겨 있다. 이런 의미에서 '분열'은 프로이트와 같은 시기인 19세기에 활동한 프랑스 심리학자 피에르 자네Pierre Janet가 말한 '해리dissociation'*라는 무의식적 방어기제 개념과 유사하다. 프로이트 역시 이 두 가지를 같은 것으로 취급하는 경향이 있었다. 그러나 적응의 지속이라는 면과

---

* 해리는 무의식적 방어기제의 하나로, 개인의 심리적, 행동적 과정을 정신 활동에서 격리하는 것을 뜻한다. 자네는 해리의 결과로 생기는 모든 증상이 히스테리아고 설명했다.

관련해, 자기에서 갈라진 '조각'이 어떻게 자율적으로 움직이는지 설명하는 데는 혼란이 있었다. 한 사려 깊은 인물의 해설을 빌리면 '분열로 실제 갈라지는 것은 무엇인가?'에 대한 혼란이다.[1-2]

따라서 '분열'이나 '해리'는 나치에 부역한 의사들이 살상에 협력하는 과정에서 발생한 감정의 억압이나 정신의 마비 상태를 설명하는 용어가 될 수 있다.[3] 하지만 살인 과정이 몇 년에 걸쳐 계속 이어지던 이들의 환경을 설명하는 데는, 자기가 온전한 전체로 작동하는 모습을 더욱 제대로 설명할 원리가 있어야 한다(정신과 질환이 계속되는 상황에도 똑같은 원리가 적용된다. 또 더블링에서 내가 강조하는 내용은 '전체성을 가지고 움직이는 자기'에 대한 관심이 점점 늘어나는 현재 트렌드와도 일치한다).[4]

더블링은 윌리엄 제임스가 '분열된 자기$^{divided\ self}$'라고 부른 현상, 다시 말해 자기 내면에서 대립 경향이 발생할 일반적 가능성의 일부다. 제임스는 '끔찍한 이중성'이라는 말을 꺼내면서 19세기 프랑스 작가 알퐁스 도데의 절망적 외침 '이중적 인간이여, 이중적 인간이여!$^{Homo\ duplex,\ homo\ duplex!}$'*라는 말을 인용했다. 이 말은 자신의 형제 앙리^{Henri}가 세상을 떠났을 때를 묘사한다. 도데의 '첫 번째 자기'는 눈물을 흘렸다. 그러나 '두 번째 자기'는 가만히 물러서서 약간은 비웃는 듯한 모습으로, 이 상황이 연극의 한 장면으로 상연된다면 어떨까 상상한다.[5] 제임스와 도데에게 더블링은 인간이라면 겪을 수 있는 상황이며 그 과정은 죽음과 관련된 극단적 상황에 나타날 가능성이

---

* 도데의 소설 《삶의 단상, 그리고 편지(Notes on Life & Letters)》의 첫 구절이다.

크다.

그러나 '대립하는 자기^{opposing self}'는 나치 의사들의 경우에서처럼 위험할 정도로 통제 불능에 빠질 수 있다. 그리고 이런 상황까지 이르면 오토 랑크가 문학작품과 민속학에서 '더블'에 대해 연구하며 발견한 바와 같이, 대립하는 자기는 내면의 강탈자가 되어 원래의 자기를 대체한 다음 나라는 인물 전체를 대변해 '발언하게 될' 가능성이 있다.[6] 랑크의 연구는 대립하는 자기, 그러니까 악의 가능성이라는 것이 실제로는 인간 정신에 꼭 있어야 하는 부분일 수 있음을 시사한다. 그림자나 영혼을 잃어버릴 때 또는 '더블'을 잃어버릴 때 인간은 죽는다.

일반적인 심리학의 관점에서 더블링은 변화할 수 있으며 이 경우 인간 정신의 일부로 통합되어 삶을 구하는 역할을 하기도 한다. 예를 들어 전투 중인 병사 또는 아우슈비츠에 수용된 사람처럼 잔학 행위에 희생된 사람의 경우 살아남으려면 더블링을 거쳐야 한다. 분명 '대립하는 자기'는 쓰기에 따라 삶을 북돋는 역할을 할 수도 있다. 그러나 어떤 상황에서는 극도로 제한받지 않은 채 악을 포용해버릴지도 모른다.

나치 부역 의사의 상황은 랑크가 제시한 예(1913년 독일 영화 〈프라하의 학생^{The Student of Prague}〉에서 발췌)와 비슷하다. 펜싱 챔피언인 한 학생이 막대한 부와 더불어 사랑하는 여자와 결혼하게 해주겠다는 사악한 마법사의 제의를 받아들여 자기 방 안에서 마법사가 원하는 것은 무엇이든 가져가도 좋다고 허락한다. 그러자 마법사는 (더블의 상징으로 자주 등장하는 대상인) 거울에 비친 학생의 모습을 가져간다. 마법사가 가져간 학생의 더블은 학생이 사랑하는 여인에게 구혼한 다른 사람과 결투를 벌여 펜싱 기술로 그의 목숨을 뺏는다. 학생(원래의 자기)은 사실 여인의 아버지에게 절대로 그런 결투를 벌이지 않겠다고 맹세했음에도 말이다. 파우스트의 전설을 변형한 이 작품의 내용은 나치 부역 의사가 아우슈비츠, 그리고 나치 정권과 벌인 '거래'와 대응할 수 있다. 살인을 저지르기 위해 의사는 대립하는 자기(점점 자라나는 아우슈비츠의 자기)를 내세웠다. 그럼으로써 자신이 이전에 지녔던 도덕적 기준을 저버리고 아무 저항 없이 자신의 기술(이 경우에는 의학, 과학기술)을 써먹을 수 있었다.[7]

랑크는 '현대의 성격 유형이 해체되는 징후로 더불이 갖는 죽음의 상징성'을 강조했다. 이러한 해체는 '자신의 성격을 반영하는 작업을 통해 자신의 이미지를 스스로 지속하려는' 욕구[8](나는 이를 '불멸성을 글자 그대로 해석한 형태'라고 부를 것이다)로 이어진다. 이는 '자신의 성격을 반영하는 작업을 통해 자기를 지속하려는' 욕구 또는 불멸성이 갖는 창조적 상징의 형태와 비교된다. 랑크는 나르키소스^{Narcissos}의 전설*은 글자 그대로 해석한 상태는 위험하며 ('예술가-영웅'의 모습으로 구체화하는) 창조적 상태로 이동해야 할 필요가 있다는 의미를 묘사하는 것으로 보았다.[9] 그러나 나치 운동은 예술가-영웅 또는 의사가 될 수 있었을 부분을 자신의 이미지에 묶인 채 나르키소스 상태로 머물러 만들고 말았다. 요제프 멩겔레$^{\text{Josef Mengele}}$**가 바로 떠오른다. 극도의 자기애로 무장한 채 전지전능함을 추구한 멩겔레의 사례는 아우슈비츠의 나치 의사들의 일반적 상황을 제대로 희화화한 모습이다.[10]

---

*   물에 비친 자기 모습에 반해 끝내 목숨을 잃은 그리스신화의 나르키소스 이야기. 나르시시즘의 유래가 되었다.

**   나치 친위대 장교이자 아우슈비츠 강제수용소의 내과 의사. '죽음의 천사'라는 별명으로 알려져 있다.

나치 의사들이 더블링을 통해 죄책감을 회피한 건 양심을 없애버렸다는 뜻이 아니다. 소위 양심의 전이transfer of conscience라는 방식을 사용했다는 의미다. 양심에 필요한 사항들이 아우슈비츠의 자기로 전이되어 그 안에서 선이라고 간주하는 기준(의무, 집단에 대한 충성, 아우슈비츠의 생활환경 '향상' 등)을 충족함으로써 원래의 자기는 아우슈비츠에서 벌어지는 일에 대한 책임감에서 벗어날 수 있었다. 마찬가지로 랑크는 죄책감이 "영웅이 자아가 벌이는 행동 몇 가지에 대해 책임감을 갖도록 강요하는 게 아니라, 악마 자신에 의해 인간화하거나 악마와 계약을 맺음으로써 탄생하는 또 다른 자아인 '더블'이 그 책임감을 짊어지도록 강요한다"라고 말한다. 다시 말해 나치 의사들이 앞에서 언급한 '파우스트의 거래'를 했다는 뜻이다. 랑크는 '죄책감이라는 강력한 의식'이 전이를 주도한다고 이야기했지만,[11] 나치 의사 대부분은 죄책감이 발달하거나 의식의 차원에 도달하기 전에 이를 털어버리는 쪽으로 더블링이 작용한 듯하다.

죽음과 죄책감은 서로 연결될 수밖에 없다. 랑크는 대립하는 자기가 '개성 속에 자리 잡은, 언젠가 죽어야 하는 유한성의 부분을 나타내는 악의 형태'로 보았다.[12] 자신의 죽음을 상징한다는 의미에서 더블은 악이다. 나치 의사들 내면에 있던 아우슈비츠의 자기도 마찬가지로 자신의 죽음이 중요한 문제라고 여겼지만, 그와 동시에 자신 속 '언젠가 죽어야 하는 유한성 부분'을 인식하지 않도록 피하는 데 아우슈비츠라는 사악한 프로젝트를 이용했다. 그 일을 '제대로' 수행함으로써 자기 전체의 '더러운 일'을 맡아 하게 시켰을 뿐 아니라, 그를 통해 자기 전체가 죄책감과 죽음을 인식하지 못하게 막은 것이다.

더블링에서 자기 속 한 부분은 다른 부분과의 '관계를 부정한다.' 그리고 거부하는 대상은 현실 자체—나치 의사 개개인은 아우슈비츠의 자기를 통해 자신이 어떤 짓을 저지르는지 인식하고 있었다—가 아니라 현실이 갖는 의미다. 나치 의사는 자신이 하는 행위가 자신의 선택임을 알고 있었다. 자신의 선택을 살인이라고 해석하지 않았을 뿐이다. 부정 단계에서 아우슈비츠의 자기는 살인의 의미를 뒤바꿔버렸다. 그리고 또 다른 부정 단계에서는 아우슈비츠의 자기가 저지른 짓이지 원래의 자기가 저지른 짓이 아니라고 부인한다. 아우슈비츠의 자기는 형성될 때부터 나치 의사가 원래 지니고 있던 자기 개념과 너무나 어긋난 탓에 계속된 관계 부정의 과정을 거칠 수밖에 없었다. 사실관계의 부정이야말로 아우슈비츠의 자기를 움직이는 생명선이었다.[13]

더블링, 분열, 그리고 악

더블링은 능동적 심리 과정이며 극단에 적응하는 수단이다. '더블'이라는 명사형이 더 일반적으로 쓰임에도 내가 '더블링'이라는 형태를 사용하는 이유다. 적응을 위해서는 자기가 급격하게 무너지지 않도록 '정신의 접착제'[14]를 녹여야 한다. 아우슈비츠에서는 나치 의사가 변화를 겪는 강제적 과정 아래 이 형태가 생겨났다. 그 당시 나치 의사는 자기 죽음에 대한 불안뿐만 아니라 그에 버금가는 해체, 분리, 균형에 대한 공포를 경험했다. 그래서 자신의 불안을 가라앉히는 쪽으로 행동해줄 아우슈비츠의 자기가 있어야 했다. 그리고 아우슈비츠의 자기가 일상의 헤게모니를 장악함으로써 특이한 상황 또는 수용소 캠프를 벗어나 가족이나 친구와 함께할 때만 그 전의 자기가 표출되도록 자신을 통제해야 했다. 나치 의사 대부분은 수용소 캠프에 있는 동안에는 그런 강탈 상황에 저항하지 않았으며 오히려 환영했다. 그러한 심리적 기능을 가능하게 할 유일한 수단으로 여겼기 때문이다. 극단적 환경에 머무르는 것을 스스로 선택할 경우, 이는 더블링을 통해서만 가능하다.

그러나 '이중인격' 또는 다중 인격의 특징이라 할 수 있는 과격한 분리 및 그 상태의 유지가 더블링에는 포함되지 않는다. 이중인격하에서 2개의 자기는 더 분명하게 서로의 특성을 띠고 자율적으로 움직이며, 서로의 존재를 모르거나 서로를 이방인 취급하는 경향이 있다. 게다가 이중인격 또는 다중 인격이라는 유형은 아동기 초기에 시작되어 무한히 굳어지고 지속하는 것으로 생각된다. 그러나 다중 인격 형성에는 정신적이나 육체적으로 강렬한 트라우마, 극단적으로 모순되는 분위기, 정체성에 대한 심한 갈등과 혼돈 등이 영향을 끼칠 가능성이 있으며,[15] 이 모두는 더블링에도 크게 영향을 줄 수 있다. 또 자네가 주장한 원리도 이들 조건과 연관이 있다. 자네에 따르면 '일단 세례를 받고 나면'— 즉 권위를 지닌 누군가가 명명하거나 승인하면 — 특정한 자기가 더욱 분명하고 명확해진다. 다중 인격 속 자기만큼 안정적이지는 않지만 나치 의사가 최초로 선택을 내렸을 때 아우슈비츠의 자기 역시 비슷한 세례 과정을 거쳤다고 할 수 있다.

최근 한 작가는 나무라는 은유를 통해 조현병과 다중 인격에서 나타나는 '분열'의 차원을 그린 바 있다. 이를 더블링까지 확장할 수 있을 것 같다. 조현병에 걸린 자기 속의 균열은 "전체적으로 상태가 악화했거나 적어도 몸통에서 뿌리로 이어지는 부분에 이상이 생긴 나무가 무너지고 부러지는 것과 같다." 다중 인격에서 균열은 더 구체적이며 한정적이다. "아주 깊게 갈라지지는 않은, 근본은 건강한 나무와 같다." 더블링은 뿌리와 몸통, 그리고 큰 가지들이 이전에 손상된 적 없는 나무의 두 가지를 인위적으로 갈라 한쪽 껍질은 썩어 문드러졌지만 다른 쪽은 정상적으로 자라는 상황에서, 외부

조건이 맞아떨어져 이 둘이 뒤얽혀 다시 합쳐질 때 나무 윗부분에서 일어나는 현상이다.

나치 의사들의 더블링은 반사회적 '성격장애'였을까? 고전적 의미에서는 그렇게 볼 수 없다. 그 과정이 평생에 걸친 것이 아니라 특정한 상황에 적응하는 형태로 나타나는 경향을 보였기 때문이다. 그러나 더블링에는 '소시오패스'적 성격 결함으로 간주하는 특징이 포함될 수 있다. (마비 상태와 분노를 오가는) 무질서한 감정, 죄책감에 대한 병적 회피, 그리고 (억압된 죄책감과 마비 상태와 연관된) '숨은 억압'을 극복하기 위해 폭력에 의지하는 경향 등이 여기에 속한다.[17] 마찬가지로 성격장애와 더블링 양쪽의 상황 모두에서, 자기가 두려워하는 붕괴를 가리기 위해 파괴적 또는 살인적 행동이 동원되기도 한다.

앞에 서술한 더블링의 유형에서 보이는 이상^{disorder}은 잠정적이고 범위가 좁으며, 더블링을 부추기거나 강요하는 제도 속 더 큰 구조의 일부로 발생한다. 이런 점에서 나치 의사들의 행동은 테러리스트, 마피아 조직원, 독재자들이 만든 '암살단', 범죄 조직의 행동과도 닮은 부분이 있다. 이들 모두 분명한 이데올로기, 가족, 민족, 때로는 연령에 따른 연결 고리에 따라 범죄적 행동이 형성된다. 다른 한쪽에서는 애정 넘치는 남편이자 아버지로, 독실한 신자로 생활하면서 다른 한쪽으로는 냉정하게 라이벌을 살해하라는 명령을 내리는 (또는 자신이 직접 이를 처리하는) 마피아나 암살단 두목처럼 범죄적 하위문화와 더불어 사는 개인에게 더블링은 중요한 심리 기제일지도 모른다. 더블링은 해당 하위문화가 만든 극단적 상황에 적응할 수 있게 해 준다. 하지만 이 과정에는 언제나 다른 영향이 개입할 수 있으며, 그중에는 삶의 초기부터 시작되는 것도 있다.[18] 이 역시 나치 의사들에게 해당하는 부분이다.

요약하자면 더블링은 자기 안에 있는 악의 가능성을 각성시키는 심리적 수단이다. 악은 자기가 원래 타고난 것도 아니며 자기에게 완전히 낯선 존재도 아니다. 더블링의 삶을 살며 악을 소환하는 일은 어떤 의식 수준에서 일어나든 개인이 책임져야 할 도덕적 선택이다.[19] 더블링을 통해 나치 의사들은 전설 속 파우스트처럼 스스로 악을 선택했다. 더블링이라는 과정은 결국 인간이 지닌 악에 대한 전반적 핵심을 담고 있다.

32. 사이코패스가 세상을 지배하지 않는 이유
아돌프 구겐뷜-크라이히 Adolf Guggenbühl-Craig

우리가 그림자라고 부르는 요소의 본질 또는 핵심을 단순한 공격성과 구분해보자. 분석심리학자들은 이를 구분하지만 심리학 관련 문헌 대부분에서는 이를 명확하게 가르지 않는다. 공격성은 개인이 양심의 가책에 크게 시달리지 않고 적을 처리하는 능력이다. 상대를 물리치려는 욕구가 아니라 자신이 앞서가려는 욕구다. 예를 들어 변호사가 승소하려는 이유는 상대에게 해를 입히기 위해서가 아니라 자신과 고객이 원하는 바를 성취하기 위해서다.

융의 분석심리학에서 정의하는 바에 따르면 그림자는 몇 가지 단계로 이루어졌다. 우리가 가려낼 수 없으며 교육, 문화 또는 가치 체계에 의해 억압된 요소, 느낌, 감정, 생각, 믿음을 그림자라고 정의한다. 그림자는 개인이 주가 될 수도, 집단이 주가 될 수도 있다. 우리가 정신 속 특정한 내용을 개인적으로 억압할 때 개인의 그림자가 되며, 문화 또는 하위문화 전체가 그와 같은 억압을 수행할 때 집단의 그림자가 된다. 예를 들어 성과 본능과 관련된 개념 중 일부는 그림자로 밀려날 수 있다. 어떤 가족은 화를 내면 안 되는 것으로 여긴 나머지 아이가 성장하면서 화를 밖으로 표현하지 않는 대신 그림자의 영역에서만 존재하게 될 수도 있다. 다른 예로 외국인이나 다른 인종을 공개적으로는 포용하면서도 집단 속에서는 은밀하게 인종주의라는 그림자가 퍼져나갈 수도 있다.

그림자는 복잡한 문제이며 여러 다른 요소로 이루어져 있다는 점도 짚고 가야겠다. 일종의 콤플렉스이기 때문에 우리가 태어나면서 가지고 있을지도 모르는 원형적 핵심이 근간이 되며, 이는 우리를 살인자로 만들 수도, 자살하게 만들 수도 있는 요소이기 때문에 그 자체로 파괴성을 지녔다. 인간 내면에 그런 게 과연 존재하느냐하는 점은 널리 논쟁의 대상이다. 분석심리학자들은 인간 본성에는 본래부터 파괴적인 원형도 포함된다고 가정한다. 프로이트가 내놓은 개념인 타나토스는 파괴하고 파괴당하려는 본능을 가리킨다. 사이코패스를 충격적이며 공격적 행동을 저지르는 개인으로 본다면 파괴적 핵심에 공격적 구성 요소를 지닌 그림자는 정신이상을 이해하는 데 대단히 중요할 것이라고 쉽게 결론 내릴 수 있다.

이미 언급한 바와 같이 우리는 공격성을 아동기 초기부터 사람에 따라서는 더 많이 보유한 일종의 양자^{quantum}, 즉 더는 쪼갤 수 없는 기본 요소로 볼 수 있다. 공격적인 사람은 에로스가 없을 때 대단히 까다로운 도덕적 기준으로 자신의 공격성을 보상한다는 사실은 우리 모두 알고 있다. 좀 더 단순하게 이야기하자면, 공격성은 이들 개인에게 선을 갈망하는 수준을 넘어 삶에서 실현하며 옹호하도록 해주는 역할을 한다. 반면 사이코패스나 보정된 사이코패스^{compensated psychopath}*는 자신의 이기적인 목표를 달성하는 데 공격성을 이용한다. 보정된 사이코패스는 넘치는 공격성을 지녔으며 잔인하면서도 단호한 도덕성으로 자신의 반 친구들, 가족, 동업자를 지배한다. 그러나 공격성이 거의 존재하지 않을 때는 이야기가 완전히 달라진다. 에로스를 경험한 개인과 보정된 사이코패스는 자기주장이 힘들 뿐 아니라 어떤 목표든 달성하기가 어려워진다.

우리가 살인과 자살에서 보이는 궁극적인 파괴 요소라고 부른 바 있는 그림자의 원형적 핵심이 사이코패스라는 실제 문제와 관련이 없긴 하지만, 우리는 모두 이 핵심을 지니고 있으며 이를 걱정한다. 일하는 동안 자신에게서, 그리고 동료에게서 이를 발견할 때 충격을 받는다. 어느 나라든 고속도로에서는 자살 기도라도 하듯 미친 듯이 차를 모는 이들을 만날 수 있다. 오토바이에 탄 젊은이들이 특히 그런데, 이들은 무모하게 자신과 타인의 생명과 신체를 경시하고 죽음에 추파를 던지며 죽음의 사자를 유혹한다.** 살인의 요소는 자살의 요소보다 보통 더 깊이 숨어 있지만, 때로 운전자가 횡단보도에서 보행자를 거의 칠 듯이 스칠 때, 또는 학교 버스가 정차 중인데 그 옆을 지나갈 때 그런 모습이 보인다. 우리 내면의 '살인자'를 드러내려면 보통은 전쟁 같은 사건이 일어나야 하며, 이렇게 되면 놀랍게도 소위 보통

---

* 이 글의 저자인 아돌프 구겐뷜-크라이히가 제안한 개념으로, 사이코패스 수준의 심리적 극단에 가까우면서도 사회에서는 정상적으로 기능할 수 있는 사람을 가리킨다.
** 우리나라는 고속도로에서의 오토바이 주행을 금지하지만 미국을 비롯한 다른 대부분의 국가에서는 허용한다.

사람들, 사이코패스도 보정된 사이코패스도 아닌 이들이 일시에 다른 사람을 살해하며 자신을 혐오스럽게 만드는 짓을 저지른다. 살인을 다룬 추리소설이나 영화 속 잔인한 내용에서 대리 쾌락을 얻는 일을 봐도 우리가 실은 살인자의 특징을 지니고 있음을 엿볼 수 있다.

살인과 자살의 측면이 언뜻 기괴하거나 비인간적으로 느껴질지도 모르지만 이들은 우리 삶에 필요한 부분이다. 정신의 창조적 가능성과 이어졌기 때문이다. 헝가리의 정신분석학자 레오폴드 손디$^{\text{Leopold Szond}}$는 자신의 저서 《모세^{Moses}》에서 진정한 창조성을 갖춘 개인에게는 심한 파괴적 측면도 있음을 보여주었다. 손디는 모세의 사례를 예로 들어 자신의 주장을 소개했는데, 모세의 '사례 이력$^{\text{case history}}$'은 이집트인 십장을 살해하면서 시작해 조국을 세우고 법전을 만든 지도자가 되면서 끝난다. 읽는 사람 입장에서는 우리가 살인적, 자살적 요소라 부르는 강력한 원형의 그림자는 그 못지않게 강력한 에로스의 의식과 결합해 고도의 창조성을 만들어낸다고 결론을 내리고 싶은 마음도 들 것이다. 이와 마찬가지로 사랑─동료를 향한, 자신의 환경과 정신을 향한─과 살해/파괴 욕구와의 갈등은 개인의 존재를 그 경계선까지 몰아붙인다. 살인자는 파괴를 저지르고, 에로스가 이를 되살리며, 파괴와 재생이 뒤섞인 속에서 창조적인 무언가가, 즉 창조성$^{\text{the creative}}$이 태동한다.

사이코패스의 특징이자 사이코패스를 결정하는 기준은 원형적 그림자가 뚜렷하다는 게 아니라 그림자에 에로스가 없다는 것이다. 에로스가 없는 그림자는 심각한 문제를 야기할 수 있다. 사이코패스 중에는 모든 형태의 섹슈얼리티에 특히 취약한 이가 있는 것과 마찬가지로, 명백히 사이코패스인 사람은 그림자의 핵심 부분, 즉 살인/자살을 현실에서 주저 없이 표출할 때가 있다. 그 결과는 충격이거나 재앙일 때가 많다. 사실 우리가 생각하는 것보다 발생 횟수가 적긴 하지만 전형적인 사이코패스의 모습이라고 지적되는 형태다. '순수한' 사이코패스는 거의 없으며, 있다고 해도 이들이 그림자 또는 원형적 그림자가 특별히 강한 건 아니라는 사실을 우선 언급해야겠다. 게다가 세상에 적응해 퍼지려는 욕구는 (사이코패스가 보통 지니는 욕구와는 다르다고 해도) 자신의 그림자를 온전히 실현하지 못하도록 막아주는 역할을 한다.

사이코패스는 우리가 자신의 그림자를 투사할 충분한 근거가 된다. 따라서 우리가 사이코패스를 동정하지 않으며 증오하는 것은 그들에게서 우리 자신의 파괴적 가능성을 본다는 뜻이다. 실제로 우리는 사이코패스가 범죄나 이에 준하는 행동을 저질러 관심을 끌어모을 때 이들을 악마 같은 존재로 만들어버린다. 살인을 저지른 사람을 악마 취급하면서, 이들이 정작 마주쳤을 땐 그렇게 위험해 보이지 않는 사람이라는 사실을 알면 경악한다. 우리는 악명 높은 사기꾼, 협잡꾼을 악마의 화신으로 인식하며, 원하는 걸 얻기 위해서는 수단 방법을 가리지 않을 뿐 아니라 살인까지 서슴지 않는 것으로 악명을 떨친 이들의 이야기를 즐겨 읽는다. 우리는 이들을 악과 파괴의 도구로 여기지만 그와 동시에 인간성의 근본적 부분이 결여된 일종의 환자일 뿐이라고 생각한다.

일반적인 생각과는 달리, 사이코패스 또는 보정된 사이코패스가 되었을 때 얻는 이점도 있다. 이들은 대부분 사회에 비교적 편하게 적응하며 신경증적인 양심의 거리낌이나 도덕에 얽매이지 않는다. 사랑이나 순수한 애정 관계를 권력 지향으로 채우며, 도덕 또는 에로스와 연관된 억제가 없기 때문에 쉽게 권력을 쟁취한다. 보정된 사이코패스도 무한정으로 권력을 추구하는 경향을 자기 내면의 경직된 도덕관을 통해 충분히 정당화할 수 있다. 사이코패스가 사회에서 여러 고위직을 차지하고 있다는 게 놀라운 일이 아니다. 정작 놀라운 사실은 현재보다 훨씬 더 많을 수도 있는데, 현실은 그렇지 않다는 데 있다. 다른 말로 설명하면 이렇다. 어느 사회든, 어느 정치조직 또는 일반적인 대규모 조직이든 사회에 적응한 비양심적 사이코패스가 패권을 잡지 못하도록 막는 일은 가장 중요한 문제 중 하나다. 이 문제를 해결 못한 나라가 아직 많다. 정치조직이 사이코패스를 오히려 독려해 권력을 장악하도록 조장하는 나라도 있으며, 그 수준을 넘어 사이코패스만이 요직을 차지할 수 있는 곳까지 있다. 이들 국가가 어떤 정신으로 통치되는지 상상하기란 어렵지 않은 일이다. 나치 독일이 그 좋은 예다. 좌익이든 우익이든 모든 형태의 독재 정부는 분명 어느 정도 사이코패스가 지배한다. 스탈린은 뚜렷한 그림자와 단호한 권력 충동을 지닌 사이코패스였을 것이다. 원래 스탈린의 동지였던 트로츠키는 이상주의자에 더 가까웠다. 그러나 이들은 어떻게 되었는가. 스탈린은 천수를 누리고 자연사했지만 트로츠키는 암살당했다. "좋은 사람은 일찍 죽는다"라는 말이 어느 정도는 사실인 듯도 하다.

민주주의국가 사람들은 사이코패스가 교묘하게 정상의 자리를 빼앗아 가지 못하도록 하려면 어떻게 해야 하는지 질문하는 경향이 있다. 예를 들어 스위스에서는 고위 공직자의 권력이 엄격하게 제한되기 때문에 사이코패스들의 흥미를 끌지 못한다. 대중이 사이코패스를 판별할 수 있는 능력을 갖추는 동시에 자신의 사이코패스적 측면을 찾아내는 일이 나한테는 더욱 중요해 보인다. 이 능력은 대부분의 민주주의 사회에서 충분히 발전했기 때문에 위험한 사이코패스라면 현장에 등장했을 때 보통 잡아낼 수 있다.

민주주의 시민이 사이코패스를 가려내는 능력이 없다면 권력에 굶주린 선동가에 의해 무너질 것이라고 확신한다. 스위스인은 '위대한 인물'에 저항하며 그저 그런 정치가를 선호하는 경향이 있는데, 이는 사이코패스가 권력을 잡지 못하게 막으려는 본능적 욕구 때문일 가능성이 있다. 분명 '위대한 인물'은 존재하지만, 이런 이들은 사실 대부분 대중에게 간파당하지 않은 사이코패스였을 뿐일지도 모른다. 알렉산더대왕, 칭기즈칸, 나폴레옹, 독일의 빌헬름 2세 등 과거와 현재를 걸쳐 존경받는 여러 위인의 경우를 생각해보라. 이들 '위대한' 범죄자 — 히틀러, 스탈린도 여기 포함해야 한다 — 는 수백만 명의 목숨을 앗아 갔다. 이들은 '에로스의 도움을 받은' 아슬아슬한 행위로 주목받았고, 자신을 가로막고 있다고 생각했던 사회에서 권력을 쟁취했으며, 그 권력을 통해 자신이 사회에 성공적으로 속해 있다는 환상을 계속할 수 있었다. 우리나라*가 이들 (남녀를 막론하고) '위인'에 거의 신경 쓰지 않는 건 진심으로 다행이다.

---

*   이 글 저자는 스위스 출신이다.

33. 고속도로 위의 악마

제임스 앤들 James Yandell

나는 일주일 중 이틀은 아침 러시아워에 출근한다. 출근길에 터널이 하나 있는데, 여기서 4차선 도로가 2차선으로 바뀐다. 길가에 연속으로 서 있는 '800미터 앞 좌측 차선 2개 소멸', '400미터 앞 좌측 차선 소멸', '왼쪽 차선 소멸. 오른쪽 차선으로 주행' 등의 표지판이 도로 변동 사항을 알려준다. 차선이 합쳐지는 지점에는 왼쪽 차선 2개에 장애물이 서 있고, 곧 들어가야 하는 터널은 2차선이라 선택의 여지가 없다.

이 길을 따라 출근하기 시작하면서 나는 오른쪽 차선 2개 중 하나를 따라 운전했다. 그래야 터널에 무사히 진입할 수 있었기 때문이다. 오른쪽 끝 차선은 터널 진입 시 교통 체증이 심했기에 이점이 별로 없어서 보통 오른쪽 두 번째 차선을 이용했다. 왼쪽 차선으로 달릴 때면 첫 번째 경고 표지판이 보이는 시점에서 바로 오른쪽 생존 차선으로 바꿨다. 당연히 두 번째 차선으로.

당시에는 경고 표지판이 보이자마자 바로 순응해 차선을 바꾸는 일에 특별한 의미가 있다고 생각해보지 않았다. 선택을 내리거나 하지도 않았다. 그저 당연한 듯 표지판 내용에 따랐을 뿐이다. 하지만 나중에는 이 순응적 행동을 심리학적 맥락에서 돌이켜 보게 되었다. 나는 막내이자 학교 선생님의 아들로, 말썽 안 부리고 올바르게 살며 성취하려는 성향인 착한 아이였다. 책임감과 준법정신을 지닌 시민으로 성장한 내게 규칙 위반이란 어떤 식으로든 해서는 안 될 일이었다.

이 고속도로에서 문제는 내가 두 번째 차선에서 침착하게 또는 안절부절못하며 터널 진입을 기다리는 동안 양심 없는 몇몇 운전자가 왼쪽 차선에서 가능한 한 오래 버티고 있다가 오른쪽 차선으로 들어설 수밖에 없을 때가 되어서야 내 앞으로 끼어드는 일이 벌어진다는 사실이었다. 더 심각하게 파렴치한 일부 교통법 위반꾼은 병목 구간에 들어서기 직전에 곧 막히는 왼쪽 차선으로 옮겨 내 차를 앞지른 다음 다시 내 차선으로 끼어 들어오는 짓까지 저질렀다.

이런 상황에서 나는 내 모습에 놀랄 수밖에 없었다. 처음에는 법규를 충실히 지키는 나보다 그러지 않는 운전자가 이득을 본다는 사실에 초자아의 통제를 잠깐 벗어나는 수준으로 짜증이 났을 따름이었다. 그러나 분노의 강도는 점점 높아졌다. 막내로 자라며 민감해진 공정함이라는 잣대가 내 안에서 다시 작동하기 시작했다. 내가 하면 안 되는 일을 그들은 아무렇지 않게 저지르면서 아무 제재도 받지 않고 있었기 때문이다.

차선을 침범하는 운전자뿐만 아니라 고속도로 순찰대에게도 화가 났다. 고속도로를 달리는 차 하나를 점찍어 속도위반 딱지를 떼는 것보다는 여기서 이런 일이 일어나지 않게 하는 게 더 중요하지 않은가 하는 생각이 들었기 때문이다. 게다가 놀랍게도 경쟁심이 생기기 시작했다. 내 차선으로 끼어드는 차는 포르셰나 BMW일 때도 있었고 카우보이들이 모는 소형 픽업트럭일 때도 있었다. 내 승용차는 실내 공간도 넉넉하고 연비도 1갤런에 30마일은 족히 되었지만* 우주 비행선 같은 고급 차는 아니었다. 열등감과 부러

---

* 1갤런은 약 3.8리터, 1마일은 약 1.6킬로미터다.

움에 나는 터보 엔진을 단 큰 차를 모는 공상만 즐길 뿐이었다. 차를 가지고는 직접 경쟁이 안 되었기 때문에 나쁜 운전자들이 내 앞으로 끼어들지 않도록 막으려 하면서 수동적 분노를 표출했다. 덕분에 앞차 뒤에 딱 붙어서 다른 차선에서 끼어들 여지를 주지 않게 만드는 기술을 능숙하게 구사하게 되었다. 내 차 클러치는 이 때문에 더 빨리 닳겠지만 야심 차게 끼어들기를 시도하는 다른 운전자를 좌절시키는 데서 오는 만족감이 이를 보상하고도 남았다.

나는 이 상황에서의 도덕성에 대해 가정한 내용을 추호도 의심하지 않았다. 왼쪽 차선에서 내 차를 앞질러 차선에 끼어드는 운전자들은 더 볼 것 없이 악당이었다. 도덕적으로 올바른 건 내 쪽이었으며 세상이 정의로운 곳이라면 다른 사람들 모두 나처럼 할 것이 분명했다. 하지만 세상은 정의로운 곳이 아니었으며 다른 사람들이 나와 똑같이 행동하지도 않았다. 또는 이렇게 말해도 될 것 같다. 다른 사람들이 대부분 그렇게 했지만—그러니 나는 법을 지키는 대다수에 속한 셈이다—거기 속하지 않는 나머지 사람들에게 내가 느끼는 감정과는 별로 상관이 없었다. 내 분노는 정당하기 때문에 이들에게는 좀 지저분하게 반격해도 상관없었다. 사실 이들이 저지른 차선 침범 행위를 생각하면 더 심하게 반응해도 좋을 정도였기 때문이다.

해당 구간에서 병목현상이 생기기 전, 한 10분만 일찍 출근길에 나섰다면 다 해결될 문제였다. 하지만 나는 보통 시간에 딱 맞춰 집을 나섰기 때문에 아침 첫 스케줄에 늦을까 봐 죄책감 섞인 걱정에 빠져 있었다. 그저 터널을 빠져나가고만 싶었고, 왜 다른 운전자들이 꼼수까지 써가며 나를 앞지르려 하는지 딱히 이유를 찾지 못했다. 나도 똑같은 꼼수를 쓸까 생각했지만 그 대신 유혹을 견디고 준법 운전을 고집함으로써 자기만족과 도덕적으로 우위에 있다는 만족감을 느낀 것인지도 모르겠다. 하지만 당장 그 상황에서 준법의 미덕에 따르는 대가는 컸다. 나는 패배를 겪고 있었으며 도덕적인 희생자였다.

그다음에 생긴 일은 평소 같지 않게 늦은 상황, 지금껏 쌓였던 분노와 질투, 도덕적 붕괴, 그리고 아슬아슬하게 스릴 넘치는 삶에 대한 호기심이 동시에 일어난 게 아닌가 한다. 어느 날 아침, 나는 일부러 맨 왼쪽 차선으로 들어가서는 있을 최대한 오래 머물렀다. 그러고는 병목 구간에서 바로 옆 차선으로 끼어 들어가 여기서도 최대한 오래 머물렀다. 그러고 나서 평소 운전하던 차선으로 들어가 터널로 진입했다.

그러나 기분이 딱히 좋지도, 그만큼 단순하지도 않았다. 나는 적을 뛰어넘었다고 생각했지만 그래도 적은 여전히 적이었다. 내가 눈앞의 이익을 위해 자신의 원칙을 깨고 말았으며, 그 이익까지 팔아치웠다는 불편한 깨달음만 얻었다. 예의 바른 운전자들 사이를 비집고 들어갔다는 사실에 미안함을 느꼈다. 그들 중 일부는 아마도 내가 이전에 푹 빠져 있던 '정의의 적개심'을 나를 보며 느꼈으리라. 그렇게 나는 무법자 위치에서 갈등에 시달렸다. 반면 그 죄책감이 아주 심하지 않았으며 터널을 더 빨리 빠져나가는 데도 성공했다.

그 이후로 흥미로운 일이 벌어졌다. 나는 일부러 차선 4개를 실험 삼아 다 이용해보며 각 차선을 달릴 때 어떤 기분이 드는지, 각 차선에서는 바깥세상이 어떻게 보이는지 확인했다. 의식적으로 실험을 하고 있지 않을 때는 왼쪽 끝 차선에서 병목 구간에 접근한다. 그 편이 더 효율적이고 시간이 덜 걸리기 때문이다. 이렇게 할 때 나는 비교적 소수집단의 일원이 된다. 대부분의 운전자는 우회전하라는 표지판이 보일 때까지 딱히 기다리거나 하지 않는데도 어느새 거리를 넉넉하게 남겨둔 채 터널 차선에 들어와 있다. 경로가 완전히 익어서 터널에 접근할 때 차선을 바꾸지 않아도 되도록 왼쪽 차선으로는 아예 들어가지 않는 것인지도 모른다. 내가 그랬다. 새로운 관점에서 보니 이는 놀라운 자기통제처럼 보인다. 선하지 않은 편이 분명히 더 이득이 되는데, 불필요하게 선한 시민들이 이렇게나 많은 이유는 대체 무엇일까?

사실은 이들 도덕적인 다수의 선한 행동 때문에 나머지 소시오패스 같은 운전자가 왼쪽 차선을 쓸 여유가 생기는 것이다. 4개 차선이 모두 동일하게 사용된다면 운전의 의미가 없을 것이다. 오른쪽 차선으로 일찍 들어서는 사람들 때문에 나머지 운전자들에게는 법규를 준수하기 전에 가능한 한 앞으로 나갈 기회와 욕구가 생긴다. 우리는 동전의 양면과 같다. 다른 쪽의 천사와 우리 쪽의 악마는 서로를 보완하며 의지한다. 우리에게 기회를 부여하려면 그들이 선해야 한다. 우리가 악해야 그들이 우리를 부정하고 우리를 향해 우월감을 느끼며 배제하는 벌을 내릴 수 있다.

악마 역할을 하며 오른쪽 차선의 운전자를 지나쳐 갈 때, 나는 자신의 이익을 적나라하게 추구할 자유를 얻기 위해 성스러운 무언가를 잃어버렸다는 느낌을 깨닫게 된다. 내가 자신의 미덕을 잃어버리는 데 그렇게 오랜 시간이 걸린 이유는 분명 거기에 있다. 내가 코요테가 아닌 양이었을 때 누렸던 공동체, 청렴, 그리고 자존감이 얼마나 편안했는지, 왼쪽 차선에서 운전하던 타락한 무정부주의자들을 얼마나 멸시하는 감정으로 바라봤는지, 그 느낌을 이제는 그리운 추억처럼 되새긴다. 그러나 내가 준법 차선에서 도덕적 순수함을 되찾으려 할 때 차 범퍼에 붙은 스티커 문구를 떠올린다. 그리워한다고 그대로 남아 있는 건 아니다. 미덕에서 오는 만족은 추월당하는 결과의 보상으로는 모자라다.

　그러나 가장 흥미로운 변화는 내게 이 상황이 결국에는 도덕의 범주를 벗어나 미덕과 악덕을 모두 내려놓게 되었다는 점이다. 내가 느끼기에 이곳은 4차선이 2차선으로 바뀌는 곳일 뿐이며, 차선이 합류할 때는 옳고 그름도 선악도 없다. 예전에 이걸 윤리적 문제로 경험한 건, 내가 상황을 해석하고 상황에 직접 기여하며 투사했기 때문이다. 나는 자신을 선한 희생자로, 다른 운전자를 공격적이고 이기적이며 공동체 의식이 부족하지만 성공한 악당으로 규정하고 이들을 부러워했다. 이제 내가 그들의 차선에 끼어들어 운전하는 모습을 다른 운전자들이 볼 때, 나는 그들이 느끼는 분노를 이해할 수 있다. 나도 일찍이 경험했던 일이었음을 기억하기 때문이다. 그리고 그들이 나를 따돌리려 해도 화가 나지 않는다. 오히려 차분하고 냉정해진다. 그러나 단순한 차선 변경을 도덕의 드라마로 만드는 일이 이제는 약간 이상하면서도 재미있다. 그들이 날 앞지르며 자신의 미덕을, 남자다움을, 애국심을 증명할 때 나는 웃음을 참는다. 그중에는 뒷자리에 총을 챙겨둔 사람도 있을지 모르기 때문이다.

　분명히 나는 이 스크린에 그런 전쟁 영화를 더는 투사할 수 없다. 이제는 선한 자를 악한 자와 구별할 새로운 경기장을 찾아봐야 할 것 같다. 나는 착한 쪽도 나쁜 쪽도 해당 사항이 없는 것 같다. 이제 내게는 새로운 범퍼 스티커가 필요하다. '차선 합류는 손쉽게.'

8부

그림자 작업

심리 치료, 이야기,
그리고 꿈으로
어둠에 빛을 밝힌다

"자신이 지닌 최고의 것뿐 아니라 최악의 것에도 다시 세례를 줄 용기가 생기는 바로 그 순간, 우리 삶에는 위대한 신기원이 열린다."

- 프리드리히 니체

"삶의 여정 한가운데에서 나는 숲속 어둠에 있었노라, 올바른 길을 잃었기에…. 죽음 못지않게 쓰라리도다."

- 단테 Dante

"신화에서 두드러지는 한 가지 특징은 심연 밑바닥에서 구원의 목소리가 울려나온다는 것이다. 암흑의 순간은 사실 진정한 전환의 메시지가 곧 다가오는 순간이다. 빛은 가장 어두운 순간에 나타난다."

- 조지프 캠벨 Joseph Campbell (미국 종교학자)

"인간 정신 속 악은 자신의 경험 조각을 모아 조화롭게 만들지 못하는 데서 일어난다. 자신의 악까지도 있는 그대로 포용할 때 우리 내면의 악은 변화한다. 현재 세계의 얼굴은 피투성이지만 인간 체계에 있는 다양한 삶의 에너지가 조화를 이루면 신의 얼굴로 그 이미지가 바뀔 것이다."

- 앤드루 바드 슈무클러

서문

그림자를 소유하는 일에는 그림자를 직면하고 그 내용물을 자신에게 동화해 확대된 자기개념으로 발전시키는 일까지 포함된다. 이런 치유의 만남은 보통 중년에 들어서 일어나지만, 그림자를 만나는 일 자체는 우리가 삶이 정체된 채 색깔과 의미를 잃고 있다고 느낄 때면 언제든 일어날 수 있다. 부정이라는 행위가 갖는 구속 효과를 깨달을 때, 지키며 살아가던 가치에 의심이 들며 자신에 대한 환상뿐만 아니라 온 세계가 산산 조각날 때, 시기와 질투, 성적 충동이나 야망에 사로잡힐 때 또는 가지고 있던 확신에 공허함이 느껴질 때 특히 그렇다. 이럴 때 그림자 작업을 시작하는 게 좋다.

셰익스피어는 그림자와 대면해야 한다는 사실을 알고 있었으며, 그래야만 한다는 내면의 호소를 무시했을 때 어떤 비극적 결과가 일어나는지 자신의 희곡 작품에서 여러 번 언급했다. 악독한 인물인 맥베스^{Macbeth}에게는 신랄한 말을 쏟아내며 구원받지 못할 어둠이 초래한 허망함과 비참함을 묘사했다.

> 인생이란 걸어 다니는 그림자일 뿐….
> 천치가 떠드는 이야기와 같아,
> 음향과 분노로 가득 차 있지만
> 아무 의미 없도다.

진심으로 비극적인 인물인 맥베스의 삶에는 아무런 의미도 없다. 자신의 어둠을 걷어내려 무언가 하기엔 늦어버렸다. 그림자가 살인이라는 형태로 구현되고 말았기 때문이다. 맥베스의 운명은 돌이킬 수 없는 채 봉인되었다. 문학성이 부족한 표현으로 설명하자면, 곤경에 처해 달리 어떻게 할 수 없는 상황에서야 비로소 그림자의 존재를 깨닫는 것이 바로 비극이라고 정의할 수 있다.

그러나 우리 대부분에게 그림자는 융의 표현을 빌리면 '눈에 띄게 현실적인 문제'다. 이 책에서 말하는 그림자 작업이라는 용어는 우리가 무시하거나 억압하기로 했던 것을 인정하고 받아들이려는 의도적 의식의 과정이다. 심리 치료는 우리가 이전에 자아이상$^{ego\text{-}ideal}$*을 위해 거부했던 것들을 인정하고 받아들여, 개인의 파괴적 측면까지 설명할 수 있는 새로운 체계를 수립하라고 요구한다.

하지만 새로운 체계를 수립하려면 우리가 지금까지 기대 살아왔던 환상을 직면하고 내려놓는 과정이 필요할 수도 있다. 사회학자 필립 슬레이터$^{Philip\ Slater}$는 자신의 저서 《어스워크^{Earthwalk}》에서 이를 다음과 같이 서술했다.

정신 치료를 받는 환자는 말 그대로 '아동기로 돌아가' 자신이 성장하며 발전시킨 자기 파괴적 유형을 무효로 만드는 게 아니다. 그런 부정적 학습의 내용을 되돌릴 목적으로 시간을 돌이키는 실험과 같은 상황을 자주 겪을

---

* 자기가 갈망하는 완벽한 자아 이미지. 성장하면서 부모로부터 받은 칭찬이나 부모가 추구하는 가치를 내재화하는 과정에서 형성된다.

수는 있지만 말이다. 중요한 것은 자신의 경로에 더는 집착하지 않는 것이다. 자신에게 이렇게 말할 수 있어야 한다. "나는 고통스럽고 쓸모없는 것을 좇느라 인생 중 X년을 허비했다. 슬픈 일이긴 하지만 이제는 다르게 다가갈 기회를 얻었다." 쉽지는 않은 일이다. 잘못한 일을 발전하는 과정의 일부로 그럴듯하게 정당화하거나("난 거기서 절제하는 법을 배웠다") 완전히 잘못한 게 아니라고 부정하려는("내가 완전히 깨달음을 얻기 전에 일어난 일이다") 유혹이 크기 때문이다. 이 두 가지 회피 방식을 포기하면 우선은 절망에 싸일 것이다. 하지만 알렉산더 로웬$^{Alexander\ Rowen}$(미국의 심리학자, 심리치료사)이 지적하듯 환상을 치료하는 데는 절망이 유일한 방법이다. 절망하지 않는다면 환상을 벗어나 현실에 충실할 수 없게 된다. 절망은 환상이 사라졌음을 애도하는 기간이다. 이 절망을 넘어서지 못하는 이도 있지만, 절망을 극복하지 못하면 그 누구도 내면에 커다란 변화가 일어날 수 없다.

개성화, 즉 개인이 자신만의 전일성을 갖는 과정은 빛과 어둠을 동시에 포용해 자아와 자기(우리 자신이 개인으로 소유한 전일성의 상징) 사이에 생산적 관계를 형성하는 것을 목표로 한다. 치료 과정에서 우리는 솔직한 대화와 꿈의 해석을 통해 우리 외면을 덮고 있는 절묘한 위장을 직면하고 자신을 받아들일 수단을 지니게 된다.

자신의 열등한 개성을 그대로 간직해야 하는 이 과제를 달성하려면 치료사라는 형태의 목격자 또는 안내인이 필요할 때가 많으며, 이들의 도움이 있으면 달성 과정이 빨라진다. 점차 그림자를 향해 깨어나는 과정이며, 마리-루이제 폰 프란츠의 《동화 속에 나타난 그림자와 악$^{Shadow\ and\ Evil\ in\ Fairy\ Tales}$》에서는 이를 다음과 같이 설명한다.

심리학에 대해 아무것도 모르는 사람이 정신분석 상담을 받으러 찾아왔을 때, 우리가 알지 못하는 몇 가지 과정이 마음 이면에서 일어나고 있다고 설명한다면 그것이 바로 그 사람의 그림자다. 그러므로 무의식에 접근하는 첫 번째 단계에서 그림자란 내면에 존재하나 직접 알지 못하는 '신화 속' 이름일 따름이다. 개성에 포함된 그림자 부분을 파고 들어가 다른 측면을 조사하기 시작해 어느 정도 시간이 지나면 그제야 자신과 성별이 같은 무의식의 화신이 꿈에 나타난다.

그림자를 인식할수록 꿈속의 인물은 점점 뚜렷한 모습으로 등장하며 통합해야 할 필요성이 커진다. 결국에는 개인의 그림자를 개인이 속한 집단의 그림자와 자연스럽게 연결하게 된다. 이스라엘의 정신분석학자 에리히 노이만은 개성화 과정이 진행되는 과정에서 그림자 작업의 다음 단계를 다음과 같이 설명한다.

'내가 지닌' 악을 일반적인 악과 구별하는 일은 자기 지식의 필수 사항이며, 이는 개성화라는 여정을 거치는 사람이라면 누구도 피해 갈 수 없는 과정이다. 그러나 자아가 갖고 있던 완벽해지려는 욕구는 개성화 과정이 펼쳐지는 동시에 해체된다. 점점 부풀어오르는 자아의 자만심을 희생해야 하며 자아는 그림자와 일종의 신사협정을 맺을 필요가 있다. 이는 절대주의와 완벽성이라는 해묵은 윤리적 이상과는 완전히 정반대로 향한다.

자신 안팎의 적을 접할 준비가 된 사람이라면 이 과정을 밟을 수 있다. 그림자 작업은 고백하는 (그래서 때로 카타르시스를 일으키는) 행위가 기반이 된다. 융의 이론에서 이는 필연적 행동이다. 융은 이렇게 말한다. "현대를 사는 인간은 자신의 영적 삶의 더욱더 깊은 근원을 재발견해야 한다. 그러기 위해서는 악에 맞서 싸우고, 자신의 그림자와 당당히 대면하며, 악마를 자신 내면에 받아들여야 한다. 그 외에 다른 선택은 있을 수 없다."

8부에 등장하는 글은 모두 그림자 작업에 열의를 보이는 이들이 썼다. 그림자를 대면하는 법에 대한 안내서로, 여기 수록한 글은 정신분석가의 기술, 문학작품과 신화의 통찰, 꿈이 보여주는 지혜, 그리고 중년의 변화를 경험하는 일 등의 내용을 다룬다.

분석심리학자이자 원형심리학자 제임스 힐먼은 〈그림자 치료하기〉라는 글에서 사랑이 가장 중요한 요소임을 상기함과 더불어, 사랑만으로는 부족할 수도 있음을 암시한다. 이 글은 제임스 힐먼의 1967년 저서 《인서치: 심리학과 종교$^{\text{Insearch: Psychology and Religion}}$》에서 발췌했다.

게리 툽$^{\text{Gary Toub}}$의 글 〈쓸모없는 것들의 쓸모〉는 원래 학술지 〈심리과학 조망$^{\text{Perspectives on Psychological Science}}$〉에 실렸다. 툽은 도교의 우화와 융 심리학을 이용해 자신의 이론을 서술하면서, 자신이 중요하게 여기지 않던 것들을 포용하면 그 속에 들어 있는 잃어버린 그림자의 모습과 직면할 수밖에 없다고 이야기한다. 그리고 자신만의 특별한 삶을 살며 그 안에는 서로 반대되는 다양한 것이 공존한다는 사실을, 그리고 이들 사이에 긴장과 균형이 존재한다는 사실을 이해해야 할 뿐만 아니라 (아마도 가장 미묘한 부분이겠으나) 가장 기대가 없는 곳에서 의미를 발견해야 한다고 부드럽고도 강력하게 권고한다.

분석심리학 훈련을 받은 심리학자 캐런 시그넬$^{\text{Karen Signell}}$은 꿈의 해석이라는 왕도를 통해 그림자 작업에 접근한다. 시그넬의 글 〈여성의 꿈을 분석하다〉는 자신의 저서 《마음의 지혜Wisdom of the Heart》에서 발췌했으며, 그림자 인격을 식별하고 통합하는 데 꿈을 해석하는 기술을 어떻게 적용하는지 소개한다. 여성의 삶에 초점을 맞추고 있지만 그 장벽 안에만 머무르지 않는다. 꿈에 대한 시그넬의 통찰은 '독자가 자신과 타인에게 부드럽게 마음을 열 수 있도록 도와주는 것'을 목표로 한다.

중년의 위기는 영혼 속 어두운 밤 같은 존재로 악명이 높다. 그림자가 우리를 찾아 다가오는 바로 그 시기다. 중년 상담 전문가 재니스 브레위Janice Brewi와 앤 브레넌Anne Brennan은 그림자 작업에 대해 철저하게 연구한 저서 《중년을 찬양하라Celebrate Mid-Life》를 내놓은 바 있으며, 여기서 발췌한 글을 이 책에 실었다. 둘은 융의 사상을 기반으로 인생 전반기에 나타나는 그림자 문제, 인생 후반기에 들어가면서 등장하기 시작하는 문제를 서로 구별해 분석한다.

저명한 작가이자 심리학자 대니얼 J. 레빈슨Daniel J. Levinson은 〈중년에 들어선 남성에게〉라는 글에서, 중년기라는 백색의 바다를 가로질러 항해하는 사람이 겪는 바다의 변화에 대해 다룬다. 삶은 유한하며 우리는 파괴적으로 변할 가능성도 있다는 것을 인식하는 것이 이러한 변화 과정의 일부다. 그리고 이런 문제를 자아와 대면시킬 책임을 외면한다면 우리는 미래에 새로운 무언가를 만들어낼 가능성을 포기해야 할지도 모른다. 이 책에 수록한 글은 레빈슨의 베스트셀러인 《남자가 겪는 인생의 사계절The Seasons of a Man's Life》에서 발췌했다.

마지막으로 〈악을 다루는 방법〉에서 분석심리학자 릴리아네 프라이-론은 악을 변화시키는 과제는 의식을 최대한 발휘해야 하는 윤리적 문제임을 알려준다. 개인의 그림자를 내면에 통합하는 일은 문화의 안정을 위해서도 꼭 필요하다고 말한다. 이 글은 1965년 융 심리학 저널 〈스프링Spring〉에 게재된 것에서 발췌했다.

이 장에 실린 글들은 오늘날 우리가 걷고 있는 어두운 길을 헤쳐나갈 도움의 손길이자 지침이 되어줄 것이다.

34. 그림자 치료하기
제임스 힐먼 James Hillman

그림자를 치료하는 일은 일단 도덕의 문제다. 우리가 지금껏 무엇을 억압해왔는지, 이 억압이 어떻게 이루어졌는지, 이를 어떤 식으로 정당화하며 자신을 속여왔는지, 우리에게 어떤 목표가 있으며 이를 이뤄야 한다는 이유로 그간 무엇을 상처 입히고 못쓰게 망가뜨렸는지 깨닫는 일이라는 뜻이다. 반면 이는 사랑의 문제이기도 하다. 우리는 자신의 내면에서 부서지고 망가진, 혐오스럽고 사악한 부분을 대체 어디까지 사랑할 수 있을까? 자신의 약점과 질병에 베풀 수 있는 자선과 동정을 얼마나 지니고 있는가? 사랑의 원칙에 기초해 모든 사람에게 열린 내면세계를 과연 어느 정도까지 꾸릴 수 있을까? 내가 '그림자 치료'라는 용어를 쓰는 이유는 사랑의 중요성을 강조하기 위해서다. 우리가 '나'를 중심에 놓고 자신의 치유라는 문제에 접근한다면 그 치료 목적은 자아에 한정되어, 더 강해지고 나아지며 자아가 지향하는 바에 맞춰 성장하는 것이 목표가 되어버린다. 이는 사회가 개인에게 원하는 목표를 기계적으로 모사하는 행위에 불과할 때가 많다. 하지만 우리 내부에 확고하게 자리 잡아 건드리기 힘든 고집과 맹목, 저열함과 잔인함, 가식과 허식 등의 약점에 치유하겠다며 접근한다면, 이는 이들을 자신의 일부로 받아들여 공존하는 방법을 모색하려는 욕구와 정면으로 충돌하는 일이 된다. 이 새로운 공존 방식 안에서 자아는 내면의 수많은 어둡고 불쾌한 모습을 돌보는 한편, 이들에 귀 기울이며 협력하는 동시에 그중 최악의 부분까지 사랑할 수 있는 능력을 발견해야 한다.

자신을 사랑하는 일은 쉬운 문제가 아니다. 열등하며 사회적으로 용납 불가능한 그림자까지 포함한 전부를 사랑해야 한다는 뜻이기 때문이다. 이 부끄러운 부분을 돌보는 일도 치유의 일부다. 그리고 치유는 돌보는 행위에 의존하는데, 돌보는 행위 역시 때로는 단순히 짊어지고 간다는 의미에 불과할 때가 있다. 그림자를 구원하는 일에서 가장 먼저 필요한 요소는 이를 짊어지고 갈 수 있는 능력이다. 그 옛날 청교도들이 그랬듯, 유대인이 끊임없는 추방의 역사 속에서 그랬듯, 아무도 덜어주지 않는 무거운 돌덩이를 짊어지고 목적지가 있는지조차 확실하지 않은 채 계속 가야만 하는 길고 긴 존재의 여행 속에서, 우리는 매일 자신의 죄를 인식하고 악마를 경계하며 경로를 이탈하지 않도록 주의를 기울여야 한다. 이렇게 짊어지고 돌보는 과정은 자신의 열등한 부분이 자아의 목표에 순응하며 발전하도록 프로그램을 짜는 게 아니다. 그건 사랑이 아니기 때문이다.

그림자를 사랑하는 일은 묵묵히 그걸 짊어지는 일부터 시작하지만 그것만으로는 부족하다. 어느 순간 또 다른 무언가가 필요하다. 누군가의 어리석음, 사실은 모든 이의 어리석음을 보며 역설적으로 웃음 지을 수 있는 통찰력이 바로 그것이다. 그러면 부정당한, 열등한 모든 부분을 기쁘게 받아들이고 함께할 뿐만 아니라 어느 정도 그에 맞춰 사는 일까지 가능해진다.

이런 사랑은 그림자와 자신을 동일시하고 매혹된 나머지 그림자를 삶에 구현하는 결과로 이어질 가능성도 있다. 따라서 윤리적 차원을 버려서는 안 된다. 그러므로 치유는 공통점이 없는 두 가지가 함께해야 하는 역설의 과정이다. 하나는 자신 속의 이들 부분이 골칫덩어리이자 견딜 수 없고 바꿔야만 한다는 도덕적 깨달음이요, 다른 하나는 이들을 있는 그대로 기꺼이 웃으며, 사랑으로 영원히 받아들이는 일이다. 우리는 노력했다가 포기하기도 하고, 매몰차게 비판하다가도 즐겁게 그 안에 끼기도 한다. 서양의 도덕주의와 동양의 버림의 미학, 둘 다 진실의 한쪽만 담당할 뿐이다.

의식이 그림자를 보는 이러한 역설적 태도의 원형적인 예시 하나를 유대교 신비주의에서 찾아볼 수 있다. 유대교 신비주의에서 신은 양면적 존재다. 도덕적 올바름과 정의를 갖춘 존재임과 동시에 자비와 용서, 사랑의 존재이기도 하다. 하시딤$^{\text{Hasidim, Chassidim}}$(18세기에 일어난 유대교의 영적 부흥 운동)에서는 이러한 역설을 수용했으며, 이들의 이야기는 깊은 도덕적 신앙심이 놀라운 삶의 기쁨과 짝지워져 있음을 보여준다.

자신이 발견한 암흑의 세계에 대한 프로이트의 설명은 정신의 참모습을 제대로 표현하지 못했다. 무엇보다 지나치게 논리적이다. 정신이 표현하는 역설적 상징 언어를 충분히 파악하지 않았다. 각각의 이미지와 경험이 퇴행적 측면과 아울러 미래를 향한 잠재력을 지니고 있다는 사실을, 그러니까 부정적 측면만이 아니라 긍정적 측면도 있다는 사실을 제대로 보지도 못했다. 썩은 쓰레기가 거름이 될 수도 있다는 사실을, 유치함은 천진난만함이기도 하다는 사실을, 다양한 형태의 악함 속에는 즐거움과 육체적 자유도 있다는 사실을, 가장 추악한 인간이 실은 정체를 숨긴 구세주이기도 하다는 사실을 분명히 깨닫지 못했다.

다른 말로 설명하자면 그림자에 대한 프로이트의 설명과 융의 설명은 서로 달라서 충돌하는 위치에 있지 않다. 오히려 융의 설명을 프로이트의 설명에 겹쳐 확대함으로써 거기에 새로운 차원을 보태야 한다. 똑같은 팩트와 발견이라 해도 이 새로운 차원에서는 역설적 상징이라는 새로운 모습을 얻는다.

35. 쓸모없는 것들의 쓸모

게리 툽^{Gary Toub}

2000여 년 전, 도가 철학자인 장자는 척추장애인, 신체장애인, 광인 등 일반적 시각으로는 쓸모없고 추악하며 기형인 인간, 그리고 옹이투성이에 뒤틀리고 열매조차 맺지 못하는 나무를 찬양하는 몇 가지 우화를 지었다. 그중 이런 이야기가 있다.

석石이라는 목수가 제齊나라로 가는 길에 한 마을 사당 옆에 상수리나무 한 그루가 서 있는 걸 보았다. 수천 마리 소를 가릴 정도로 큰 데다 굵기는 백 아름, 산을 내려다볼 정도로 제일 낮은 가지마저 수십 척 높이였다. 하나만 있어도 배 한 척을 지을 만한 거대한 가지가 수십 개 달려 있었다. 저잣거리에 구경꾼이 여럿 모여 있었으나 석은 거들떠보지도 않고 지나가버렸다.
석의 제자가 그 나무를 지켜보다가 스승에게 쫓아가 이렇게 아뢰었다. "스승님, 도끼를 들고 따라왔사옵니다. 이렇게 훌륭한 목재는 여태 본 적이 없습니다. 하지만 스승님은 어찌하여 처다보지 않은 채 지나쳐버리셨는지요?"

석은 이렇게 대답했다. "됐다, 그만하거라! 그건 쓸모없는 나무다. 배를 만들면 가라앉고, 널을 짜면 곧 썩어버리고, 물건을 만들면 곧 망가지고, 문을 짜면 진액이 새어 나올 것이요, 기둥을 만들면 좀이 슬게 된다. 그처럼 목재로는 아무 쓸모가 없었기에 그만큼 크게 자랄 수 있었던 것이다."

석은 집에 돌아온 후 잠이 들었는데, 그 상수리나무가 꿈에 나타나 이렇게 말했다. "나를 무엇과 비교하려 하는가? 인간에게 쓸모 있는 나무에 비교하려 하는가? 저 앵두니, 사과니, 배니, 귤이니, 유자니 하는 과일나무를 보라. 이들은 열매가 달리자마자 뺏기고 잡아 뜯긴다. 큰 가지는 꺾이고 작은 가지는 잘린다. 그렇게 천수를 다하지 못하고 한창일 때 수명을 다한다. 세상의 관심을 끈 것이 결국은 자신의 생명을 단축한 것과 같다. 이 세상 모든 것이 이와 같다. 하지만 나는 다르다. 나는 오늘날까지 오직 인간에게 쓸모없는 나무가 되려고 노력해왔다. 베일 뻔한 적도 여러 번 있었다. 결국 나는 인간에게 쓸모없었지만 그것이 내게는 크게 쓸모 있게 되었다. 인간에게 쓸모가 있었다면 과연 이렇게 크게 자랄 수 있었겠는가?

게다가 그대나 나나 다 같은 하찮은 물건일 뿐인데 어째서 나만 몹쓸 물건으로 취급해 비난하는가? 곧 죽어갈 하찮은 속인인 그대가 쓸모없는 나무인 나를 어떻게 알 텐가?" 석은 꿈에서 깨어 그 내용을 되새겨보려 했다.

제자가 물었다. "그의 뜻이 쓸모없기를 바라면서 어찌 사당의 나무가 되었을까요?"

그러자 석이 이렇게 답했다. "쉿! 그런 말을 함부로 하지 바라. 그 나무는 자신이 쓸모없음을 알지 못하는 사람들이 자신을 베지 않도록 숨기고 있을 따름이다. 사당의 나무가 되지 않았다면 사람들이 잘라버렸을 것이다. 보통과는 다른 방법으로 자신을 지키고 있을 뿐이니, 우리 기준으로 상수리나무를 평가하려 하면 사실을 놓칠 것이다."[1]

마찬가지로 장자의 일화 중에는 몸뚱이가 기괴하게 생겼음에도 자신을 소중히 돌봄으로써 천수를 누린 척추장애인의 이야기도 있다.*

이들 우화는 도가 사상가들이 쓸모없어 보이는, 즉 개인과 사회가 효용 가치가 없다고 생각해 피하는 것들이 실은 중요성을 지녔다고 여겼음을 보여준다. 그뿐만이 아니다. 비유를 통해 현명한 사람이라면 충만하고 자연스러운 삶을 위해서는 자신의 쓸모없음(또는 쓸모없는 특징)까지도 소중히 여기고 가꿔야 한다는 가르침을 선사한다.

그에 해당하는 모티브가 연금술, 우화, 그리고 현대를 사는 개인의 꿈에도 들어 있다. 예를 들어 연금술사는 원 질료$^{prima\ materia}$라는, 돌을 황금으로 바꾸는 과정의 시작이 되는 물질을 중요하게 생각했으나 원 질료는 독약 또는 대소변같이 쓸모없고 혐오스러우며 위험한 것으로 묘사되곤 했다. 우화에서는 쓸모없는 인물이 얼간이^{Dümmling}, 즉 어리석고 게으르며 불행해 보이는 아무짝에도 가치 없는 인물로 형상화되었다. 그러나 우화 속 얼간이는 대부분 영웅이었던 것으로 밝혀진다. 이 같은 모티브가 현대인의 꿈에서도

---

* 장애로 징집령과 부역을 면제받고 더 많은 곡식을 배급받으면서 바느질과 빨래로 생계를 이으며 부족함 없이 천수를 누렸다는 이야기다.

상징으로 등장한다. 칼^{Carl}이라는 내담자의 꿈을 예로 들어보자.

젊은 여인 한 명이 안뜰에 있는 발코니 위를 미친 듯이 달리고 있어요. 누구한테서 도망치는 것 같아요. 그러다 갑자기 넘어져 난간 너머로 추락할 뻔하지만 간신히 난간을 붙들었어요. 이제 여인은 위태롭게 난간에 매달려 있어요. 그때 끔찍하고 뒤틀린 몰골을 한, 정신이 좀 모자라 보이는 남자가 나타나요. 여인은 그 남자의 모습을 보고 겁에 질려요. 하지만 남자는 오히려 손을 뻗어 여인을 안전하게 끌어올려줘요. 시간이 지나 저는 커다란 방에 들어갔는데, 종교의식이나 행사 같은 게 열리고 있어요. 방 한편에 모두 똑같이 단정한 용모에 멀끔한 옷차림을 한 젊은이들이 굳은 모습으로 한 줄로 모여 서 있어요. 다른 편에는 장애가 있고 정신이 모자란 사람들이 누더기를 걸친 채 모여 있어요. 앞에 보였던 남자와 비슷한 모습이에요. 저는 어느 쪽에 서야 할지 선택해야 하는데, 누더기를 걸친 사람들 쪽에 서기로 하자 그들이 제 결정을 환영하고 축하해줬어요.

이 꿈은 분명 앞서 소개한 쓸모없는 것을 찬양하는 내용의 도가 우화와 비슷하다. 개성화 과정에 꼭 필요한 원형적 모티브다.

반대되는 것들의 상대성

쓸모없는 것에 대한 존중을 표현하는 이야기는 도가 사상의 기본 특징 두 가지를 표현한다. 하나는 가치의 상대성, 다른 하나는 양극성^{polarity}의 원리다. 도가 사상은 전통적인 중국의 상징주의인 음과 양을 통해 양극성의 원리를 제시한다. 음양은 원래 햇빛과 구름을 가리키며, 여기서 서로 짝을 이

뭐 존재하는 모든 것으로 의미가 확대되었다. 음과 양, 어두움과 밝음, 쓸모없음과 유용함은 동전의 양면과 같이 서로 갈라놓을 수 없으며 세계를 보완해주는 기둥 역할을 한다. 장자는 이를 다음과 같이 설명한다.

옳음이 있되 그와 상관된 것이 없는 자는 그르며, 올바르게 다스리되 그와 상관된 것이 없다면 제대로 다스리는 게 아니다. 이는 천지의 위대한 이치와 모든 생물의 조건을 이해하지 못한 것이다. 하늘을 논하면서 땅을 이야기하지 않거나, 부정을 이야기하며 긍정을 논하지 않는 것 역시 분명히 어리석다. 이 말에 따르지 않는 자들은 바보이거나 악당일 것이다.[2]

도가 사상가들은 절대적이거나 우월한 단 한 가지 개념이나 가치 같은 건 없다고 인식했다. 유용한 것이 도움이 된다면 쓸모없는 것도 도움이 된다. 반대되는 것들의 처지가 서로 바뀔 수 있다는 데서 오는 안도감은 말을 잃어버린 한 농부의 이야기인 새옹지마塞翁之馬의 우화에 잘 나타나 있다.

이웃이 이를 아쉬워하자 농부는 이렇게 대답했다. "이게 좋은 일인지 나쁜 일인지 어찌 알겠소?" 그 말은 사실이었다. 다음 날 도망갔던 말은 바깥을 돌아다니며 친해진 한 무리의 야생마를 데리고 되돌아왔다. 이웃이 다시 찾아와 이 일을 축하하자 농부는 이번에도 똑같이 답했다. "이게 좋은 일인지 나쁜 일인지 어찌 알겠소?" 이번에도 이 말은 사실이었다. 다음 날, 농부의 아들이 야생마 중 한 마리에 올라타려다 떨어져 다리가 부러진 것이다. 이웃이 다시 찾아와 지난번보다 더 큰 아쉬움을 표했는데, 농부의 답은 여전히 똑같았다. "이게 좋은 일인지 나쁜 일인지 어찌 알겠소?" 이번에도 농부의 말은 틀리지 않았다. 다음 날 병사들이 찾아와 젊은이들을 군대로 징집해 갔으나 농부의 아들은 다리를 다친 덕에 이를 면했기 때문이다.[3]

도가 사상가들에 따르면 음과 양, 빛과 그림자, 유용함과 쓸모없음은 전체를 이루는 서로 다른 요소일 뿐이며, 한쪽을 취하고 다른 쪽을 버리는 순간 자연의 균형을 거스르게 된다. 전일성을 지키며 자연의 섭리에 순응하기 위해, 우리는 반대되는 것을 포용하는 쉽지 않은 과정을 따라야 한다.

그림자를 내면에 통합하기

융의 또 다른 발견 한 가지는 인간의 정신이 빛과 어둠, 남성성과 여성성, 그리고 그 외에도 서로 쌍으로 이어져 정신의 긴장 속에서 유동적으로 공존하는 수많은 요소로 이루어졌다는 사실이다. 도가 철학자와 마찬가지로 융 또한 한쪽만 취함으로써 정신의 긴장을 해소하는 방식(예를 들어 인생에서 생산성만 추구하는 일)은 위험하다고 경고했다. 정신 중 한 부분만 가치를 두고 가꾸는 일은 편파성으로 인한 위험이 따르며 육체적 질환, 신경증^{neurosis}, 정신증 등의 결과로 이어질 때가 많다는 것이 융의 생각이었다. 그 대신 내면에 존재하는 서로 반대되는 것들을 제대로 직면해야 한다고 권고했으며, 이는 개성화 과정에서 필수 조건$^{sine\ qua\ non}$이라고 보았다.

반대되는 것들을 내면에 통합하는 중요한 방법 한 가지는, 개성의 '어두운' 부분으로 우리가 '소유'하기를 거부한 바람직하지 않은 특징을 담은 '그림자'와 의식적으로 마주하는 것이다. 이들 특징을 직면하고 받아들이는 일은 어렵고 힘든 과정이다. 그림자에 개성이 지닌 긍정적 요소가 담겨 있는 경우도 있으나 보통은 우리의 열등한 부분, 본성 속 원시적이고 적응에 실패한 어색한 부분이 대부분이며 도덕적, 미학적, 사회 문화적 이유로 우리는 이들을 자신 속에 받아들이지 않았기 때문이다.

그림자는 일반적으로 혐오스럽고 천하며 쓸모없게 여겨지기 때문에 도가 사상에서 말하는 옹이투성이 나무나 보기 불편한 척추장애인의 이미지와 잘 이어진다. 그림자와 마찬가지로 이들 역시 겉으로 보기에는 아무 쓸모가 없어 보인다. 따라서 우리 모두의 내면에도 마찬가지로 존재한다고 말할 수 있다.

틀린 것은 사실 맞는 것이다

우리는 그림자의 성격을 깎아내릴 뿐만 아니라 자신의 육체적, 정서적 문제를 쓸모없는 것으로 치부하는 경향이 있다. 경미한 두통이든, 소화불량이든, 심각한 암이나 우울증이든 문제라고 인식하는 모든 것을 혐오한다. 질병에 대해 어떤 가치도 두지 않으며, 단지 우리 앞의 방해물이므로 없애버려야 하는 대상으로 인식한다.

질병을 이렇게 보는 태도는 인과적 환원론이며 서구 의학의 방식을 반영한다. 이에 따르면 질병이란 나쁘고 잘못된 것이므로 원인을 찾아 제거하면 환자는 치료된다. 이런 접근법으로 치료 효과가 촉진되지만 이런 사고방식이 서구 문화에 퍼져 있어 증상이나 질환을 처음부터 부정적으로 보는 태도가 생긴다. 이는 장자의 일화에서 등장한 목수가 처음 옹이투성이의 늙은 나무를 보았을 때 가졌던 생각과 연결된다.

장자의 일화는 자신의 문제를 어떻게 봐야 할지에 대한 새로운 관점을 선사한다. 척추장애인이나 뒤틀린 나무가 그런 상태로 덕을 본 것처럼, 우리가 앓는 병에서도 이로운 부분을 찾아낼 수 있다. 사실 틀린 것이라 해도 보통은 그 안에 보이지 않는 목적이나 의미가 있다는 점에서 절대적으로 옳은 측면이 있다.

우리가 겪는 증상이나 문제 안에 긍정적 부분이 존재한다는 사실이 융의 궁극 원인론적^{finalistic} 심리학의 기본 입장이다. 융은 병을 인과적 환원론 속에서만 보지 말고 그 방향과 의미도 찾아봐야 한다고 제안했다. 융에 따르면 우리가 겪는 신경증 증상과 콤플렉스는 자기실현$^{\text{self-realization}}$을 원하는 무의식이 정교하게 구성하고 설계한 결과다. 저서 《분석심리학에 관한 두 편의 에세이$^{\text{Two Essays on Analytical Psychology}}$》에서 융은 이렇게 말했다.

> 나 또한 신경증으로 쓸모와 존재 이유가 생긴 사람을 적어도 한 명은 알고 있다. 이 사람의 경우 신경증을 경험함으로써… 살아가는 상태, 자신의 숨겨진 가치를 개발하는 상태가 될 수 있었다.[4]

질병과 자기실현 사이의 관계를 본격적으로 탐구한 저서가 에스더 하딩의 《우울증의 가치와 의미$^{\text{The Value and Meaning of Depression}}$》(1970)다. 하딩은 이 책에서, 우울증 상태란 사실 우리를 자신의 전일성과 더 깊게 소통하도록 이끌기 위한 자기^{self}의 창조적 시도일 경우가 많다는 사실을 보여준다. 아널드 민델$^{\text{Arnold Mindell}}$(미국의 심리학자)은 신체화 증상$^{\text{somatic symptom}}$(마음의 문제가 신체 증상으로 나타나는 현상)도 마찬가지라는 사실을 발견했다. 카를 융 재단이 발행하는 학술지 〈쿼드런트^{Quadrant}〉에서 민델은 다음과 같이 설명했다.

> 내가 세운 가설을 잠시 유보 상태로 둔 채 몸이라는 대상을 연구할수록,

나는 우리에게 '병'이 생긴다는 사실을 감사하게 여기며 병에 공감하게 된다. 명확한 관찰과 짝을 이룬 궁극의 철학이 인과적 치료, 그리고 무지에서 비롯된 공포를 대신할 때, 몸은 아프거나 비이성적인 악마적 존재가 아니라 자신 내면의 논리와 지혜를 지닌 하나의 과정으로 보이게 된다.[5]

전일성을 이루는 데 반드시 필요한 무의식의 가치와 유형은 신경증과 신체의 병에 깊이 뿌리박혀 있다. 이들에 어떤 의미가 있는지 찾아내려면 자신의 병과 우호적 관계를 맺어야 한다. 선험적 가설을 세우거나 바꾸려 하지 말고 증상 자체에 관심을 기울여야 한다는 뜻이다. 지금 일어나는 일이 옳은 것이므로 여기에 협력해야 한다는 사상이 이런 접근법에 기본이 된다.

민델은 이런 방식으로 증상과 문제를 연구하는 작업을, 불순하고 불완전하며 변화가 필요한 신체로 연금술 작업을 하는 것에 비유했다. 앞에서 언급한 원 질료라고 할 수 있는 '불순한 신체'는 우리가 일상에서 겪는 고통, 장애, 그리고 문제와 같다. 이들을 연금술 작업으로 가공하고 변화시켜 그 의미를 드러내는 것이다. 이 가공 과정에는 현재 일어나는 상황에 '열을 가하는', 다시 말해 집중적으로 초점을 맞추고 확대해보는 단계가 포함된다.

쓸모없음과 개성화

장자의 이야기는 질병의 가치를 알려줌과 동시에 우리의 가능성을 개발하려면 세상에 쓸모없는 존재가 되어야 한다고 이야기한다. 그렇지 않다면 우리는 괴롭고 불만족한 삶을 살며 개성 속에 있는 소중한 부분은 학대받고 빼앗긴다는 것이다. 장자는 특유의 과장법을 통해 개인으로 사는 법을 알려주고 있다.

융 또한 자신만의 삶을 사는 게 중요하다고 강조한다. 개성화의 핵심 요소는 집단의 일원으로 사는 것이 아니라 자신의 개성을 개발하는 것이다. 융은 현대사회에서 개인이 겪는 어려움에 특히 관심을 가졌다. 개인이 대중과 결합하는 순간 개성은 줄어들며 흐릿해지기 때문이다. 욜란데 야코비(스위스 심리학자)는 《개성화로 가는 길The Way of Individuation》에서 다음과 같이 지적했다.

너무나 많은 이들이 자신의 삶을 누리지 못하며 자신의 진짜 본성에 대해 대체로 아무것도 알지 못한다. 스스로 눈에 띄기보다는 강박적으로 '적응'하려 하며, 자신을 둘러싼 환경이 '올바르다'라며 요구하는 의견, 규칙, 규정 및 습관을 그대로 따르려 한다. '타인의 생각', '타인의 행동' 등의 노예로 전락하는 것이다.[6]

사회 구성원이 하는 대로 결혼하고 자식을 낳고 안정된 직업을 가지는 일 등을 하려 할수록 이는 점점 사실이 된다. 평균과는 확연히 다른 내면을 지닌 예술가, 천재, 사제나 수녀 등에게 이러한 규범은 특히 치명적이다.

개인의 길을 충실히 따를수록 집단의 규범과 가치에 시시콜콜 얽매일 일은 줄어든다. 자신의 전일성을 실현하려면 우리 자신을 집단정신과 주변 세계가 제시하는 권력으로부터 자유롭게 하며, 동시에 쓸모없고 어리석게 보이는 일을 피하지 말아야 한다. 노자는 이렇게 말했다.

    현자가 도리를 익히면
    그에 따라 살며

범인^{凡人}이 도리를 익히면

그 일부만 따라 살며

어리석은 이가 도리를 익히면

그를 비웃는다.

그러나 어리석은 이가 비웃지 않으면

도리가 아니다.

그러니 도리를 찾고 있다면

어리석은 이의 웃음에 귀 기울일지어다.[7]

또 다른 도가 사상가인 열자^{列子}는 쓸모없어져야 한다는 사상을 더욱 발전시켜, 세상의 이득에 털끝 하나도 희생하지 말아야 한다고 말한다. 그렇게 해야 세상의 질서를 지킬 수 있다는 것이다. 물론 이 말도 과장법이다. 열자의 말은 세상을 버리고 은둔해야 한다는 뜻이 아니라, 진정한 현자라면 세상에서 자신의 본성을 묵묵히 따라가야 한다는 의미다. 장자는 이렇게 말했다.

지인^{至人}(도를 체득한 사람)은 한계를 넘으면서도 세속을 포기하지 않고, 타인의 장단에 맞추어 살면서도 자기를 잃어버리지 않는다. 세상의 가르침에 귀 기울이지 않더라도, 그 뜻을 잘 이어서 가르침을 다른 것으로 여기지 않는다.[8]

다른 말로 하면 우리는 자신 본연의 모습을 찾아 있는 그대로를 세상에 내보여야 한다는 뜻이다.

36. 여성의 꿈을 분석하다

캐런 시그넬 Karen Signell

"인간의 마음속에 어떤 악이 웅크리고 있는지 아는 존재는? 바로 그림자." 1940년대에 인기 있던 라디오 드라마 〈더 섀도 The Shadow〉의 도입부에는 일종의 진실이 담겨 있다. 우리는 때로 자신의 인식 속 어두운 모퉁이에 웅크린 채로 인간의 조건을 형성하는 수수께끼의 일부를 훔쳐볼 때가 있다. 거기에서 사회가 용납하지 않는, 그래서 우리도 인정하고 경험하지 않는 편이 낫다고 여기는 것들을 보고 느낀다. '그림자'라는 말은 보통 이들 부정적인 특징, 우리가 지닌 의식의 그림에 어울리지 않는다는 이유로 자아-의식의 빛 속에서 보이지 않도록 떨쳐버리는 나쁜 것들을 가리킨다.

자신에게 그림자가 존재한다는 사실을 일상에서 깨닫는 건 찰나에 불과하다. 아주 잠깐만, 자신이 특정한 화제를 피하려 할 때 또는 아주 막연하게 죄책감이나 회의, 불만 또는 부조화를 느낄 때만 감지할 수 있을 따름이다. 막연한 불안감이나 당황스러운 느낌이 갑자기 몰려와 불안하고 어색하게 웃거나, 갑자기 눈물을 터뜨리거나, 화가 치밀어오른다. 꿈속에서 자신의 숨겨온 그림자가 드러나면 마음속 저항을 극복하고 꿈이 던지는 메시지를 이해해 받아들이겠다고 굳게 다짐해야 한다. 자신이 초라해지는 경험이지만 그와 동시에 치유가 되어 우리에게 전일성을 가져다주는 계기가 되기도 한다.

첫 번째로 소개할 꿈은 자신의 그림자가 어떤 모습인지 발견하는 일이 대단히 유용할 수 있음을 알려준다. 자신의 어두운 면을 인정함으로써 자신은 물론 타인을 더욱 잘 보살필 수 있기 때문이다.

쥐 한 마리가 쥐덫에 걸려 있어요. 좋지 않은 냄새가 나네요. 시궁쥐 아니면 부엌에 사는 생쥐가 덫에 걸렸는데, 아직 살아서 몸부림치고 있어요. 저는 이 쥐를 죽이거나 버려요. 어떻게든 처리했어요.

이 꿈을 꾼 사람은 페그^{Peg}라는 여성이다. 페그는 내 쥐, 그러니까 내 그림자는 과연 무엇인지 궁금해했다. 쥐는 교활하고 이기적이며 눈에 잘 띄지 않는다. 꿈속에 나타난 쥐를 페그가 처음 연결한 대상은 자신의 옛날 남자 친구, 그리고 남자 친구가 원래 계획한 대로 자신이 사는 도시에 오지 않았을 때 그녀가 느낀 안도감이었다. 그러다 문제는 자신, 정확히는 자신이 몰두하는 상황이 무엇인지로 옮겨 갔다. 페그는 지금 다른 사람과 연애 중이었지만 무의식적으로 옛날 남자 친구와 잠자리를 함께할 계획을 세우고 있었다. 많은 이들이 바람피우는 일에 대해 이중 잣대를 가지고 있는데, 페그는 이것을 자신의 그림자로 본 것이다. 자신에게 벌어질 때는 순수하고 이해할 만하지만 내 연인이 그런 짓을 저지르는 것은 끔찍한 일이다! 꿈은 이를 바로잡기 위해 일어났으며, 페그가 진짜로 지금 남자 친구를 두고 그런 짓을 저지른다면 '더러운 생쥐'가 되는 것임을 알려주었다. 따라서 '쥐 냄새가 난다'는 느낌은 보통 자신이나 타인 속 그림자의 존재를 암시하는 것이라 할 수 있다.

꿈에는 마치 겹겹이 벗겨지는 양파 껍질처럼 여러 의미가 있으며, 모든 의미가 진실이다. 왜 몸부림치는 생쥐를 죽여야 하는지, 생쥐가 왜 양육을 상징하는 장소인 부엌에서 발견되었는지 궁금할지도 모른다. 페그는 오랫동안 독감 증세에 시달렸는데, 이 꿈이 지금 삶에서 무엇이 문제인지 알려주는 역할을 한 것일지도 모른다. 이 꿈은 현재 페그의 연애에 대한 시적 은유의 형태였을까? 그녀는 덫에 걸려 몸부림치는 생쥐가 사실은 자신이고, 조만간 지금의 관계를 스스로 끝내야 하며, 언뜻 무정해 보일지 모르지만 사실은 그게 더 자비로운 행동임을 깨달았다. 그녀가 무의식중에 바람을 피우고 싶어 한 것은 현재 애인과의 관계에서 느끼는 분노와 불만족 때문이었다. 이는 스스로 알고 있으면서도 제대로 인식하지 못한 사실이다. 꿈에서 나타난 강력한 이미지를 통해 페그는 이 사실에 초점을 맞출 수 있었다.

그림자는 우리가 실은 자신이 생각하는 만큼 좋은 존재가 아니라는 불편한 깨달음을 안겨주지만, 이를 통해 무의식 속에서 쇠약해지던 다량의 에너지를 발산하게 한다. 페그는 이후 또 다른 꿈을 꾸었는데, 여기서는 활짝 핀 꽃들이 만발한 초원에서 춤을 추고 있었다. 자신을 괴롭히던 독감 증상에서도 곧 벗어날 수 있었는데, 이는 분명 꿈의 분석을 통해 자신의 그림자를 의식으로 끌어올렸기 때문이다.

꿈속에서 자신의 그림자가 드러나거나 친구가 잘못을 지적하면 "난 그 정도로 나쁜 사람이 아냐"라며 이를 부정하고 자신을 방어하거나, "난 원래 그래"라며 죄책감을 털어내거나, 실제보다 더 나은 사람이 되려고 의식적으로 노력하려는 충동이 자연스레 일어난다. 이는 잘못된 행동이다. 그림자를 인정하고 마음속에 그림자의 자리를 만들어주어야 한다. 그림자라는 정체 불명의 손님을 기꺼이 초대해 최선을 다해 교화하는 한편, 그 의미를 찾아내야 한다. 문밖에서 소란을 피우거나 주변을 기웃거리게 해서도, 우리에게 걱정을 끼치게 만들어서도 안 된다.

우리는 가족 내에서 서로 더 관심과 힘을 얻으려고 경쟁하며 때로 다른 가족과 힘을 합치기도 하고, 비밀스러운 일을 겪기도 하며, 가족 중 다른 누군가에게 적개심을 갖기도 한다. 이는 강렬하고도 오래 지속되는 경험이며 사회 속에서 자신과 타인에게 갖는 기대 수준에 뚜렷한 영향을 미친다. 이는 가족이 무의식적으로 공유하는 기대일 때가 많으며, 그 이유로 '가족 무의식'이나 '가족의 그림자'에 대해서도 이야기할 수 있다. 우리가 지닌 가장 강력한 그림자 중 일부는 형제자매와의 관계를 통해 드러난다. 예를 들어 우리는 무의식적으로 가족 내에서 유리하든 불리하든 어떠한 위치를 차지하려 하며, 사회에서도 그와 비슷한 위치를 점하기를 기대한다. 자신과 친숙하기 때문에 그러한 기대를 접하면 무의식적으로 이끌려가게 된다.

꿈은 특히 이렇게 전형적인 형제자매 간의 서열—맏이, 중간, 막내, 외동, 쌍둥이—에 대해 우리가 무의식적으로 보이는 입장과 태도를 드러낸다.

대표적인 예로 맏이는 질투가 심한 위치다. 맏이에게 세상은 동생들이 태어나면서 불공평해진다. 자신이 떳떳하게 누려야 할 것을 동생들이 빼앗아 가는 것으로 느껴지기 때문이다. 이는 동생들의 경험과 대조를 이룬다. 동생의 경우 다른 가족이 존재하는 상태에서 태어났기 때문에 자신이 기대할 수 있는 몫은 한정되어 있다. 맏이는 동생 앞에서는 자신의 부정적 감정을 억눌러야 한다는 말을 듣는다. 이는 질투라는 그림자의 전형적인 상황이며, 우리는 나중에 이것을 스스로 찾아내야 한다.

그림자가 의식에서 너무 멀리 떨어진 데다 두려워서, 완전히 준비되기 전에는 대면하지 말아야 할 때도 있다. 섣불리 문을 열었다간 거대한 무의식의 무리와 맞닥뜨려 원형적 불안에 휩싸여버릴 수도 있다. 집단 워크숍에 참석한 개인은 더 깊은 내면을 밝혀낼수록 좋기 때문에 '모든 것을 솔직하게 드러내겠다'는 열의가 넘쳐흐르는 경우가 있다. 하지만 개인마다 가지고 있는 진정한 약점 역시 고려해야 한다.

깊이 파고들어 가는 게 언제나 좋은 것은 아니다. 자기방어가 나오는 데는 다 이유가 있다. 호기심에 딱지를 섣불리 뜯었다가는 상처가 덧난다. 치유가 자연스럽게 이루어지는 데는 시간이 걸린다. 깊은 상처에는 어느 정도 방어막이 갖춰져야 안전하게 상처를 확인할 수 있다.

캐럴린Carolyn이라는 한 여성은 다음과 같은 꿈을 꾸었다.

귀신이에요. 관객 속에 섞여서 영화를 보고 있는 것 같아요. 밤의 해변 장면인데, 피를 뒤집어쓴 한 사악한 아이와 난도질당한 시체들이 있어요. 저는 문이 열린 벽장 옆에 앉아 있는데 서둘러서 벽장을 닫고 잠그려 해요. 하지만 제 옆에 서 있는 베리테Verité라는 젊은 여성이 벽장 문을 다시 열라고 말해요. 우리는 말다툼을 벌이고 몸싸움으로까지 이어져요. 저는 벽장 문을 닫아야 하거든요. 그러다가 우리는 화해하고 포옹해요.

"여자의 비밀을 지키기 위해 싸우고 있군요"라고 말하는 목소리가 들려와요. 사람들이 바닷가에 도착했어요. 죽어 있던 사람들이 좀비가 되어 우리를 위협하듯 바라보고 있어요. 저는 좀비들에게 끈적한 액체를 날리는데, 이걸 맞고 몸이 마비된 좀비도 있지만 멀리 있어서 액체를 맞지 않은 것들은 도망가거나 계속 우리를 위협해요. 뭔가 다른 해결책이 있어야겠어요.

처음에 캐럴린은 자신이 '사악한 아이'라고 생각했으며 지난달에 꾼 꿈을 떠올렸다.

어머니는 불쾌한 일은 기억하지 않아요. 우리 어머니가 공포 영화를 보고 있다가 얼굴을 화면에서 돌리며 이렇게 이야기해요. "나는 불쾌한 일은 기억나지 않아." 하지만 어머니를 쳐다본 딸은 깨닫죠. 실제로는 기억한다는 사실을요! 어머니와 딸 모두 딸이 한 살 때까지 어떤 끔찍한 일을 겪었는지 희미하게만 기억하고 있는 것 같아요.

어린이는 원형적인 악의 투사를 이런 식으로 잡아낸다. 가족에 어두운 비밀이 있을 때 아이는 자신의 죄라고 여기며 자신이 나쁜 아이인 것처럼 느낀다. 캐럴린은 이렇게 말했다. "밤에 자러 갈 때면 유령이 튀어나와요."

이 비밀의 정체는 대체 무엇일까? 앞에 설명한 귀신 꿈에는 몇 가지 단서가 있다. 캐럴린에게 진실이라는 뜻의 이름으로 불리는 베리테라는 여인과 벌인 싸움은— 여인의 끔찍한 비밀을 숨겨놓기 위해 벽장 문을 닫으려던 싸움— 그때는 무의식적으로 어머니는 좋은 분이었다고 믿어야 했다는 뜻인 것 같다. 그래야만 자신이 '좋은 어머니'의 기억을 간직하며 안심할 수 있었기 때문이다. 현실에서는 어머니가 이야기하는 걸 금지한 것들이 있었으며 이 때문에 '가족 무의식'을 지킬 수 있었다. 캐럴린의 경우 '아동 학대의 가능성'일 것이다. 베리테가 캐럴린과 싸운 이유는 진실을 밝히도록 만들기 위해서였지만 캐럴린은 아직 그럴 준비가 되지 않았다.

좀비를 달래는 작용을 한 액체는 무엇이었을까? 캐럴린은 술이라고 말한다. 자신이 안정을 위해 맥주나 와인을 마시기 때문이다. 그러나 꿈속에서 귀신의 이미지, 실제로는 캐럴린을 평생 괴롭혀온 이 이미지를 떨쳐버리는 데 액체가 발휘한 효력에는 한계가 있었다. 꿈에서 좀비가 전부 마비되지는 않았으며 이는 이들이 여전히 무의식 속에 남아 있다는 의미다. 진실은 불안하다. 꿈에 따르면 귀신은 불안한 상태이며 자신을 드러낸 다음 편히 잠들고 싶어 한다.

진실을 상징하는 베리테는 꿈속에서 승리하지 못했다. 당시 캐럴린은 더 자세한 내용을 따져보려 하지 않았다. 아직 준비가 덜 된 상태였기 때문이다. 몇 년 후 그녀는 마침내 진실을 대면할 준비를 마칠 수 있었으며, 그 결과 자신이 어린아이였을 때부터 어머니에게 학대당했으며, 아버지에게 네 살 무렵에 성폭력을 당했다는 사실을 알았다. 아마 캐럴린은 이를 제정신이 아닌 채로 '영화에서 일어나는' 일처럼 경험했을 것이다. 5세 이하의 영유아에게는 흔히 있는 일이다. 꿈에 등장한 '좀비 떼'는 캐럴린이 당시 부모에 대해 갖고 있던 이미지다. 그녀가 어렸을 때 어머니는 신경안정제에 의존해 살던 상태였으며, 그 때문에 때로 좀비처럼 멍하니 정신이 나간 듯 보였지만 무의식 속 분노를 쏟아낼 때는 격앙된 모습을 보이기도 했다. 캐럴린의 아버지는 딸에게 성폭력을 저지르는 동안 원래의 아빠 모습이 아니라 어딘가 비현실적으로 무관심해 보이는 모습이었다고 했다. 아마도 자신이 강박적인 무의식 상태에 놓여 있었거나, 아버지 자신이 어렸을 때 당한 성폭력을 재현하고 있었을지도 모른다.

이 꿈을 꾸던 무렵 캐럴린의 삶에 이 꿈은 어떤 의미였을까? 왜 그 시기에 이 꿈을 꾸었을까? 캐럴린은 자신의 그림자가 혹시 동성애가 아닌가, '벽장에서 벗어나는'* 일을 두려워하던 상황이 아니었을까 궁금해했다. 그녀는 이 문제를 두려워했고 자신이 레즈비언이라는 진실을 밝혀야 하는지를 두고 고민하고 있었다. 이런 상황에서 내면의 유령은 분명 더욱 무서운 원형적 그림자로 자라나, 아기 때는 학대당하고 자라서는 성폭력의 희생자가 되

---

* 영어로 'out of the closet'은 자신의 성 정체성을 드러낸다는 뜻이다.

었으며, 그러면서도 자신을 '나쁜 아이'라고 생각했던 이전의 자기 모습에 투사되었다. 캐럴린이 꿈속에서 베리테와 싸운 건 당연한 일이다! 그리고 캐럴린에게 레즈비언이라 커밍아웃하는 일이 공포스러웠을 것임은 말할 나위 없다. 자신이 사는 문화에서 부정당하면 내면 깊숙이 자리 잡은 개인적이며 원형적인 상처를 건드리게 될 테니 말이다.

캐럴린은 자신의 꿈이 암시하는 내용을 존중했다. 하지만 당시에는 어렸을 때 겪은 상처를 탐구하고 이를 치유하는 게 너무나 두려웠으며, 자신의 정체성을 밝히는 일도 너무나 두려웠다. 우선은 자신의 진짜 공포를 원형적 공포와 구별해야 했다. 그녀는 자신도 그렇고 다른 사람들로부터 좀 더 자신을 열어야 한다는 압박이 있었다고 말했지만 거기에 이렇게 덧붙였다. "상처받지 않는 사람은 잔인한 일이 무엇인지 몰라요." 그 때문에 캐럴린은 좀 더 시간을 들여 먼저 불쾌한 말을 듣기 싫어하는 자신의 '착한 어머니'의 문제를 탐구해야 했다. 그리고 나서야 어린 시절 벌어진 끔찍한 진실을, 그리고 자신의 성 정체성을 밝히고 나서 사회가 보일 수용과 거부 등 다양한 반응을 대면할 수 있게 된 것이다.

이 글에서 살펴본 꿈의 사례에서처럼 자신의 부정적인 그림자—자기 내면의 교활한 생쥐, 불쾌한 라이벌 관계, 가족의 유령, 자신의 비밀 등—로 이어지는 문을 여는 일은 무서울 수도, 동시에 비참한 느낌을 선사할 수도 있다. 하지만 이는 우리가 자신에게, 그리고 인간적 약점을 공유하는 동지인 타인에게 마음을 열 수 있게 도와준다. 또 자신과 타인을 지키도록 조심스럽게 그림자를 관찰할 수 있게 해주기도 한다.

37. 중년에 나타나는 그림자

재니스 브레위[Janice Brewi], 앤 브레넌[Anne Brennan]

삶의 전반부를 마치고 후반부에 접어들면서, 그때까지는 정신에서 등한시되던 무의식 중 일부분이 등장한다. 이 과정에서 그림자는 대단히 창조적 역할을 수행한다.

중년이 시작될 때쯤, 우리는 자신에게 친근한 심리적 양상에 정착했으며 일과 가족이 삶에 자리 잡은 상태다. 그러다가 갑자기 위기가 들이닥친다! 어느 날 아침 일어났는데 더는 자신에게 연료가 남아 있지 않은 듯한 기분이 든다. 우리가 소유했던 것들의 익숙한 분위기는 한순간에 가라앉는다. 달콤한 우유 같던 성취감은 쉬어버리고, 지금껏 익숙하게 되풀이해 반응하던 행동이 이제는 맞지 않는 구두처럼 어색하다. 자녀, 재산, 권력, 업적 등을 아끼던 마음마저 도둑맞은 듯 사라지고, 우리는 대체 어젯밤에 무슨 일이 벌어졌는지 멍하니 궁금해할 따름이다. 대체 모두 어디로 사라졌을까?
(머리 스테인[Murray Stein], 미국의 심리학자이자 저술가)

이 모두는 그림자의 소행이다. 중년에 들어선 이에게 찾아와 이전까지의 자신과는 완전히 다른 경험을 안겨주는 건 바로 그림자다. 그림자의 존재를 깨닫는 일을 융은 '현저하게 실제적인 문제'라고 불렀다. 개성에 숨어 있던 열등한 부분을 점점 깨닫는 일은 지적 활동으로 전환할 수 없다.

중년이 되었을 때쯤이면 지금껏 발전한 자아의 성격에는 그림자라는 거대한 미지의 세계가 자아의식 전체를 곧바로 집어삼키지 않고도 개입하기 충분한 여지가 생긴다. 그러나 이와 동시에 자아의 개성은 정확히 그로 인해 자신에게만 갇혀 정체될 위험에 처한다. 그렇게 되면 개성에서 의식적 자아가 부정하거나 무시하는 무의식의 일부분인 그림자가 두 번째 서열로 부상하기 시작한다. 그림자는 나의 친구인가, 적인가? 중년이 되면 이런 질문을 하게 된다. 실제 상황에서 이런 질문과 마주할 때마다 이 질문에 답하는 일, 내가 나라는 개인으로서 구현해야 하는 신의 이미지인 자기에게 솔직한 모습으로 이 질문에 답하는 일이야말로 중년이 되어 겪는 영성의 문제다. 중년의 영성은 강의실이 아니라 실제 삶의 단계에서 구현해야 한다. 우리는 전일성과 고결함을 관객으로 구경해서는 안 되며 직접 실현해야 한다.

그림자와 대면하는 일은 쉬운 일도, 단순화할 수 있는 일도 아니다. 그러나 그림자는 우리가 완전한 개인으로 겪는, 말로 다할 수 없는 모든 새로운 경험에 명칭을 부여해준다. 이들 복잡 미묘한 경험을 한 단어로 포착하려 하면 그 의미는 축소될 수밖에 없다. 하지만 어떻게든 이름이 생기면, 때로는 두렵고 항상 혼란스러운 경험이 인간 경험의 지평에 놓이게 된다. 그리고 자신이 겪은 일이 '그냥 정신이 나간' 결과가 아니라 그림자를 다양하게 경험한 것임을 깨닫는 것만으로도 대단히 위안이 될 때가 많다.

하지만 그림자를 경험하는 일은 그림자라는 말로는 충분하지 않을 수밖에 없으며, 따라서 그림자라는 말은 인생 후반부에 겪는 심리학적 문제를 포괄적으로 표현한 용어라고 봐야 할 것이다.

무의식으로 떠나는 여정, 즉 그림자를 접하고 가까워져 마침내는 자신 내면으로 통합하는 일을 가볍게 보아서는 안 된다. 자신의 자아가 충분히 강하게 발전해 의식이 가치를 인정받고 안전을 보장받기 전에 이 일을 섣불리 치러서도 안 된다. 이 부분에는 거대한 역설이 존재한다. 우리가 그렇게 믿어야만 비로소 그림자의 위험과 소중함을 보고 존중하며 그 가치를 깨달을 수 있기 때문이다. 그림자와 대면할 때 의식은 자신을 지키며 충분히 설득이 이뤄질 때만 그림자에 굴복할 수 있어야 한다. 반대되는 것들이 만드는 긴장을 견디는 일은 섬세한 무용과 같다. 그리고 항상 그 목표는 의식을 넓히는 동시에 이전에는 무의식이었던, 아마도 악으로 취급받았을지도 모르는 부분을 의식으로 통합하는 데 있다. 이 일은 절대로 직접 할 수 없으며 매개체를 통해 수행해야 한다. 반대되는 것들은 이 둘이 만나 생기는 제3의 새로운 존재, 초월의 상징 속에서 통합된다. 이는 성경에서 말하는 사자와 양이 함께 뛰노는 나라이며, 흑과 백이 모이는 회색과 같은 곳이다. 그림자를 내면에 통합해 그 결과로 의식이 성장하는 데는 시간이 걸리며, 이는 여러 단계를 거치며 이루어진다.

정확히 이것이야말로 그림자의 현실이자 의미다. 우리 각자는 상상하며 실수를 저지를 수도 있고, 인간으로서 위대한 업적을 달성할 수도 있다. 그 나머지 부분이 그림자다. 우리가 지지해온 미덕의 반대편에는 온전히 발달하지 않고 무의식으로 남아 있는 부분이 있다. 우리는 자신 안에 도사린 살인자, 도둑, 간음을 저지른 자, 테러리스트, 매춘부, 신에게 불경한 자, 마약상, 협박범 또는 인종주의자를 단순히 악한 것으로 치부할 권리가 있지만, 이들이 자신 안에 절대로 존재하지 않는다고 여길 권리는 없다. 이들이 존재할 가능성 자체를 부정하거나 '어디 있는지 잊어버려'서는 안 된다. 그리스도가 말한 것처럼 자신의 내면이든 밖이든 '적어도 하나'는 있다는 사실을 망각해서는 안 된다. 그 하나는, 그리고 우리 안의 모든 원시적이고 열등하며 덜 발전한 부분은, 우리가 도덕적이며 능력 있고 우월하며 능숙한 부분을 위해 등한시했던 대가다. 이들을 무시하고 억압함으로써 그 반대되는 부분을 키울 수 있었던 것이다.

여러 심각한 신경증이 삶의 후반부, 하루로 치면 오후쯤에 발생하는 건 놀라운 일이 아니다. 이는 제2의 사춘기, 또 다른 질풍노도와 스트레스의 시기다. 감정의 폭풍처럼 격렬해지는 일도 종종 함께 일어나는 '위험한 시기'다. 그러나 이 시기에 발생하는 문제는 해묵은 처방전만으로는 해결할 수 없다. 시간을 돌리는 일은 불가능하다. 젊었을 때는 자신 밖에서 찾아냈던 것들을 삶의 오후에 들어서면 자기 내면에서 찾아야 한다(융, 《분석심리학에 관한 두 편의 에세이》).

삶의 전반부는 그림자가 성장하고 분화하는 시기다. 그리고 삶의 후반부는 그림자를 내면에 더 크게 통합해야 하는 시기다.

38. 중년에 들어선 남성에게

대니얼 J. 레빈슨[Daniel J. Levinson]

중년으로의 변화를 겪으며 남성은 자신의 삶을 돌아보고 어떻게 의미를 부여할지 생각하게 되는데, 이때 삶의 근본적 부분으로서 파괴와 창조를 새롭게 접하는 방법도 찾아내야 한다. 자신의 유한성을 자각하면서 파괴가 일반적인 과정 속 일부임을 점점 깨달아가기 때문이다. 남성은 죽음 또한 머지않았다는 사실을 깨달으면서 자신을 위해, 그리고 이후의 세대를 위해 삶을 긍정하고 싶어 한다. 그러면서 창조성을 더욱 원한다. 창조적 충동은 단순히 무엇을 '만든다'라는 의미가 아니다. 무언가를 탄생시킨다는, 새로운 삶을 만들어낸다는 의미다. 노래나 그림은 물론, 숟가락이나 장난감까지 창조 정신을 갖고 만들면 다른 의미로 존재하게 된다. 그 존재를 만들어낸 사람의 마음속에 자신만의 의미가 생길 뿐만 아니라 그와 관련된 다른 사람들의 삶 또한 윤택해진다.

그러므로 중년에 들어서면 파괴와 창조의 양면성이 특히 강해진다. 자신의 궁극적 파괴, 즉 죽음을 민감하게 느끼면서 남성의 창조 욕구는 늘어난다. 창조성을 가지려는 소망이 솟아남과 더불어 이 세상에, 인간의 일반적 삶에, 그리고 자신 안에 존재하는 파괴적 힘을 더욱 크게 깨닫는다.

바라볼 준비가 된 사람은 죽음과 파괴가 곳곳에 널려 있음을 깨닫는다. 이 세상에 사는 모든 생명체는 다른 생명을 잡아먹는 동시에 또 다른 생명체에 잡아먹힌다. 지구가 지리적으로 진화하는 과정에는 파괴로 인한 변화의 단계도 포함된다. 무언가를 짓기 위해서는 다른 무언가를 파괴하고 새로 만들어야 한다.

마흔에 들어설 때까지 인간의 파괴성을 경험해보지 않은 사람은 아무도 없을 것이다. 자신과 가까운 이들을 포함해, 다른 사람들의 경우 어떤 식으로든 자존감을 훼손당하고 자신의 발전이 가로막히며 자신이 가장 원하는 것을 추구하지 못하게 된 경험이 있을 것이다. 자신도 마찬가지로 때로는 타인에게, 심지어 사랑하는 이들에게도 상처를 준 적이 있을 것이다.

중년에 들어 자신의 삶을 재평가하는 남성은 실제로든 상상으로든 자신이 입은 피해 때문에 타인에게 새롭게 불만이 생겼을 수도 있다. 한동안은 부모가, 부인이, 자신에게 조언을 한 이들이, 친구가, 그리고 자신이 아끼는 이들이 상처를 줬다는 이유로 이들을 향한 무력한 분노에 휩싸여 어쩔 줄 모르는 상황에 빠질 수도 있다. 그것보다 더 어려운 문제도 있다. 죄책감, 즉 자신이 스스로와 타인에게 파괴적 영향을 미쳤다는 이유로 자신이 느끼는 불만을 받아들여야 한다는 사실이다. "나는 어떻게 성인으로서 가져야 할 책임을 다하지 못하고 사랑하는 사람들에게, 그리고 회사에서 다른 사람들에게 피해를 줬을까? 나는 어떻게 자신의 기대를 배신하고 내 가능성을 무너뜨린 걸까? 이런 죄책감과 후회를 지닌 채 어떻게 살아가야 할까?"

자기 삶의 파괴적인 부분을, 그리고 보통의 인간세계에 존재하는 파괴적인 부분을 더욱 깊이 이해하는 것이 중년에 들어선 남성의 발달과제다. 무엇보다 자신의 가슴 아픈 감정과 경험을 재구성해야 한다. 새롭게 깨달은 사실을 말로 정리할 수도 있고, 보다 예술적으로 음악, 그림 또는 시로 정리해볼 수도 있다. 대부분의 중년 남성은 그냥 일상에서 이를 표출한다. 어떤 경우든 중년 남성은 자신의 불만과 죄책감을 받아들여야 한다. 자신은 피해자인 동시에 악당이며, 이는 인간이 다른 인간에게 비인간적인 짓을 저지르며 끊임없이 계속되는 이야기의 일부일 뿐이라고 말이다. 이런 감정에 과도하게 시달리면 이를 극복할 수 없을 것이다. 그리고 파괴 같은 건 존재하지 않는다는 환상을 계속 갖고 있다면 삶을 창조하고 사랑하며 긍정하는 능력이 망가지고 말 것이다.

남성은 자신이 지닌 파괴적 가능성을 깨닫고 그에 대한 책임을 져야 한다. 남성은 반드시 적대적인 의도가 없다 해도 타인에게 해를 입히는 결과를 초래할 때가 있다. 아버지로서 선의를 갖고 자식을 훈육하려 했던 게 최악의 결과로 이어질 수도 있다. 연애 감정이 갑자기 식어 관계를 저버리는 경우도 있다. 이런 상황에서 굳이 결혼을 하는 것도 의미가 없겠지만, 어쨌든 상대는 버림받고 배신감에 시달린다. 승진 자격은 충분하나 경쟁력이 없는 회사 부하 직원을 승진에서 누락시켜 그 직원의 자존감과 장래 비전에 상처를 입힐 수도 있다. 결과를 놓고 보면 이 중 자비롭거나 친절한 행동은 하나도 없다. 선을 행하려면 그로 인해 다른 누군가에 해를 입힐 수도 있고 때로는 득보다 실이 더 큰 결과를 낳을 수 있다는 부담을 감당해야 한다.

우리가 무의식중에 파괴적인 행동을 할 수 있음을 인정하기란 쉽지 않다. 자신이 타인을 향한 파괴적 욕구가 있으며, 여기에는 자신이 사랑하는 이들까지 포함되어 있음을 받아들이는 일은 참으로 고통스럽다. 사랑하는 사람이 참을 수 없을 정도로 자신을 폄하하고 통제하려 하며 자신에게 잔인하고 옹졸하게 군다는 느낌이 들 때, 남성은 증오와 반감으로 이들을 버리거나 공격하고픈 욕구를 느끼기도 한다. 원인이 무엇인지도, 그 대상이 누구인지도 모른 채 강렬한 분노나 고통에 사로잡힐 때도 많다. 결국 사랑하는 이들에게 의도적으로 상처를 입히는 짓을 저지른다. 의도도 최악일뿐더러 결과까지 최악일 때가 있다.

남성이 나이 마흔에 들어서면 자신에게 파괴적인 부분이 있음을 더 쉽게 받아들이고 책임질 수 있는지에 따라 그 차이가 커진다. 타인에게 해를 끼쳤거나 그런 욕구를 느꼈음을 깨닫지 못하는 사람도 있고, 실제든 상상이든 타인에게 해를 끼쳤다는 죄책감이 너무 큰 탓에 이 문제를 냉정하게 더 넓은 관점에서 바라보지 못하는 사람도 있다. 반면 같은 사람을 때로는 사랑할 수도, 때로는 미워할 수도 있음을 이해하는 사람도 있으며, 자신에게 소중한 관계도 때로는 애매모호할 수 있음을 깨닫는 사람도 있다. 어떤 경우든 더 큰 자기 지식과 자기 책임$^{\text{self-responsibility}}$을 갖추기 위해 한 걸음 더 나아가는 일이 중년 남성의 발달과제다.

아무리 성숙하고 현명한 사람이라도 중년이 되면 자신과 사회의 파괴적 측면을 어떻게 다뤄야 하는지에 대해 배워야 할 게 많다. 먼저 어렸을 때부터 짊어지고 있던 자신과 타인을 향한 분노의 근원이 무엇인지 배워야 한다. 성인이 되어 지금껏 쌓여오며 어린 시절 지니고 있던 근원까지 더욱 확대시킨 분노가 어떤 것인지도 배워야 한다. 그리고 자기 내면의 파괴적 힘을 현재 성인으로서의 자기 삶 속 더 넓은 맥락에서 바라보며, 창조적이며 삶을 긍정하는 힘과 이를 대조함으로써 중년기라는 발달단계에서 이들 모두를 자기 내면으로 통합하는 새로운 방법을 모색해야 한다.

앞에 열거한 여러 가지 배움은 순수하게 의식적이거나 지적인 형태로 이루어지지 않으며, 책을 읽거나 강의를 듣거나 정신 치료를 받는다고 얻을 수 있는 것도 아니다(물론 이들 모두 장기적 발달 과정에서는 도움이 되겠지만 말이다). 이를 배우는 과정은 자신의 삶 속에서 이루어진다. 중년에 들어서면서 자신과 타인을 향한 강렬한 고통과 혼란, 분노를 겪는 과정에서, 그리고 잃어버린 기회를, 잃어버린 자기^{self}의 일부를 슬퍼하는 과정에서 이를 배운다.

남성이 파괴와 창조의 양극성이라는 주제를 탐구함으로써 얻을 수 있는 성과 중 하나로 '삶의 비극성에 대한 감각'을 얻는다는 점을 들 수 있다. 이 감각은 불행과 실패는 우리에게 아무 이유 없이 주어지는 게 아니라 대체로 자신의 비극적 결함으로 인한 결과라는 사실을 깨닫는 데서 온다. 비극은 단순히 슬픈 이야기가 아니다. 슬픈 이야기에서 주인공은 죽거나, 하는 일이 잘 안 풀리거나, 진심으로 사랑하는 사람에게서 버림받는다. 이런 결과는 적이 있거나, 상황이 좋지 않거나, 운이 나쁘거나, 주인공에게 의도치 않은 결함이 있기 때문에 빚어진다.

비극은 성격이 다르다. 주인공은 특별한 미덕과 기술을 갖추고 있으며 고귀한 여정을 떠나지만, 그 과정에서 패배를 겪는다. 외부의 어려움이 너무 커서 그런 부분도 있지만 무엇보다 주인공 자신의 문제 때문에 그런 결과가 일어나며, 이는 주인공의 영웅적 노력에 원래부터 자리 잡고 있는 특징이다. 주인공의 문제는 보통 자만심(오만함, 과대한 자아, 전능함)과 파괴적 성격이다. 고귀함과 결점은 주인공이라는 동전의 양면과 같다. 그러나 진정한 비극은 단순히 패배로 끝나지 않는다. 주인공은 처음에 원했던 것을 달성하지 못한다 해도 결국은 승리한다. 자신의 내면 깊숙한 문제를 직면하고 이를 자신의 일부이자 인간성의 일부로 받아들여 더욱 고귀한 존재로 탈바꿈하기 때문이다. 이 경우 개인 내면의 변화는 세상에서 겪는 패배와 고통보다 더 큰 의미를 갖는다.

39. 악을 다루는 방법

릴리아네 프라이-론 Liliane Frey-Rohn

악이 선으로 변하는 일이 가능하긴 하지만, 이는 단지 가능성일 뿐이라는 사실을 간과해선 안 된다. 악에 직면할 때면 인간이 지닌 최상의 미덕이 필요하게 된다. 이 적대적 상대 — 신비하고도 위험한 정신 속 반대편의 존재 — 에 정신이 파괴당하지 않으려면 어떻게 대처해야 하는가야말로 악의 심리학에서 가장 복잡 미묘한 문제다.

악의 주위에 큰 동그라미를 그린 다음 이 부분을 승화하거나 억압해야 한다고 이야기할 사람도 있을 것이다. 하지만 니체가 이야기했듯 우리는 악, 그러니까 도덕의 반대편과 협력할 수 있으며, 이를 실현하려는 삶의 맹목적 의지에 도움을 줄 수도 있다. 두 가지 다 해결책을 만들려는 시도이지만 목표는 서로 반대다. 첫 번째 전략을 따르는 심리학자의 경우, 집단의 도덕으로 개인을 다시 통합하거나 개인이 자기 발전 욕구를 스스로 통제하게 만들어 악을 무력하게 만드는 게 목표다. 프로이트는 후기 저작에서 '현실에 맞춘 교육'을 실시하고 지식인을 훈련하면 치유 효과를 창출한다는 사실을 지적한 바 있으며,[1] 아난케^{Ananke}(불길한 운명)의 힘에 맞서 로고스^{Logos}(이성의 원리, 진리)를 강화해 그 목표를 달성하려 했다. 니체는 그와 반대 입장으로 두 번째 방식을 택했다. 프로이트의 비관주의와는 달리 니체는 디오니소스적인 방식*으로 세상을 긍정했으며, 그 때문에 열정이 엿보이는 '아모르파티$^{Amor\ Fati}$**' 같은 사상을 내놓았다.[2] 그는 단순히 초인을 찬양한 게 아니다. 초인과 대조되는, '인간 이하의 존재^{subhuman}'가 지닌 악까지 찬양했다. 두 가지 접근법 모두 일방적이며 의식의 선과 무의식의 악을 갈라버리는 결과를 낳는다. 지금까지 설명하려던 내용대로 '지나치게 많은 도덕성'은 오히려 내면세계의 악을 키우며 '지나치게 부족한 도덕성'은 선과 악의 분열을 조장하기 때문이다.

이와 같은 선과 악의 연결에 대해서는 다시 한번 윌리엄 제임스를 인용해야 할 것 같다. 그는 악의 작용이라는 분야에 대해 꾸준히 연구를 계속했

---

*   열정과 육감을 중시하는 방식
** '운명을 사랑하라'라는 뜻의 라틴어 어구. 니체는 인간에게 필연적으로 다가오는 운명을 감수하고 긍정하며 자신의 것으로 받아들여 사랑해야 한다는 의미로 이 말을 사용했다.

으며, 영적 건강은 인간의 개성을 조화로운 전체로 완성하는 데 있다고 말했다.[3] 종교적으로 안정된 개성의 기반이 되는 것은 완벽한 도덕이 아니다. 이전에는 인정받지 못하던 주변적 특성을 새롭게 중심으로 끌어올리면 바로 이것이 종교적 개성의 기반이 된다. 제임스에 따르면 무의식적인 자기가 전하는 말을 무조건 받아들이는 일이야말로 선과 악을 정복하는 가장 중요한 비결이다.[4] 그는 내면의 목소리에 지나치게 많은 것을 좌지우지당할 위험성을 배제하진 않았지만(내면의 목소리가 신의 목소리인지 악마의 목소리인지 우리는 알 수 없기 때문이다) 초개인(개인의 한계를 넘어서는 것)과 무의식에 몸을 맡기는 것이 개인이 구원받는 유일한 방법이라고 주장했다.

융의 연구에 따르면 악을 다스리는 일은 결국 개인의 비결에 달려 있는데, 그 비결은 대략의 큰 그림으로만 설명할 수 있다. 삶의 경험에서 우리는 개인이 악을 성공적으로 다스리는 과제를 충족할 수 있다는 보장은 어디에도 없으며, 어떤 상황이든 '옳은' 것이 무엇인지 정하는 객관적 기준 따위도 없다는 사실을 깨닫게 된다. 그림자의 원형은 예측할 수 없는 위험에 노출되는 완전한 '미지'의 경험으로 숭고함과 심오함, 그리고 선과 악이 동시에 존재하며, 신의 이미지 자체를 경험하는 것과 같다. 이러한 경험을 하고 나면 우리는 자아의 개성$^{\text{ego-personality}}$뿐만 아니라 내면의 적까지 모두 갖춘 온전한 인간으로 변모한다.

무의식을 받아들이는 일에는 악마를 너무 믿게 될 수도 있다는 위험이 항상 뒤따른다. 원형을 접함으로써 삶의 지침과 진실을 얻을 수도 있는 반면 오류와 부패 같은 결과를 일으킬 가능성도 있다는 사실을 간과한다면, 우리는 악마를 지나치게 믿고 있다는 뜻이다. 무의식이 보내는 메시지는 그 자체만으로 신의 목소리를 의미하지 않는다. 그러니 그 메시지를 작성한 게

신인지 악마인지 반드시 질문해보아야 한다. 그러한 질문이 없는 만남은 지혜의 길로 인도받는 대신 개성이 붕괴하는 결과로 이어질 수 있다. 그러므로 무의식의 힘에 곧이곧대로 몸을 맡기거나 맹목적 믿음을 부여하는 일은 '미지'에 만족하는 게 아니라 고집스럽게 저항하는 것에 불과하다. 온전하게 믿는 일이 어린아이 같은 철없는 표현인 것과 마찬가지로, 비판하며 저항하는 일은 자기방어의 수단이다. 의학뿐만 아니라 심리학에서도 독극물을 '투약'용으로 쓸 때는 각별히 주의가 필요하다. 이 모든 것은 우리가 내부의 적을 '어떻게' 상대하느냐에 달려 있다. 선이든 악이든 간에 신비하다는 이유로 너무 가까이 다가가면, 열기에 불타버리거나 빛 또는 어둠의 힘에 짓눌려버릴 위험이 있다.

이런 상황에서 악령에 지배당하면 어떤 결과로 이어지는지 잘 묘사한 예가 E. T. A. 호프만의 소설《악마의 묘약》이다.[5] 이 소설에서 수도사 메다르두스^{Medardus}는 성 안토니우스의 '초자연적 영혼'에 지배당해 적그리스도의 희생양이 된다. 그렇게 해서 얻은 말솜씨에 취하고 권력욕에 넘어간 메다르두스는 악마의 병에 든 액체를 마시고 자신의 능력을 더욱 키우려 한다. 악마의 묘약을 마신 그는 젊음을 되찾았지만 그와 동시에 악마의 힘에 빠져버린다. 세속적 욕망과 애욕에 사로잡힌 메다르두스는 결국 파멸로 치닫는다. 자기 개성의 숨은 측면을 접한 결과로 메다르두스의 영혼은 육체의 영혼과 정신의 영혼으로 갈라져 둘이 따로 움직이게 되었다. 작가 호프만은 이 문제를 대단히 인상적인 방식으로 다뤘는데, 이 방식을 '더블'이라고 불렀다. 자아에서 떨어져 나왔으나 여전히 자아와 밀접한 관계에 있는 영혼의 일부분을 가리키는 말이다. 호프만은 영혼의 이들 두 부분을 합치는 데도 인상적인 방식을 제안했는데, 이는 메다르두스가 고독한 수도원 생활로 되돌아오면서 시작된다. 참회, 자기 성찰, 반성을 통해 그는 욕망에 가려져 있던 자신의 감각을 깨끗하게 되찾을 뿐만 아니라, 도덕적 선은 원래 악에 의존한다는 사실을 깨달음으로써 처음으로 마음의 안식을 얻고 강박적 욕구에서 벗어날 수 있게 된다. 메다르두스가 이렇게 이단의 적을 어느 정도 수용함으로써 선과 악을 되살렸다는 것은 자신의 기독교적 의식에 변화가 일어났다는 의미이기도 하다. 하지만 정신의 영혼이 이해하는 사실을 육체의 영혼은 뒤늦게 깨닫기 때문에 이 문제는 아주 강력해진 상태로 다시 등장한다. 파우스트도 메다르두스도 이와 같은 상황을 겪은 것이다. 메다르두스는 그토록 갈망했던 영혼 및 본성과의 화해를 삶과 죽음 사이의 중간 지대$^{twilight\ zone}$에 와서야 이룰 수 있었으며, 이는 그에게 영원한 사랑의 햇살이 비치는 것 같은 경험이었다.

이제 그림자를 다루는 데 가장 중요한 문제에 대해 이야기할까 한다. 융이 항상 강조했듯 그림자는 '최상급의 도덕적 문제'다. 이는 개인의 그림자에도 원형적 그림자에도 모두 해당하는 말로, 의식이 현실에서 최대한의 노력을 기울여야 하는 과제라는 뜻이다. 그림자의 의식은 개인의 삶뿐만 아니라 집단의 삶에도 상당 수준의 결정력을 발휘한다. 악을 인식한다는 것은 자신이 무엇을 하는지, 그리고 자신에게 무슨 일이 일어나는지 알기 위해 노력해야 함을 뜻한다. '자신의 행동을 아는 것은 축복이며, 모르는 것은 저주요 율법을 어기는 것이다.'[6] 출처는 불분명하지만 예수는 안식일에도 일하는 유대인에게 이렇게 말했다고 한다.

그림자를 인식하라는 것은 상대적으로 단순한 요구처럼 들린다. 하지만 현실에서 이는 극히 이루기 어려운 일이다. 이 과제는 무엇보다 '개인이 지닌 악을 인식하라'고 요구한다. 자신의 자아가 거부한 가치가 무엇인지 알아야 한다는 뜻이다. 그와 동시에 개인의 선이 가지는 의식적 가치 역시 인식해야 한다. 즉 무의식이 벌이는 갈등을 의식으로 끌어올려야 한다는 뜻이다. 다시 말하면 이런 의미다. (1) 전통에 기반을 둔 도덕적 관점이 이제는 주관적 반성의 도움을 받는다. 또는 (2) 자아의 권리는 '내'가 가진 권리와 같은 권위를 부여받는다. 또는 (3) 이성이 갖는 권리만큼 본능의 권리도 인식해야 한다. 내면의 갈등을 경험할 때 이를 양립할 수 없는 충동 간의 화해할 수 없는 충돌, 내면의 전쟁처럼 느끼는 건 자연스러운 일이다. 무의식 속에 서로가 갈라지는 대신, 의식에서 벌어지는 선과 악의 갈등이 그 자리를 차지한다. 그 결과 의식의 통제가 무의식적 본능을 보완하게 된다. 이렇게 되면 자신이 타인에게 미치는 효과를 더욱 정확하게 평가할 수 있으며 그림자의 투사를 인식하는 능력은 물론, 나아가서는 투사를 피하는 법까지 배울 가능성이 있다. 마지막 단계에서는 선악을 보는 자신의 관점을 새롭게 바꿔야 할지도 모른다. 현실에 더욱 잘 적응하는 비결은 '선하려는 소망'을 포기하고 악이 살아갈 자리를 허락하는 것임을 깨닫기 때문이다. 융이 적절하게 언급한 대로 '덜 선한 것의 단점'이 '덜 악한 것의 장점'과 균형을 맞추게 되는 것 같다.[7] 그림자를 의식으로 끌어올리면 악이 더욱 빛나고 강해진다는 일반적 의견과 달리, 사실은 그 반대라는 사실을 깨달을 것이다. 우리 자신이 개인으로 가지는 그림자가 무엇인지 아는 일은 책임 있게 행동하며 그 결과로 세상의 도덕적 어둠을 걷어내는 데 필수 조건이다. 이는 집단의 그림자에 대해 더 크게 작용한다. 집단적 그림자는 '적'을 나타내는 원형적 형상으로, 같은 시대를 사는 집단이 그 안에서 서로 동의하는 보상 역할을 한다.*

---

* 정신분석에서 보상이란 자신의 부족한 부분을 감추기 위해 약점을 지각하지 않거나 다른 긍정적 특성을 발전시키는 것을 말한다. 집단이 외면하는 집단의 약점을 적이라는 형태로 돌리는데, 이것이 '집단의 그림자'가 된다는 뜻이다.

원형적 그림자를 인식하는 일은 개인의 자기실현뿐만 아니라, 집단의 창조적 충동을 변화시키는 데도 필수다. 개인과 집단의 삶을 보존하는 일은 대부분 집단의 창조적 충동에 달려 있다. 개인은 사회와 완전히 떨어질 수 없다. 자신을 향한 책임에는 언제나 전체를 향한 책임도 포함된다. 개인이 얻기 위해 싸우는, 그리고 집단의 이익을 전달할 수 있는 모든 종류의 의식이 바로 원형적 그림자라고 말할 수도 있을지 모르겠다. 원형적인 적에 대처함으로써 개인은 집단의 도덕적 문제를 자각하며 새롭게 다른 가치가 나타나기를 기대할 수 있게 된다.

하지만 도덕적 갈등을 인식하는 것만으로는 부족하다. 그림자를 다루기 위해서는 양립할 수 없는 서로 반대되는 것들 사이에서 선택해야 하며, 의식적 삶에서 깨달음을 얻어야 한다. 개인이 이 문제를 해결하려 하는 방식에는 세 가지가 있다. 한쪽을 깎아내리며 다른 쪽 편을 들 수 있고, 갈등 자체에서 물러나는 쪽을 택할 수도 있으며, 양쪽 모두를 만족시키는 해결책을 찾으려 할 수도 있다. 처음 두 가지는 달리 논의할 필요도 없다. 마지막 선택지는 언뜻 불가능해 보인다. 선과 악처럼 서로 반대이자 모순인 것들이 어떻게 화해할 수 있단 말인가? 논리 법칙에 따르면 배중률$^{\text{tertium non datur}}$(제3의 명제 가능성이 존재하지 않는, 그러니까 중간이 없는 상태)이다. 따라서 반대되는 것들의 화해는 이들을 '초월'해야만 가능하다. 달리 말하면 모순이 해결되는 수준까지 이 문제를 끌어올려야 한다는 뜻이다. 개인이 자신을 특정한 반대 쌍과 동일시하지 않게 될 수 있다면, 자신을 돕기 위해 온 우주가 개입했음을 깨닫고 놀랄 것이다. 모든 것은 개인의 태도에 달려 있다. 엄격한 원리를 뿌리치고 자아의 의지를 내려놓을수록 자신보다 더 큰 무언가의 존재를 감정으로 이해하게 될 가능성이 커진다. 그렇게 되면 내면의 해방을 경험할 수 있다. 니체의 말을 빌리면 '선악을 넘어선' 상태를 뜻한다. 심리학 용어로 표현하면, 자아의 의지를 포기하면 무의식에 에너지가 보태져 무의식의 상징이 깨어난다. 이는 예수가 십자가에 매달려 세상을 떠났다가 부활한, 그리고 자아의 의지가 신의 의지로 변하는 종교적인 경험과 연결된다. 어느 쪽 관점이든 희생을 받아들이는 일이야말로 구원의 필수 조건이다. 선과 악의 상징 속에서 변화가 일어난다. 선은 자신의 일부를 잃고 악 역시 자신의 일부를 잃는다. 의식의 '빛'을 의심할수록 영혼의 '어둠'이 지닌 검은색도 옅어진다. 새로운 상징이 탄생해 그 안에서 반대되는 것이 화해할 수 있게 된다. 십자가, 태극, 황금의 꽃 등의 상징이 언뜻 떠오른다. 개인에게 이러한 상징이 나타나면 갈등을 새롭게 이해하고, 반대되는 것들을 중화하며, 신의 이미지로 변화할 수 있게 된다. 영혼을 해방하는 효과도 가져온다. 그리고 의식적 개성과 내면의 적, 양쪽이 변모하는 것처럼 보인다. 악은 질병, 외부의 장애, 내면의 공허함 등으로 우리를 공격해올 수도 있고, 부도덕한 요구를 불어넣어 내면을 무너뜨리려 할 수도 있으나, 결국 우리를 치료하는 수단으로 변해 개인을 자기 존재의 핵심, 자기^{self}, 그리고 신과 화해하도록 만들어준다. 이 화해를 이뤄낸 사람은 창조적인 모든 것에 마음을 열 수 있을 뿐만 아니라 반대되는 것들이 만드는 긴장을 긍정적인 모습으로 다시 경험할 것이다. 그리하여 결국에는 결정하고 행동하는 힘을 회복할 것이다.

9부

통찰과 예술, 그리고 연습을 통해 내 어두운 면을 받아들여라

"더 나아지는 길을 가려면, 최악을 아주 자세하게 바라보는 일을 거쳐야 한다."
- 토머스 하디Thomas Hardy(영국 소설가)

"자신의 그림자를 먹어버린 사람은 평온함을 퍼뜨리며, 분노보다 슬픔을 더 표현한다. 어둠에는 지성과 양분뿐 아니라 정보까지 들어 있다는 고대인의 생각이 옳다면, 자신의 그림자 일부를 삼켜버린 사람에게는 더 많은 에너지와 지성이 들어 있을 것이다."
- 로버트 블라이

"지난밤, 꿈을 꾸었네, 오 놀라운 나의 실수여,
내 마음속에 꿀벌 떼가 모여,
과거의 실패로부터 달콤한 꿀을 만들고 있었네."
- 안토니오 마차도Antonio Machado(스페인의 시인)

"만약 너희가 너희 안에 있는 것을 내놓는다면, 그것이 너희를 살리리라. 만약 너희가 너희 안에 있는 것을 내놓지 않는다면, 그것이 너희를 죽이리라."
- 예수

서문

그림자 작업의 목표, 즉 어두운 부분을 자신의 일부로 통합하는 일은 단순한 방법이나 심리적 트릭으로는 이룰 수 없다. 진지함과 조심성, 그리고 같은 길을 가는 동료들의 애정이 어린 지원이 필요한, 복잡하고도 길고 긴 투쟁이다.

자신의 그림자를 소유한다는 건 서구에서 일부가 전통적으로 가르치듯 어둠을 떨쳐냄으로써 깨달음의 빛을 얻는다는 뜻이 아니다. 어둠을 포용함으로써 깨달음의 어둠을 얻는다는 뜻도 아니다. 스위스의 정신분석학자 바바라 한나$^{Barbara\ Hannah}$는 융이 의식이란 무의식 표면에 떠 있는 보트와 같다고 말했다는 사실을 상기시킨다.

우리가 깨닫는 그림자의 각 부분에는 무게가 있으며, 그림자를 싣는 만큼 의식의 보트는 가라앉는다. 그러므로 그림자를 보트에 제대로 싣는 일이 그림자를 다루는 데 주요한 부분이라고 말할 수 있을 것이다. 너무 적게 실으면 현실에서 흘러가 실체 없는 구름 조각처럼 허공에 떠버리며, 너무 많이 실으면 보트가 가라앉고 말 것이다.

이렇게 그림자 작업은 우리에게 끊임없이 새로운 관점을 갖게 하는 동시에 내면의 덜 발달한 경향 및 본능적인 측면으로 삶을 대하게 한다. 그리고 융이 말한 반대되는 것들, 즉 우리 마음속의 선과 악, 옳고 그름, 빛과 어둠

등을 삶에서 함께 실현하게 한다.

그림자 작업을 한다는 것은 비밀스럽고 부끄러운 것들이 숨어 있는, 폭력적인 목소리가 침묵당한 마음속 어두운 모퉁이를 들여다본다는 뜻이다. 짜증이나 혐오감을 불러일으키는 인물이 있다면, 어떤 인종이나 종교 집단에 공포나 매혹을 느낀다면, 누군가를 매력 있으며 이상적이라고 느낀다면, 그 대상의 무엇이 원인인지 솔직하게 유심히 스스로 살펴보도록 한다는 뜻이다. 그리고 내면의 대화를 통해 지금, 또는 앞으로 자신을 진실하게 받아들이고 타인에 대해 진정한 애정을 가질 수 있도록 자기와 신사협정을 맺는다는 뜻이다.

1937년 융은 한 개인 서신에서 '그림자를 다루는 일은 순전히 태도의 문제다. 우리는 먼저 그림자의 존재를 진지하게 받아들여야 하고, 그다음으로 그 성격과 의도를 알고 있어야 하며, 마지막으로는 필연적으로 그림자와 길고 힘든 협상 과정을 거쳐야 한다'라고 밝힌 바 있다.

첫걸음을 떼는 것, 그러니까 우리 모두의 마음속에 어둠이 깃들어 있음을 인정하고 받아들이는 일은 정신이 번쩍 들며 비참해지게 한다. 사랑하는 이에게 배신을 당하거나, 믿었던 친구가 거짓말을 하거나, 존경받는 선생님에게 속거나, 처음 보는 사람에게 습격이나 강간을 당하면서 이를 처음 겪게 될지도 모른다. 어떤 경우든 그림자를 접하면 우리는 순수를 빼앗긴다.

타인을 비추던 거울을 돌려 우리 자신이 똑같은 행동을 저지르고 있음을 보게 되면, 연인과 거짓말쟁이, 성자와 죄인이 모두 우리 안에도 똑같이 들어 있다는 내면의 진실을 깨닫게 되면, 우리는 스스로 생각하던 자신의 모습이 실제와 차이가 있다는 사실 때문에 충격에 빠질지도 모른다.

이러한 통찰로 우리 내면을 깊이 비춰볼 수 있다면 설화에 나오는, 문 옆

그늘진 곳에 열쇠를 떨어뜨리고는 더 밝다는 이유로 가로등 아래에서 열쇠를 찾아 헤매는 어리석은 인물처럼 행동하지 않게 될 것이다. 열쇠가 떨어진 곳은 어둠 속이라는 사실을, 자신 또는 타인에게서 경멸하는 바로 그 부분을 받아들일 수 있다면 그 때문에 온전한 존재가 될 수 있다는 엄연한 진실을 천천히 깨우치게 될 것이다.

미녀가 야수를 포용한 것처럼, 우리 내면의 야수 같은 부분을 존중할 때 우리의 아름다움 또한 깊어진다. 시인 라이너 마리아 릴케가 악마가 자신을 떠나면 천사 역시 함께 날아갈 것이라고 탄식했던 이유도 이 사실을 깨달았기 때문이다.

이 단계를 거치면 어설프게나마 융이 말한 두 번째 단계로 들어서게 된다. 우리가 타인에게 어떻게 반응하는지 자세히 지켜보고, 타인에게 부정적인 모습의 외피를 씌우는 존재는 타인 또는 적이 아니라 바로 내면의 충동이라는 사실을 인정함으로써, 우리 자신의 그림자가 어떤 모습인지 발견하는 단계다. 이렇게 우리는 자신의 투사를, 그리고 로버트 블라이의 표현을 빌리면 '원래 우리 자신의 보석함에 들어 있던' 에너지와 힘을 새롭게 소유하는 방법을 익힐 수 있다.

트랜스퍼스널^{transpersonal}(초개인, 자아초월) 철학자 켄 윌버$^{Ken\ Wilber}$는 자신의 저서 《의식의 스펙트럼$^{The\ Spectrum\ of\ Consciousness}$》에서 부정적 특성을 타인에게 투사하는 문제를 탐구한다. 이 책에서 윌버는 '그림자는 나와 타인 사이의 문제가 아니라 나와 나 사이의 문제'라는 사실을 깨달음으로써 그에 스스로 책임질 수 있어야 한다고 이야기한다.

버림받은 자기$^{disowned\ self}$라는 용어를 대중에 알린 심리학자이자 작가 너새니얼 브랜든$^{Nathaniel\ Branden}$은 아동기에 경험한 고통과 권력의 감정을 다시 떠올리는 내담자들의 이야기를 전한다.

　　베스트셀러 작가이자 세미나 진행자 존 브래드쇼[John Bradshaw]는 저서 《당신을 옭아매는 수치심을 치유하는 법[Healing the Shame That Binds You]》을 통해 수치심을 일으키며 자신을 비판하는 자기 내면의 목소리를 탐구한다. 분석심리학자 질다 프란츠[Gilda Frantz]의 말처럼 수치심은 그림자 콤플렉스를 내면에 통합하기 위해 씹어 넘겨야 하는 힘줄과도 같다.

　　정신분석가 바바라 한나의 글은 융에게서 직접 사사한, 능동적 상상력을 실천하는 방법을 개괄적으로 소개하는 내용이다. 창조적 에너지를 사용해 그림자를 소유하는 법에 관해 실질적 조언을 얻을 수 있을 것이다.

　　마지막 2개의 글은 해당 저자들이 이 책을 위해 직접 기고해주었다. 로스앤젤레스에서 활동하는 예술가 린다 제이콥슨[Linda Jacobson]은 시각화 과정을 통해 그림자의 이미지를 그림으로 옮기는 법을 알려준다. 그리고 심리 치료사이자 소설가 디나 메츠거[Deena Metzger]는 그림자 작업에서 자기를 드러내는 형태로서의 타자의 역할에 관해 글을 쓰는 일을 탐구한다.

　　내면의 대화 과정 등을 오랫동안 거치는 등 그림자를 소유하기 위해 노력한다고 해도 결과는 불확실하다. 완전하거나 완벽한 인간, 즉 수치심, 탐욕, 질투, 분노, 인종주의, 그리고 적을 만드는 경향 등을 모두 의식으로 끌어올린 인간이 과연 어떤 모습인지 우리는 모른다. 자신의 어둡고 열등한 부분, 또는 가벼운 영웅적 갈망 등을 타인에 전혀 투사하지 않는 사람이란 존재하지 않는다.

　　하지만 그림자의 층이 하나씩 벗겨질 때, 숨어 있던 공포를 접하며 혐오하던 감정을 새롭게 소유하게 될 때, 우리는 먼지로 뒤덮인 또 다른 보물 덩어리를 끊임없이 발굴하게 되는 셈이다. 인간 정신 속 깊고 어두운 부분은 끝없이 펼쳐져 있지만, 그 안 어디에 묘하게 방향 전환이 일어나는 지점이 있다. 그리고 거기에는 한때는 빛으로 가득 차 매혹적으로 보이던 것들이 어둠 속에 내팽개쳐져 있다. 그리고 이전 같으면 악하거나 약하게 여기던 것들이 이제는 매혹적으로 보인다. 관능과 애교 섞인 속임수가 여성의 그림자 속에 있을 때, 이 사람에게 다른 매혹적인 여인은 현란하나 천박하고 타인을 조종하려는 성격으로 보일 것이다. 그러나 그녀 자신의 관능이 깨어나면, 똑같은 사람을 자매처럼 받아들일 수 있게 될 것이다.

마찬가지로 대기업의 탐욕과 경쟁, 목표지상주의 등의 가치를 혐오하는 남성이라고 해도 스스로 성공을 거둔다면, 물질 숭배적인 자신의 형제를 쉽사리 비난하지 못하게 될 것이다. 이 경우 우리의 정체성이 타인에게 투사했던 성격까지 포함할 수 있을 정도로 성장한 것이라 볼 수 있다.

반대되는 것들 사이에 일어나는 이러한 전쟁이 벌어지는 곳은 딱 하나, 바로 인간의 마음속이다. 그리고 현실의 어두운 면을 애정 어린 모습으로 포용할 때 내면에 빛을 담을 수 있게 된다. 낯설고 연약하며 죄로 가득 차 경멸당하는 타자라는 존재에게 마음을 열어 자신 안에 담는 것만으로도 타자는 변화를 일으킨다. 이렇게 함으로써 우리는 전일성을 향해 더욱 힘차게 나아갈 수 있다.

40. 자신의 그림자에 책임을 지는 방법

켄 윌버 Ken Wilber

부정적 감정을 투사하는 것만큼, 우리 사회에서는 부정적 특징을 투사하는 일도 흔하다. '부정적인 것'은 '바람직하지 않은 것'과 마찬가지로 여겨왔기 때문이다. 따라서 우리는 자신의 부정적 특징을 친근하게 접근해 내면으로 통합하는 것이 아니라, 소외와 투사를 통해 다른 사람에게서 보일지언정 자신에게서는 보이지 않게 만들려 한다. 그러나 당연한 이야기지만 이들은 여전히 우리 내면에 존재한다. 10명의 소녀가 모인 집단에서 그중 9명은 질[Jill]이라는 친구를 좋아하지만, 마지막 멤버인 베티[Betty]만 '뒤로 딴짓하는 성격'이라는 이유로 싫어한다고 생각해보자. 베티는 그렇게 구는 사람을 혐오하기 때문에 자기 말이 맞으며 질은 보이는 것과는 다른 성격이라고 친구들을 설득하려 하지만, 누구도 이에 동의하지 않아 베티는 더 화가 치민다. 아마 베티가 질을 그렇게 싫어하는 이유는, 베티가 실은 자신이 뒤로 딴짓하는 성격이라는 사실을 인식하지 못한 채 이를 질에게 투사하기 때문일 수도 있다. 베티 내면의 갈등이어야 할 일이 베티와 질의 갈등으로 변해버린 것이다. 이 갈등 상황은 물론 질과는 아무 상관이 없다. 질은 베티의 자기혐오를 비춰 보여주는, 베티가 원하지 않은 거울 역할을 했을 뿐이다.

맹점은 누구에게나 있다. 자신이 지니고 있다고 인정하기를 거부하는 경향성이나 특징을 말한다. 우리는 이들을 수용하려 하지 않으며, 이들과 맞서 싸우려는 우리의 정당한 분노가 모여 있는 주변 환경으로 내팽개친다. 이 싸움이 일어나는 곳이 실은 우리 내면이며 적은 가까이에 있다는 사실은 우리가 자신을 이상적으로 보려는 생각에 가려진다. 이들을 우리 내면에 통합하려면, 친구를 대할 때와 같은 친절과 이해심을 가지고 우리 자신을 대해야 한다. 융은 이를 다음과 같이 설명했다.

> 자신을 받아들이는 일은 도덕의 문제뿐만 아니라 삶을 전체적으로 바라보기 위한 핵심이다. 배고픔을 채우는 일, 모욕을 받아도 용서하는 일, 그리고 그리스도의 이름으로 내 원수를 사랑하는 일, 이 모두는 분명 대단한 미덕이다. 내 형제라고는 도저히 생각할 수 없는 이들에게도 그리스도를 대할 때와 같이 행동해야 한다. 하지만 그중에서도 최악의 부류, 걸인 중에서도 가장 가난한 이들, 범죄자 중에서도 가장 뻔뻔한 이들, 말 그대로 우리의 원수 같은 이들이 사실은 내 안에 존재한다면, 내가 베푸는 친절을 누구보다 가장 필요로 하는 사람이 사실은 바로 나라면, 내가 사랑해야 하는 원수가 사실은 나 자신이라면, 어떻게 해야 할까?[1]

그 결과는 언제나 두 가지로 갈린다. 우리가 외부로 투사하는 성격은 자신에게 부족해 사용할 수 없는 것이라 믿게 될 수 있다. 이렇게 되면 이에 맞춰 행동할 수도 없고, 이를 이용할 수도 만족시킬 수도 없어서 만성적인 좌절과 긴장을 일으키게 된다. 이들 성격이 우리 내부가 아니라 외부 환경에 끔찍하고 무서운 형태로 존재한다고 여길 수도 있다. 이 경우 우리는 자신의 에너지로 결국은 자신을 깎아내리기만 하는 결과를 낳는다.

자아 수준에서 일어나는 투사는 쉽게 판별할 수 있다. 주변의 어떤 사람이나 사물이 우리에게 있는 그대로를 직접 알려준다면, 우리가 투사하고 있지 않다는 뜻이다. 반면 이들이 우리 감정에 영향을 미친다면 우리는 자신이 저지르는 투사의 희생자일 가능성이 있다. 예를 들어 질이 실제로 착한 척하고 있었을 수도 있다. 그렇다고 베티가 질을 싫어해야 할 이유가 있을까? 그렇지 않다. 베티는 질이 그런 성격이라고 전해 들은 게 아니며, 질의 모습에 심하게 영향을 받았을 뿐이다. 이는 베티가 질을 싫어하는 건 실은 자신의 투사이거나 자기혐오가 외부로 향한 결과일 뿐이라는 분명한 신호다. 차고 청소를 지금 해야 하는지를 놓고 잭^{Jack}이 아내와 말싸움을 벌인다고 생각해보자. 청소가 어떻게 되어가냐는 아내의 질문에 잭은 과잉 반응을 보인다. 진짜로 그때 청소를 하기 싫었다면, 그냥 생각이 바뀌었다고 한마디 했으면 될 일이지만 그는 그러지 않았다. 그 대신 아내에게 "거봐, 지금 나 보고 지금 청소하라는 거지!"라고 퉁명스레 대꾸했다. 잭은 자신의 욕구를 아내에게 투사했으며, 이를 압박으로 받아들였다. 그렇기 때문에 아내가 생각 없이 던진 질문을 잭은 그대로 받아들이지 못하고 감정적으로 받아들였으며, 그 결과 지나친 압박을 느꼈다. 여기서 결정적 차이가 생긴다. 내가 타인에게서 보는 모습은 있는 그대로 보면 정도의 차이는 있을지언정 정확한 모습이다. 그러나 이를 내가 심하게 감정적으로 받아들인다면, 분명 자기 투사다. 그러므로 우리가 누군가 또는 어떤 것에 과도하게 집착하는 동시에 다른 누군가를 과도하게 회피하거나 혐오한다면, 이는 우리가 그림자를 끌어안고 있거나 그림자와 싸움을 벌이고 있다는 뜻이다. 억압-투사 현상이 이중으로 벌어지고 있다는 의미다.

투사를 거둬들이는 일은 의식의 스펙트럼을 '따라' (그림자로부터 자아 수준으로) 가는 움직임을 뜻한다. 우리는 이전에 소외시켰던 자신 내면의 부분을 다시 소유함으로써 동일시의 영역을 확장하기 때문이다. 첫 번째 단계는 주변 환경이 우리에게 기계적으로 수행한다고 생각했던 것들이 실은 우리가 자신에게 수행하는 것이었으며, 이는 모두 우리의 책임이라는 사실을 인식하는 것이다.

따라서 불안감을 느낄 때 우리는 보통 자신이 아무 힘 없는 희생자이며, 타인이나 주변의 상황 때문에 불안감이 생기는 것이라 주장할 것이다. 첫 번째 단계는 불안감을 온전히 이해하고 불안감과 교류하며, 몸을 떨고 안절부절못하며 헐떡거리는 일이다. 진정한 긴장감을 느끼고 이를 내면으로 받아들여 표현해야 한다는 뜻이다. 그리고 나서 긴장을 경험하는 이유는 내가 느끼는 흥분을 스스로 가로막고 있기 때문이라는 사실을 인식해야 한다는 뜻이다. 이 행동의 대상 역시 나 자신이어야 한다. 불안감은 나와 외부 환경 사이에 일어나는 일이 아니라 나와 나 사이에 일어나는 일이기 때문이다. 이러한 태도 변환은 예전에는 내 느낌을 자신과 소외시키고 분리해 자신이 그 희생자라고 주장했지만, 지금은 내가 이를 온전히 자신의 몫으로 받아들여 스스로 책임을 지겠다는 뜻이다.

그림자의 투사를 '치유'하기 위한 첫 번째 단계가 자신이 행한 투사에 스스로 책임을 지는 일이라면, 두 번째 단계는 투사 자체의 방향을 틀어 그 전까지는 타인에게 무자비하게 행하던 투사를 좀 더 부드럽게 바꾸는 일이다. 따라서 '세상이 나를 거부한다'라는 생각은 자연스럽게 '적어도 지금 이 순간 나는 이 빌어먹을 세상을 거부할 거야!'라고 해석된다. 마찬가지로 "부모님이 나보고 공부하라고 해서"라는 말은 "나는 공부하고 싶어"로 바뀐다. "가련한 어머니에게는 내가 필요해"는 "난 어머니 곁에 있어야 해"로, "나 혼자 남는 건 무서워"는 "내가 다른 사람한테 귀중한 시간을 헌납할까 보냐!"로, 그리고 "날 보면 모두가 흠만 잡아"는 "나는 다른 사람들을 비판하는 데 관심이 있군"이라고 해석된다.

책임과 전환이라는 두 가지 기초 단계는 잠시 후 다시 이야기하기로 하고, 일단은 지금껏 그림자를 투사할 때 우리는 '신경증적 방식으로' 자신의 이미지를 부정확하게 만듦으로써 용납할 수 있게 만들려 했다는 사실을 짚고 넘어가자. 자기 이미지와 자아 속에 존재하지만 우리가 피상적으로 가장 큰 관심 분야라고 생각하는 것과 어울리지 않는 부분, 철학적으로 잘 맞지 않는 부분, 또는 스트레스가 쌓이거나 교착 상태나 딜레마에 빠질 때 소외되는 부분은 자신의 가능성임에도 버림받는다. 그 결과 우리는 자아 중 한 부분, 즉 왜곡되고 빈곤한 페르소나로 자신의 정체성을 좁혀버린다. 또 그 때문에 우리가 단 한순간도 의식적으로 귀 기울이려 하지 않는 자신의 그림자에 영원히 괴롭힘을 당하게 된다. 그러나 그림자가 우리의 의식 속으로, 그리고 우리의 불안감, 죄책감, 공포 및 우울 속으로 비집고 들어가려 하는 건 우리에게 전하고 싶어 하는 말이 있기 때문이다. 그림자는 스스로 증상이 되어 흡혈 동물이 숙주에 달라붙듯 우리에게 달라붙는다.

비유적으로 표현하자면, 우리는 정신에 존재하는 부정합의 조화$^{concordia\ discors}$*를 여러 가지 반대되는 양극성으로 갈라놓았으며 우리는 편의를 위해 이들을 통틀어 4차적 이원론$^{quaternary\ dualism}$, 다시 말해 페르소나와 그림자 사이의 분열로 불렀다. 이들 각각의 사례에서 우리는 두 가지 중 '한쪽'만 취하고 다른 쪽은 버림받고 멸시당하는 그림자라는 이름의 중간 지대로 내던져버린다. 따라서 그림자는 우리가 페르소나로서 의식적으로 사실이라고 믿어버리는 쪽의 정반대편에 존재한다.

---

* 고대 그리스 철학자인 엠페도클레스의 사상. 우주 만물이 동등한 근원 물질인 물, 불, 흙, 그리고 공기의 사랑과 다툼 속에서 생겼다는 견해를 말한다.

그러므로 우리의 그림자의 세계관을 알려면 (개인적 경험의 차원에서) 우리가 의식적으로 갈망하고, 좋아하며, 느끼고, 원하며, 의도하고 믿는 것이 무엇인지 보면 된다. 그림자는 정확히 그 반대편에 있기 때문이다. 이렇게 하면 의식적으로 우리 내면에 존재하는 반대되는 것들과 접촉해 이들을 표현·실행하며 결국 다시 소유할 수 있게 될 것이다. 우리가 이들을 소유하지 못하면 반대로 이들이 우리를 소유하게 될 것이다. 그림자는 항상 자신의 주장이 있다는 사실을 기억하자. 이 장에서 언급한 사례에서 우리가 배운 것이 바로 이 점이다. 우리는 현명하게 우리 속에 어떤 반대되는 것들이 있는지 인지할 수 있다. 그렇지 않다면 이들을 조심해야 하는 상황에 강제로 몰릴 것이다.

반대쪽 것들을 경험해보는 일이 그림자를 인식하고 궁극적으로 다시 우리 것으로 소유하는 일이 반드시 거기에 맞춰 행동해야 한다는 뜻은 아니다. 거의 모든 이들이 자기와 반대되는 것과 대면하기를 꺼리는 가장 큰 이유는, 이들에게 지배당할까 봐 두려워하기 때문이다. 하지만 사실은 그 반대다. 우리가 의지와는 완전히 반대로 그림자의 명령을 따르게 되려면 그림자가 무의식으로 남아 있어야 한다.

제대로 된 결정이나 선택을 내리려면 반대되는 양쪽을 모두 인식해야 한다. 어느 한쪽이 무의식에 남아 있다면 현명한 결정을 내릴 수 없을 것이다. 여기서 소개하는 내용을 포함해 이 장에 소개하는 모든 예에서 보여준 바와 같이, 정신의 삶 모든 영역에서 반대쪽에 있는 것들을 직면하고 다시 우리 것으로 만들어야 한다. 하지만 이는 꼭 거기에 맞춰 행동해야 한다는 뜻은 아니다. 인식하고 있는 것만으로 충분하다.

반대되는 것을 진취적으로 직면함으로써 점점 분명해지는 사실이 있다.

그림자는 실재하며 자아에 꼭 필요한 측면이기 때문에, 그림자가 우리에게 일으키는 것으로 보이는 '증상'과 불편은 아무리 우리가 의식적으로 그렇지 않다고 주장한다 해도 사실은 우리가 스스로 일으키는 것이라는 점이다. 이는 몇 번이고 되풀이해도 지나치지 않다. 우리가 일부러 자기 몸을 꼬집어 대면서 안 그런 척하는 것과 똑같다! 이 수준에서 죄책감, 공포, 불안, 우울 등 어떤 증상이 나타난다 해도, 엄격히 말하면 이 모두는 우리가 '정신적으로' 자신을 꼬집어댄 결과다. 놀랍게 여겨질지도 모르겠지만, 이는 그 본질이 무엇이든 간에 내가 이 고통스러운 증상에서 벗어나고 싶어 하는 것만큼이나 사실은 이를 겪고 싶어 한다는 점을 직접적으로 시사한다.

따라서 우리가 처음 맞부딪쳐야 할 반대되는 것은 바로 우리 내면에 비밀스럽게 가려진, 이 증상이 계속되길 바라며 자신을 계속 꼬집어대고 싶어 하는 무의식적 욕구다. 이 말이 우리에게 어리석게 들리는 만큼 우리는 그림자와 우리를 꼬집어대는 내면의 부분과 멀어져 있다고 말한다면 염치없는 일일까?

따라서 "이 증상을 어떻게 하면 없앨 수 있을까?"라고 질문한다면 곧 큰 실수를 저지르는 것이다. 증상을 만드는 것이 자신이 아니라고 생각한다는 사실을 보여주기 때문이다. 이는 "자신을 꼬집어대는 일을 멈추려면 어떻게 해야 할까?"라고 질문하는 것과 마찬가지다. 자신을 그만 꼬집으려면 어떻게 해야 하는지 질문하거나 꼬집는 것을 멈추려 애쓴다면, 이는 사실 이 모두가 자신이 자신에게 직접 저지르는 행동이라는 사실을 깨닫지 못했다는 뜻이다. 그러면 고통은 여전히 계속되거나 더 심해질 따름이다. 우리가 실은 자신을 꼬집고 있다는 사실을 분명하게 자각하면 어떻게 이를 멈출지 질문을 던지거나 할 필요가 없을 것이다. 그냥 바로 멈추면 되니까! 직설적으로 이야기하면, 증상이 사라지지 않는 이유는 우리가 증상을 사라지게 하려고 애쓰고 있기 때문이다. 프리츠 페를스$^{Fritz\ Perls}$(독일의 정신분석학자)가 증상에 싸우려 하면 악화할 뿐이라고 말한 이유가 여기에 있다. 의도적으로 바꾸려고 하면 절대 성공하지 못한다. 그림자를 배제한 행위이기 때문이다.

그러므로 문제는 증상을 없애는 게 아니라 의도적으로, 그리고 의식적으로 증상을 키우는 일이다. 일부러 의식적으로 이를 온전하게 경험해야 한다는 뜻이다. 우울한 상태라면 더 우울해져야 한다. 긴장한 상태라면 더 긴장해야 한다. 죄책감이 든다면 더 큰 죄책감을 느껴봐야 한다. 말 그대로 그렇게 해야만 한다! 그렇게 함으로써 우리는 최초로 자신의 그림자를 인정하고 그림자와 나란히 설 수 있으며, 지금까지 무의식적으로 해왔던 일을 의식적으로 할 수 있게 되기 때문이다. 우리가 개인으로서 자신을 적극적으로 내던져 현재의 증상을 시험 삼아 재현한다면, 이는 곧 우리 자신의 페르소나와 그림자를 내던졌다는 뜻이다. 의식적으로 자신 속 반대 부분과 접촉하고 힘을 합쳤다는 의미다. 간단히 말하면, 그림자를 다시 발견한 것이다.

그래서 일부러 의식적으로 현재의 증상을 더 심하게 만들어 이는 모두 자신이 스스로 불러온 결과임을 자각한다면, 우리는 처음으로 이를 자연스럽게 스스로 멈출 수 있게 된다. 죄책감을 더 느끼게 만들 수 있다면, 스스로 더 자연스럽게 죄책감을 덜 느끼게 하는 일도 가능함을 깨닫는다. 스스로 자신을 우울하게 만들 수 있다면, 스스로 우울하지 않게 만들 수도 있다. 우리 아버지는 누군가 딸꾹질을 하면 이를 멈추려 그 자리에서 20달러 지폐를 꺼내 들고 그 사람에게 곧바로 다시 딸꾹질을 해보라고 요구하곤 했다. 불안해도 된다는 허락을 받았다면 불안은 더 이상 불안이 아니다. 그리고 '긴장을 떨치는' 가장 쉬운 방법은 긴장을 최대치까지 끌어올리는 것이다.

어떤 경우든 증상을 의식적으로 인식할 수 있다면 증상으로부터 자유로워질 수 있다.

그러나 증상이 실제로 사라질지 아닐지 걱정해서는 안 된다. 증상은 사라질 테지만 걱정할 필요는 없다. 어떤 증상을 없앨 목적만으로 반대되는 부분을 경험하려 한다면 무참하게 실패할 수밖에 없다. 달리 말하면, 반대되는 부분을 어정쩡하게 경험한 다음 증상이 사라졌는지 불안하게 확인하는 행동은 하지 말아야 한다. 자신의 내면에서 "음, 증상을 악화시키려 해봤는데 사라지지 않았어. 제발 좀 사라졌으면!"이라고 이야기한다면, 이는 그림자를 전혀 만나지 못했으며 단지 임시방편으로 립서비스를 해 신과 악마 양쪽을 위로한 것에 불과하다는 뜻이다. 직접 악마가 되어 의식적인 관심을 의도적으로 전부 기울여 증상을 만들고 이를 붙들어야 한다.

증상을 만들고 의도적으로 자신을 이와 동일시할 때 어떤 특정한 증상이든 여기에 감정의 핵심이 있다면, 이는 우리 눈에 보이는 그림자의 형태로 반대되는 부분의 특징을 담고 있을 뿐 아니라 실제로 반대 부분을 향하고 있다는 사실을 기억할 필요가 있다. 따라서 X 씨라는 사람이 내게 던진 말 '때문에' 심각하게 상처를 받았고, 이 사람에 대해 좋은 생각만 해봤음에도 고통에 빠져 있다면, 맨 처음 해야 할 일은 상처를 입히는 사람이 실은 나 자신이라는 사실을 깨닫는 것이다. 자신의 감정에 스스로 책임을 짐으로써 나는 투사의 방향을 뒤집을 수 있는 위치를, 내 마음의 고통은 사실 X 씨에게 상처를 주려는 내 욕구라는 사실을 인식하게 된다. "X가 내 마음에 상처를 줬어"라는 말은 "나는 X에게 상처를 주고 싶어"라는 말로 옮길 수 있다. 이는 바로 뛰어나가 X 씨를 늘씬하게 두들겨패야 한다는 뜻이 아니다. 내가 지금 느끼는 분노를 스스로 인식하는 것만으로 나의 일부로 통합할 수 있다

(나 같으면 대신 베개를 때리며 분풀이를 하겠지만 말이다). 중요한 점은 내가 느끼는 고통이라는 증상은 반대되는 부분의 특징뿐 아니라 그것이 어디를 향하는지도 반영한다는 데 있다. 따라서 분노(X 씨를 향한 내 의식적 선의와 반대되는 모습)와 더불어 이 분노가 사실 'X 씨를 향한 나의 분노'라는 사실(내가 의식하는 것과 반대되는 방향)은 나의 책임이라고 생각해야 할 것이다.

어떤 의미로 우리는 우선 — 감정의 투사인 경우 — 외부 환경이 우리에게 저지른다고 생각한 일이 실제로는 우리가 자신에게 스스로 저지르는 행위라는 사실을, 우리 몸을 꼬집고 있는 게 실은 우리 자신이라는 사실을 깨달아야 한다. 그리고 실은 이것이 '타인을 꼬집으려 하는 우리 자신의 은폐된 욕구'임을 자각해야 한다! 우리 자신의 투사에 의하면 '타인을 꼬집으려는 욕구'는 다른 욕구로 대체할 수 있다. 타인에 대해 사랑하려는 욕구, 증오하려는 욕구, 만져보려는 욕구, 긴장시키려는 욕구, 소유하려는 욕구, 거부하려는 욕구, 베풀려는 욕구, 빼앗으려는 욕구, 함께 놀려는 욕구, 지배하려는 욕구, 속이려는 욕구, 나아지려는 욕구 등으로 말이다. 어떤 욕구로 대체하는 건 우리의 몫이다. 아니, 우리 그림자의 몫이라고 하는 게 더 적절할지도 모르겠다.

두 번째로, 투사를 뒤집는 단계를 꼭 거쳐야 한다. 감정이 올바른 방향으로 완전히 발산되지 않으면, 이 감정을 다시 내 쪽으로 끌어오는 습관에 매몰될 수 있다. 그러므로 증오 같은 감정과 접촉하게 된다면, 증오를 내 쪽으로 끌어들이려 할 때마다 그 방향을 반대로 뒤집어야 한다. 꼬집느냐 꼬집히느냐, 내가 먼저 타인을 바라보느냐 타인이 먼저 나를 바라보느냐, 거부하느냐 거부당하느냐, 이 모두는 우리의 선택이다.

특징이나 경향, 사상 등을 투사했을 때 이를 거둬들이는 일은 어찌 보면 단순하지만, 그렇다고 늘 간단하지만은 않다. 방향이 포함되어 있지 않기 때문이다. 이들은 적어도 감정과 같은 방식으로 표출되고 움직이지 않는다. 지혜, 용기에서 성깔, 사악함, 인색함 등 긍정적이거나 부정적인 경향의 경우 감정보다 훨씬 움직임이 덜한 것 같다. 따라서 투사되는 특징 자체만 걱정하면 되고, 방향은 그렇게 신경 쓸 필요 없다. 물론 이들 역시 투사되고 나면 그 반응은 대단히 감정적일 수 있다. 그러면 이들 반작용의 감정까지도 투사의 대상이 될 수 있으며, 여기에 또 반응하는 식으로 어지러운 섀도 복싱만 되풀이하게 될지도 모른다. 그리고 어떤 특징이나 사상도 감정이 충전되지 않으면 당연히 투사가 이루어지지 않는다. 그러므로 우리가 투사되는 특징을 그 자체로만 고려한다면, 이를 상당 부분 내면에 다시 통합하는 일은 불가능해진다.

늘 그렇듯 투사의 대상이 되는 특질은 (감정이 투사될 때와 마찬가지로) 타인에게서 '보이는' 측면으로, 우리에게 정보를 알려줄 뿐만 아니라 크게 영향을 미친다. 보통 타인이 지니고 있다고 생각하면서 자신은 심하게 혐오하는 특징, 또는 언제나 타인에게 지적하며 비난하고 싶어 안달하는 특징이 대부분이다. 사실 우리가 비난을 쏘아 올리는 대상은 우리 자신의 어두운 마음속이며, 이들을 몰아내버릴 수 있지 않을까 하는 희망으로 인한 행위라는 사실은 잠시 잊자. 투사되는 특질이 우리 자신의 미덕일 때도 있으며, 이때는 자신의 장점을 타인에게 투사해 열렬히 지키려 하기도, 또는 투사의 대상이 되는 선택된 인물을 유일무이한 존재인 것처럼 찬양하기도 한다. 물론 이러한 열정은 우리가 자기에 집착하려는 강한 욕구에서 나온다.

마지막으로 분석할 내용은 투사는 어떤 모습으로든 발생할 수 있다는 것이다. 어떤 경우든 투사되는 특질은 (투사되는 감정과 마찬가지로) 우리가 의식적으로 내면에 지니고 있다고 상상하는 것과는 반대되는 모습이다. 하지만 감정과는 달리 특질이 투사될 때는 특정한 방향이 없으며, 따라서 이를 통합하는 일은 직접적으로 곧바로 이루어진다. 반대되는 것을 경험하는 첫 번째 단계에서 우리는 타인에게서 사랑하거나 혐오하는 부분이 실은 우리 자신의 그림자가 지닌 특징일 뿐이라는 사실을 깨닫게 된다. 즉 나와 타인의 문제가 아니라 나와 나 자신의 문제라는 뜻이다. 반대되는 것을 경험함으로써 그림자와 접촉할 수 있으며, 우리를 꼬집어 아프게 만드는 건 바로 자신임을 자각하고 이를 멈출 수 있게 된다. 투사되는 특질 자체에는 방향이 없으며, 따라서 이를 통합하는 데는 투사의 방향을 바꾸는 두 번째 단계가 필요 없다.

자신 내면의 반대되는 부분을 경험함으로써, 자신의 그림자에도 내면의 다른 부분과 동등한 시간을 부여함으로써, 우리의 정체성과 책임은 빈곤한 페르소나에 머무르지 않고 정신 내 모든 부분으로 확장될 수 있다. 이렇게 하면 페르소나와 그림자 사이의 분열 역시 '온전히 한 몸으로 치유된다.'

41. 버림받은 자기 되찾기

너새니얼 브랜든 Nathaniel Branden

우리가 자신의 감정적 경험에서 유리되어 이들이 자신에게 무슨 의미인지 느끼지 못하는 상황은 어떤 과정으로 발생할까?

우선 부모는 대부분 자식에게 자신의 감정을 억누르라고 가르친다. 남자아이가 넘어져 다치면 아버지는 엄하게 말한다. "남자는 우는 거 아니야." 여자아이가 오빠에게 화를 내거나 친척을 싫어하는 티를 내면 어머니는 이렇게 말한다. "끔찍하구나. 그런 생각은 하는 거 아냐." 아이가 흥분에 가득차 즐겁게 집 안으로 뛰어 들어오면 부모는 짜증을 내며 말한다. "애야, 무슨 일이니? 왜 그렇게 시끄럽게 구는 거야?" 부모가 감정이 무디고 쌀쌀하면 자녀 역시 그렇게 되는 경향이 있다. 소통 방식뿐 아니라 기준도 그렇게 설정된다. 부모의 행동을 통해 자녀는 '알맞은', '적절한', 그리고 '사회적으로 용납되는' 게 무엇인지 배운다. 부모가 종교적 가르침을 받아들이는 경우 '악한 생각'이나 '악한 감정' 같은 게 존재한다는 끔찍한 사상으로 오염시켜 자녀의 내면 삶을 도덕적 공포로 채울 확률이 높다.

따라서 아이는 자신의 감정은 위험하기 때문에 때로는 부정해서 '통제'하는 게 좋다는 결론에 이를 수 있다.

이렇게 통제하려는 노력으로 실제 아이는 자신의 감정을 '버리는' 법을 배운다. 이는 감정을 경험하지 않게 된다는 뜻이다. 감정은 심신의 경험, 즉 정신적이면서 육체적인 상태이기 때문에 감정에 대한 공격은 두 가지 수준에서 이루어진다. 심리적 수준에서 아이는 바람직하지 않은 감정을 인정하고 인식하지 않게 되며, 이들 감정을 인식하면 재빨리 왜곡시켜버린다. 육체적 수준에서는 신체가 긴장한다. 근육이 떨리면서 일부 마비 효과가 일어나거나 무감각해짐으로써 내면이 어떤 상태인지 쉽게 느끼지 못하게 된다. 얼굴과 가슴 근육의 긴장과 더불어 호흡이 짧아져 아프다는 인식을 지워버린다. 의식적으로 계산된 결정으로 이루어지는 과정이 아니라는 점은 말할 필요도 없을 것이다. 이는 어느 정도 잠재의식이다. 그러나 자기 소외 과정은 이미 시작되었다. 자신의 감정을 부정하고 자신의 판단과 평가를 무효로 만들며 자신의 경험을 부정함으로써, 아이는 자기 개성의 일부를 버리는 법을 배운 것이다(이성적인 방식으로 행동을 통제하는 법을 배우는 과정은 이와 완전히 다른 문제라는 점을 이해할 필요가 있다. 여기서 우리가 다루는 부분은 '내면 경험을 검열하고 부정하는 일'이다). 하지만 감정적 억압이 진전되는 방식은 이보다는 더 복잡하다.

아이들은 대부분 어린 시절에 무섭고 고통스러운 경험을 한다. 부모가 자신을 만지고 안고 어루만져주기를 바라는데, 정작 부모는 전혀 그렇게 해주지 않는 경우도 있을 것이다. 아이에게나 서로에게 소리를 질러대는 부모도, 통제하기 위한 목적으로 자녀에게 공포나 죄책감을 불어넣는 부모도 있을 것이다. 지나친 걱정과 지나친 무관심을 오가는 부모도, 자녀에게 거짓말을 하거나 조롱하는 부모도, 당황스럽고 모순적인 명령으로 아이를 압박하는 부모도 있을 것이다. 또 자녀의 지식, 욕구, 흥미는 도외시한 채 자신의 기대와 요구만 늘어놓는 부모도, 신체적 폭력을 가하는 부모도, 그리고 자녀가 자발적으로 자기주장을 하려는 노력을 끊임없이 좌절시키는 부모 역시 있을 것이다.

아이는 자신의 욕구에 대한 개념적 지식이 없을뿐더러 부모의 행동을 이해할 지식 또한 충분하지 않다. 그러나 공포와 아픔이 너무 커서 자신을 짓누르고 무력하게 만들 때가 있다. 이때 아이는 자신을 보호하고 정상 기능을 유지하기 위해 — 스스로는 살아남기 위해서라고 생각할지도 모른다 — 말없이 무력한 상태로 자신의 감정을 접하는 일을 견디지 못하고 그러한 내면 상태에서 도망쳐야 한다고 느낄 때가 많다. 그래서 아이는 자신의 감정을 부정한다. 두려움과 아픔은 경험도 표현도 허락되지 않기 때문에 배출되어버린다. 아이의 몸 안에 얼어붙어 근육과 신체의 긴장으로 이루어진 벽에 둘러싸인다. 특정한 반응 유형이 발생하며, 어떤 감정을 경험하고픈 욕구 때문에 아이가 위협을 느낄 때마다 이 유형이 되풀이된다.

부정적 감정만 가로막히는 건 아니다. 억압은 아이의 감정 능력을 점점 잠식한다. 환자가 수술 전 마취를 받으면 고통만 못 느끼게 되는 게 아니다. 즐거움을 경험할 능력도 잠시 미뤄진다. 좋든 나쁘든 감정을 경험하는 능력 자체가 가로막혔기 때문이다. 똑같은 원리가 감정의 억압에도 적용된다.

물론 감정의 억압은 정도의 문제라는 사실을 인식할 필요가 있다. 어떤 이에게는 억압이 더 뚜렷하며 넓게 퍼진다. 그러나 고통을 경험하는 능력이 줄어들면 즐거움을 경험하는 능력 역시 줄어든다는 건 누구에게나 해당되는 진실이다.

평범한 사람이라 해도 내면에는 버림받고 방출되지 못한 막대한 고통이 자리 잡고 있음을 이해하는 일은 어렵지 않다. 이 고통의 근원은 현재뿐만이 아니라 유년기까지 거슬러 올라간다.

어느 날 저녁 이 현상을 동료 몇 명과 토론한 적이 있는데, 한 젊은 정신과 의사가 보통 사람들이 겪는 문제를 내가 지나치게 과장하고 있다며 문제를 제기했다. 나는 그에게 직접 설명할 테니 협조해줄 수 있겠느냐고 물어보았다. 그는 똑똑했지만 내성적인 사람이었다. 과묵했으며, 어쩌다 말을 할 때도 마치 자기 의견에 관심을 가질 사람이 있기는 할지 의심스러워하는 듯 말투가 조곤조곤했다. 그는 기꺼이 자원하겠다고 나섰지만, 자신은 놀랍도록 행복한 유년기를 보냈기 때문에 내가 말하는 일반적 가설이 옳다고 해도 만약 자신의 어린 시절을 탐색해보겠다고 나선다면 목적을 이루지 못해 실망할 것이라 경고했다. 그의 말에 따르면 자신의 부모는 언제나 자기가 원하는 것이 무엇인지 귀 기울여주었으며, 따라서 내가 보여주고 싶어 하는 내용에는 자신이 알맞은 대상이 아닐 테니 다른 사람한테 실험해보는 게 낫지 않겠냐는 것이었다. 나는 그래도 그를 상대로 해보고 싶다고 답했고, 그는 웃으며 그렇게 하자고 했다.

나는 그에게 내가 내담자들을 위해 고안한 기법을 한번 실행해보고 싶다고 설명했다. 그리고 의자에 앉아 몸을 뒤로 젖히고 힘을 뺀 다음 팔을 양옆에 둔 채 눈을 감으라고 말했다.

그리고 이렇게 말했다. "다음과 같은 상황에 처했다고 가정해보죠. 당신은 병원 침대에 누워 죽어가고 있습니다. 나이는 지금과 같습니다. 몸이 아프지는 않지만, 불과 몇 시간 뒤면 당신은 세상을 떠난다는 사실을 알고 있습니다. 이제 위를 올려다보면 침대 옆에 어머니가 서 있는 모습이 보일 겁니다. 어머니의 얼굴을 바라보세요. 어머니와 미처 나누지 못한 이야기가 있을 겁니다. 그 존재를 느껴보세요. 어머니에게 하지 않았던 이야기, 그 앞에서 직접 표현하지 못했던 생각과 감정이 있음을 느껴보세요. 어머니와 이어질 수 있는 순간이 있다면 바로 지금입니다. 어머니가 당신 말을 들어줄 수 있다면 바로 지금입니다. 그러니 지금 어머니한테 이야기하세요."

이 말을 할 때, 젊은 의사는 주먹을 꼭 쥐었다. 얼굴은 피가 몰려 벌게지고, 누가 봐도 눈 주위와 이마 근육이 울음을 참으려는 듯 바짝 긴장해 있었다. 마침내 말을 꺼냈을 때 그는 어리면서도 강한 톤으로 신음을 토하듯 단어를 쏟아냈다. "엄마한테 이야기할 때 엄마는 왜 내 말을 들어주지 않은 거죠? … 대체 왜요?"

그 시점에서 나는 실험을 중단했다. 그는 할 이야기가 더 남아 있었음이 분명했지만 말이다. 의사의 사생활을 지나치게 깊이 파고들게 될 것이 분명했기 때문에 더는 계속하지 말아야겠다고 생각했다. 심리 치료 중도 아니었고 심리 치료를 요청받지도 않았다. 하지만 어렸을 때 부모가 자신의 말을 제대로 들어주지 않아서 그가 느낀 좌절감과 지나치게 내성적인 그의 성격 사이에 분명 무슨 관계가 있을 것이라고 언급했다면 어땠을까 하는 생각은 든다. 그는 잠시 후 눈을 뜨고 머리를 한번 흔들고는 깜짝 놀라고 겁먹은 듯한 모습으로 나를 바라보았다. 그가 내 말이 맞았음을 인정하고 있음을 알아차리는 데는 그 표정만으로 충분했다.

이 기법을 온전히 사용하려면 사용 대상자 또는 내담자가 부모를 한 명씩 만나도록 해야 한다는 점을 미리 언급해야겠다. 그리고 거기에 덧붙여, (실제 부모와 비교해) 이상적인 어머니나 아버지의 모습을 상상해본 다음 원하는 것을 요구하도록 할 때도 있다. 이 기법은 어렸을 때 이루지 못하고 좌절해서 부정당하고 억압된 욕구를 다시 만나도록 하는 데 효과적이다(게다가 이 실험은 보통 대상이 다리와 팔을 펴고 바닥에 누운 채로 한다. 신체적으로 무방비 상태로 누워 있을 때 심리적 방어기제도 약해진다는 사실을 발견했기 때문이다).

젊은 정신과 의사의 이야기로 돌아가보자. 그가 자신의 어린 시절에 대해 의식적으로 거짓말을 한 것이 분명하다는 사실에 먼저 주목하고 싶다. 어린 시절 행복했다고 이야기했을 때 그는 분명 사실이라고 생각했을 것이다. 하지만 어렸을 때 겪은 아픔을 억압함으로써 그는 자신의 정당한 욕구, 그리고 자신에게 중요한 감정 일부를 부정했으며, 이는 자신의 일부분을 포기하고 버린 것과 같다. 그 결과 그는 성인이 되어 감정적 장애가 생겼을 뿐만 아니라 사고에도 문제가 생겼다. 과거를 현재와 연관시키려 할 때마다, 그리고 자신의 과묵한 성격을 이해하려고 할 때마다 왜곡된 가치판단이 이러한 노력을 가로막을 것이기 때문이다. 이 왜곡된 가치판단은 그의 현재 인간관계를 방해할 수밖에 없다.

중요한 추억이나 평가, 감정, 좌절, 갈망, 그리고 욕구를 억압하면 우리는 자신의 핵심 데이터에 접근할 수 없게 된다. 자신의 삶과 문제점에 대해 생각해보려 할 때마다 어둠 속에서 악전고투해야만 한다. 정작 핵심은 빠져 있기 때문이다. 게다가 잠재의식에서 자신의 억압을 보호하고 방어 태세를 유지하려는 욕구는 우리 마음을 생각 속 '위험 지역'에 두지 않으려는 쪽으로 작동한다. 가라앉아 있거나 두려워하던 것들을 다시 꺼내 '헤집어놓을' 수 있기 때문이다. 따라서 왜곡이나 정당화 등이 개입할 수밖에 없다.

동료가 진행하는 집단치료 세션에서 이 기법을 소개해달라고 초대받았을 때가 문득 기억난다. 한 여성에게 이 기법을 사용했는데, 그녀는 자신의 아버지에 대해 이야기할 때 목소리가 무관심하고 냉랭해졌다. 자신이 하는 말의 감정적 의미와는 실제로 상당히 동떨어진 듯했다. 그러나 내가 "다섯 살짜리 여자애라면 아버지한테 그런 취급을 받을 때 어떤 기분이 들까요?" 같은 질문을 던지며 압박하자 그녀의 방어기제가 서서히 무너졌다. 그리고 자신의 감정에 깊이 파고들어 가자 울음을 터뜨렸다. 그녀의 얼굴은 누가 봐도 알 수 있을 정도로 고통과 분노에 싸여 있었다. 하지만 자기 내면으로 완전히 파고 들어갈 준비가 되었다 싶었을 때 그녀는 갑자기 무관심한 모습으로 되돌아갔다. 자신의 경험에 공포를 느끼고 있었음이 분명했다. 그녀는 자신을 책망하는 듯한 목소리로 이렇게 말했다. "하지만 그런다고 아버지를 원망하는 건 바보짓이에요. 아버지도 어쩔 수 없었을 테니까요. 당신 자신의 문제도 있었을 것이고 아이를 다루는 법도 모르셨을 테죠." 이것은 '원망'의 문제가 아니며, 중요한 것은 그녀에게 무슨 일이 있었으며 그때 어떤 감정이 들었는지 우리가 이해하는 것이라고 설명하자, 그녀는 납득한 듯 다시 자신의 감정을 탐구했으며, 아까보다 더 힘 있게 자신의 경험과 감정을 설명했다. 그러나 이번에도 자신의 분노를 본격적으로 파헤쳐보려는 순간, 마치 중단의 기제가 다시 작용하기 시작한 듯 그녀는 냉담한 어조로 '핑계'를 대며 아버지의 학대를 정당화했다. 아직 자신의 방어기제를 완전히 내려놓을 준비가 되지 않았던 것이다.

자신의 분노를 온전히 겪는 건 견딜 수 없을 정도로 큰 위협이었을 것이다. 부모에게 그런 분노를 토해내는 데 죄책감이 들었을 것이다. 부모가 자신의 감정을 알아차린다면 부모와 영원히 떨어지게 될 거라는 생각이 들었을 수도 있다. 그리고 자신의 분노를 따라 감정 가장 밑바닥까지 내려가면, 거기 얼마나 많은 아픔과 좌절이 쌓여 있는지 깨닫게 되었을 것이다. 그녀는 아직 이를 받아들일 준비가 되어 있지 않았다. 고통이 너무 극심해서 그런 것만이 아니다. 자신은 어렸을 때 부모님은 자신이 원하고 바랐던 모습과 거리가 멀었으며, 앞으로도 절대 그런 모습이 될 수 없으리라는 사실 때문이다.

이 기법을 사용하던 중 내담자가 믿을 수 없을 정도로 설득력 있게 방어막을 친 사례가 한 가지 더 생각난다. 20대 중반의 내담자였는데, 집단치료에 참여한 지 한 달쯤 지난 뒤의 일이었다. 이 내담자는 지금까지 상대한 사람 중 육체적 긴장이 매우 심한 편이었다. 감정이 메마른 데다 삶의 목적도, 어떤 일을 하고 싶은지도 잘 모르겠다는 게 이 사람의 가장 큰 문젯거리였다. 그는 내게 울음조차 안 나온다고 말했다. 기법을 실행했을 때 그는 아버지에게 나직하고 풀죽은 목소리로 냉정하고 엄격하기만 하던 당신의 모습이 항상 무서웠다고 이야기했다. 그때 나는 어린아이라면 부모가 자신을 그렇게 모질게 대하면 화가 날 때도 있다며 내담자를 넌지시 떠보았다. 그러자 내담자는 몸을 부르르 떨더니 소리를 지르기 시작했다. "그런 얘기는 못 해요!" 나는 그에게 물었다. "아버지에게 화가 났다고 이야기하면 어떻게 될까요?" 갑자기 그의 눈에서 눈물이 흐르기 시작했다. 그는 절규했다. "아버지가 무서워요! 무슨 짓을 할지 두려워요! 날 죽일 거라고요!"

내담자의 아버지는 사실 20여 년 전, 내담자가 여섯 살 되던 해에 세상을 떠났다.

이후 몇 주 동안 나는 그에게 이 기법을 사용하지 않고, 내가 치료 집단 내 다른 이들과 함께하는 걸 바라보게만 했다. 하지만 그는 모일 때마다 다른 내담자가 어렸을 때의 트라우마를 떠올리는 모습을 보며 울음을 터뜨렸으며, 어린 시절 기억을 점점 더 많이 떠올려 감정을 담고 이야기할 수 있게 되었다. 몇 주가 더 지나자, 내담자의 신체적 긴장은 누가 봐도 분명히 누그러들었으며, 감정을 느끼는 능력 또한 깨어나기 시작했다. 예전에 버렸던 욕구와 좌절을 새롭게 다시 경험할 수 있게 되면서 그는 자신이 몰랐던 내면의 욕구와 반응, 그리고 갈망을 발견했다. 그로부터 몇 달 되지 않아 내담자는 자신이 오랫동안 억압해온 진로에 관한 열정이 되살아났다.

42. 부끄러운 내면의 목소리 길들이기

존 브래드쇼 John Bradshaw

나는 온전한 자기 수용에 힘써야 한다. 나 자신이 예전에는 수치심으로 이루어진 사람이었기 때문이다. 자기 수용에는 수치심과 한데 묶여 있는 감정, 욕구 및 결핍을 통합하는 일까지 포함된다. 수치심이 기반인 사람들은 도움이 필요할 때, 화가 나거나 슬프거나 두렵거나 즐거울 때, 그리고 성적인 느낌이 들 때나 자기주장을 할 때도 부끄러워한다. 우리에게 필수적인 이들 부분이 갈라져 나와 있기 때문이다.

우리는 도움이 필요하지 않은 것처럼 행동하고 싶어 하며 감정에 충실하지 않은 척한다. 슬프고 마음 아플 때도 아무렇지 않다고 말하던 기억이 떠오른다. 성에 대한 관심을 무덤덤한 듯 넘기고 금욕적인 것처럼 행동하거나, 성에 대한 관심을 이용해 다른 감정이나 욕구를 회피한다. 어떤 경우든 우리는 자신에게 필수적인 부분과 단절되어 있다. 이들 버림받은 부분은 꿈과 투사에서 가장 흔히 등장한다. 성에 대한 관심과 자연스러운 본능의 경우 특히 그렇다. 융은 이들 버림받은 측면을 그림자의 측면이라 불렀다. 그림자를 내면에 통합하지 않으면 우리는 전일성에 도달하지 못한다.

내면의 목소리

부정적인 내용의 자기 대화 self-talk를 로버트 파이어스톤 Robert Firestone (미국의 심리학자)은 '내면의 목소리'라고 부른다. 여러 인물이 내면의 목소리를 각자 다른 방식으로 묘사했다. 에릭 번 Eric Berne (캐나다의 정신과 의사)은 이를 '부모의 이야기가 녹음된 카세트테이프를 모아놓은 것'이라고 설명했다. 일부 학자들에 따르면 보통 우리 머릿속에는 이들 테이프가 약 2만 5000시간 분량이 들어 있다고 한다. 프리츠 페를스를 비롯한 게슈탈트^{Gestalt} 학파*는 이를 '무의식적으로 자신이 받아들인 부모의 목소리'라고 표현했다. 애런 벡$^{Aaron\ Beck}$(미국의 정신과 의사)은 '자동적 사고'라는 용어로 이를 설명했다. 어떤 식으로 묘사하든 상관없이 우리는 모두 머릿속에 이런 목소리를 지니고 있다. 수치심이 기반인 사람은 특히 부정적으로 수치심을 안기는 자기비하의 목소리가 대부분이다.

이 목소리는 수치심이 기반인 사람에게 근본적으로 자신이 사랑스럽지도, 가치 있지도 않은 악한 존재라고 말한다. 악동의 이미지를 뒷받침하며, 의식적으로는 생각의 일종으로 경험할 수도 있지만, 대부분은 일부만 의식적이거나 완전히 무의식적이다. 우리는 대부분 이 목소리가 습관적으로 저지르는 짓에 대해 알지 못하며, 스트레스 상황에 노출되고 우리의 수치심이 작동할 때야 비로소 인식하게 된다. 실수를 저지르면 "멍청한 녀석"이라고 혼잣말을 내뱉는 경우가 있을 것이다. 또는 "또 시작이네. 왜 이렇게 얼간이 같은 짓을 할까" 같은 말일 수도 있다. 중요한 면접을 치르기 전이라면 이 목소리는 "무슨 생각으로 이런 일을 하겠다고 지원한 거야? 게다가 넌 지금 엄청나게 긴장했잖아. 면접관들한테도 다 보일걸" 하는 식으로 자신을 괴롭힐 것이다.

실제로 이 목소리를 없애는 일은 극히 힘들다. 개인 사이를 잇는 다리는

---

* 형태주의 심리학. 전체로서의 마음을 중시했으며 인지, 발달심리학에 큰 영향을 주었다.

이미 단절되어 '상상의 유대감$^{fantasy\ bond}$'이 그 자리를 채우고 있기 때문이다. 아이는 버림받는 경험을 할 때, 그리고 그 경험(무시, 학대, 곤란한 상황)이 심각하면 심각할수록, 부모와 이어져 있다는 환상을 만든다. 파이어스톤이 이러한 환상을 가리켜 사용한 용어가 바로 '상상의 유대감'이다.

상상의 유대감을 형성하기 위해 아이는 부모를 이상적 존재로 만드는 동시에 자신을 '나쁜 아이'로 만들어야 한다. 상상의 유대감의 목적은 생존이다. 아이는 필사적으로 부모에게 의지하기 때문에, 부모는 나쁜 존재여서는 안 된다. 부모가 나쁘거나 아프다면 아이는 생존할 수 없다. 그러므로 (부모를 선한 존재로, 아이를 나쁜 존재로 만드는) 상상의 유대감은 사막의 신기루와 같다. 아이에게 자신이 지지와 부양을 받고 있다는 환상을 심어주기 때문이다. 여러 해가 흘러 아이가 부모에게서 독립하면 상상의 유대감은 내면에 자리 잡으며, 이를 유지하는 도구가 바로 내면의 목소리다. 이전에는 자신 외부에 존재하던 부모의 고함, 꾸중, 그리고 벌줄 때의 목소리가 내면에 뿌리박히는 것이다. 이런 이유로 내면의 목소리를 직면하고 이를 바꾸려 하면 커다란 불안감이 생겨난다. 그러나 파이어스톤이 지적한 대로 불안감이 함께 따라오지 않으면 치유라는 심층적 변화 역시 일어나지 않는다.

목소리는 대부분 주 양육자의 수치심에 기반을 둔 자폐적 방어로 구성된다. 수치심 기반의 부모는 자신의 약점, 결핍, 감정, 취약함, 그리고 의존 욕구를 수용하지 못하기 때문에, 자식의 결핍, 감정, 약점, 취약점, 그리고 의존성 역시 받아들이지 못한다. 파이어스톤에 따르면, 내면의 목소리는 '아이가 자신의 방어를 뚫고 들어올 때마다 아이의 자발성과 생기를 훼손하려 하는 욕구가 일어나는 걸 부모가 깊이 억압함으로 인해' 벌어지는 결과다.

파이어스톤은 내면의 목소리의 기원과 파괴성을 밝혀내는 데 선구적인 연구를 수행했으며, 부모가 이렇게 적대적인 생각을 인식하도록 만드는 데 효과적인 방법 역시 개발해냈다. 그의 말에 따르면, 부정적인 생각을 공식화하고 말로 표현하는 과정을 통해 내면의 목소리가 부모의 행동에 끼치는 해로운 효과는 줄어든다.

목소리를 치유하는 과정에서 내담자는 자기 내면의 비판적 생각을 외부로 드러내라는 지시를 받는다. 그렇게 하면 자신의 자기 공격성을 접할 수 있음은 물론, 궁극적으로는 자신의 부정적 태도를 개인적 판단을 배제한 객관적 관점으로 전환하는 방법을 익히게 된다. 목소리는 말로 표현함으로써 외부로 표출되므로, 강렬한 감정을 내뱉어 강력한 감정의 카타르시스는 물론 통찰력까지 함께 얻을 수 있다.

과잉 반응 일기

먼저 제안하고 싶은 방법은 목소리가 집착적으로 트집을 잡는 과정이 어떻게 촉발되는지 실험하던 파이어스톤의 초기 연구에서 직접 따온 것이다. 방어적인 과잉 반응이 나올 때마다 이를 일일이 기록하는 것이다. 집단으로 피드백을 공유하는 자리에 있을 때 가장 효과적이지만, 일상적으로 다른 사람을 대할 때도 사용할 수 있다.

매일 밤 자기 전에, 오늘 하루 일어난 일을 되짚어본다. 언제 화가 났으며 어떤 장면에서 과잉 대응을 했는가? 어떤 맥락에서 벌어진 상황인가? 거기에 누가 있었으며 내게 무슨 말을 했는가? 내가 자신에게 하는 말과 비교하면 어떤가?

예를 들어 12월 16일 나는 아내와 방 리모델링에 대해 이야기하고 있었다. 대화를 나누던 중, 나는 목소리가 커지면서 높아지는 걸 느꼈다. 잠시 후 나는 이 일로 받은 스트레스에 대해 험한 말을 내뱉고 있었다. 정확히는 이렇게 말했다. "내가 이걸 일일이 챙길 거라고 생각하지 마. 꼭 해야 할 일만 하는 것도 벅찬데." 나중에 나는 일기에 이 내용을 다음과 같이 적었다.

날짜: 12월 16일 수요일 저녁 8:45
내용: 집 리모델링 논의
과잉 반응: 아내가 "당신이 좀 도와줘야겠어요"라고 말했을 때 점점 짜증 난 목소리로 이렇게 대답했다. "내가 이걸 일일이 챙길 거라고 생각하지 마."
숨어 있던 목소리: "넌 형편없는 남편이야. 뭐 하나 제대로 고칠 줄도 모르지. 불쌍하기 그지없어. 집이 다 무너질 판이라고. 이 사기꾼아! 진짜 남자라면 고치고 만드는 것 정도는 할 줄 알아야 하잖아. 좋은 아빠라면 집 관리는 해야지."

목소리 부분에는 반드시 꼼꼼하게 시간을 할애해야 한다. 긴장을 풀고 느긋해진 상태에서, 자신이 자신에게 무슨 말을 하고 있는지 귀 기울여 듣고 적는다. 그런 다음, 그 내용을 자연스럽게 표현하며 소리 내서 읽는다. 일단 읽기 시작하면 자동으로 내용이 쏟아져 깜짝 놀랄지도 모른다.

파이어스톤은 집단치료 활동 참가자에게 감정을 확실하고 분명하게 표현하라고 이야기한다. "더 크게 말해봐요" 또는 "진심으로 다 토해내요" 같은 식으로 말이다. 독자들도 마찬가지로 해보기를 권한다. 마음에 떠오르는 내용을 자연스럽게 내뱉어보는 것이다. '너' 같은 2인칭 표현을 사용해 내면의 목소리가 촉발하는 감정의 전압 속으로 들어가보도록 한다.

목소리에 응답하기

내면의 목소리를 표현했다면, 이제 거기에 응답할 수 있다. 내용뿐 아니라 목소리의 명령 자체에 대해서도 이의를 제기할 수 있다는 뜻이다. 나는 과잉 반응 일기장에 나는 좋은 남편이며 멋진 집을 가꿨다고 적었다. 내 남성성은 내가 무엇을 하는지에 좌우되지 않는다. 나는 열심히 일하며, 집을 고칠 일이 있으면 수리공을 고용할 돈을 감당할 수 있다. 내가 직접 할 줄 안다고 해도 전문가를 고용할 것이다. 내 시간을 써야 할 다른 일이 있기 때문이다. 목수 일이나 짓는 일을 잘하는 사람이 있는 반면 그렇지 않은 사람도 있는 법이다.

나는 그다음 날 이 대화를 되풀이하며 감정적, 그리고 사실 기반(논리적)의 두 가지 방식으로 대답한다. 파이어스톤은 의식적으로 목소리에 순종하지 않거나 직접 반항하는 방식으로 행동하는 걸 추천한다. 내 경우, 나는 아는 목수한테 전화해서 그가 해줬으면 하는 일에 대해 정확히 이야기했다. 그가 알아서 일하도록 내버려 두고 골프를 즐겼다. 그러고는 집을 고치는 데 사람을 고용할 돈을 벌 수 있다는 사실에 기뻐했다.

내면의 비판자를 추적하기

수치심을 안기는 내면의 목소리를 접하는 두 번째 방법은 게슈탈트 심리학이 그 기원이다. 나는 간단히 '내면의 비판자를 추적하기'라고 부른다. 수치심에 기반한 사람 모두는 자기를 비판하는 대화가 내면에서 계속 이어진다. 여러 사람이 이를 '자기 고문' 게임이라고 불렀다. 항상 대단히 습관적이며, 따라서 무의식적이다. 다음에 소개할 기법은 이를 의식적으로 자각하는 데 도움이 될 뿐만 아니라, 자기 통합 및 자기 수용을 더욱 효율적으로 할 수 있는 도구가 되어줄 것이다. 이 기법 연습은 존 O. 스티븐스$^{\text{John O. Stevens}}$(미국 심리치료사이자 작가)의 저서 《인식^{Awareness}》에서 인용했다.

편안하게 앉아 눈을 감는다. 그러고 나서 내 앞에 앉은 나 자신을 바라보고 있다고 상상한다. 앉아 있는 내 모습을 시각적으로 형상화해본다. 아마 거울 앞에 앉아 있는 느낌이 들지도 모르겠다. 상상 속에서 나는 어떻게 앉아 있으며 무슨 옷을 입고 있는가? 그리고 어떤 표정을 짓고 있는가?

이제 조용히 다른 사람에게 이야기하듯 자신의 이미지를 비판해보자(이 기법을 혼자 실행 중이라면 소리를 크게 낸다). 자신이 해야 할 일과 하지 말아야 할 일이 어떤 것인지 자신의 이미지한테 이야기한다. 각 문장은 '너는 ~해야 해' 또는 '너는 ~하면 안 돼'처럼 일정한 형태가 되도록 한다. 비판하는 내용을 길게 목록으로 만들어보며, 이 과정에서 자기 내면에서 어떤 목소리가 들려오는지 귀 기울여본다.

이제 내 이미지와 자리를 바꿔 앉았다고 상상해본다. 내 이미지가 되었다고 생각하고 앞서 제기한 비판에 답을 해본다. 어떻게 반응할 것인가? 이때 내 목소리는 어떤 어조를 띠는가? 비판에 반응할 때 어떤 기분이 드는가?

그다음에는 역할을 바꿔 다시 비판하는 쪽이 되어보자. 이렇게 내면의 대화를 이어나가는 동안 자신이 무슨 말을 어떻게 하는지, 어떤 단어를 쓰며 어떤 어조로 이야기하는지 분명히 인식한다. 중간중간 잠깐 휴식 시간을 두고 내면의 목소리가 하는 말에만 집중해보자.

원할 때마다 역할을 바꾸되 대화는 끊기지 않도록 하며 내면에서 일어나는 세세한 사항을 인식한다. 각 역할을 맡을 때 신체가 어떤 느낌인지 느껴본다. '너는 ~하면 안 되잖아'라고 비판하는 목소리에서 내가 아는 주변 누군가가 느껴지는가? 아니면 이때 깨닫게 되는 다른 내용이 있는가? 이 조용한 대화를 몇 분 정도 이어나간다. 대화가 진행될수록 뭔가 변화가 있음이 느껴지는가?

이제 가만히 앉아서 방금 나눈 대화를 되새겨본다. 일종의 분열 또는 갈등을 경험했을 것이다. 한쪽은 내 안에 있는 힘이 세고 비판적이며 권위적인 부분으로 내가 바뀌어야 한다고 요구한다. 다른 쪽은 힘이 약하며, 사과하고 회피하며 변명을 늘어놓는다. 마치 내가 부모와 자식으로 분열한 것과 같다. 부모 혹은 '우두머리'에 해당하는 쪽은 언제나 나를 통제해 '더 나은' 일을 하는 쪽으로 바꾸려 한다. 반면 아이 혹은 '졸개'에 해당하는 쪽은 변화하려는 시도를 끊임없이 회피하려 한다. 나를 비판하며 요구를 던지는 목소리에 귀 기울이면 마치 부모님이 하는 이야기처럼 들린다는 사실을 깨달았을지도 모르겠다. 아니면 자신의 남편이나 아내, 상사 혹은 나를 통제하려는 다른 권위적인 존재처럼 내 삶에 계속 무언가를 요구하는 사람의 목소리로 들릴 수도 있다.

이렇게 나를 비판하는 목소리는 내가 약한 모습을 보이는 어떤 상황에서나 등장할 수 있다. 목소리가 활동 상태로 전환하면 '수치심의 나선'이 작동하기 시작하며 자신만의 독자적 힘을 지니게 된다. 이러한 내면의 대화는 반드시 외부로 표현해야만 한다. 나 자신을 수용하지 못하는 분열 상태로 유지하는 주요한 방식이기 때문이다. 이 기법을 시행하면 내면의 비판적 대화를 의식으로 끌어올릴 수 있다. 목소리를 외면화하는 첫 번째 단계라 할 수 있다.

두 번째 단계는 비판하는 메시지 하나하나를 특정 행동으로 해석하는 일이다. "너는 이기적이야"라는 말 대신 "나는 설거지를 하기 싫었어"처럼 이해해야 한다. 같은 방식으로 "너는 멍청해"는 "난 기하학은 잘 모르겠어" 같은 말로 바꿔 해석할 수 있다. 비판하는 말은 하나씩 따져보면 일반화에 불과하다. 따라서 사실일 수 없다. 우리는 모두 자기 기분 내키는 대로 하고 싶을 때가 있기 마련이다. 살다 보면 모두가 혼란에 빠지는 부분도 있기 마련이다. 이렇게 일반화된 표현(판단, 조건 또는 가치와 관련된)을 보다 구체적이고 특정한 행동으로 해석함으로써 우리는 자신의 참모습을 파악할 수 있으며 동시에 더욱 통합되어 균형 잡힌 방식으로 자신을 수용할 수 있다.

일반화된 이들 표현(판단, 조건 또는 가치와 관련된)과 반대되는 긍정적인 표현을 만드는 일이 세 번째 단계다. 예를 들어 "나는 이기적이야" 대신 "나는 이기적이지 않아"라고 하는 것이다. 이는 분명한 말로 스스로 내뱉어야 한다. 나를 지지해주는 집단의 일원, 가장 친한 친구, 남편 또는 아내 등에게 긍정적 자기표현을 말로 전달하는 게 좋다. 이때 말을 전할 상대는 내게 수치심을 안겨주는 사람이 아니어야 하는 건 당연한 일이다.

43. 능동적으로 상상하는 법 배우기

바바라 한나 Barbara Hannah

예전에 현명한 여성이 내게 이렇게 이야기한 적이 있다. 항상 꿈꿔온 장기간 국토 횡단 여행을 하던 중 자신과 잘 맞지 않는 사람과 방을 같이 써야 했다. 처음에 그녀는 이 때문에 여행을 망칠 것이라 생각했다고 한다. 하지만 싫은 감정이 여행을 망치게 내버려둔다면 평생 가장 흥미롭고도 즐거운 경험 중 하나로 기록될지도 모를 이 기회를 낭비하는 것과 마찬가지라는 사실을 깨달았다. 그래서 마음을 바꿔, 자신의 부정적 감정은 물론 자신과도 거리를 두고 원래 같으면 맘에 안 들 동료 여행객도 기꺼이 받아들여 친절하게 대했다. 그 효과는 놀라울 정도였으며, 그녀는 너무나도 즐겁게 여행할 수 있었다고 한다.

우리가 혐오하며 자신과 맞지 않게 느껴지는 무의식의 요소를 대할 때도 똑같은 원리가 적용된다. 이들을 계속 혐오하도록 내버려두면 삶의 여정을 망치고 만다. 있는 그대로 받아들이고 친근하게 다가가면, 이들이 생각했던 것만큼 그렇게 나쁘지만은 않다는 사실을 발견할 때가 많다. 그렇게 하면 최소한 자신에게 적대적인 모습을 보이지는 않을 것이다.

자신의 무의식을 직면할 때 보통 맨 처음으로 만나는 모습은 개인의 그림자$^{personal\ shadow}$다. 이 형상은 주로 우리가 자신에게서 거부한 모습으로 이루어져 있기 때문에, 앞에서 소개한 여행 이야기에 등장한 여성의 동료 여행자와 마찬가지로 우리에게 친절하게 굴지 않는다. 하지만 우리가 무의식중에 적대적으로 군다면 우리에게 점점 견딜 수 없는 쪽으로 변할 것이다. 반면 무의식이 본래 모습대로 있을 권리를 인정하고 친절하게 대한다면 무의식 역시 놀랍도록 변할 것이다.

예전에 엄청 불쾌한 그림자가 등장하는 꿈을 꾼 적이 있다. 하지만 예전 경험을 바탕으로 나는 이 그림자를 받아들일 수 있었다. 융은 내게 이런 말을 했다. "이제 당신의 의식은 좀 덜 밝을지는 몰라도 훨씬 폭이 넓어졌습니다. 당신은 의심의 여지없이 정직한 사람이기 때문에, 부정직해져도 됩니다. 동의하기 어려울지도 모르지만, 그건 대단히 큰 이득이에요." 의식이 넓어지는 일 자체가 우리가 얻을 수 있는 최대의 이득임을 점점 깊이 깨닫게 된다. 살아가면서 겪는 어려운 일은 거의 모든 경우 의식이 너무 협소해 제대로 겪고 이해하지 못하기 때문에 빚어지며, 이들을 이해하는 데 가장 도움이 되는 방법은 바로 능동적 상상을 통해 이들과 만나는 것이다.

능동적 상상의 가장 유용한 점은 도道와 조화를 이룸으로써 우리 주변에 잘못된 일 대신 올바른 일이 일어나도록 할 수 있다는 것이다. 도에 관해 논하는 일은 일상의 경험에 이국적 향취를 더할 수 있을지는 모르지만, 실은 서구 문화에서 말하는 '그는 오늘 안 좋은 쪽으로 일어났다'* 또는 스위스에서 쓰는 표현으로 '(일어설 때) 왼발을 먼저 디뎠다$^{\text{with the left foot first}}$' 같은 말에도 똑같은 의미가 들어 있다. 이들 표현은 우리가 자신의 무의식과 조화를 이루지 못하는 상황을 적절하게 설명해준다. 이럴 때 우리는 짜증이 나고 불쾌해지며 (낮이 가면 밤이 오듯) 주변을 분열시키는 효과를 초래한다.

우리는 모두 의식적으로 무언가를 의도할 때마다 이것과는 반대되는 미지의 (또는 상대적으로 덜 알려진) 무언가와 끊임없이 교차한다는 사실을 경험한 적이 있다. 능동적 상상을 가장 간단하게 정의하자면 '적절한 때 협상을 시작해 우리에게 무의식의 힘과 형상을 받아들일 기회를 주는 일'이라고 할 수 있을 것 같다. 이런 측면에서 능동적 상상은 꿈과는 다르다. 꿈에서는 우리가 자신의 행동을 통제할 수 없기 때문이다. 물론 실제 정신분석에서 대부분은 의식과 무의식의 균형을 다시 맞추는 데는 꿈만으로도 충분히 도움이 되며, 늘 그 이상이 필요한 건 아니다. 하지만 이야기를 계속 진행

---

* 'He got out of bed on the wrong side this morning'. 종일 이상하게 기분이 나쁘거나 일진이 좋지 않다는 뜻이다.

하기 전에, 능동적 상상에서 사용할 수 있는 실제 기법 한 가지를 간단히 소개하고자 한다.

맨 처음 할 일은 가능한 한 어떤 방해도 받지 않는 자유로운 상태로 혼자 있는 것이다. 앉은 채로 무의식에서 나타나는 모든 것을 보고 듣는 데 집중한다. 이렇게 하고 나면 (쉽지 않을 때도 많지만) 나타나는 이미지를 그리거나 쓰거나 하는 등의 방법으로 기록함으로써 무의식으로 다시 가라앉지 않도록 해야 한다. 움직임이나 춤으로 표현하는 게 가장 좋은 경우도 있다. 또 무의식과 직접 접촉되지 않는 사람도 있다. 간접적인 방식으로 무의식에 접근하는 좋은 방법은 이야기로 쓰는 것, 특히 타인에 대한 이야기로 쓰는 것이다. 이런 이야기는 화자 자신의 정신 속에 있는 완전한 무의식을 반드시 드러내게 되어 있다.

어떤 경우든 무의식을 접하는 게 목표이며, 여기에는 무의식이 어떤 방식으로든 자신을 표현할 기회를 주는 일이 꼭 필요하다(무의식에는 독자적 생명이 없다고 믿는 사람은 이 방식을 시도조차 해서는 안 된다). 이러한 기회를 만들려면 '의식의 경련$^{cramp\ of\ consciousness}$'을 어느 정도 반드시 극복해야 하며, 항상 어느 정도 무의식중에 머물러 있는 환상이 의식으로 떠오르도록 해주어야 한다(융은 자신은 꿈이 언제나 무의식 속에서 일어난다고 생각하지만, 꿈이 우리의 의식에 모습을 나타내도록 하려면 우리가 잠이 들어 외부의 사물에 완전히 주의를 끊어야 한다고 말한 적이 있다). 말하자면 깨어 있는 동안 꿈을 보고 듣는 법을 배우는 것이 능동적 상상을 위한 첫 번째 단계인 경우가 보통이다.

이러한 환상에 도달하기 위한 방법에는 몸의 움직임과 음악도 포함된다고 융은 말한 바 있다. 그의 지적에 따르면, 신체 움직임을 통해 환상에 도달하는 일은 (의식의 경련을 해소하는 데 가장 크게 도움이 될 때도 있긴 하지만) 움직임 자체를 제대로 기록하기 힘들 뿐만 아니라, 외부 기록이 없으면 무의식에서 나온 것들이 의식에서 금세 사라지기 쉽다는 문제가 있다.

움직임을 되풀이해 기억에 단단히 새긴다고 해도 며칠이면 완전히 사라질 수 있다. 이런 일을 막기 위해서는, 어떤 식으로 움직임이 이루어졌는지 그림으로 그리거나 몇 마디로 따로 묘사해야 한다는 것이 융의 제안이다.

능동적 상상을 통해 무의식을 다루는 데는 또 다른 기법이 있다. 내 생각에는 무의식을 다루는 데 가장 도움이 되는 기법이기도 하다. 의인화된 형태로 나타나는 무의식의 내용과 대화를 나누는 일이 바로 그것이다.

물론 내가 누구랑 이야기하는지 확실하게 아는 게 중요하다. 그리고 이들 목소리가 뱉는 말 전부에 성령의 영감이 담긴 건 아니다. 시각으로 표현하는 작업을 거치면 비교적 가려내기 쉬워진다. 하지만 시각화가 불가능할 경우에는, 목소리나 어투를 가려내는 법을 배우면 실수를 방지할 수 있다. 게다가 이들 형상은 대단히 역설적이다. 긍정적, 부정적 측면을 모두 지니고 있으며 한쪽이 다른 쪽에 끼어드는 일도 흔하다. 이런 경우에는 말하는 내용을 가지고 판단을 내리면 된다.

능동적 상상을 위한 기법을 쓸 때 반드시 기억해야 할 중요한 규칙이 있다. 상상 속으로 들어설 때는 말이나 행동에 의식적으로 완전하게 주의를 기울여야 한다. 일상생활에서 중요한 상황에 접할 때와 마찬가지로, 또는 그 이상으로 주의를 집중해야 한다. 그럼으로써 환상이 수동적인 상태에 머무르는 일을 막을 수 있다. 하지만 원하는 걸 모두 말하거나 행동으로 표현하고 나면, 무의식이 표현하려 하는 것을 듣거나 볼 수 있도록 마음을 깨끗하게 비워야 한다.

무엇보다 능동적 상상을 깨우기 위한 시각·청각적 기법은 '우리에게 자유롭게 일어나도록 내버려두는' 것이다. 그러나 이미지가 만화경처럼 마음대로 모습을 바꾸도록 해서는 안 된다. 예를 들어 처음 나타난 이미지가 새였는데, 그대로 내버려두면 그 이미지는 눈 깜짝할 사이에 사자, 바다 위에 떠 있는 배, 또는 전투 장면 등으로 바뀔 것이다. 우리가 집중함으로써 등장하는 최초의 이미지를 그대로 간직하면서, 우리에게 나타난 이유가 무엇이고 어떤 무의식의 메시지를 담고 있으며 우리에게서 무엇을 알아내고 싶어 하는지를 온전히 설명하기 전에 함부로 달아나지 않도록 하는 게 이 기법의 내용이다. 상상의 장면이나 대화에 우리가 스스로 들어서는 일이 중요하다는 사실은 이미 설명했다. 자연스럽게 우리에게 일어나도록 하는 법을 배웠음에도 우리가 그 안으로 스스로 들어가지 않으면, 상상은 앞에서 묘사한 대로 모습 자체가 변해버리거나 (처음에 나타난 이미지를 그대로 지키고 있다고 해도) 수동적으로 바라보기만 하는 영화 또는 나오는 대로 듣기만 하는 라디오처럼 되고 만다. 모든 것이 자연스럽게 일어나도록 하는 일은 당연히 필요하지만, 너무 오래 그 안에 빠져 있으면 우리에게 해롭게 변할 수 있다. 능동적 상상의 목적은 무의식을 받아들이는 것이며, 이를 위해서는 무의식과 담판을 지어야 한다. 그러려면 우리는 뚜렷한 자신만의 관점이 있어야 한다.

44. 그림자 그리기

린다 제이콥슨 Linda Jacobson

거대하고 어두운 형상이 내 소박한 정원에 나타난다. 나는 공포에 질린다. 내 목숨이 그의 손에 달려 있다는 사실을 깨닫자 내 몸이 떨린다. 나는 그의 소유물이다. 그는 내 아버지다. 어렸을 때 나를 몇 번이고 강간한 사람이다. 흐르는 눈물을 참지 못하며 복도에서 내게 추파를 던지는 남자의 모습을 그린다. 시키는 대로 하지 않으면 그는 나를 잡아먹고 말 것이다. 그러고 나서 나는 그의 그림자를 그린다. 몇 년 동안 나를 괴롭히며 내 삶을 완전히 어둠 속에 빠뜨린 그 사람의 그림자를.

안내에 따라 그림자를 스스로 그려보는 시각화 작업 중 학생 중 한 명인 N. R이 경험한 내용이다. 시각화 작업의 목적은 무의식 속에서 이미지가 자연스럽게 튀어나오도록 하기 위해서다. 이들 이미지는 여러 예술 작품의 원천이 되기도 한다.

융이 말한 능동적 상상 기법을 탐구하면, 안내에 따른 시각화 작업에서 '보이는' 이미지를 가지고 의식적으로 깨닫지 못한 내면의 부분에 접근할 수 있다. 이들 이미지에는 상상 속 캐릭터나 꿈속에 나오는 성격이 포함되기도 하고, 일상에서 보는 타인이 등장해 내면에서 불편하거나 매력 없어 보이는 부분을 상징하기도 한다. 보통 우리가 보는 자기 이미지와 반대로 보인다. 이들은 단순히 부정적인 것만이 아니다. 표출하지 않아야 한다고 우리가 지금껏 기계적으로 믿어왔던 특징을 나타낸다.

의식으로 끌어올리기 위해 이들 이미지를 그려보는 작업에서는 자신에게서 버림받았으나 타인에게는 맨 처음 보이는 부분을 안전하고 객관적인 이미지로 시각화해 종이에 그릴 수 있다. 이들 그림자 특징$^{shadow\ qualities}$을 인식하고 나면 권력이나 성에 대한 관심, 자기주장, 그리고 관대함같이 좀 더 긍정적인 숨은 특징도 찾아낼 수 있다. 이런 방식으로 자기감$^{sense\ of\ self}$을 넓힐 수 있다.

시각화 작업을 시작하기 전에 촛불과 꽃, 또는 음악으로 간단하게 제의적인 분위기를 연출해 작업에 도움이 되는 환경을 조성하는 것이 좋다. 눈을 감은 다음, 호흡에 맞추어 자신에게 이렇게 이야기한다.

당신은 아름다운 정원에 있습니다. 예전에 가본 곳일 수도 있고, 완전히 상상 속 공간일 수도 있습니다. 발밑에는 돌멩이가 깔린 길을 걷는 감각이 느껴집니다. 밝게 핀 꽃과 풀들의 색, 맑게 갠 하늘, 부드럽게 떠 있는 하얀 구름, 그리고 잔잔하게 부는 바람을 느낍니다. 날씨가 선선한가요, 따뜻한가요? 다른 감각도 세세하게 느껴봅시다.

그다음 이곳이 얼마나 성스러운지, 얼마나 안전하고 강력한지 느껴봅시다. 당신은 눈부신 빛으로 가득한, 충만한 존재입니다.

그런데 당신이 만나고 싶지 않은 한 사람이 보일 겁니다. (잠시 멈춤) 이 사람을 보기만 해도 신경이 곤두서고 말할 수 없이 짜증이 납니다. 심지어 왜 그렇게 되는지조차 모릅니다. 이 사람은 당신과는 모든 부분에서 대척점에 서 있습니다. 이 사람은 단지 꿈속의 인물인가요, 당신이 아는 사람인가요, 아니면 여러 명의 성격이 모여 만들어진 인물인가요? 이 사람은 어떤 외모를 하고 있나요? 이 사람 주변은 어떤 색, 어떤 분위기인가요? 지금 느끼는 감정은 분노인가요, 공포인가요, 두려움인가요? 증오인가요, 아니면 존경심인가요? 사랑인가요, 아니면 혐오인가요?

어떤 부분이 거슬리나요? 이 사람이 말을 할 때 어조는 어떤가요? 무슨 이야기를 하나요? 이 사람은 비판적인가요? 이기적인가요? 잔인한가요? 소심한가요? 성적인가요? 거만한가요?

잠시 시간을 두고 이 그림자 인물을 온전히 경험해보세요. 당신의 감정이 몸속 세포 하나하나까지 완전히 스며들게, 그래서 이 존재가 당신 마음속에 분명하게 자리 잡도록 해보세요. (잠시 멈춤)

그러고 나서, 눈을 감은 채로 당신이 느끼는 감정을 그려보세요. 준비되었으면 천천히 눈을 뜨고 15분 동안 계속 그림을 그리세요.

안내에 따른 시각화 작업을 마치고 나면, 자신이 경험한 내용을 사용하기 간편한 유화물감이나 분필 파스텔 등으로 그려보도록 한다. 이 모든 과정은 자연스러워야 하며, 이미지가 마음속에서 심각하게 수정되거나 하지 않고 자연스럽게 나타나도록 해야 한다. 그림을 그리는 동안에는 감정을 계속 유지하며, 예술 작품처럼 보이게 하는 데 너무 신경 쓰거나 그림의 수준을 평가하지 말고 감정을 충실히 표현하는 데 집중한다.

그림 작업을 처음 해보고 나면, 점차 여러 가지 그림자의 이미지를 그려 나갈 수 있을 것이다. 형상과 색채는 다양하게 바뀔 수 있으며, 이 역시 치유 과정을 반영한다.

내 수업을 들은 다른 학생들과 마찬가지로, N. R은 그림자 속 아버지와 자신의 희생당한 내면 아이$^{inner\ child}$(인간의 무의식에 들어 있는, 어린 시절의 아픔과 상처로 인한 자아)를 직면함으로써 자신이 더 강해지고 자신감이 붙는다는 사실을 점점 깨닫게 되었다. 그림자 작업을 위해 실천할 수 있는 몇 가지 다른 기법을 소개하면 다음과 같다.

· 내 그림자를 나머지 페르소나에 통합하기 위해 그림을 그려 표현해본다.
· 그림으로 표현한 내 그림자와 대화한 내용을 작성해 그림자가 어떤 욕구를 지니고 있는지 알아본다.
· 내 모습을 그림자의 관점에서 그려본다.

그림자를 그림으로 표현하는 일은 창조적으로 깊이 있는 경험임을 발견하게 될 것이다.

45. 타인에 관한 글쓰기
디나 메츠거 Deena Metzger

우리 자신의 소유이며 벗어날 수 없지만 본질적으로 붙잡기 힘든 성격인 탓에 정작 만나기는 가장 어려운 어둠인 그림자는 빛이 없을 때 우리 자신의 모습을 비춰 보여준다. 그러므로 그림자를 만나려면 어둠으로 들어가 미지와 손을 잡을 각오가 되어 있어야 한다. 그림자가 사는 곳이 바로 그 어둠 속이기 때문이다. 우리가 그 속으로 들어가지 않으면, 그림자가 은밀하고도 폭력적으로 다가올 위험이 있다. 하지만 일단 들어가면 우리는 어둠에 둘러싸인다는 두려움에 짓눌린다. 어둠 속에 있으면 우리 자신이 어둠인 것처럼 느껴질 때가 많다.

그렇다면 그림자를 어떻게 만나야 할까? 완전히 낯설게 여기며 혐오하고 꺼리며 부정하는 부분이 자신의 내면에 존재한다는 것을 인정해야 하며, 아무리 무섭고 끔찍하다 해도 이들은 여전히 우리의 일부분이라는 사실을 받아들여야 한다. 우리 안에 낯설고도 친숙한 부분이 있음을 인정하는 일은 정식 속 최대의 수수께끼 속으로 들어가는 것과 같다. 이 행위는 그 자체로 그림자가 나타나도록 평화를 제안하는 역할을 한다.

그림자는 해가 지면 길어지고, 해가 떠오르기 직전 여명일 때 가장 커진다는 사실을 우리는 모두 알고 있다. 글을 쓰다 보면 이 여명과 같은, 이성의 햇빛이 잦아드는 순간이 있다. 이럴 때 그림자는 우리의 부름에 응해 나타난다. 빛이 자신을 완전히 없앨 수 있기 때문에 그림자는 빛을 피하고 나타나길 거부하며 더 깊이 숨어버릴 수도 있는데, 여명의 순간에는 빛에 반대되는 자신의 위치를 지킬 수 있기 때문이다.

이런 생각으로 나는 글을 쓰고 등장인물과 이야기를 가다듬는 작업을 통해 그림자를 만날 수 있도록 하기 위해 상상력을 발휘한 일련의 질문을 작성해보았다. 이들 질문은 자기와 그림자 둘 다 똑같이 위험에 노출하기 때문에 그림자가 자신을 드러내도록 만드는 데 효과가 있었다.

최초의 질문은 그림자가 사는 영역을 정의함으로써, 그림자는 우리의 연장 선상이며 우리가 반대쪽으로 건너가면 바로 우리 자신이 된다는 사실을 인식하게 만드는 게 목적이다. 그림자는 우리의 또 다른 얼굴이다.

타인에게서 보이는 성질이나 특징 중 나와 가장 덜 비슷한 부분은 무엇인가? 증오심을 느꼈을 때를 회상해보자. 우리를 증오할지 모르는 타인이 있는가? 내게 가장 고치기 힘든 편견은 무엇인가? 나는 어떤 집단에 친밀감을 가장 덜 느끼는가? 내가 반감이 들고 거슬리는, 나를 소름 끼치고 화나게 만드는, 또는 나보다 못하거나 단순히 끔찍하다는 이유 등으로 절대 똑같이 되고 싶지 않은 사람이 있다면 누구인가? 굴욕감이 너무나 심해 살고 싶지 않은 상황이 있다면 어떤 것인가? 내 안에 존재하는 참을 수 없는 공포가 있다면 무엇인가?

이들 질문에 관한 답변을 분석해보면, 도덕적 또는 윤리적 원칙 때문에 피하는 부분도 있지만 단순히 혐오스럽거나, 멸시감 또는 반감이 느껴지거나, 그냥 생각만 해도 메스껍기 때문인 부분도 있다. 그림자의 영역에 해당하는 건 물론 후자다. 여기에 해당하는 부분에서 자연스럽게 인물을 만들어 이름을 붙이고 성격을 부여한 후 인물의 개인사를 만들어본다. 그리고 이 인물과 친근하게, 자신감을 갖고 인물이 드러나도록 자연스럽게 대화를 나눔으로써 인물에 대한 외적인 내용을 파악한다. 어디에 사는지, 어떤 집에 사는지, 점심은 무엇을 먹는지, 어떤 생각을 하는지, 무엇을 두려워하는지, 그리고 무엇을 원하고 꿈꾸는지 등에 대해서 말이다. 그림자를 대할 때는, 그림자가 우리에게 갖추기를 원하는 만큼의 믿음과 사교적 태도를 갖추는 것을 잊지 않도록 한다.

이 내면의 인물을 만나는 데는 또 다른 방법이 있다. 내 삶은 지금 위협받고 있으며, 여기에서 벗어나려면 또 다른 인물, 즉 가짜 나를 만들어야 한다고 상상해보는 것이다.

여기서 가짜 나는 완전한 형태의 인물이어야 한다. 나와 대단히 흡사하면서도 다르기 때문에 이 인물의 삶을 살면서 진짜 나를 감쪽같이 속일 수 있는 인물이어야 한다. 가짜 나로 살게 되면, 그 삶에는 내게 완전히 낯설면서도 여전히 편안하고 친숙한 특징이 있을 것이다. 자신을 숨기고 삶을 부지하기 위해 나는 어떤 인물을 선택했는가? 내가 투명 인간이 되어 이 인물을 온종일, 일주일 내내 따라다니며 혼자 있을 때, 그리고 다른 사람과 있을 때 어떤 모습인지 속속들이 관찰한다고 상상해보자. 이 인물은 새벽 3시까지 잠 못 이루고 있을 때 무슨 생각을 할까? 어떤 비밀과 슬픔, 그리고 통찰력을 지니고 있는가? 그리고 이 페르소나는 자기 속 근본적인 부분 중 어디를 가려주는가?

세심하고 친절하게 대하면 그림자는 모습을 드러낼 것이라고 확신해도 좋다. 그러므로 질문하고, 관찰하며, 모든 것에 호기심을 갖고, 보고 알게 되는 모든 것을 받아들이자. 자연스럽게 드러날 것을 섣부른 판단, 괜한 편견이나 두려움으로 오염시키거나 망가뜨리지 않도록 해야 한다.

이제 모든 걸 다 안다고 생각할 때쯤, 그림자에 대해 우리 자신만큼 (또는 그 이상으로) 잘 안다고 생각할 때쯤, 이 인물이 실은 같은 부모 아래 태어난 자신의 형제자매라고 생각해보자. 그리고 나와 어떤 사이일지 적어보는 것이다. 어릴 적 함께 지낼 때는 어땠는지 '기억을 떠올려', 서로에게 깊은 친밀감을 느낀 순간은 언제였는지 적어본다. 서로 갈라서서 각자의 삶을 찾기 시작한 때는 언제인가? 갈라서는 순간을 드러내는 이야기를 써보자. 부모가 우리 둘을 바라보며 서로를 추억하며 어떤 부분이 비슷하고 어떤 부분이 서로 다른지 이야기한다고 상상해본다.

다음으로 내 형제자매이자 타인이자 적이자 가짜 나인 이 인물이 나를 바라보며 그 자신의 목소리로 나를 묘사하도록 한다. 그 시점에서 보면 나는 어떤 인물인가? 이제 상대가 목소리를 내게 되었으니 서로 대화를 나눠본다. 서로에 관해 무엇을 알고 싶은가?

이 그림자 인물을 내 삶에, 말하자면 내 가족처럼 받아들였으므로, 이제 내 상상력과 내 실제 삶의 이력을 통합해보자. 말 그대로 갖다 붙이지 않고록 조심해야 한다. 그렇게 되면 더 깊은 지식이 가려지기 때문이다. 그와 동시에 내 상상력으로 인해 그림자가 실은 내 가족이자 내 반쪽이며 나 자신이라는 사실을 외면하거나 혼란스럽게 하지 않도록 주의할 필요가 있다.

이 '그림자 자기$^{shadow\ self}$'는 우리와 동떨어진 존재가 아니다. 사실 형제자매보다 더 우리와 밀착한 존재다. 우리 자신이 드리운 그림자이며, 언제나 우리와 함께하는 존재다. 이 존재가 어떤 모습인지, 그리고 어떤 삶을 사는지 외부에서뿐만 아니라 내면에서도 자세히 들여다봐야 한다. 나와 둘만의 섬처럼 고립된 공동체를 형성하고 서로 이해하게 된 존재가 실은 완전한 타인이며, 나와 완전한 타인이 실은 나를 완전히 이해한다는 이 역설 속으로 과감히 들어갈 필요가 있다. 우리 자신이 다른 사람의 삶을 사는 모습을 상상해보라.

마지막으로, 그림자 자기의 죽음을 상상해본다. 그때까지 살아왔을 삶을 생각해보면, 그 죽음은 과연 어떤 모습일까?

물론 그림자는 죽지 않으며, 우리는 항상 그림자를 드리우고 있다. 그러나 우리가 그림자와 어떻게 이어지는지, 그림자가 우리와 어떻게 이어지는지는 우리가 그림자를 인식하는지 여부에 따라 달라진다. 그림자를 인식하는 순간 우리는 순수를 잃어버리며, 이는 되돌릴 수 없다. 우리가 지닌 복잡한 본성에 대한 앎이 순수가 있던 자리를 채운다. 운이 좋다면 이 지식은 우리 안에서 타인을 향한 — 어쩌면 우리 자신을 향한 — 친절과 관용을 끌어낼 수도 있다.

결국 우리에게 남는 것은, 혼자 벌거벗은 채로 빛을 등지고 있을 때 깨달은 것들이다.

...

나는 숲을 헤치고 들어가 조용히 앉는다.
내 안의 동요는 모두
물 위의 동그라미처럼 잦아든다.
내가 해야 할 일은
내가 버려둔 그 자리에 소처럼 잠들어 있다.
문득 내가 두려워하는 것이 다가와
한동안 내 관점으로 지낸다.
내게서 두려워하던 것은 나를 떠나고,
나를 향한 두려움은 그것으로부터 떠난다.
그것은 노래한다. 나는 그 노래를 듣는다.
그리고 내가 두려워하던 것이 다가와
나는 한동안 그 관점으로 지낸다.
그것에게서 두려워하던 것은 그것을 떠나고,
그것을 향한 두려움은 나로부터 떠난다.
그것은 노래한다. 나는 그 노래를 듣는다.

- 웬들 베리 $^{Wendell\ Berry}$

9부 통찰과 예술, 그리고 연습을 통해 내 어두운 면을 받아들여라

맺음말

제러마이아 에이브럼스

어리석음을 고집하는 바보는 현명해진다.

- 윌리엄 블레이크^{William Blake}

나는 원래 독학하는 성격이다. 경험으로부터 배우는 걸 소중하게 생각한다. 어떤 주제에 대해 생각하고 주의를 기울이면 공시성^{synchronicity}*이 일어날 때가 많다. 의미 있으나 인과적으로 이어지지 않은 사건이 나 또는 주변 지인에게 발생하는 경험을 하게 된다. 이렇게 즉각적인 반응을 겪으면 편안하고도 새로워진 기분이 든다. 이들 현상을 통해 나는 무엇이 진짜이며 진실한지 확인할 수 있다.

    정신치료사 훈련을 받을 때, 그날 내 주의를 끄는 대상은 어떤 식으로든 상담실에 다시 등장하는 경험을 자주 했다. 딱 같은 날에 말이다! 초기에는 이 상황이 너무나 당황스러워서, 이들 우연의 일치를 내 선택적 지각(예를 들어 거리를 걸어가는 소매치기 눈에는 사람들 지갑만 보일 것이다)의 결과로 치부하며 무시하곤 했다. 그러나 이런 일이 시간이 지나고도 계속되자

---

* 의미 있는 우연의 일치, 즉 비인과적 현상이 발생한 상황을 설명하는 개념. 카를 융이 제창했다.

나는 이를 믿게 되었다.

오늘을 예로 들면 맺음말을 쓰던 중에 나는 한 젊은 여성의 전화를 받았다. 지난밤에 꾼 꿈 때문에 크게 스트레스를 받는다는 것이었다. 그녀는 내 도움이 필요했다. 꿈을 분석하는 게 내 일이라, 우리는 전화로 이야기를 나누며 꿈을 분석했다. 특히 두드러진 부분은 이랬다.

꿈속에서 그녀는 직장에서는 구부정하게 몸을 굽히고 있다가 갑자기 등허리에 몇 차례 강렬한 고통을 느꼈다. 그래서 일어나서 뒤돌아섰는데, 거기에 새까만 머리를 한 여자가 자신에게 다트를 던지고 있는 게 아닌가!

그 여자는 자신과 반대되는 색깔을 띤 동성의 인물로 상징되는 그녀의 그림자였다(꿈을 꾼 사람은 불그스레한 금발이었다). 뒤에서, 그러니까 무의식에서 다가온 (상징적으로 말하면 의식의 시각으로 볼 수 없는 우리의 뒤쪽) 그녀의 그림자는 고통스러운 깨달음이라는 다트를 그녀에게 겨누고 있었던 것이다.

나도 그 핵심을 제대로 깨달을 수 있었다. 집중하면 그림자를 우리의 즉각적인 영역으로 끌고 올 수 있다. 내면의 버림받은 부분은 관심을 기울이면 살아나 우리에게 응답한다.

이 책을 작업하면서, 이는 내게도 의식적이며 살아 있는 대화로 바뀌었다. 이 과정에서 나 자신이 개인적으로 겪은 그림자의 관찰과 경험을 여럿 확인할 수 있었다. 더 중요한 사실은 나 역시 그림자 작업을 시작하게 되었다는 점이다. 1년이 넘는 기간 동안 다양한 것들의 어두운 면을 들여다보며, 내게 진짜가 될 때까지 그 생각을 짚어지고 다녔다. 잠들 때마다 그림자에 대한 꿈, 낯선 사람과의 낯선 만남, 악전고투하는 힘든 밤, 생각도 하지 않았던 동반자와의 새로운 발견 등을 경험했다. 이제 나는 이들 모두를 이해하는 것은 물론, 나 자신의 영혼이 얼마나 불완전한지도 쉽게 인정할 수 있게 되었다. 그에 반해 예전에 갖고 있던 위선적 자세를 유지하는 데 쏟는 에너지는 훨씬 줄었다.

우리는 모두 파괴적 가능성과 창조적 가능성을 모두 품고 있다. 우리 안에 암흑의 적이 숨어 있음을 인정하고 받아들이는 건 대단한 고백이자 심리적 변화의 시작이다. 우리가 먼저 이를 받아들이고 현실로 자각하지 않으면 내면의 그 어떤 부분도 바뀌지 않는다. 그림자 작업은 우리가 자신을 온전하게 만들기 위한 최초의 단계다.

전일성 이야기를 해보자면, 우리는 그 누구도 내면에 모두를 의식적으로 담을 수는 없으며, 언제나 모든 것을 인식하지도 못한다. 앎의 과정에서는 파편화^{fragmentation}가 발생한다.

그림자를 이해하려 노력하는 일은 창조의 신비를 이해하고 싶어 하는 것과 같다. 우리의 지식은 언제나 불완전하다. 따라서 현실 원리에 충실하면서 위선적이지 않은 삶을 살기를, 그리고 항상 의식적으로 진실의 가장 깊은 곳을 탐색할 수 있기를 갈망할 따름이다. 억압받고 부정당하던 것을 찾아 나만의 의미를 부여하기 위해서는 트릭스터^{trickster}*, 그러니까 내면에 존재하는 어리석은 이의 힘이 어느 정도 필요할 경우가 많다. 기꺼이 바보가 되려는 생각이 바로 지혜라고 할 수 있다.

---

* 서구 민화, 신화에 등장하는 장난꾸러기 요정. 정신분석에서는 창조적이면서 파괴적인 양면성을 지닌 존재로 설명한다.

유머는 다른 이들이 자신의 그림자를 보도록 뒷받침해주는 데 놀라운 효과가 있다. 스탠드업 코미디언이라면, 혼란스러울 뿐 아니라 자칫 위험할 수도 있는 그림자 속 내용물을 유머가 무해한 방식으로 방출해주는 역할을 한다는 사실을 본능적으로 알 수 있을 것이다. 유머는 억압된 공포와 감정을 가라앉혀주며, 우리가 자신의 약점에 대해 느낄지도 모르는 당황함과 수치심을 끊어버리기도 한다. 희극을 통해 우리는 사물의 핵심에 도달할 수 있을 뿐만 아니라, 우리가 인정하려 들지 않는 것에는 어떤 게 있는지도 살펴볼 수 있다. 유머 감각이 없다는 것은 그림자와 이어져 있지 않으며 가식적인 겉모습만 중시하려는 욕구가 강하다는 의미다. 우리는 웃음을 통해 긴장을 누그러뜨리며 우리가 발이 묶이거나 숨어 있거나 두려워하는 내면 곳곳에서 에너지를 해방한다. '우리에게 웃음이 없다면', 컨트리 송 가사에 종종 등장하는 내용과 똑같다. '우리는 모두 미쳐버리겠지.'

다른 이들과 함께 웃을 수 있을 때 내 일 역시 더 즐겁고 효율이 높아진다. 아무리 심각한 일이라 해도 말이다. 나는 부적절함의 경계선을 탐색한다. 그것을 찾아내는 일은 위험하지만 그만큼 보람도 가장 크다. 인식의 경계 지역에 자리 잡고 있기 때문에 이곳에서 우리는 선禪에서 말하는 '대도大道', 즉 차이를 두려는 의식적 마음의 경향 때문에 사물의 깊은 의미가 방해받지 않는 길을 발견할 수 있다. "좋아하는 것을 싫어하는 것 옆에 내세우는 것, 그것이 마음의 병이다." 중국 선종 제3대 조사인 승찬僧璨 대사는 이런 말을 남겼다.*

---

* 승찬 대사가 지은 《신심명(信心銘)》 중 '위순상쟁 시위심병(違順相爭, 是爲心病)'이라는 구절을 옮긴 것이다.

여러 에세이와 사상을 모아 편집한 이 책이, 그림자는 우리 삶 어디에나 존재한다는 인식을 독자의 세계 속에서 키우는 데 도움이 되었으면 한다. 몇 페이지만 읽고 자신의 삶을 한번 되짚어보라. 어렵지 않게 그 사실을 발견할 수 있을 것이다. 그림자 작업이 우리에게 안겨주는 선물은 우리에게도, 그리고 세상에도 도움이 된다.

그림자 작업은 훌륭한 약이기도 하다! 이는 내가 가식 없는 삶의 추구 pursuit of the unhypocritical life라 부르는 생활 습관으로 이어진다. 진실함이 있는 삶이라고 표현할 사람도 있을 것이다. 가식적인 자기 hypocritical self(내 그림자)를 멈추고 여기에 문제를 제기하기 위해 내가 의심스러운 행동을 할 때마다 이런 질문을 던진다. "내가 지금 임종을 맞는 자리, 창조주의 품으로 돌아가려는 자리에 있다고 해도 나는 여전히 이게 최선이었다고 이야기할 수 있을까?" 간디는 이런 말을 한 바 있다. "이 세상의 유일한 악마는 우리 마음속에서 날뛰고 있기에, 전투는 마음속에서 치러야 한다."

우리는 자신이 존경하는 사람처럼 되는 길을 선택할 수 있으며, 자신의 행동을 후회 없이 고수하는 길을 선택할 수 있다. 충분히 가능한 일이지만, 그 선택은 의식적이고 분명해야 한다. 그림자 인격을 인식하면, 이것이 지닌 무의식이 힘이 우리의 선택에 영향력을 행사하지 않도록 할 수 있다.

이는 그림자를 인식함으로써 생기는 황금 같은 기회다. 그 황금은 자신의 선택을 인식함으로써 발견할 수 있으며, 그림자와 자아 사이의 긴장을 수습함으로써 우리 것이 될 수 있다. 우리가 이 세상에서 어떤 모습의 인물을 구현할지 선택할 수 있다면, 그다음에 할 일은 우리가 만드는 세상의 모습에 스스로 책임을 지는 일이다.

...
빛을 알려면 빛을 들고 어둠으로 들어가야 한다.
어둠을 알려면, 어두운 곳으로 가라.
보이지 않는 채로 가라, 그리고 어둠 또한 피어나고 노래한다는 사실을,
어둠의 발과 어둠의 날개를 달고 다닌다는 사실을 발견하라.

-웬들 베리

지은이 코니 츠웨이그 Connie Zweig

캘리포니아 토팡가의 산꼭대기에 살고 있는 프리랜스 작가이자 북 에디터. '브레인/마인드 불레틴(Brain/Mind Bulletin)' 주필과 〈에스콰이어(Esquire)〉의 칼럼니스트를 역임했으며, '제러미 P. 타처(Jeremy P. Tarcher, Inc.)'의 선임 편집자로 근무했다. 그녀는 명상을 공부하는 학생이자 선생님으로서 오랜 기간 심리학에 큰 관심을 가지고 정신적 여행에 큰 공헌을 해왔다. 저서로 《To Be A Woman: The Birth of the Conscious Feminine》 등이 있다.

지은이 제러마이아 에이브럼스 Jeremiah Abrams

지난 20년간 융 치료사, 꿈 분석가, 작가, 상담가로 일해왔으며, 캘리포니아 소살리토에 위치한 개인을 위한 센터 '마운트 비전(Mount Vision Institute)'을 책임져왔다. 북부 캘리포니아에서 아내와 두 아이와 함께 살고 있으며, 저서로는 《Reclaiming the Inner Child》 등이 있다.

그림자 바이러스
Shadow Virus

초판 1쇄 발행 · 2025년 10월 30일
지은이 · 코니 츠웨이그, 제러마이아 에이브럼스
옮긴이 · 김현철

발행인 · 우현진
발행처 · (주)용감한까치
출판사 등록일 · 2017년 4월 25일
팩스 · 02)6008-8266
홈페이지 · www.bravekkachi.co.kr
이메일 · aoqnf@naver.com

기획 및 책임편집 · 우혜진
마케팅 · 리자
디자인 · 백설미디어 **교정교열** · 이정현
CTP 출력 및 인쇄 · **제본** · 이든미디어

- 책값은 뒤표지에 표시되어 있습니다.
- 잘못된 책은 구입한 서점에서 바꿔드립니다.
- 이 책에 실린 모든 내용, 디자인, 이미지, 편집 구성의 저작권은 도서출판 용감한까치와 지은이에게 있습니다. 허락 없이 복제하거나 다른 매체에 옮겨 실을 수 없습니다.

ISBN 979-11-91994-44-5(03180)

ⓒ Jeremiah Abrams and Connie Zweig

주석

12장 형제와 자매가 드리우는 그림자 - 크리스틴 다우닝

1. C. G. Jung, 'Symbols of the Mother and Rebirth', *Collected Works* vol. 5, p.259; (New York: Pantheon, 1959) C. G. Jung, *Two Essays on Analytical Psychology*, *C. W.* vol. 7, pp. 38, 75.
2. C. G. Jung, 'Concerning Rebirth', *C. W.*, vol. 9.1, P. 131.
3. Otto Rank, *The Double*(Chapel Hill: University of North Carolina Press, 1971); *Beyond Psychology*(New York: Dover, 1941).

15장 그림자로서의 신체 - 존 P. 콩거

1. C. G. Jung, *Symbols of Transformation: An Analysis of the Prelude to a Case of Schizophrenia*, 2d 2d., trans. R. F. C. Hull, Bollingen Series XX, vol. 5(Princeton, N.j.: Princeton University Press, 1956), p. 71.
2. C. G. Jung, *Analytical Psychology: Its Theory and Practice*(New York: Vintage, 1968), p. 23(italics added).
3. Wilhelm Reich, *The Function of the Orgasm*, trans. Theodore P. Wolfe(New York: Meridian, 1970), p. 241.
4. Wilhelm Reich, *Ether, God, and Devil*, trans. Mary Boyd Higgins and Therese Pol(New York: Farrar, Straus & Giroux, 1973), p. 91.
5. C. G. Jung, *The Structure and Dynamics of the Psyche*, 2d ed., trans. R. F. C. Hull, Bollingen Series XX, vol. 8(Princeton, N.j.: Princeton University Press, 1969), p. 215.
6. C. G. Jung, T*he Archetypes and the Collective Unconscious*, trans. R. F. C. Hull, ed. Sir Herbert Read, Michael Fordham, and Gerhard Adler, Bollingen Series XX, vol. 9(Princeton, N.J.: Princeton University Press, 1980), p. 284.
7. Wilhelm Reich, *The Mass Psychology of Fascism*, Trans. Vincent R. Carfagno(New York: Farrar, Straus & Giroux, 1970), p.xi.
8. Hans Christian Andersen, 'The Shadow', in *Hans Christian Andersen: Eighty Fairytales*(New York: Pantheon Press, 1982), p.193. 또 Otto Rank, *The Double: A Psychoanalytic Study*, trans. and ed. Harry Tucker, Jr.(New York: Merdian, 1971), pp. 10~11도 참고.
9. Reich, *Mass Psychology of Fascism*, p. xi.
10. C. G. Jung, *Two Essays on Analytical Psychology*, 2d ed., trans. R. F. C. Hull, Bollingen Series XX, vol. 7(Princeton, N.J.: Princeton University Press, 1972), p. 192.
11. Reich, *Mass Psychology of Fascism*, p. xi.

22장 기술이 상처를 입을 때 - 첼리스 글렌디닝

1. Lewis Mumford, *My Works and Days: A Personal Chronicle*(New York: Harcourt Brace Jovanovich, 1979), p. 14.
2. Paul Brodeur, *Outrageous Misconduct: The Asbestos Industry on Trial*(New York: Pantheon, 1985), p. 14.

23장 오늘날 악의 문제 - 카를 융
1. C. W. Jung, *Aion, Collected Works*, trans. R. F. C. Hull, Bollingen Series XX, vol. 9, ii(Princeton, N.J.: Princeton University Press, 1980), pp. 82ff.

25장 인간의 악을 치유하는 방법 - M. 스콧 펙
1. 심하다 싶을 정도로 자주 남용되기는 하지만, 기독교 교리에서 가장 아름다운 부분은 죄악을 이해하려는 방향으로 접근하는 모습일지도 모르겠다. 기독교는 죄악에 대해 두 갈래의 접근 방식을 취한다. 우선, 죄악이 인간의 본성이며, 그러므로 진정한 기독교인이라면 자신을 죄짓는 자로 여겨야 한다고 주장한다. 명목상으로는 독실한 '크리스천' 중 상당수가 실은 자신을 죄인이라고 생각하지 않는다는 사실은, 교리의 실패가 아니라 신자 개인이 이를 제대로 따르지 않고 있다는 의미로 받아들여야 한다. 기독교인이라는 거죽을 쓴 악의 면모에 대해서는 나중에 더 자세히 다루도록 하겠다. 그다음으로 기독교 교리에 따르면 우리는 자신의 죄를 회개하는 경험을 하게 되면 죄를 용서받는다. 자신이 지은 죄가 얼마나 깊은지 온전히 깨닫고 난 시점에서는, 그와 동시에 자비롭고 관대한 하느님에게 믿음으로 기대지 않는 한 우리는 절망에 휩싸일 수밖에 없다. 따라서 정상적인 교회라면, 자신이 저지른 사소한 죄악 하나하나를 끊임없이 되새기며 사는 것(보통 '지나친 양심의 가책(excessive scrupulosity)'이라고 한다) 역시 죄라고 주장할 것이다. 신은 우리를 용서하므로 자신을 용서하지 못하는 일은 자신을 신보다 높은 존재로 둔다는, 따라서 뒤틀린 오만함의 죄악에 빠진다는 뜻이 되기 때문이다.
2. Gerald Vann, *The Pain of Christ and the Sorrow of God*(Springfield, Ill.: Temple Gate Publishers, copyright by Aquin Press, 1947), pp. 54~55.
3. 문화인류학자 어니스트 베커는 자신의 마지막 저서 《악으로부터의 도피(Escape from Evil)》(Macmillan, 1965)에서 희생양을 만드는 일이 인간에게 악이 형성되는 데 근본적으로 중요한 역할을 했다는 사실을 지적한 바 있다. 희생양을 만드는 행위의 동기로 죽음에 대한 공포에만 유일하게 초점을 맞춘 건 베커의 오류라고 본다. 나는 자기비판(self-criticism)에 대한 공포가 더 큰 동기로 자리 잡고 있다고 본다. 직접적으로 언급하지는 않았지만, 베커는 자기비판에 대한 공포를 죽음에 대한 공포와 동일시했을지도 모른다. 자기비판이란 인격 자체를 바꿔야 한다는 요구를 가리킨다. 자신의 한 부분을 스스로 비판하는 일은, 그와 동시에 그 부분을 변화시킬 의무를 자신에게 지우는 것과 같다. 그러나 인격의 변화는 죽음만큼이나 고통스러운 과정이다. 새로운 인격 유형이 자리 잡기 위해서는 예전의 인격 유형이 죽어야 한다. 악은 자기 인격의 현상 유지(status quo)에 병적으로 집착한다. 자기 도취에 빠져 있으며, 그 안에서 자신은 완벽하다고 의식적으로 여기기 때문이다. 자신이 아끼는 자아의 사소한 부분이라도 변화한다면, 악은 이를 자아가 완전히 파괴되는 것처럼 인지할지도 모르겠다. 이런 의미에서, 악한 자에게 자기비판이라는 위협은 마치 자신의 존재 자체가 소멸되는 것과도 같은 느낌일 것이다.
4. Buber, *Good and Evil*, p. 111. 악의 일차적 동기는 자신의 정체를 숨기는 것이므로, 악한 사람이 발견될 가능성이 가장 높은 곳 중 하나는 바로 교회다. 우리가 현재 살고 있는 사회의 문화에서, 우리가 지닌 악을 자신은 물론 타인이 보지 못하도록 숨기는 데 교회에서 집사 같은 감투를 쓰는 것만큼 확실한 방법이 어디 있겠는가? 마찬가지로, 인도에서라면 악이 '선한' 힌두교 신자 또는 '선한' 무슬림의 모습을 띨 경향이 높을 것이다. 악은 사실 일부 종교인의 행태에 불과하다거나, 우리 중 대부분의 종교적 원동력은 사실 가짜라는 등의 메시지를 던지려는 건 아니다. 종교적 신성함에 끌리는 이유가 그로 인해 자신을 숨길 수 있다는 것이라면, 이들은 반드시 악한 자라는 뜻이다.

26장 악마, 그리고 악마성을 되찾는 일 - 스티븐 A. 다이아몬드

1. Liliane Rey-Rohn, 'Evil from the Psychological Point of View', in *Evil*(Evanston, Ill: Northwestern University Press, 1967), p. 167.
2. Ibid., p. 160.
3. Carl Jung, *Memories, Dreams, Reflections*(New York: Pantheon Books, 1961, p. 329.
4. Rollo May, 'Reflections and Commentary', in Clement Reeves, *The Psychology of Rollo May: A Study in Existential Theory and Psychotherapy*(San Francisco: Jossey-Bass, 1977), p. 304.
5. M. Scott Peck, *People of the Lie: The Hope for Healing Human Evil*(New York: Simon and Schuster, 1983), pp. 67, 78, 183.(펙의 책에 대한 평론은 Stephen Diamond, 'The Psychology of Evil', *The San Francisco Jung Institute Library Journal 9*, no.1[1990]: pp. 5~26 참고)
6. Sigmund Freud, 'Totem and Taboo', in *The Basic Writings of Sigmund Freud*(New York: Random House, 1938), p. 848.
7. Ibid.
8. Carl Jung, 'Psychological Types', in *The Collected Works of C. G. Jung*, vol. 6(Princeton, N.J.: Princeton University Press, 1971). p. 109.
9. Rollo May, *Man's Search for Himself*(New York: W. W. Norton, 1953), pp. 72~73.
10. Jung, *Memories, Dreams, Reflections*, p. 347.
11. Rollo May, *Love and Will*(New York: W. W. Norton, 1969), p. 121.
12. Marie-Louise von Franz, 'Daimons and the Inner Companions', *Parabola* 6, no. 4(1981), p. 36.
13. May, *Love and Will*, pp. 136~137.
14. Ibid., p. 129.
15. Ibid., p. 137.
16. Jung, *Memories, Dreams, Reflections*, p. 387.
17. May, 'Reflections and Commentary', p. 305.
18. James Hillman, *Healing Fiction*(New York: Station Hill Press, 1983), p. 68.
19. Marie-Louise von Franz, 'Daimons and the Inner Companions', p. 39.

27장 인간이 지닌 악의 기본 역학 - 어니스트 베커

1. Wilhelm Reich, *The Mass Psychology of Fascism*, 1933(New York: Farrar, Straus, 1970), pp. 334ff.
2. Ibid., p. 339.
3. Erich Neumann, *Depth Psychology and a New Ethic*(London: Hodder & Stoughton, 1969), p. 40.
4. Carl Jung, 'After the Catastrophe', *Collected Works*, vol. 10(Princeton, N.J.: Bollingen, 1970), p. 203.
5. Ibid.
6. Neumann, *Depth Psychology*, p. 50.
7. Jung, 'After the Catastrophe', p. 216.

28장 내면의 분열을 받아들이자 - 앤드루 바드 슈무클러

1. M. Scott Peck, *People of the Lie: The Hope for Healing Human Evil*(New York: Simon & Schuster, 1983), p. 69.
2. M. Esther Harding, *The 'I' and the 'Not-I': A Study in the Development of Consciousness*(Princeton, N.J.: Princeton Universy Press, 1965), p. 91.
3. *Tarrytown Letter,* April 1983, p. 16 인용.
4. Robert G. C. Waite, *The Psychopathic God: Adolf Hitler*(New York: Basic Books, 1977), p. xvii 인용.
5. Ibid.
6. 에릭 에릭슨의 《간디의 진리: 비폭력 투쟁의 기원(Ghandhi's Truth: On the Origins of Militant Non-violence)》(New York: Basic Books, 1977)(국내 발매작: 옮긴이)을 참조할 것. 러시아 작가 레오 톨스토이(Leo Tolstoy)의 삶에서도 비슷한 점을 찾아볼 수 있음은 흥미롭다. 톨스토이는 만년에 들어 기독교적 사랑과 평화를 강력하게 설파했으나, 정작 집에서는 폭군처럼 아내와 가족 위에 군림했다.
7. Erikson, *Gandhi*, p. 251.
8. George Orwell, *Collected Essays*(London: Heinemann, 1966), p. 456.
9. Erikson, *Gandhi*, p. 234.
10. Erich Neumann, *Depth Psychology and a New Ethic*(London: Hodder & Stoughton, 1969), p. 111.
11. Erikson, *Gandhi*, p. 433.
12. M. 스콧 펙의 《거짓의 사람들(People of the Lie)》(국내 발매작: 옮긴이) p.11에서 인용.

31장 더블링과 나치의 의사들 - 로버트 제이 리프턴

1. Paul W. Pruyser, 'What Splits in Splitting?', *Bulletin of the Menninger Clinic* 39(1975): pp. 1~46.
2. Melanie Klein, 'Notes on Some Schizoid Mechanisms', *International Journal of Psychoanalysis* 27(1946): pp. 99~110; and Otto F. Kernberg, 'The Syndrome', in *Borderline Conditions and Pathological Narcissism*(New York: Jason Aronson, 1973), pp. 3~47.
3. Henry V. Dicks, *Licensed Mass Murder: A Socio-Psychological Study of Some SS Killers*(New York: Basic Books, 1972).
4. 예를 들어 에릭 에릭슨의 《Identity: Youth and Crisis》(New York: W. W. Norton, 1968), 하인츠 코헛(Heinz Kohut)의 《자기의 회복(The Restoration of Self)》(New York: International Universities Press, 1977)(국내 발매작: 옮긴이), 헨리 건트립(Henry Guntrip)의 《Psychoanalytic Theory, Therapy and the Self》(New York: Basic Books, 1971), 그리고 로버트 제이 리프턴(Robert Jay Lifton)의 《The Broken Connection: On Death and the Continuity of Life》(New York: BAsic Books, 1983 [1979])를 참조할 것.
5. William James, *The Varieties of Religious Experience: A Study in Human Nature*(New York: Collier, 1961 [1902]), p. 144.
6. 이 현상을 다룬 랑크의 주요한 저서가 2권 있다. 《The Double: A Psychoanalytic Study》(Chapel Hill: University of North Carolina Press, 1971[1925]), 그리고 《심리학을 넘어서(Beyond Psychology)》(New York: Dover, 1958 [1941])(국내 발매작: 옮긴이) pp. 62~101에

수록된 'The Double as Immortal Self'가 그것이다.
7. Rank, *Double*, pp. 3~9; Rank, *Beyond Psychology*, pp. 67~69. 〈프라하의 학생(der Student von Prag)〉에 대해서는 지그프리트 크라카우어(Siegfried Kracauer)의 《From Caligari to Hitler: A Psychological History of the German Film》(Princeton, N.J.: Princeton University Press, 1947), pp. 28~30을 참조할 것. 랑크가 평생에 걸쳐 더블(double)이라는 주제를 파고드는 데 처음으로 자극제가 된 것은 1920년대 중반에 재상영한 〈프라하의 학생〉을 본 경험이었다. 랑크는 영화 각본을 쓴 한스 하인츠 에베르스(Hanns Heinz Ewers)는 E. T. A 호프만(E. T. A Hoffmann)의 작품 《잃어버린 회상 이야기(Story of Lost Reflection)》의 영향이 크다고 언급한 바 있다(J. M. 코언(J. M Cohen) 편저 《호프만의 여덟 가지 이야기(Eight Tales of Hoffmann)》 (London, 1952)에 삽입된 E. T. A. 호프만의 '잃어버린 회상 이야기'를 참조할 것.
8. Rank, *Beyond Psychology*, p. 98.
9. 랑크는 초기 저작에서 프로이트를 따라 나르키소스 전설을 '나르시시즘(narcissism)', 즉 자신의 자아를 향하는 리비도의 개념으로 연결했다. 그러나 실은 그렇게 접근하기가 쉽지 않다는 인상을 비쳤으며, 나르시시즘 아래에는 죽음과 영생이라는 문제가 숨어 있음을 항상 강조했다. 후기 저작에서는 나르키소스의 전설과 우선 연결되는 근본적 주제로 '죽음'의 문제를 과감하게 수용했으며, 살짝 경멸조로 "일부 현대 심리학자 중에는 자신이 자기애(self-love) 원리의 기호 체계를 발견했다고 주장하는 자도 있다"라고 말한 바 있다(랑크의 《심리학을 넘어서》 pp. 97~101를 참조할 것).
10. Rank, *Double*, p. 76.
11. Ibid.
12. Rank, *Beyond Psychology*, p. 82.
13. 미하엘 프란츠 바슈(Michael Franz Basch)는 '정서와 지각이 연합하되 지각을 의식으로부터 막지 않는 상태에서 발생하는 간섭'에 대해 이야기한다. 바슈의 'The Perception of Reality and the Disavowal of Meaning', *Annual of Psychoanalysis*, vol. 11(New York: International Universities Press, 1982)을 참조할 것. 이 점에서 관계의 부정은 정신의 마비와도 유사하다. 상징화 과정에서 일어나는 감정 누적(emotional charge) 또는 감정가(valencing)(특정한 사건, 대상, 상황마다 고유하게 가지고 있는 긍정적 또는 부정적 감정의 이끌림을 가리키는 용어: 옮긴이)를 바꿔버리기 때문이다.
14. Ralph D. Allison, 'When the Psychic Glue Dissolves', *HYPNOS-NYTT*(December 1977).
15. 처음 두 가지의 영향은 George B. Greaves, 'Multiple Personality: 165 Years After Mary Reynolds', *Journal of Nervous and Mental Disease* 168 (1977): pp. 577~596에서 자세히 소개한다. 프로이트는 'The Ego and the Id'(*Standard Edition of the Works of Sigmund Freud*, James Strachey, ed. (London: Hogarth Press, 1955[1923]), vol. XIX, pp. 30~31)에서 세 번째 영향에 관해 강조한 바 있다.
16. Margaretta K. Bowers et al., 'Theory of Multiple Personality', *International Journal of Clinical and Experimental Hypnosis* 19(1971): p. 60.
17. 리프턴의 'Broken Connection', pp. 407~409, 그리고 찰스 H. 킹(Charles H. King), 'The Ego and the Integration of Violence in Homicidal Youth', *American Journal of Orthopsychiatry* 45 (1975): p. 142를 참조할 것.
18. 여기서 언급하는 각종 서브컬처 내부에서 벌어지는 '선택적인 집단 범죄 행동'을 로버트 W. 리버(Robert W. Rieber)(미국의 역사학자, 저술가: 옮긴이)는 '유사 정신이상

(pseudopsychopathy)'이라는 용어로 설명한다. 리버의 미간행 원고 'The Psychopathy of Everyday Life'를 참조할 것.
19. 제임스 S. 그로츠타인(James S. Grotstein)(미국의 정신과 의사이자 정신분석학자: 옮긴이)은 '우리 내부에 살고 있으나 전의식 수준에서 떨어져 나와 독립적인 동기와 계획 등을 지닌 독립적인 존재'가 생겨나는 과정에 대해 이야기한다. 이 존재로부터 '악, 가학성, 그리고 폭력성', 또는 더 심하게는 '악마에 지배당하는 상태'가 생겨난다. 그로츠타인은 자기(self)가 지닌 이러한 측면을 (영국 소설가 콜린 윌슨(Colin Wilson)의 소설에서 따온) '정신 기생체(mind parasite)'라고 불렀으며, 어렸을 때 자기 안에서 의식적으로 억압당하고 부정당한 요소로 인해 생겨난다고 설명한다(그로츠타인의 'The Soul in Torment: An Order and Newer View of Psychopathology', *Bulletin of the National Council of Catholic Psychologists* 25 (1979): pp. 36~52 참조).

35장 쓸모없는 것들의 쓸모 - 게리 툼

1. Chuang Tsu, *Chuang Tse*, edited by G. F. Feng and J. English(New York: Vintage Books, 1974), pp. 80~82.
2. Chuang Tzu, *Chuang Tzu*, translated by H. Giles(London: Unwin Paperbacks, 1980), p. 164.
3. H. Smith, *The Religions of Man*, (New York: Harper & Row, 1958), p. 212.
4. C. Jung, *Two Essays on Analytical Psychology*, (Princeton, N.J.: Princeton University Press, 1966), par. 68.
5. A. Mindell, 'Somatic Consciousness', *Quadrant* 14(1/1981): pp. 71~73.
6. J. Jacobi, *The Way of Individuation*, (New York: Harcourt, Brace & World, 1967), p. 82.
7. Lao Tsu, *Tao Te Ching*, edited by G. F. Feng & J. English(New York: Vintage Books, 1972), Chap. 41.
8. Chuang Tzu, *Chuang Tzu*, translated by H. Giles(London: Unwin Paperbacks, 1980), pp. 263~264.

39장 악을 다루는 방법 - 릴리아네 프라이-론

1. Sigmund Freud, *The Future of an Illusion*, trans. W. D. Robson-Scott, International Psycho-Analytical Library, vol. 15(London: The Hogarth Press, Ltd., 1949), p. 86.
2. Friedrich Nietzsche, *The Case of Wagner*, in *Selected Aphorisms in Works*, vol. VIII, p. 59.
3. William James, p. 176.
4. Ibid., p. 488 note. 'Evil is not evaded, but sublated in the higher religious cheer of these [twice-born] persons'.
5. E. T. W. Hoffman(Amadeus), *The Devil's Elixir*, trans. anon. (Edinburgh, 1824).
6. Code Bezae ad Luc. 6. 4.
7. C. G. Jung, *Mysterium Coniunctionis*, Collected Works, trans. R. F. C. Hull, Bollingen Series XX, vol. 14(Princeton, N.J.: Princeton University Press, 1963), p. 428.

40장 자신의 그림자에 책임을 지는 방법 - 켄 윌버

1. C. G. Jung, *Modern Man in Search of a Soul*(London: Harcourt Brace Jovanovich, 1955), pp. 271~272.

참고 문헌 다음은 이 책에서 소개한 글 및 관련 주제에 대한 출처다.

· Andersen, Hans Christian, 'The Shadow'. *Eighty Fairy Tales*. New York: Pantheon Books, 1976.
· Babbs, John, 'New Age Fundamentalism'. *Critique*, Spring, 1990.
· Babbs, John, 'You Are So Wonderful', *Critique*, Spring, 1990.
· Bach, George R., and Herb Goldberg, *Creative Aggression*. New York: Doubleday, 1974.
· Bauer, Jan, *Alcoholism and Women*, Toronto: Inner City Books, 1982.
· Becker, Ernest, *The Denial of Death*, New York: Free Press, 1973.
· Becker, Ernest, *Escape from Evil*, New York: Free Press, 1975.
· Bernstein, Jerome S. *Power and Politics: The Psychology of Soviet-American Partnership*. Boston: Shambhala (for the C. G. Jung Foundation, New York), 1989.
· Berry, Patricia, *Echo's Subtle Body*. Dallas: Spring Publications, 1982.
· Berry, Wendell, *Sabbaths*. San Francisco: North Point Press, 1987.
· Berzin, Alexander (trans.) *The Mahamudra of the Ninth Karmapa, Wang-Ch'ug dor-je: Eliminating the Darkness of Ignorance*. Dharamsala, India: Library of Tibetan Works and Archives, 1978.
· Birkhauser-Oeri, Sibylle, *The Mother: Archetypal Image in Fairy Tales*. Toronto: Inner City Books, 1988.
· Bishop, Peter, 'The Shadows of the Wholistic Earth', Spring, 1986.
· Bleakley, Alan, *Fruits of the Moon Tree*. London: Gateway Books, 1984.
· Bleakley, Alan, *Earth's Embrace: Facing the Shadow of the New Age*. Bath, England: Gateway Books, 1989.
· Bly, Robert, *A Little Book on the Human Shadow*. New York: Harper & Row, 1988.
· Boer, Charles, 'In The Shadow of the Gods: Greek Tragedy', Spring, 1982.
· Bolen, Jean Shinoda, *Gods in Everyman*. New York: Harper & Row, 1989.
· Borysenko, Joan, *Guilt Is the Teacher, Love Is the Lesson*. New York: Warner Books, 1990.
· Bradshaw, John, *Healing the Shame That Binds You*. Deerfield Beach, Fla.: Health Communications, 1988.
· Branden, Nathaniel, *The Disowned Self*. New York: Bantam Books, 1978.
· Brewi, Janice, and Anne Brennan, *Celebrate Mid-Life: Jungian Archetypes and Mid-Life Spirituality*. New Yok: Crossroad, 1989.
· Buber, Martin, *The Writings of Martin Buber*. New York: Meridian Books, 1956.
· Buber, Martin, *Good and Evil*. Magnolia, Mass.: Peter Smith, 1984.
· Bulfinch, Thomas, *Myths of Greece and Rome*. New York: Penguin, 1981.
· Butler, Katy, 'Encountering the Shadow in Buddhist America', *Common Boundary*, May/June, 1990.
· Campbell, Joseph, *The Hero with a Thousand Faces*. Princeton, N.J.: Princeton University Press, Bollingen Series, 1973.
· Castellanos, Rosario, *The Selected Poems of Rosario Castellanos*, St. Paul, Minn.: GraywolfPress, 1988.

저작권 및 사용 승인

1장 그림자, 모두가 끌고 다니는 기다란 가방
Robert Bly의 《A Little Book on the Human Shadow》에서 나온 'The Long Bag We Drag Behind Us'에서 발췌한 내용으로 구성했다. Copyright © 1988 by Robert Bly. Reprinted by permission of HarperCollins Publishers, Inc.

2장 그림자는 진화한다
Edward C. Whitmont의 책 《The Symbolic Quest》에서 발췌한 내용으로 구성했다. Copyright © 1969 by the C. G. Jung Fondation of Analytical Psychology. Reprinted by permission of Princeton University Press.

3장 그림자는 알고 있다
D. Patrick Miller의 《What the Shadow Knows: An Interview with John A. Sanford》에서 발췌한 내용으로 구성했다. Copyright © 1990 by D. Patrick Miller. Reprinted by permission of the author.

4장 역사와 문학에 등장하는 그림자
Anthoby Stevens의 《Archetypes: A Natural History of The Self》에서 발췌한 내용으로 구성되었다. Copyright © 1982 by Dr. Anthony Stevens. Reprinted by permission of William Morrow & Company.

5장 지킬 박사와 하이드
John A. Sanford의 《Evil: The Shadow Side of Reality》에서 발췌한 내용이다. Copyright © 1981 by John A. Sanford. Reprinted by permission of The Crossroad Publishing Company.

6장 그림자는 꿈속에서 어떻게 나타나는가
다음에서의 발췌 내용으로 구성되었다. *Man and His Symbols*, Carl G. Jung(ed.). Copyright © 1964 Aldus Books, Ltd. Permission granted by J. G. Ferguson Publishing Co.

7장 일상에서의 그림자를 찾아서
William A. Miller의 《Your Golden Shadow: Discovering and Fulfilling Your Undeveloped Self》에서 발췌한 내용이다. Copyright © 1989 by William A. Miller. Reprinted by permission of HarperCollins Publishers, Inc.

8장 '잘못된 자기'의 형성
Harville Hendrix의 《Getting the Love You Want》에서 발췌한 내용으로 구성했다. Copyright © 1988 Harville Hendrix. Reprinted by permission of Henry Holt & Company.

9장 거절과 배신
Robert M. Stein의 《Incest and Human Love: The Betrayal of the Soul in Psychotherapy》에서

발췌한 내용으로 구성했다. Copyright © 1973 by Robert M. Stein. Reprinted by permission of the author and Spring Publications, Inc.

10장 모녀 관계의 이면
Kim Chernin의 《The Hungry Self: Women, Eating, and Identity by Kim Chernin》에서 발췌한 내용으로 구성했다. Copyright © 1985 by Kim Chernin. Reprinted by permission of Times Books, a division of Radom House, Inc.

11장 부모 되기, 그리고 자식의 그림자
John A. Senford의 《Evil: The Shadow Side of Reality》에서 발췌한 내용으로 구성했다. Copyright © 1981 by John A. Sanford. Reprinted by permission of The Crossroad Publishing Company.

12장 형제와 자매가 드리우는 그림자
Christine Downing의 《Psyche's Sisters: Relmagining the Meaning of Sisterhood》에서 발췌한 내용으로 구성했다. Copyright © 1988 by Christine Downing. Reprinted by permission of HarperCollins Publishers, Inc.

13장 형제, 그리고 나 자신
Daryl Sharp의 《The Survival Papers: Anatomy of A Midlife Crisis》(Studies in Jungian Psychology by Jungian Analysts, no. 35)에서 발췌한 내용으로 구성했다. Copyright © 1988 by Daryl Sharp. Reprinted by permission of the authoer and Inner City Books, Toronto.

14장 배우자에게서 나와 반대의 모습을 본다는 것
Maggie Scarf의 《Intimate Partners: Patterns in Love and Marriage》에서 발췌한 내용으로 구성했다. Copyright © 1987 by Maggie Scarf. Reprinted by permission of Random House, Inc.

15장 - 그림자로서의 신체
John P. Conger의 《Jung & Reich: The Body as Shadow》에서 발췌한 내용이다. Copyright © 1988 by John P. Conger. Reprinted by permission of the author. Published by North Atlantic Books, Berkeley, CA.

16장 악의 해부악
John C. Pierrakos의 《Anatomy of Evil》에서 발췌한 내용으로 구성했다. Copyright © 1988 by John P. Conger. Reprinted by permission of the author.

17장 건강함이라는 빛, 병이라는 그림자
Larry Dossey의 《Beyond Illness: Discovering the Experience of Health》에서 발췌한 내용으로 구성했다. Copyright © 1984 by Larry Dossey, M. D. Reprinted by permission of Shambhala Publications, Inc., 300 Massachusetts Avenue, Boston, MA 02115

18장 성생활 속의 죄악
Adolf Guggenbühl-Craig의 《Marriage Dead or Alive》에서 발췌한 내용이다. Copyright © 1977 by Adof Guggenbühl-Craig. Translated by Murray Stein. Reprinted by permission of Spring Publications, Inc.

19장 일터에서 만나는 그림자
교육학 박사인 Bruce Shackleton이 이 책을 위해 특별히 작성한 오리지널 에세이. Copyright © 1990 by Bruce Shackleton. Used by permission of the author.

20장 성공의 이면
John R. O'Neill(forthcomming, Jeremy P. Tarcher, Inc.)의 《The Paradox of Success》에 기초한 오리지널 에세이. Copyright © 1990 by John R. O'Neill. Reprinted by permission of the author.

21장 결점과 잘못을 활용하는 법
Marsha Sinetar의 《Do What You Love, The Money Will Follow》에서 발췌한 내용으로 구성했다. Copyright © 1987 by Dr. Marsha Sinetar. Used by permission of Dell Books, a dvision of Bantam, Doubleday, Dell Publishing Group, Inc.

22장 기술이 상처를 입을 때
Chellis Glendinning의 《When Technology Wounds》에서 발췌한 내용으로 구성했다. Copyright © 1990 by Chellis Glendinning. Reprinted by permission of William Morrow & Co., Inc.

23장 오늘날 악의 문제
C. G. Jung의 《Memories, Dreams, Reflections》(Aniela Jaffé가 기록 및 편집, Richard Winston과 Clara Winston(Riston and Clara Winston)이 번역)에서 발췌한 내용으로 구성했다. Translation Copyright © 1961, 1962, 1963 by Random House, Inc. Reprinted by permission of Pantheon Books, a division of Random House, Inc.

24장 순수의 위험성
Rollo May의 《Power and Innocence: A Search for the Sources of Violence》에서 재판한 내용이다. Copyright © 1972 by Rollo May. Reprinted by permission of author and W. W. Norton & Company, Inc.

25장 인간의 악을 치유하는 방법
의학 박사 M. Scott Peck의 《People of the Lie》에서 발췌한 내용으로 구성했다. Copyright © 1983 by M. Scott Peck, M. D. Reprinted by permission of Simon & Schuster, Inc.

26장 악마, 그리고 악마성을 되찾는 일
'The Psychology of Evil'이란 제목으로 샌프란시스코의 Jung Institue Library Journal 9, no. 1, 1990에서 발행한 에세이/리뷰를 기반으로 해 Stephen A. Diamond가 작성한 에세이

'Redemming Our Devils and Demons'다. Copyright © 1990 by Dr. Stephen A. Diamond. Used by permission of the author and the San Francisco Jung Institue Library Journal.

27장 인간이 지닌 악의 기본 역학
Ernest Becker의 《Escape from Evil》에서 발췌한 장이다. Copyright © 1975 by Marie Becker. Reprinted by permission of The Free Press, a division of Macmillan Publishing Company, Inc.

28장 내면의 분열을 받아들이자
Andrew Bard Schmookler의 《Out of Weakness》에서 발췌한 내용으로 구성했다. Copyright © 1988 by Andrew Bard Schmookler. Used by permission of Bantam Books, a division of Bantam, Doubleday, Dell Publishing Group, Inc.

29장 적을 만드는 사람
Sam Keen의 《Faces of the Enemy》에서 발췌한 내용으로 구성했다. Copyright © 1986 by Sam Keen. Reprinted by permission of HarperCollins Publishers Inc.

30장 광신적 차별주의 사고
Susan Griffin의 《Pornography and Silence》에서 발췌한 내용으로 구성했다. Copyright © 1981 by Susan Griffin. Reprinted by permission of HarperCollins Publishers Inc.

31장 더블링과 나치의 의사들
Robert Jay Lifton의 《The Nazi Doctors: Medical Killing and the Psychology of Genocide》에서 발췌한 내용으로 구성했다. Copyright © 1986 by Robert J. Lifton. Reprinted by permission of Basic Books, Inc., Publishers, New York.

32장 사이코패스가 세상을 지배하지 않는 이유
Adolph Guggenbühl-Craig의 《Eros on Crutches: Reflections on Amorality and Psychopathy》에서 발췌한 내용으로 구성했다. Copyright © 1980 by Adolf Guggenbühl-Craig. Reprinted by permission of Spring Publications, Inc.

33장 고속도로 위의 악마
샌프란시스코의 지역 신문 San Francisco Chronicle의 1987년 7월 26일 자 신문에서 James Yandell이 작성한 'Devils and Angels Play the Merging Game(원제)'이란 제목의 기사다. Copyright © by James Yandell. Used by permission of the author.

34장 그림자 치료하기
James Hillman의 《Insearch: Psychology and Religion》에서 발췌한 내용이다. Copyright © 1967 by James Hillman. Reprinted by permission of the author.

35장 쓸모없는 것들의 쓸모
Gary Toub의 에세이 'The Usefulness of the Useless'에서 발췌한 내용으로 구성했다. Copyright © 1987 by the C. G. Jung Institue of Los Angeles, 10349 W. Pico Blvd., Los Angeles, CA 90004. Reprinted with permission from Psychological Perspectives, Fall, 1987, vol. 18, no. 2.

36장 여성의 꿈을 분석하다
Karen A. Signell의 《Wisdom of the heart: Working with Women's Dreams》에서 발췌한 내용으로 구성했다. Copyright © 1990 by Karen A. Signell, ph.D. Used by permission of Bantam Books, a division of Bantam, Doubleday, Dell Publishing Group, Inc.

37장 중년에 나타나는 그림자
Janice Brewi and Anne Brennan의 《Celebrate Mid-Life: Jungian Archetypes and Mid-Life Spirituality》에서 발췌한 내용으로 구성했다. Copyright © 1988 by Janice Brewi and Anne Brennan. Reprinted by permission of The Crossroad Publishing Company.

38장 중년에 들어선 남성에게
Daniel J. Levinson의 《The Seasons of a Man's Life》에서 발췌한 내용이다. Copyright © 1978 by Daniel J. Levinson. Reprinted by permission from Alfred A. Knopf, Inc.

39장 악을 다루는 방법
Liliane Frey-Rohn의 에세이 'Evil from the Psychological Point of View'에서 발췌한 내용으로 구성했다. Copyright © 1965 by Spring Publications, Inc. Reprinted by permission of the publishers from Spring, 1965.

40장 자신의 그림자에 책임을 지는 방법
Ken Wilber의 《The Spectrum of Consciousness》에서 발췌한 내용으로 구성했다. Copyright © 1977 by Ken Wilber. Reprinted by permission of The Theosophical Publishing House, Wheaton, Ill.

41장 버림받은 자기 되찾기
Nathaniel Branden의 《The Disowned Self》에서 발췌한 내용이다. Copyright © 1971 by Nathaniel Branden. Reprinted by permission of Nash Publishing Corporation.

42장 부끄러운 내면의 목소리 길들이기
John BradShaw의 《Healing the Shame That Binds You》에서 발췌한 내용으로 구성했다. Copyright © 1988 by John Bradshaw. Reprinted by permission of the author.

43장 능동적으로 상상하는 법 배우기
Barbara Hannah의 《Encounters with the Soul》에서 발췌한 내용으로 구성했다. Copyright © 1981 by Barbara Hannah. Reprinted by permission of Sigo Press.

44장 그림자 그리기
Linda Jacobson이 이 책을 위해 특별히 작성한 오리지널 에세이. Copyright © 1990 by Linda Jacobson. Used by permission of the author.

45장 타인에 관한 글쓰기
Deena Metzger의 오리지널 에세이. Copyright © 1990 by Deena Metzger. Used by permission of the author.

'The Otherk'와 'Destiny'는 《The Selected Poems of Rosario Castellanos》(Graywolf Press, 1988)에서 재판했다. Copyright © 1988 by the Estate of Rosario Castellanos. Translation copyright © 1988 by Magda Bogin. Reprinted by permission of Graywolf Press, St. Paul, Minn.

P. 426의 Wendell Berry의 시는 《Sabbaths》에서 발췌한 내용이다. Copyright © 1987 by Wendell Berry. Published by North Point Press, San Francisco, and reprinted by permission.

P. 433의 Wendell Berry의 시 'To Know the Dark'는 《Collected Poems, 1957-1982》에서 발췌했다. North Point Press가 출판했고, 사용 허가를 얻어 재판했다.

기고자

어니스트 베커(Ernest Becker)
캘리포니아 대학교 버클리(California, Berkeley), 샌프란시스코 주립대학교(San Francisco State University), 캐나다의 사이먼 & 프레이저 대학교(Simon & Fraser University)에서 가르쳤다. 1974년에 퓰리처상 논픽션 부문에서 저서 《The Denial of Death》로 수상했다. 그의 다른 저서로는 《Birth and Death of Meaning》, 《Revolution in Psychiatry》, 《Angel in Armor》, 《The Structure of Evil》, 《Escape from Evil》 등이 있다.

로버트 블라이(Robert Bly)
뛰어난 시인이자 번역가인 그는 많은 책을 집필했으며, 시 'The Light Around the Body'로 전미도서상(National Book Award)에서 수상했다. 그의 작품으로는 《Loving a Woman in Two Worlds》, 《News of the University》, 《Poems of Twofold Consciousness》, 《A Little Book on the Human Shadow》, 《Iron John: A Book About Men》 등이 있다. 미네소타를 기반으로 남성에 대한 신화를 쓰고 전국을 다니며 남성 관련 워크숍을 이끌었다.

존 브래드쇼(John Bradshaw)
휴스턴을 기반으로 활동한 가족 상담가, 강연자, 워크숍 리더. 그의 PBS 텔레비전 시리즈가 많은 인기를 얻어 《Bradshaw: On the Family》, 《Healing the Shame that binds You》,

《Homecoming: Reclaiming and Championing Your Inner Child》 등 다수의 베스트셀러를 냈다.

너새니얼 브랜든(Nathaniel Branden)
로스앤젤레스의 심리학자이자 강연자, 교사, 그리고 유명한 작가. 저서로는 《The Disowned Self》, 《Honoring the Self》, 《How to Raise Your Self-Esteem》, 《The Psychology of Romantic Love》 등이 있다.

제니스 브레위(Janice Brewi)와 앤 브레넌(Anne Brennan)
뉴저지 베일스버그의 미드라이프 디렉션(Mid-life Directions) 창립자이자 도서 《Celebrate Mid-Life: Jungian Archetypes and Midlife Spirituality》와 《Midlife: Psychological and Spiritual Perspectives》의 공저자.

로사리오 카스테야노스(Rosario Castellanos)
시, 소설, 스토리, 극본 작가로 멕시코시티에서 태어났다. 그녀는 8권의 시집을 냈고 이후 1972년 선집 《Poesia No Eres Tu(Poetry Is Not You)》에 실렸다. 본 책에 실린 그녀의 시도 이 선집에서 발췌했다.

킴 체닌(Kim Chernin)
《The Obsession, In My Mother's House, The Hungry Self》의 저자이자 시집 《The Hunger Song》과 소설 《The Flame Bearers》의 저자다. 그녀는 캘리포니아 버클리에서 지내며 섭식장애와 발달적 위기로 어려움을 겪는 여성들을 상담했다.

존 P. 콩거(John P. Conger)
개인 실무의 임상심리학자이자 북부 캘리포니아의 생체 에너지학 사회(Bioenergetic Society)의 트레이너. 또 캘리포니아 오린다에 위치한 존 F. 케네디 대학교(John F. Kennedy University)에서 대학원 심리학 과목의 부교수를 역임했다. 《Jung & Reich: The Body as Shadow》의 저자이기도 하다.

스티븐 A. 다이아몬드(Stephen A. Diamond)
캘리포니아의 로스앨토스에서 개업한 공인 심리학자(licensed psychologist)다. 그가 쓴 글 중에는 기사 'The Psychology of Evil', 'Rediscovering Rank', 그리고 롤로 메이의 작품에 대한 리뷰인 'Finding Beauty' 등이 있다.

래리 도시(Larry Dossey)
뉴멕시코 산타페의 의사로 《Space, Time and Medicine》, 《Beyond Illness: Discovering teh Experience of Health》, 《Recovering the Soul: A Seintific and Spiritual Search》 등을 집필했다.

크리스틴 다우닝(Christine Downing)
샌디에이고 주립대학교(San Diego State University) 종교학과의 교수 및 의장을 역임했다. 그녀의 저서로는 《The Goddess》, 《Psyche's Sisters》, 《Journey through Menopause》, 《Myths and Mysteries of Same-Sex Love》 등이 있다.

릴리아네 프라이-론(Liliane Frey-Rohn)
카를 융과 가장 가까웠던 연구자 중 한 명으로, 스위스 취리히의 선임 분석관이다. 그녀는 악에 대해 아주 광범위한 글을 썼다. 저서로는 《Friedrich Nietzshe: A Psychological Interpretation of His Life and Work》, 《From Freud to Jung: A Comparative Study of the Psychology of the Unconscious》 등이 있다.

첼리스 글렌디닝(Chellis Glendenning)
뉴멕시코에서 활동한 심리학자. 《Waking Up in the Nuclear Age》와 《When Technology Wounds》 등을 집필했다.

수전 그리핀(Susan Griffin)
《Voices, Rape: The Power of Consciousness》, 《Woman and Nature, The Roaring Inside Her》, 《Pornography and Silence: Culture's Revenge Against Nature》, 그리고 《A Course of Stones: The Private Life of War》를 집필한 페미니스트 작가다. 캘리포니아 버클리에서 지내며 글을 썼다.

아돌프 구겐뷜-크라이히(Adolf Guggenbühl-Craig)
스위스 취리히의 정신과 의사이자 융 심리학 분석가. 취리히 융 연구소 큐레토리엄의 전 소장, IAAP(International Association of Analytical Psychology) 전 협회장 등을 역임했다. 저서로는 《Power in the Helping Professions》, 《Marriage Dead or Alive》, 《Eros on Crutches》 등의 저서를 집필했다.

바바라 한나(Barbara Hannah)
영국에서 태어난 심리 요법 의사, 분석가, 융 연구소 교사로 활동하며 스위스에서 지내왔다. 《Striving Towards Wholeness》, 《Jung: His Life and Work, a Blographical Memoir》, 《Encounters with the Soul》 등을 집필했다.

하빌 헨드릭스(Harville Hendrix)
뉴욕에 거주하며 그가 1984년에 설립한 관계 치료를 위한 기관(Institute for Relationship Therapy)의 기관장을 역임했다. 미국 AAPC(American Association of Pastoral Counselors)에서 자격을 취득한 전문 심리 치료사, 관계 치료를 위한 트레이너, 그리고 작가로 활동하고 있다. 베스트셀러 《Getting the Love You Want: A Guide for Couples》의 저자이기도 하다.

제임스 힐먼(James Hillman)
융 분석심리학파 분석가이자 강연자, 그리고 다작 작가인 그는 원형심리학(Archetypal Psychology) 창시자로, 카를 융의 연구에서 뻗어 나온 여러 이론 중 3세대였다. 그는 잡지 《스프링(Spring)》과 작지만 높이 평가받는 출판사 스프링(Spring)의 전 편집자이자 발행자다. 저서로 《The Myth of Analysis》, 《Suicide and the Soul》, 《Insearch: Psychology and Religion, Re-Visioning Psychology》, 《The Dream and the Underworld》, 《Loose Ends, Anima: An Anatomy of a Personified Notion》, 《Healing Fiction, Blue Fire》 등을 집필했고, 인터뷰집으로는 《Inter Views》와 《Puer Papers(ed.)》 등이 있다.

린다 제이콥슨(Linda Jacobson)
UCLA 익스텐션(UCLA Extension)에서 교수를 역임한 로스앤젤레스의 아티스트.

카를 구스타프 융(Carl Gustav Jung)
정신분석 창시자 중 하나로 가장 유명한 사람일 것이다. 융이 가장 우선시한 것은 현대 개인의 의식 속 미스터리와 인격, 그리고 영적 딜레마다. 《The Collected Works》(20권), 《Modern Man in Search of a Soul》, 《Man and His Symbols》 등 많은 저서를 남겼다. 이외에 《Memories, Dreams, Reflections》 같은 유명한 자서전도 있다.

샘 킨(Sam Keen)
철학자이자 〈Psychology Today〉의 전 편집자로, 《To a Dancing God》, 《The Passionate Life: Stages of Loving, Your Mythic Journey》(Anne Valley-Fox와 공저), 《Faces of the Enemy: Reflections of the Hostile Imagination》, 《Fire in the Belly: On Being A Man》 등을 집필했다.

대니얼 J. 레빈슨(Daniel J. Levinson)
코네티컷 뉴헤이븐의 예일 대학교 의과대학의 정신의학과에서 심리학 교수를 역임했다. 저서로 《The Seasons of a Man's Life》, 《The Authoritarian Personality》(공저)가 있다.

로버트 제이 리프턴(Robert Jay Lifton)
뉴욕 시립대학교의 정신의학과 심리학 교수를 역임했다. 칭송받는 작품으로는 《Death in Life》, 《Home from the War》, 《The Future of Immortality》, 《The Nazi Doctors》 등이 있다.

롤로 메이(Rollo May)
대중에게 존경받는 정신요법 의사이자 강연자로 《The Meaning of Anxiety》, 《Man's Search for Himself》, 《Love and Will》, 《My Quest for Beauty》, 《Power and Innocence》 등 많은 저서를 남겼다.

디나 메츠거(Deena Metzger)
로스앤젤레스의 정신요법 의사이자 시인, 교사, 그리고 작가로 《Tree, The Woman Who Slept with Men to Take the War Out of Them》, 《What Deena Thought》, 《Looking for the Faces of God》 등의 저서를 남겼다.

D. 패트릭 밀러(D. Patrick Miller)
캘리포니아 엔시니터스의 프리랜스 작가로, 심리적이고 영적인 주제에 대해 탐구했다. 이외에도 〈요가 저널(Yoga Journal)〉 편집자를 역임했으며, 〈Sun〉, 〈New Age Journal〉, 〈Free Spirit of New York City〉, 〈The Columbia Journalism Review〉에 다수의 글을 기고했다.

윌리엄 A. 밀러(William A. Miller)
미네소타 플리머스의 분석심리학파 분석가로 《The Joy of Feeling Good》, 《Make Friends with Your Shadow》, 《When Going to Pieces Holds You Together》, 《Your Golden Shadow》 등을 집필했다.

존 R. 오닐(John R. O'neil)
캘리포니아 직장심리학과(California School of Professional Psychology)의 학장, 캘리포니아 NEXUS 재단의 재단장을 역임했다. 그는 1970년에 아메리칸 텔레폰(American Telephone)과 텔레그래프 컴퍼니(Telegraph Company)를 떠난 후 사업, 교육, 상담, 벤처 자금 활동에 매진해왔다. 캘리포니아 오클랜드의 밀스 대학(Mills College)의 부학장도 역임했다.

M. 스콧 펙(M. Scott Peck)
베스트셀러 작가이자 코네티컷에서 활동한 정신과 의사로《The Foad less Traveled》,《People of the Lie》,《The Different Drum》, 그리고 소설《A Bed by the Window》등을 집필했다.

존 C. 피에라코스(John C. Pierrakos)
1940년대에 빌헬름 라이히(Wilhelm Reich)에게서 가르침을 받으며 연구했다. 알렉산더 로언(Alexander Lowen)과 함께 생물에너지학 요법(Bioenergetics Therapy)을 개발했고, 코어 에너제틱 테라피(Core Energetics Therapy)를 개발했다. 뉴욕의 새로운 인간 시대를 위한 연구소(Institute for the New Age of Man)의 소장을 역임하기도 한 그는 전 세계에 걸쳐 강연을 다니며 많은 학생을 가르쳤다. 저서로는《Core Energetics》가 있다.

존 A. 샌퍼드(John A. Sanford)
성공회 사제이자 샌디에이고의 분석심리학파 분석가. 저서로《Dreams: God's Forgotten Language》,《The Kindom Within》,《Dreams and Healing》,《Healing and Wholeness》,《Invisible Partners》,《Evil: The Shadow Side of Reality》등이 있다.

매기 스카프(Maggie Scarf)
《Intimate Partners: Patterns in Love and Marriage》,《Unfinished Business: Pressure Points in the Lives of Women》등을 집필했다.

앤드루 바드 슈무클러(Andrew Bard Schmookler)
워싱턴 D. C의 '서치 포 커먼 그라운드(Search for Common Ground)'의 선임 정책 보좌관.《The Parable of the Trives》,《Out of Weakness: Healing the Wounds That Drive Us to War》등을 집필했다.

브루스 섀클턴(Bruce Shackleton)
보스턴에 개인 사무실을 둔 심리학자이자 조직 컨설턴트, 그리고 하버드 의과대학 메사추세츠 종합병원의 직업 건강 클리닉(Occupational Health Clinic)에서 근무했다.

대릴 샤프(Daryl Sharp)
토론토의 분석심리학파 분석가이자 이너 시티 북스(Inner City Books) 발행인.《The Secret Raven, Personality Types》,《The Survival Paper》등을 집필했다.

캐런 시그넬(Karen Signell)
샌프란시스코의 분석심리학파 분석가로《Wisdom of the Heart: Working with Women's

Dreams》를 집필했다.

마샤 시네타르(Marsha Sinetar)
조직심리학자. 《Do What You Love》, 《The Money Will Follow와 Ordinary People as Monks and Mystics》를 집필했다.

로버트 M. 스테인(Robert M. Stein)
로스앤젤레스의 카를 융 정신분석 연구소의 선임 트레이닝 분석가로, 베벌리힐스에서 개인 클리닉을 운영했다. 《Incest and Human Love: The Betrayal of the Soul in Psychotherapy》 등의 저서와 기사를 썼다.

앤서니 스티븐스(Anthony Stevens)
영국 서부에서 태어나 옥스퍼드 대학교(Oxford University)에서 심리학과 의학을 공부했다. 런던과 데번에서 정신요법 의사와 정신과 의사로서 환자를 진료했으며, 많은 책을 쓰고 강연을 했다. 저서로는 《Archetypes: A Natural History of the Self》, 《The Roots of War: A Junian Perspective》 등이 있다.

게리 톱(Gary Toub)
덴버에서 활동한 심리학자이자 분석심리학파 분석가. 꿈과 신체 작업에 몰두했다.

마리-루이제 폰 프란츠(Marie-Louise Von Franz)
스위스의 저명한 정신분석가인 그녀는 카를 융의 제자 중 가장 중요한 제자일 것이다. 31년 동안 융과 직접 함께 연구한 그녀는 융의 사상을 기초로 해, 자신만의 능력으로 오리지널한 흥미로운 사상을 만들어냈다. 저서로는 《Number and Time》, 《The Grail Legend》(공저), 《Puer Aeternus》, 《Projection and Re-collection in Jungian Psychology》, 《The Feminine in Fairytales》, 《Interpretation of Fairytales》, 《Shadow and Evil in Fairytales》, 《On Dreams and Death》 등이 있고, 인터뷰 촬영을 글로 옮긴 책으로 《The Way of the Dream》이 있다.

에드워드 C. 휘트먼트(Edward C. Whitmont)
뉴욕의 카를 융 정신분석 연구소의 창립 멤버이자 정신과 의사로 《The Symbolic Quest》, 《Psyche and Substance》, 《Return of the Goddess》 등을 집필했다.

켄 윌버(Ken Wilber)
개인의 한계를 초월한 철학가이자 많은 저서를 남긴 작가다. 주요 저서로는 《No Boundary》, 《The Spectrum of Consciousness》, 《Atman Project》, 《Up from Eden, Eye to Eye》, 《Quantum Questions》, 《Grace and Grit: Spirituality and Healing in the Story of Treya Killam-Wilber》 등이 있다.

제임스 앤들(James Yandell)
캘리포니아 버클리에서 활동한 정신과 의사이자 분석심리학파 분석가.